战争事典
WAR STORY /059

击沉一切

太平洋舰队潜艇部队司令
对日作战回忆录

查尔斯·A.洛克伍德 / 著　　　刘杨 / 译

江苏凤凰文艺出版社
JIANGSU PHOENIX LITERATURE AND
ART PUBLISHING

图书在版编目（CIP）数据

击沉一切：太平洋舰队潜艇部队司令对日作战回忆
录 /（英）查尔斯·A.洛克伍德（Charles A. Lockwood）
著；刘杨译 . —— 南京：江苏凤凰文艺出版社，2020.7
ISBN 978-7-5594-4950-4

Ⅰ.①击… Ⅱ.①查… ②刘… Ⅲ.①第二次世界大
战战役 – 史料 Ⅳ.① E195.2

中国版本图书馆 CIP 数据核字 (2020) 第 104654 号

CHARLES A. LOCKWOOD,SINK 'EM ALL:SUBMARINE
WARFARE IN THE PACIFIC,E. P. DUTTON & CO.INC.,New
York,1951（根据纽约达顿出版社 1951 年版译出）

击沉一切：太平洋舰队潜艇部队司令对日作战回忆录

［英］查尔斯·A.洛克伍德　著　　　刘杨　译

责任编辑　孙金荣

策划制作　指文图书

特约编辑　印　静　王　菁

装帧设计　杨静思

出版发行　江苏凤凰文艺出版社

　　　　　南京市中央路 165 号，邮编：210009

网　　址　http://www.jswenyi.com

印　　刷　重庆共创印务有限公司

开　　本　787 毫米 × 1092 毫米 1/16

印　　张　30

字　　数　444 千字

版　　次　2020 年 7 月第 1 版

印　　次　2020 年 7 月第 1 次印刷

书　　号　ISBN 978-7-5594-4950-4

定　　价　129.80 元

江苏凤凰文艺版图书凡印刷、装订错误，可向出版社调换，联系电话 025-83280257

致谢

　　谨以此书献给曾经与我共同在潜艇部队中服役的战友们！并以此纪念那些再也没能回来的人……

∧ 本书作者查尔斯·安德鲁斯·洛克伍德，前海军中将。

目录

序言

∧ 美国太平洋舰队总司令切斯特·威廉·尼米兹（Chester W. Nimitz）。

关于二战期间潜艇部队在太平洋战场上的作战情况，从战事史实的准确详尽和作战技术的正确描述的角度来看，这本《击沉一切》都是无可比拟的顶尖著作！这一论断完全可以从战史档案中得到充分佐证。就如同英国皇家空军官兵们在敦刻尔克（Dunkirk）大撤退后的那段严峻时期里奋力拯救大不列颠一样，我们潜艇部队的勇士们同样在珍珠港（Pearl Harbor）遇袭后力挽狂澜。确切地说，在被日本人可耻地偷袭之后，他们所做的不仅仅是坚守住了我们的关键防线，更是将我们惨受创伤的部队迅速修复弥合，并积蓄力量反击，将战线一步步推至敌人的腹地，最终挺进东京！大战期间关于美国海军潜艇部队作战的宣传并不多，特别是日本在东京湾（Tokyo Bay）宣告投降后，可以预料的是人们对战争类新闻的兴趣锐减，美国民众也几乎快要忘了应该感谢这么一支规模虽小但高度团结且有战斗力的部队。这支部队在最巅峰的时期也仅拥有不到 4000 名军官和 46000 名士兵，其中约有 16000 人曾在潜艇上执勤。

我真切地希望这本生动有趣的战史著作能够得到广泛传播和阅读，从而使美国海军潜艇部队的卓越功勋能够在民众心目中找到其理应存在的正确位置。毫无疑问，没有人能比本书的作者更有资格去讲述其中的故事，他就是在大战期间最重要的太平洋战场上率领美军潜艇部队作战的退役海军中将查尔斯·安德鲁斯·洛克伍德。他在书中的描述详尽准确又极具权威，同时还娴熟地加入了必要的官方统计数据资料，字里行间流露的人性和善意令人研读起来不失畅快和愉悦。

尤其值得一提的是，作者的书中对当时新一代潜艇的缺陷及其在作战中遭受的挫折也有详细描述，这些问题主要来源于当时作为潜艇主战武器的鱼雷装药设计上的缺陷。针对这些缺陷如何纠正，作者提出了关键而极具个人见解的观点，而相应的措施也被全面运用到了潜艇部队的对敌作战中，在大战最高潮的最后一年里我们的潜艇成功地渗透并突破敌人在日本海水道布设的雷障。不过，我们绝不能让一位太平洋舰队潜艇部队司令到水下战场的前线冒险，因此他的"顶头上司"——本篇序言的执笔人 [1]——拒绝派遣其亲自指挥潜艇突破水下雷场。优秀的潜艇指挥官比比皆是，而洛克伍德只有一个！

一场大战下来，几乎所有美国家庭都与这场战争发生了种种联系，或是子女，或是近亲，而我们的全军将士更是从潜艇部队官兵的贡献中获益良多。令我印象最深刻的是，总共有 504 名来自不同作战单位的飞行员曾经落水，濒临溺亡或面临更悲惨的结局，在那千钧一发的时刻被那些及时赶到的"潜艇救生员"挽救了生命，而这仅仅是潜艇官兵们在大战中所参与的大量作战活动中的一例。从"独狼战术"到与水面舰队的大规模联合行动，潜艇部队在所有的战斗胜利中都充分发挥了他们自身的作用。

为了实施补给和人员搜救，大战期间针对敌占岛屿开展的侦察和秘密渗透任务司空见惯。而在本书作者的笔下，所有这些故事都洋溢着英勇豪迈的情怀。那么在未来的战争中，我们的潜艇部队又将承载怎样的希望？曾有悲观的看法认为，由于人性因素的存在，我们基本无法（或曾试图）杜绝在战争中使用武器。而只有当这些武器在对手的反制手段面前变得无效时，各国才会将它们从各自的武器库中淘汰剔除。基于这一衡量标准，在可预见的将来，潜艇仍然将在各国海军战斗序列中继续发挥重要作用。从这一点意义上来看，这本叙述详实的《击

---

[1] 译注：意指尼米兹本人。

沉一切》对所有充满求知欲的读者来说都将会是一本很好的补充读物。毫无疑问，对曾经参与那场战争的日本船长和海军官兵们而言，甚至对那些对我们的国家利益和国家安全抱有敌意（或是不安想法）的潜在侵略者而言，本书也一定会是充满趣味的。

书中的很多美军艇长都展现出非凡的勇气和大胆精神。这在读者看来，关于每个独立的潜艇作战行动的内容描述或许会有些许相似之处。对潜艇部队的每一位官兵来说，把当年的精彩故事压缩成一些极小的段落是很不公平的，因为那样会损失很多重要的成功作战细节。如果说这些高超的作战艺术和精神有什么可复制之处的话，那无疑是我们的这些潜艇部队官兵作为一个整体所体现出来的团结和高效，他们训练有素且时刻准备投入战斗。

切斯特·威廉·尼米兹

（Chester W. Nimitz, 美国太平洋舰队总司令）

卷首语

在詹姆斯·文森特·福莱斯特（James V. Forrestal）被任命为美国海军部部长后不久，我收到了他写给我的一封充满喜悦之情的信。信中这样写道：

亲爱的将军：

　　最近我实在是收到了太多的贺信，今天早晨我也想给别人一点祝贺。我想对你说的是，我认为你麾下潜艇部队的功绩绝对是出色和非凡的！虽然一向低调，但我仍然希望有朝一日所有这些故事都能被讲述出来并广为人知。

詹姆斯·文森特·福莱斯特

这封来自这位伟大海军部部长的真挚贺信已被我通过每晚要闻邮件分发给了潜艇部队全体官兵。

在《击沉一切》一书中，我尽可能做到完整而详尽地描述关于潜艇战的故事。但受篇幅限制，有些关于勇敢作战的精彩战斗故事只能被遗憾地略过。要想充分而全景式地展现这支"沉默舰队"惊心动魄的作战历程，恐怕几倍于本书的篇幅都不够。书中有很多关于潜艇指挥官故事的描述，这些故事往往来自海上巡逻期间，或是来自艇长们自己的起居室，那里充斥着通风扇的"嗡嗡"声和柴油机散发出来的刺鼻气味，而所有这些都为书中的文字加上了真实的注脚。还有部分内容援引于潜艇部队的战斗巡逻报告、《二战期间美国海军潜艇部队战损》手册以及《二战潜艇战史》中的原始资料。这些资料都是我的秘书和我的继任者——艾伦·洛克威尔·麦肯（Allen R. McCann）海军少将[1]——在战时和

---

① 译注：后晋升为海军中将。

战后搜集整理而来的。为了核实人名、日期和事件细节，书中也用到了我的一些日记和个人文件资料。

还有一大批我的战友和朋友对本书的编撰给予了大力支持，在这里没法为他们逐一署名。在此要特别鸣谢的是贾斯珀·赫尔姆斯（Jasper Holmes）上校、艇长巴尔尼·西格拉夫（Barney Sieglaff）和绰号为"小鸡"的艇长克拉雷①。

感谢珀西·芬奇（Percy Finch）对原始手稿进行的提炼和精编，以使其符合篇幅要求。

最后尤其要感谢我的夫人菲丽丝·埃尔文·洛克伍德（Phyllis Irwin Lockwood）。没有她的热忱相助、体贴建议和辛勤的指尖劳动，本书是绝对无法顺利完成的。

查尔斯·安德鲁斯·洛克伍德

美国海军退役中将

加利福尼亚州洛斯盖多斯（Los Gatos）特文多芬

1950 年 11 月 7 日

---

① 译注：全名为 Bernard A. Clarey。

第一章

　　1942年5月初的一个傍晚，西澳大利亚边远小城奥尔巴尼（Albany）大雨滂沱，暮色正降临在宽敞而宁静的皇家公主港（Princess Royal Harbor）。那一年，光顾这片土地的寒冷冬雨要比以往来得早一些。

　　马来半岛、菲律宾、荷属东印度群岛 ① 一带已被日军横扫，此刻他们正集结在"马来屏障" ② 外，准备向澳大利亚发起冲击。我们在这里的亚洲舰队 ③ 和盟军海上力量曾经强盛一时，如今只剩残破不堪的余部撤往澳大利亚西海岸的弗里曼特尔（Fremantle），在那里对战损舰艇进行维修并补充兵员损失。

　　美国海军亚洲舰队潜艇作战力量的一部分也被疏散到了这个位于澳洲西南一隅的港口。平日里这里是繁忙的小麦、羊毛和牛肉等物资进出口集散地，而如今这里不见一艘商船，只有"霍兰"号（Holland）潜艇供应舰以及六艘美军舰艇停靠于此，勉强宣示着美国海军力量在这里的存在。而负责海岸防御的仅仅是百余名国民卫队士兵和两门老旧的6英寸火炮。澳大利亚西海岸的地势开阔宽敞，如同死蛤壳一般地张开着，准备迎接入侵者随时发起的进攻。一旦澳大利亚落入敌手，我们下一个后撤的基地也许就只能是南极洲的玛丽伯德地（Marie Byrd Land）了。

　　当我结束长达18年的潜艇作战生涯后，我的使命也达到了新高——西南太平洋战区潜艇部队指挥官，然而当时的战况和前景却令人深感黯淡无望。

　　当我乘坐的吉普车一路颠簸蹒跚在前往当地共济会旅馆的路上时，紧邻街道两侧的楼群正华灯初上，这景象就如同堪萨斯一个典型的热闹小镇。按我和

---

　　① 译注：荷属东印度群岛是荷兰的海外领地之一，迄1949年12月止，现为印度尼西亚。范围包括苏门答腊和邻近岛屿、爪哇及马都拉、婆罗洲（沙巴、沙捞越、汶莱除外）、苏拉维西及桑义赫（Sangihe）和塔劳（Talaud）群岛、麻六甲和爪哇东面的小巽他群岛（葡属帝汶及其飞地德古西〔Oe-Cusse〕除外）。
　　② 译注：盟军设定的一个位于马来西亚附近的屏障，其防线东自马来西亚，中至爪哇，东至澳大利亚，但到1942年2月初其外围便已被日军攻破。
　　③ 译注：战争初期调由西南太平洋战区指挥，1943年成为第七舰队一部。

吉米·费弗（Jimmie Fife）上校的约定，我和我的参谋长将在那里共进晚餐。一走进旅馆前厅，旅馆酒廊方向就传来了欢快的歌曲声。这曲子我以前从未听过，此刻却感觉如此熟悉。潜艇部队的十几名年轻军官和一些姑娘聚集在旅馆的钢琴旁，用高亢的嗓音歌唱着：

> 击沉一切！击沉一切！
> 击沉东条英机和希特勒！
> 击沉他们所有的巡洋舰和航母！
> 击沉他们的"锡铁罐头"[①]，还有他们那帮罪恶的水兵！

这群青年男女迸发出来的满是积极乐观的情绪，起初我还以为这要归功于以酒力强劲闻名的澳大利亚啤酒，结果却发现他们中间没几个在喝啤酒。其实，这完全是年轻灵魂们的自然洋溢和呐喊。他们清楚，日军已给我军潜艇造成严重损失，我们当前的这个庇护所也正面临被踏平的威胁，下一步日军还将继续北上[②]。他们的歌声正是在表达对侵略者的不屈与抗争！这首歌的曲调来源于澳大利亚歌曲《祝福一切》（Bless'Em All）。那些充满战斗意志的歌词注定要为我们整场太平洋潜艇战添上重要的注脚，而那些响彻屋顶的反抗旋律也必将在即将到来的那段晦暗的日子里极大地激励每一个人。

美国陆军和海军陆战队在巴丹半岛（Bataan）和科雷吉多尔岛（Corregidor）进行了孤注一掷的防御作战，这对我们全军、所有美国民众和澳大利亚人都是具有鼓舞力量的战例。我们的不少潜艇满载着食品、药品和弹药等补给物资，突破了日军在科雷吉多尔岛附近海域的封锁线，同时把撤退人员和重要文件档案等从当地撤出。以"鳟鱼"号（Trout）潜艇为例，该艇在大战初期就抢运出近20吨黄金、白银和有价证券，从而让菲律宾当时的货币储备得以保存。

这些得以从菲律宾撤离的人们所身怀的英雄主义和艰苦卓绝的故事更坚定

---

① 译注：意指敌潜艇。
② 译注：原文如此。

∧ 美国海军"鳟鱼"号（SS-202）潜艇满载着从菲律宾运回来的近20吨黄金、白银和有价证券抵达珍珠港时的情景，摄于1942年3月初。

了我们的决心，我们也必将继续战斗下去。对我而言最具激励和启发意义之处在于，我只须看看自己麾下的这些潜艇官兵就知道在他们看来没什么困难是不可克服的，也没什么危险是不可战胜的。在海上战斗巡逻任务的间隙，他们所需要的只是一些必要的装备维修、补给物资、柴油燃料和鱼雷，以及下一次战斗巡逻任务能够分配到的一个可能会发现大量日军目标的区域。他们甚至下注说，到 1943 年 7 月，我们将把日本所有的海上运输力量全部送入海底！

　　毫无疑问，他们果敢大胆的正面形象和坚毅刚强的面孔之下其实隐藏着许多不为人知的秘密。从动辄长达 50 天的漫长巡逻到四处遍布着日军飞机和反潜

〈 英国皇家海军"威尔士亲王"号（HMS Prince of Wales）战列舰上的官兵逃生时的场面，摄于1941年12月。

舰艇的险恶丛生的陌生海域，所有这一切都随时考验着艇员们顺利返航的可能性。即使是我自己，也从未摆脱过一种让人难以忘怀的恐惧，那就是担心会把这些年轻人送上不归路。但谢天谢地的是，他们丝毫没有动摇过。

在潜艇部队服役期间，他们都是我看着成长起来的年轻人。对于他们，我深感自己责任重大。在整个大战期间，每当我目视着一艘艘潜艇起航，投入新的战斗巡逻任务时，无不心怀一丝忧伤而陷入长时间的沉思。我一直在想，自己以及身边的这些参谋人员是否真的极尽了一切能事，从而确保这些出征的官兵能够顺利完成任务并安全返航。在我偶尔动摇的决心和信念背后，矢志不移地支撑着的是我们潜艇部队生而有之的勇气和决心。

经历了许久，我才在世界尽头最终找到了我们潜艇部队的那种精神。1942年3月，我辞去了我在伦敦的海军武官一职，那里低落的气氛比那座城市举世闻名的雾还要浓重。英国皇家海军"威尔士亲王"号（HMS Prince of Wales）战列舰和"反击"号（HMS Repulse）战列巡洋舰已被日军飞机击沉在马来亚海域；位于香港的被一度认为是另一个"直布罗陀"的盟军要塞，如今也已被日军占领；灾难性的新加坡战役更是以屈辱的结局告终。

在华盛顿，我发现我们正在进行一场人们常说的猫鼠赛跑。关于如何向前推进战线并横跨太平洋重新夺回失地的问题，我们一时间还游移不决，在大西洋和太平洋地区同时作战的战略问题同样充满极大争议。在去澳洲的路上，我得到了一个令人难以提起精神的消息，那就是我们在太平洋战场上注定要打一场持久战，直到我们的部队能够重新整肃欧洲大陆。根据我在英国所看到的情况推测，这样的作战行动恐怕还需要几年的时间。

我在珍珠港停留了足够长的时间，为了向新上任的美军太平洋舰队总司令尼米兹将军当面致敬，同时视察那里潜艇力量的部署情况，并安排前往澳大利亚布里斯班（Brisbane）的运输工具。我找到一架陆军航空队的轰炸机，这架轰炸机正计划前往麦克阿瑟（MacArthur）将军麾下的那支兵力匮乏的部队所在地。很快，我就将置身于和我操着同种语言、同样战斗在一线的小伙子们当中！

在向驻扎在墨尔本的西南太平洋战区司令赫伯特·费尔法克斯·利里（Herbert Fairfax Leary）中将报告后，我经历了一次沉闷而漫长的飞越澳大利亚大沙漠的旅程——飞往西海岸的珀斯（Perth）向那里的威廉·雷诺·普内尔（William Reynolds Purnell）海军少将报告。绰号为"斑点"（Speck）的普内尔将接替约翰·威尔克斯（John Wilkes）上校任亚洲舰队潜艇部队司令，后者则计划返回美国本土。

抵达珀斯后的第一天晚上，我在海军司令部遇到的是一群面色阴冷凝重的人。他们都参加了从马尼拉（Manila）到东爪哇泗水（Soerabaja）的撤退行动，而在那期间他们几乎每日每夜都是日军轰炸的目标。最后，当爪哇和"马来屏障"被日军攻破后，他们被迫丢掉了大部个人物品，前后辗转去了达尔文（Darwin）、珀斯和弗里曼特尔港，而所属的海上作战力量和第10巡逻飞行联队已损失殆尽。这支美军亚洲舰队的残余力量已经损失绝大部分的飞机和水面舰艇，剩余的部队则急需鱼雷、弹药和零备件。在加维特

∧ 美国海军"老人星"号（AS-9）潜艇供应舰在二战爆发前的20世纪30年代拍摄的一张照片，摄于中国上海。

（Cavite）遭受的轰炸中，潜艇部队损失了约 233 枚宝贵的鱼雷。而巴丹陷落时，由于被日军炸弹重创，因此英勇的"老人星"号（Canopus）潜艇供应舰不得不自沉，被遗弃于此。我们剩下的 2 艘潜艇供应舰"霍兰"号和"鸮"号（Otus）则要承担起支援 20 艘潜艇的任务。"鸮"号的前身是在大战爆发时才接受改装的 C–3 号货船，这意味着这里的大部分繁重任务都落在了"霍兰"号身上。

　　两艘潜艇供应舰上已经挤满其他部队的幸存人员，船上已经没有多余的空间容纳整修期间的潜艇官兵。这些不幸的人不得不在自己的潜艇上居住和睡觉，修理工们则没日没夜地在潜艇上工作。在潜艇整修期间，没人能得到宝贵的休息机会，而当他们重返战斗巡逻征程的时候，几乎和他们返航回来时一样疲倦。

　　这一现状必须立即加以改变！这些艇员须要充分休息，在执行巡逻任务的间隙，我们应该尽可能地给他们提供必要的休息时间。他们必须在精神和身体上得到恢复并保持健康，以承受在敌人控制的水域里执行为期 50 天的战斗巡逻任务所带来的压力。每一位潜艇官兵都全身心投入对敌作战，不仅要击沉尽可能多的日军舰船，而且要将自己的潜艇安全驶回基地，为下一次巡逻任务做准备。在位于珀斯的司令部里，我们面临着大量现实的物资问题，例如零配件和鱼雷的短缺，以及解决鱼雷失效问题的整改措施等等。但对我来说，最为重要的问题在于作战人员的身体怎样得到快速恢复。如果艇员们身心疲惫、士气低落，那么鱼雷起不起作用根本无关紧要。

　　潜艇官兵们瘦削的脸庞和异常明亮的眼睛，无不诉说着他们惊心动魄的故事。在热带海域作战的那几个星期里，他们或是经受着海面上强烈的日照，或是忍受着搜寻敌目标时的水下潜航。日军飞机和水面反潜舰艇发动的深水炸弹攻击也导致他们神经紧绷，精力大量消耗。在我们的对日作战"击沉比赛"中，领军人物之一的艇长赖特（William Leslie Wright）上尉 [1] 刚刚从一次收获颇丰的战斗巡逻任务中返航。在那次巡逻中，非典型得州体型的赖特体重足足掉了 27磅！要知道对任何常人来说，即使是这一数字的一半，单次巡逻任务中的体能

---

　　[1] 原注：即来自得州科珀斯克里斯蒂（Corpus Christi），人称"公牛"。

损耗也未免太大。因此，对适当的疗养设施的需求不仅显而易见，而且极为迫切。

有鉴于此，位于珍珠港的尼米兹将军做出指示，将皇家夏威夷人酒店租下来，用作从战斗任务中轮换下来的潜艇部队官兵和航空兵的疗养营。其他部队的一些作战人员也被安置到这家酒店休养，一切按照定额以及酒店的最大接待能力进行。这些官兵在结束战斗巡逻任务后可以立即离开他们所在的潜艇，在接下来的两个星期里完全放松，躺在阳光下，游泳或尽情享受其他运动。与此同时，专门人员会利用这段时间对他们的潜艇进行整修改装。休假一结束，潜艇官兵们就返回艇上，准备展开新的战斗。

我也计划在弗里曼特尔和位于珀斯以南250英里的奥尔巴尼港设立规模稍小的这类疗养营。这一想法从某些角度看，或许被认为是过于纵容我们的官兵。但在整个大战期间，我们潜艇官兵的快速恢复恰恰给作战带来了巨大的益处，这让他们在下一阶段的战斗巡逻任务中表现更加出色，同时身心更加健康。作为一个理所当然的结果，我相信我们潜艇的作战损失也会更小。潜艇官兵康复疗养的概念其实并不新鲜，德国人在第一次世界大战中就这么做过，而且根本没有人指责他们纵容手下。

很快，我们就开始调查基地附近是否有合适的可供官兵轮换休养的营地设施。没过多久，根据"逆租借"（Reverse Lend-Lease）计划，我们通过澳大利亚陆军方面租借到了四家小旅馆，其中两家是在海滩附近。我们的人立即带着自己的炊事员和口粮搬进了那里，整体休养条件得到了极大改善。奥尔巴尼有一家还未投入使用的检疫站，于是澳大利亚移民局将其慷慨地借给了我们。那里可以安置大约250名经过6周训练后来到我们这里的新兵。我可以补充说明一点的是，这些小伙子虽然还像青草一样稚嫩，但在潜艇上完成6个月的巡逻之后就会迅速成长为出色的战士。他们中的许多人已经做好晋升的准备，这表明他们受训的进度因严峻的战事需要而产生了正面效果。

1942年5月，我先后接替威尔克斯上校和奉命回国的普内尔海军少将，出任美军西南太平洋战区潜艇部队司令和驻西澳大利亚盟军海军司令，并被擢升至海军少将军衔。

我负责指挥的盟军海上作战力量包括以下舰艇和部队：2艘荷兰巡洋舰、1

∧ 由民船改装而来的美国海军"伊莎贝尔"号炮舰，配备有火炮和鱼雷武器，摄于波士顿海军码头。

艘澳大利亚巡洋舰、1 艘美国巡洋舰、2 艘荷兰驱逐舰、2 艘澳大利亚驱逐舰、3 艘美国水上飞机母舰（由旧驱逐舰改装）、1 支 PBY "卡塔琳娜"水上飞机飞行中队，以及"伊莎贝尔"号（Isabel）炮舰（由一战时期的旧艇改装）。再加上我们自己的潜艇作战力量：2 艘潜艇供应舰、2 艘救援船和 20 艘舰队型潜艇。原本隶属这里的 S 级潜艇奉命前去布里斯班与 6 艘 S 级潜艇会合，在拉尔夫·瓦尔多·克里斯蒂（Ralph Waldo Christie）上校的指挥下，于新几内亚岛—俾斯麦群岛—所罗门群岛一带海区执行战斗巡逻任务。

　　当时我们已经损失 4 艘潜艇。1941 年 12 月，由来自伊利诺伊州芝加哥的沃格上尉（R. G. Voge）指挥的"海狮"号（Sealion）潜艇，在菲律宾群岛加维特潜艇基地码头进行检修时遭到日军轰炸受损严重，因此我们不得不在圣诞节那天将其炸沉以免它落入日军之手；1942 年 1 月 20 日，由来自俄克拉荷马城的小麦克奈特上尉（John Roland McKnight）指挥的 S-36 号艇在望加锡海峡塔卡巴康环礁水域不慎搁浅，同样被迫予以自沉；1942 年 2 月 11 日，由小路易斯·肖恩（Louis

∧ 位于船台上的"海狮"号（SS-195）潜艇，摄于1939年5月25日。

Shane）上尉指挥的"鲨鱼"号（Shark）潜艇奉命前往马尼拉，计划在那里接上托马斯·查尔斯·哈特（Thomas C. Hart）海军上将及其幕僚撤离到爪哇岛泗水，但该艇在苏拉威西群岛美娜多海域被日军驱逐舰击沉；1942年3月3日，由绰号为"戴夫"的戴维·艾伯特·赫尔特（David A. Hurt）上尉指挥的"鲈鱼"号（Perch）潜艇在爪哇岛海域被日军驱逐舰所投下的深弹重创，艇上人员不得不弃艇自沉，

〈 美国海军 "鲈鱼"
号（SS-313）潜艇全
体官兵的合影。

包括艇长赫尔特在内的 53 人全部沦为日军战俘。直到日军战败投降，"鲈鱼"号
潜艇的被俘官兵才得以返回美国，其中有 9 人不幸死在了日军战俘营里。

　　我当时的副手是澳大利亚皇家海军准将约翰·奥古斯汀·柯林斯（John A.
Collins）。在担任澳大利亚皇家海军巡洋舰 "悉尼" 号的舰长期间，他在马塔潘
角海战中击沉了意大利海军巡洋舰 "科利尼" 号（Collini）。他被誉为 "力量之
塔"，并且身上有种极佳的幽默感，因此在我们这群身在澳洲的 "美国佬" 中间
很受欢迎和喜爱。

　　我们在澳大利亚期间自身的位置有时是很微妙的。虽然我们对当地羸弱的
作战力量而言是宝贵的增援，我们也因此受到最大方的款待和欢迎，但我们的
轻松方式有时并不受这些新朋友的待见。我们开玩笑时常常无视他们的感受，
而且总是自信满满地认为无论在哪里，美国的一切都比其他国家更好。在一家
酒吧里，一名美国水兵和一群澳洲人喝了几杯，谈笑间试图让他们对自己的防
御状况放心。他拍了拍其中一个人的背说："打起精神来，兄弟！一切都会好起
来的，美国海军就是来保护你们的。"而对方的回答是这样的："哦？这就是你

︿ 日军偷袭珍珠港期间拍摄到的驻泊在港的美国海军战列舰遭受攻击时的照片。

们来这儿的原因？我还以为你们是从珍珠港来这儿避难的呢！"

珍珠港灾难发生后，我在伦敦也听到过类似的戏言。英国皇家海军弗雷泽上将（当时任英国第一海务大臣，后来又任英国海军部"财长"和英军太平洋舰队总司令）就喜欢一个很有意思的笑话，即使这个玩笑其实是开给他自己的。一天早晨，当我造访他办公室的时候，弗雷泽将军一边跟我打招呼一边和我说道。

"我说洛克伍德，你听说过美国海军以'逆租借'的形式从我们这儿拿了3万条苏格兰短裙没？"

要知道在战争进行到当时那个阶段，已经没有什么能让我大吃一惊，否则我会真的感到不妙。但我还是吞下了弗雷泽设下的"诱饵"。

"没听说，将军。"我说，"这能有什么用？"

"这样你们美国人以后就不会提着裤子被抓了！"弗雷泽将军一本正经地解释道。

回想起"威尔士亲王"号和"反击"号上的爆炸和火光，回想起中国香港的沦陷以及新加坡摇摇欲坠的明显事实，我倒也可以笑一笑。而事实上，我觉得海务大臣先生实际上想说的是"我们如今都在同一条船上"。

整个澳大利亚西海岸的军事部署目前都在亨利·高登·本内特（H.Gordon Bennett）中将的总体指挥下，指挥部则设在珀斯。本内特将军是在新加坡基地落入日军手中后撤退至此的，在那里我向他报告了盟军的防务协调工作。至于我自己的手下，我认为绝对是一流的。潜艇中队和支队的指挥官们以及海上巡逻中队的指挥官们也都是高素质的军官，他们中的许多人都曾在潜艇上服役，我和他们共事过多年。当我在1935年至1937年指挥第13潜艇支队的时候，他们中有四人已经是艇长。

在驻西澳的潜艇、水面舰艇和航空兵部队中，有些核心人员尤其令我印象深刻，包括拥有一大批忠实拥护者的吉米·费弗、"阳光"穆雷（S. S. Murray）、"流行乐"格罗斯科普夫（Homer L. Grosskopf）、"泰克斯"麦克莱恩（H. H. McLean）、珀利·派莱顿（Perley L. Pendleton），以及"比尔"拉洛尔（W. G. Lalor）；还有一批优秀的军官，包括"瑞典人"布莱恩特（E. H. Bryant）、"乔"康诺利（J. A. Connolly）、"小手指"索普（W. B. Thorp）、"荷兰人"威尔（J. M. Will）、"彼得"彼得森（J. V. Peterson）、迪克斯（John P. Dix），以及"泡菜"戴特曼（F. C. Dettmann）。

可以毫不吹嘘地说，这样的一大批天才指挥官实在是不可多得，而且他们没有一个是"好好先生"。他们每个人对于如何充分运用自己的舰艇作战以及如何赢得这场战争，都有自己非常明确的想法。他们只在一件事上达成了高度一致，那就是我们一定能赢得这场战争，而且会很快！这种局面我特别认可，因为它能确保在任何关键时刻，无论我的高级顾问们如何莫衷一是，我们最终都会得到一个最正确的，而且也许是最明智的解决方案。

然而，要让潜艇攻势作战产生更大效力，最终完成击沉近600万吨日本船只的壮举，我们必须解决一个非常严重而紧急的问题——我们的鱼雷。

从大战爆发以来，我们的潜艇部队就一直在承受鱼雷攻击失败所带来的苦果。很明显，鱼雷的航行深度总是过大，具体而言就是鱼雷发射后的实际航行深度总是比深度调节计上的读数大得多。于是，艇长们相继报告说，他们一次次眼睁睁地看着鱼雷后方留下的尾迹从目标尾部下方划过。考虑到鱼雷发射后所产生的气泡上升到海面所需的时间，以及这一很短时间间隔内目标的行进距离，在这一位置上看到的鱼雷气泡尾迹可以确切地表明，鱼雷本身实际上已经从目标下方通过，因而攻击失败。

S级潜艇使用了一种配备有机械碰炸引信的鱼雷，因此这种鱼雷必须直接击中目标才能爆炸。舰队型潜艇的鱼雷则有所不同，该型鱼雷使用了一种磁性爆炸感应装置，其设计目的在于鱼雷在接近敌目标钢质船体的磁场时，引信会感应到磁通量的变化，进而被触发起爆，即使鱼雷从目标下方经过也会起爆。如果鱼雷的航行深度比设定的深度大，那么S级潜艇使用的鱼雷不会击中目标，而舰队型潜艇所用的鱼雷从目标船体下方经过时必须不超过一定深度范围，这样才能保证鱼雷引信感应到目标磁场的变化，从而起爆。

包括军械局人士在内的一些人认为，潜艇艇长们道出的这些故事仅仅是鱼雷攻击错失目标的某种托词。然而，越来越多的事实正在堆积，潜艇官兵们也对本应成功命中的目标却接连失败而愈发感到沮丧。有鉴于此，我们决定自己来做一次简单的鱼雷攻击测试。在吉米·费弗艇长的建议下，我们很快从奥尔巴尼的一个渔夫那里买到了一张500英尺长的渔网，把它系泊在乔治国王湾的海港外，然后在1000码外的距离上朝渔网先后发射了一组鱼雷，这大约是常见的鱼雷攻击射程。潜水员检查渔网时发现，我们的艇长的观察应该是正确的。实地测量表明，舰队型潜艇（当时我们在西澳大利亚尚未部署S级艇）所使用的鱼雷的实际航行深度比设定深度平均深11英尺，这可能会对我们的磁性爆炸引信工作造成极大改变。于是，我们立即着手对鱼雷深度设定问题进行必要调整。

然而，军械局方面却质疑我们所进行的这些试验的程序，进而质疑我们数据的准确性。然而就在不久之后，海军鱼雷站的测试显示，鱼雷深度的偏差即使不是我们所得到的11英尺的数据，也再次达到了10英尺之多。

测试结果振奋人心，因为我们相信我们已经找到了问题所在。更让我们感到满意的是，这一切都是我们自己发现的。对那些曾经一度无比沮丧的潜艇指挥官来说，心中更是重现希望。但遗憾的是，这还远非鱼雷悲剧的结果。我们发现，如果鱼雷的航行深度距离水面太近，那么鱼雷战斗部提前起爆的案例似乎会成倍增加。这还会造成另一个不良后果，那就是鱼雷在并没有爆炸的情况下，而艇上的声呐监听人员却听到了目标侧面船体被撞击的声音，这种情况普遍发生。鱼雷一离开发射管就处于"战斗状态"，有时会造成鱼雷过早起爆，有时鱼雷发射距离又离目标太近，以至于撞击目标后未爆也被误认为是成功命中。

不幸的是，这些越来越多的麻烦注定还会持续一年多的时间。在此期间，我们基地内和潜艇供应舰上鱼雷维修间里的人们，正围绕着这些喜怒无常而又精细微妙的鱼雷磁性爆炸装置日夜不停地忙碌着。军械局也派出专门解决鱼雷问题的技术专家进入太平洋战区，以帮助我们彻底消除鱼雷所存在的缺陷，但这一切都徒劳无功。鱼雷的整个设计都很糟糕。高层肯定知道，英、德两国早在战争初期就已经放弃这种极不靠谱的爆炸引信装置，但我们的专家却像"死猫"一样对此深信不疑，并且执迷其中长达几个月之久。

虽然鱼雷命中目标的难度很大，但我们的鱼雷引信偶尔也确实按设计的功能成功起爆，这在一定程度上提升了部队的士气，但同时会混淆问题。正如一名

∧ 1939年"鲸虎鱼"号（SS-196）潜艇在朴次茅斯海军码头下水时拍摄的照片。

∧ 1938年5月拍摄的一张美国海军"鲣鱼"号（S-3）潜艇的照片。

潜艇艇长所说："没有比你自己向敌舰射出的鱼雷的起爆声音更鼓舞士气的了。"

当我们最终找到鱼雷所存在的问题时，几个相关任务的成功也令我们振奋不已。我们的潜艇充分证明它们完全有能力去完成一些平时从未执行过的任务。在一个漆黑的夜晚，由来自密西西比州布鲁克海文的希拉姆·卡塞迪（Hiram Cassedy）指挥的"鰕虎鱼"号（Searaven）潜艇，悄然潜入日军控制的帝汶岛以南沿岸，并成功营救躲藏在那里的33名澳大利亚飞行员。当时，潜艇放下的工作艇前进到海浪较小的滩头，负责跳帮的库克（G. C. Cook）少尉在一片浪花间游泳上岸，率领第一批16名体力保存较好的幸存飞行员排成一排，从海滩上抓着系缆绳登艇。因为风浪较大，所以尝试了两次才营救成功。第二天晚上，轮到另外17名体力较差的幸存者，结果由于缆绳突然断裂，因而小艇被风浪直接抛到了岸上，库克少尉和其他艇员费了九牛二虎之力才把小艇重新推回海里。由于其中六名澳大利亚人身体太过虚弱，无法自己抓着绳子，因此艇员们最后只能将他们直接背负到小艇上。如此一来，这一无比伟大的壮举才最终胜利完成。

在"鰕虎鱼"号潜艇返回弗里曼特尔的途中，艇上电气控制板突发火灾，直接造成艇上引擎和发电机失灵，这几乎造成这场艰难的远征以灾难性结局告终。在海上挣扎三天后，附近海域出现了日军潜艇的身影，所幸的是该艇静坐海底按兵不动，并且未被发现。直到支援力量到达，该艇才得以撤退，被拖曳返航。在珀斯，人们对这次营救行动的成功感到欢欣鼓舞。当地的一个军人组织为卡塞迪和他的艇员们举办了一个热闹的庆祝聚会。库克少尉也因为他的英勇表现而被授予"海军十字勋章"，如果我没记错的话，这是该勋章首次被授予潜艇部队预备役军官。

在 5 月一个狂风大作的早晨，由来自宾夕法尼亚州费城的"吉米"邓普西（James Charles Dempsey）上尉指挥的"矛鱼"号（Spearfish）潜艇抵达弗里曼特尔，艇上的乘客名单里有一批来自科雷吉多尔岛的 27 名撤离人员。就在这座"石头岛"向日军投降的 48 小时前，他们趁夜登上了这艘潜艇，并且非常高兴能和我们在一起。"老人星"号潜艇供应舰的舰长萨克特（Earl LeRoy Sackett）就是其中之一。"老人星"号在马尼拉湾被日军飞机投下的一枚航空炸弹炸伤，后来就一直充当陆军和海军装备的修理车间，最终在巴丹陷落时被凿沉。我们对它所失去的那些优秀船员致以哀悼，他们中的许多人将永远无法从日军的战俘营里回来。同时我们对那些被永远遗落在马里韦莱斯湾海底的大量机修设备和零部件表示痛惜。

"矛鱼"号上的其他乘客还包括 1 名海军士兵和 12 名陆军护士。他们将在狭小的军士长四人间舱室里进行为期 15 天的海上旅行。在那里，他们轮流值更，并利用睡觉休息之外的时间给艇上厨师打下手，还在厨房里做馅饼和蛋糕，这令艇上所有人都很高兴——显然人人都保持着健康的身体和愉悦的情绪。我注意到一个穿着临时宽松长裤和制服的小女孩，她走到潜艇的舱口处，悄悄地从潜艇的一端走到另一端，还四处仔细地查看。当注意到我对她的关注后，她走上前来对我说："我只是想看看这该死的东西到底是什么样子。我已经像鲸肚子里的约拿 ① 一样在里面待了 15 天，从未见过外面。"

在这次旅行的第一阶段，艇长邓普西率艇从弗里曼特尔出发，运送一批防

---

① 译注：圣经中所记载的故事，传说约拿这位先知曾在神的安排下被鲸吞到腹中。

空武器弹药前往科雷里吉多尔。途中"矛鱼"号击沉了两艘日军运输船，吨位共计 1.1 万吨，从而再次提升了我们的击沉吨位记录。有趣的是，通过查看证件，我们在艇上的"旅行者"中间发现了一位"偷渡者"。据他所说他只是个"微不足道的人"，他只是不想留在当地沦为战俘。这件事本来只要一个普通的军事法庭就能判清，但当时我们急需人手，而我又无力抽调多余的军官临时组成这样的法庭，于是我们只能让这位"偷渡者"充当劳力。就这样，当潜艇完成 50 天乃至 60 天的敌占水域作战任务并返航后，我们不仅经历了惊心动魄的战斗，而且有不少意外的收获。

"鲣鱼"号（Skipjack）潜艇的艇长"吉姆"科海军上尉（James Wiggin Coe，来自印第安纳州里士满）曾在印度支那半岛海域击沉三艘日本货轮（总吨位约 12000 吨），后来在指挥"白鲑"号潜艇（Cisco）期间失踪。科这个人很有幽默感，关于他还有一个有趣的故事。当他的潜艇在马雷岛进行最后一次大修时，他提交了一份包含若干物资的军需采购申请，其中一份物资是一箱卫生纸，结果申请单被退回，上面盖着"无法识别的物品"的印戳！科本人并不清楚这件事是个意外的错误还是故意开的一个玩笑，于是他给军需官写了一封整整两页的信，信中对这件物品进行了清楚而详细的描述。结果这封信被视为一篇经典之作，并载入我们的潜艇作战史册。

来自阿拉巴马州佩尔城的"乔"约瑟夫·哈里斯·威林汉姆上尉指挥的是"南欧鲭鱼"号（Tautog）潜艇，该艇在一次从珍珠港起航前往弗里曼特尔的战斗巡逻任务中，写下了一口气击沉三艘敌方潜艇的惊险故事。根据太平洋舰队司令"鲍勃"罗伯特·亨利·英格利希的命令，"南欧鲭鱼"号是配发给我们的首批新型潜艇之一，主要用于补充我们在战斗中的损失，并替换掉那些等待着进入海军码头大修的老旧潜艇。入役的新艇奉命前往马绍

∧ 处于水面航行状态的美国海军"南欧鲭鱼"号（SS-199）潜艇。

尔群岛和其他托管岛屿 ① 巡逻。根据指示，各艇巡逻期间应特别留意夸贾林环礁（Kwajalein）、特鲁克群岛和帕劳群岛一线海域的情况，"南欧鲭鱼"号沿途也确实在上述海区执行了巡逻任务。然而，该艇并没有发现任何水面舰船目标，不过倒是攻击了三艘日军潜艇，后者全被威林汉姆艇长宣告击沉。

其中，第一次遭遇战发生在约翰斯顿岛东北部海域。当时，"南欧鲭鱼"号潜艇上的甲板值更官发现一部伸出海面的潜望镜。根据判断它只可能是一艘敌潜艇，因为在那一地区并没有其他美军潜艇活动。日军潜艇占据着更好的阵位，看起来随时可能开火。值更官巴纳德（Barnard）上尉几乎完美地处理了这一情况，他迅速向引擎室下达了全速车钟令，用急满舵摆脱了敌潜艇的攻击阵位，与此同时利用艇上的内部通信系统下达了一组令人眼花缭乱的准确命令，使得艇艉鱼雷舱做好了鱼雷攻击准备。鱼雷兵们更是打破了在之前所有演习中的鱼雷发射准备时间纪录，当"南欧鲭鱼"号的艇艉逐渐向日军潜艇目标方向转向时，值更官下令发射了一枚鱼雷，并且随后监听到了正常的爆炸声。按说这很有可能又会是一次过早的鱼雷起爆，但战后的调查资料显示，在这次战斗中丧命于"南欧鲭鱼"号鱼雷之手的是排水量为 960 吨的日本海军吕 –30 号（RO–30）潜艇。

三周后的一个晴朗明媚的早晨，"南欧鲭鱼"号以潜航状态航行在特鲁克群岛南部水道附近，在一个小时内观测到有两艘日军潜艇从左舷方向经过。由于准备仓促，因此没来得及朝第一艘日军潜艇开火，但"南欧鲭鱼"号还是抓住机会朝第二个目标发射了鱼雷，并且听到了爆炸声。不过，日军方面后来并不承认损失了一艘潜艇，因此我们推断这可能又是一次过早的鱼雷爆炸。然而就在当天上午晚些时候，"南欧鲭鱼"号再次发现一艘日军潜艇以水面航行状态沿同样的航线经过，从潜望镜中可以看到艇上的太阳旗正骄傲地飘扬着，舰桥上还站着不少日军艇员。该艇很有可能是在所罗门群岛一带完成巡逻后返回此处的，此时也许正期待着来自基地的友军以及特鲁克当地皮肤黝黑的美女们的热烈欢迎。根据威

---

① 译注：主要包括马里亚纳、马绍尔、加罗林三大群岛。

∧ 美国海军"逆戟鲸"号（SS-207）潜艇。

林汉姆艇长的回忆，当时这艘日军潜艇离他实在是太近了，如果有机会再次见到，他肯定能认出那个甲板上的日本军官。"乔"上尉当即下令齐射了两枚鱼雷，其中一枚准确命中，但目标并没有被击沉，威林汉姆随后再次下令发射。结果正如我们现在知道的，在随后的猛烈爆炸造成的艇体碎片和人员肢体的阵雨中，排水量达2212吨的日军潜艇伊-28号（I-28）最终葬身在了这里。

另一艘新型潜艇"逆戟鲸"号（Grampus）的艇长是来自宾夕法尼亚州杰曼镇的哈金森（E.S.Hutchinson）上尉。就在"南欧鲭鱼"号在特鲁克群岛痛击日本人后不久，"逆戟鲸"号接下来的遭遇几乎导致一场灾难，这也充分显示出敌人正在加强反潜措施。当"逆戟鲸"号最终返回弗里曼特尔港，我立即前去码头查看，发现艇体右舷雪茄形甲板防溅板附近赫然出现一个轮廓整齐的弹洞，直径约有3英尺之大，看上去就像是一只巨大的海洋啮齿类动物留下的杰作。显然，炮弹在命中艇体后发生了爆炸，艇体左舷水线处严重损坏。原来，哈金森指挥的"逆戟鲸"号在一个晚上航行至特鲁克群岛附近时遭遇一艘日军巡逻艇，后者立即朝"逆戟鲸"号全速撞来。"哈奇"艇长立即下令全速紧急下潜，但就在指挥塔围壳没入海面之前，日军巡逻艇还是撞上了"逆戟鲸"号。然而谢天谢地，日军舰长的视线看来是有些高了，因为如果撞击点再低3英尺，那么"逆戟鲸"号就将永远待在戴维·琼斯①的箱子里，而不是安全返回弗里曼特尔了。

几乎是同一时间，来自俄勒冈州尤金的"鲑鱼"号（Salmon）潜艇艇长"基恩"麦金尼（E. B. McKinney）上尉连夜送来了好消息。他报告说在印度支那海岸附近击沉一艘日本客货船和日本海军"夕张"号（Yubari）轻巡洋舰。其实，麦金尼以为击沉的"夕张"号实际上是日本海军维修船"朝日"号（Asahi）。这艘船与日本知名的"朝日啤酒"品牌同名，排水量达到了11441吨。由于船上配备了大量对日军而言极具价值的维修设施和装备，因此这一战果在我们的战功簿上也一直为人所津津乐道。"基恩"艇长的这次攻击行动堪称完美，齐射的四枚鱼雷全部准确命中目标并且成功起爆。而关于那艘被无意间张冠李戴的"夕张"号轻巡洋舰，虽然在后来的大战期间声名显赫，但最后还是在1944年4月底被我们的"蓝腮鱼"号（Bluegill）潜艇击沉在帕劳群岛以南海域。

回顾第二次世界大战爆发后的前几个月，作为一个参战国，只有来自战斗部队的勇气和决心才能减轻挫败所带来的痛苦。尽管如此，在遭受了背信弃义的偷袭后，我们的部队不仅受到过低劣落后武器装备的制约，而且在各个方面都一度处于劣势。然而无数人战斗到了最后一条堑壕，并深信战友们会从他们失利的手中攥紧武器，为他们的牺牲复仇，最终在整个地球表面彻底消灭野蛮和帝国主义。单从数量上来衡量，他们虽然只是美军部队中最小的一个分支，但在大战之初遭遇的阻碍和不利却超出想象，并且他们对最后胜利的贡献与其规模完全不成比例——这就是我们的潜艇部队。

大战之初，长期驻扎在太平洋地区执行战斗任务的51艘潜艇中，在太平洋中部和西南部活动的潜艇在开始几个月的激战中可以说是达到了开战以来的最低潮——鱼雷靠不住，零配件和雷达设备匮乏，作战人员得不到轮换，甚至鱼

---

① 译注：戴维·琼斯是神话中照顾海上亡魂的人物。"永远待在戴维·琼斯的箱子里"意指长眠海底。

∧ 美国海军"蓝鳃鱼"号（SS-242）潜艇的艇员们正在展示他们的战绩旗帜。

雷都必须限量配给。潜艇部队的兵力规模从一开始就极为不足，而他们所遇到的障碍又极为巨大，可以说他们是在孤立无援的情况下独自战斗了将近两年时间，在距离基地数千英里外的敌占水域摧毁日本的海上通信和补给线，将自己成功打造为日本海军和日本海上运输力量挥之不去的梦魇。

整个大战期间，美军潜艇部队的规模从未超过 4000 名军官和 46000 名士兵，仅仅相当于两个陆军或海军陆战队师。我们的潜艇力量达到最顶点时也不过拥有 169 艘舰队型潜艇和 13 艘 S 级潜艇。是的，我们的确在开始几个月里达到了令人心碎的最低谷。但从澳大利亚开始，就像在珍珠港遭遇的一样，浪潮正不断掀起。在胜利日来临之前，我们将从海上席卷 1178 艘日本商船和 214 艘曾经傲慢无比的日本帝国海军舰艇，这个帝国赖以生存的 600 万吨的海上航运也将被我们彻底葬送。

第二章

中途岛战役是对日海上作战的转折点，对于美军潜艇部队的作战更是起到了推波助澜的作用。控制中途岛群岛对整个太平洋地区的战局都具有重大的战略意义，对依托珍珠港展开行动的美军潜艇力量而言同样重要。这里位于瓦胡岛西北1200英里处，设在此处的补给设施使太平洋战区潜艇部队司令英格利希海军少将所指挥潜艇的巡逻半径足足增加了2400英里。

自从我在珀斯接手指挥权以来，我一直在寻找一种增加我们自己潜艇巡航半径的有效方法。从珀斯到印度支那海岸，再到当时我们最好的水下狩猎场，

∨ 1942年从空中拍摄的中途岛的照片。

一趟下来距离大约为3300英里，往返行程则为6600英里。在经济航速条件下，我们潜艇的巡逻半径达到10000~12000英里，这段漫长的航程严重地消耗了潜艇在作战海域高速机动所需的燃料。如果我能在距离目标更近的地方设立一个燃料补给基地，就像在太平洋中部活动的潜艇以中途岛为补给基地那样，那么我们的潜艇到达指定位置所需的时间就会显著缩短。不仅如此，他们还能够以更高的航速航行，巡逻值班周期也将极大延长，进而可以击沉更多的敌舰。

澳大利亚西北部的港口几乎指望不上。那里几乎没有可用的燃料储存设施，而我也无法抽调哪怕一艘潜艇供应舰来选择其中一地锚泊作为加油船使用。至于油船，就像母鸡身上的牙齿一样罕有。我们在弗里曼特尔港的唯一一艘挪威籍油船已被日军飞机所投下的炸弹重创，在此后相当长一段时期内都无法使用。

位于北部海岸的达尔文港以及位于从帕斯沿海岸线前去达尔文途中的布鲁姆（Broome）又如何呢？两地看起来可以作为潜艇前出基地的最佳备选地点，于是我乘飞机起飞亲自对其进行了空中视察。结果我发现达尔文港的防御能力较差，证明这里其实是行不通的，这里没有任何东西可以阻止坐拥帝汶岛的日本人在他们喜欢的任何时候光临。这个已被当地居民所遗弃的城市因日军的空袭而变为了一片废墟，而空袭仍未停歇。布鲁姆曾经是澳大利亚最富有的珠光宝城，如今却成了一个防守不善的鬼城。要是让我冒险在这两个港口中的任何一个部署潜艇支援力量，那也未免太过鲁莽了。

在我的一次东进旅途期间，我与麦克阿瑟将军在布里斯班讨论了关于潜艇前出基地的问题。他从来不会因为太忙而忽略任何关于驻西澳盟军海上作战力量的问题，且对潜艇行动的最新消息尤其关注。他极为坦诚地与我讨论了当前的潜艇作战行动与未来计划，我也向他道出了我们急需另建基地的紧迫性。但我也声明，我不能用我在达尔文港本已为数不多的潜艇供应舰去冒险，毕竟那里距离日军在帝汶岛上的占帮（Koepang）和帝力（Dilli）空军基地太近了。麦克阿瑟将军立即回答说，他打算在1942年年底之前拿下帝汶岛。不幸的是，计划归计划，这种乐观的假设却从未实现过。到了1942年末，日军翻越新几内亚的欧文—斯坦利山脉（Owen–Stanley）向莫尔兹比港（Moresby）全力挺进。而直到战争结束，帝汶岛仍牢牢掌握在日本人的手中。

∧ 从空中俯瞰莫尔兹比港。

澳大利亚的西北角有一个叫埃克斯茅斯湾（Exmouth Gulf）的地方，这里位于珀斯以北 700 英里处。虽然它并不完全符合要求，但我相信这里就是解决我当下困扰的最理想答案。一段时间以来，埃克斯茅斯湾一直作为我们的巡逻基地之一，那里部署有 4~5 架"卡塔琳娜"PBY 水上飞机。最终我们把宝贵的潜艇供应舰部署在了那里，还给这个全新的潜艇燃料补给点取了个有趣的名字——

︿一艘被遗弃在瓦胡岛以东海岸的日军Ha-19袖珍潜艇。

"珀索特"（Potshot）[1]。

　　埃克斯茅斯湾是一片面积很大的水域，其海水深度条件非常适合用来抵御

---

① 译注：英文中为"胡乱射击"之意。

袖珍潜艇和鱼雷的攻击，这种水深对常规吨位潜艇的水下攻击行动来说总体太浅。然而，我们部署在这里的水上飞机母舰对敌人可能发动的夜间水面攻击来说却是非常脆弱的，我们确实也很想知道为什么日军潜艇艇长从来没想过进行这种尝试。整片海湾几乎都处于陆地包围状态，平坦的地形几乎无法抵御这一地区出了名的可怕飓风——"威利—威利斯"。这一地区住着不少以捕捞海水珍珠为生的当地居民，他们框架结构的房屋经常被飓风夷为平地，海岸地区也因此逐渐变得荒凉。我们的飞机也在锚地受到了损坏，但我们不得不以这些风险为代价来换取巡逻力量带来的一定程度上的安全。对我的潜艇作战计划而言，这里确实有它适合的特点，只是与弗里曼特尔的距离并不像我们所希望的那样近。

然而，我们潜艇的巡逻半径终归只增加了两天的航程。如果可能的话，我决定再弄一艘 500 吨载重的无动力驳船系泊在海湾里，把它布置在水上飞机母舰的炮火射程范围内。这样我们的潜艇出航时就可以在那里补充燃料，并在返航途中把它作为应急加油点。有了这个开始，我们就可以制订进一步的计划，

∧ 美国海军水上飞机供应舰"柯蒂斯"号（AV-4）。

在那里部署潜艇供应舰甚至建立潜艇官兵疗养营。回到珀斯后，我立即向西南太平洋战区司令利里中将提出了这个计划，他表示同意。不到两个月的时间，澳大利亚联邦海军委员会就下令从悉尼经由托雷斯海峡（Torres Strait）拖曳来一艘满载柴油的无动力驳船，并将其系泊在埃克斯茅斯湾。

　　上述举措乃是我们打造后续前进基地的第一步，人们对于这一基地的重要性也有了清晰的认识。事实证明，它的存在注定是短暂的。这里获得的资金和物料并不充裕，但我和我的幕僚以及下属们在规划和建立这类基地方面获得的经验，对于我们后来在中途岛、马乔罗、塞班岛和关岛等地的工作具有非常宝贵的价值。

　　在珀斯，我们仍然不得不与工程上的困难做斗争。整条澳大利亚西海岸线上一个干船坞也没有，墨尔本或悉尼因此被迫承担更繁重的船坞工作。在珀斯的弗里曼特尔港只有一条很小的船台滑道，根本无法拖出一艘312英尺长的舰队型潜艇。在对这条滑道完成加长和加固之前，我们不得不依靠潜水员或临时配备的水下沉箱来实施更换螺旋桨或简单水下修理的工作。供应问题也很麻烦：由于澳大利亚铁路系统的许多地方轨距不同，因此整个国家的铁路货运效率非常低下。后来我们发现用船把鱼雷从墨尔本运到西澳大利亚会快一些。

　　后来在澳大利亚当局的授权下，这里的船台滑道得以进行必要的改动。我们的海军造船师"比尔"琼斯（W. T. Jones）上尉则不知疲倦地和工程经理们密切合作以加快工程进度。我们在弗里曼特尔的潜艇供应舰上的潜水员们更是疲于奔命，他们要做的是将船台滑道的铁轨延伸到水下更深。我们还不得已用到荷兰一艘老潜艇K–8号上的一台主发电机，以此增强拖曳大型船舶的能力。不过工程的进度仍然十分缓慢，部分原因是参与工程任务的澳大利亚工人数量不足，其次和他们干劲不足有很大关系。最后到了8月初，在我的安排下，我们与澳方当局举行了一次会议，会议成果得到一批当地劳力的支援，同时我从支援船上抽调了一部分船员作为特定的补充力量。我们部队中的一些潜艇已经有19个月没有靠岸了，结果是水下艇体的污染严重降低了它们的航速，也徒增了燃料消耗。如果说要远赴2100英里外的墨尔本或是2500英里外的悉尼上岸进行这种艇体清洁工作，那么我希望的是不惜一切代价避免这种状况发生。尽管如此，在"比尔"琼斯和我力所能及的推动下，直到9月30日，我们的第一艘潜艇才被拖上岸进行艇体清洁和水下维修工作。

所有这些困难对一般人而言似乎没什么大不了，但对足智多谋的潜艇官兵们来说则大有不同。新的人员任命也给我们带来了不小的麻烦。7月上旬，一位来自大西洋战区的新指挥官抵达驻西澳盟军海军司令部，我原本的职务就此解除，继续担任西南太平洋战区潜艇部队司令一职。自从我在澳大利亚接受新的任务开始，我就希望只在潜艇部队里任职，所以当利里海军中将通知我这位新长官将被指派来接替我在珀斯的最高指挥官一职时，我其实非常高兴，我相信这一变化将使我能够全力以赴地去谋划潜艇作战。

新上司试图改变我们既有部署和行动中的每一个环节：

首先，组织机构必须彻底改变。作为所有潜艇中队核心和灵魂的潜艇供应舰被安排在一个独立的特混舰队中使用，一切都必须以大西洋舰队为榜样。我之前就时常听说大西洋舰队那边的情况如何如何，所以下次要是再让我遇到从那边过来的人，我会毫不客气。

其次，他认为剩下的潜艇休养营地应该建立在远离一切干扰的内陆乡村地区，而不是那些海滩旅馆。当然，艇员们对被流放到这样充满娱乐消遣氛围营地的不满，会抵消掉所有因为远离美酒、美女和音乐而获得的收益。对于尼米兹将军在火奴鲁鲁中心地区的皇家夏威夷人酒店设立的休养营，我就确信没有任何关于修道院隐居的想法。

第三，在任务调派过程中，他要求我们的潜艇官兵必须使用纯正的英语，用"鱼"或"腌菜"这样的俚语来代替"鱼雷"都是错误的。几乎可以肯定的是，我们简单的"计算尺"密码体制并不足以阻止敌人的破译，通信官们也强烈敦促我们要尽可能自然地在无线电发报中使用来源广泛的词语，包括俚语和短语。虽然我的艇长们并不喜欢名声欠佳的盎格鲁—撒克逊语，但他们可能从"比尔"哈尔西（Halsey）海军上将发给在所罗门群岛海域活动的一艘美军潜艇的消息中获得了一些好点子，上面写着："我喜欢你的胆量，你随时都可以加入我的队伍。"

最后，我们的潜艇缺乏足够的侵略性，这绝对是令我辗转难眠的。我的艇长们正窥探着远东一带海域的每个角落，"鰕虎鱼"号潜艇在圣诞岛（Christmas

Island）击沉了一艘停靠在码头上的日本船只；"剑鱼"号（Swordfish）潜艇在南中国海近岸海域和西里伯斯岛的克马（Kema）锚地分别取得击沉、击伤各一艘的战果。

在当时，整个澳大利亚我们只拥有 31 艘潜艇，且鱼雷爆炸引信存在缺陷，而我们创造的战绩是击沉或击伤吨位共计 26 万吨的商船和 10 艘作战舰艇。的确，这跟德国人在大西洋上创造的惊人战绩还无法相提并论，但毕竟他们装备有性能优异的鱼雷和可靠的爆炸引信，而且面对的目标数量数倍于我们。我对我的大多数军官都非常了解，我绝不会怀疑他们的勇气、决心和作战技能。而且当我们的鱼雷和爆炸引信的麻烦最终得到解决后，他们也证明了我的信任并没有错。

虽然司令部的这一临时变动一度造成不必要的紧张局面，但针对敌人的作战行动仍在迅速推进。7 月 17 日，由来自佐治亚州哥伦布的卢修斯·亨利·查佩尔（Lucius H. Chappell）上尉指挥的"鰕虎鱼"号潜艇宣称击沉了四艘日军船只。然而他的潜艇每次都被对方所投掷的深弹长时间压制在水下，以至于他并没有真正看到目标沉没。根据战后的记录，查佩尔宣称的战果并没有被计入击沉记录。但毫无疑问的是，至少他所攻击的部分目标受到了损伤，更有可能的是他的一些所谓命中其实来自鱼雷过早的起爆。

按照惯例，参谋人员们会在码头迎接每艘返航的潜艇，然后我会在军官起居室里喝一杯咖啡顺便翻阅指挥官们的报告。这也给了我一个机会看看他们的潜艇和艇员们，看看他们是如何从一场场恶战中挺过来的。关于刚刚提到的那段经历，我注意到返航后的查佩尔看上去有点疲惫和憔悴，但其他艇员看上去还不错。艇上有三名年纪还不大的军官，他们甚至还没到刮胡子的年龄，结果也长出了漂亮的使徒式的胡须。

按计划，"鰕虎鱼"号将在奥

△ 美国海军"珀利阿斯"号（Pelias）潜艇供应舰，摄于1941年11月15日马雷岛附近海域。

尔巴尼进行改装，我计划搭乘这艘潜艇以便使自己对当前的潜航战术和指挥能力保持熟悉，同时也去会一会我们的新潜艇供应舰——"珀利阿斯"号（Pelias）。"珀利阿斯"号是从美国本土出发起航的，计划于 7 月 22 日到达奥尔巴尼。我希望它到来的时候水面能够没过它的载重线，这意味着船上装载着增援我们的官兵和鱼雷，从而使我们日渐空虚的武库变得充实。在"鰕虎鱼"号南下的航程中，由梅斯特（J. B. de Meester）上校担任舰长的荷兰皇家海军巡洋舰"范·特罗普"号（Van Tromp）负责为我们的潜艇护航，我们还带上了另一名乘客——澳大利亚帝国军队的达菲陆军中校，他是本内特将军的参谋人员之一，曾在 6 月份和我一起乘机查看达尔文的情况。

　　7 月 22 日晨，我们顺利抵达奥尔巴尼，然而并没有在那里看到"珀利阿斯"

∧ 荷兰皇家海军巡洋舰"范·特罗普"号（Van Tromp）。

号。随着时间的推移，"珀利阿斯"号依然没有出现。特别是当有报告说在大澳大利亚湾发现一艘日军潜艇的活动踪迹后，我们开始变得焦虑起来。当天下午晚些时候，我派出一架驻扎在奥尔巴尼的侦察机前去搜索，结果还是一无所获。不过，东面海域的天气欠佳，我们宁愿相信这才是"珀利阿斯"号推迟抵达的原因。而且"珀利阿斯"号似乎也不太可能在没有发出任何紧急求救信号的情况下被击沉。

次日一早，气象条件有所改善。上午10点的时候，我们期待已久的"珀利阿斯"号终于抵达。来自堪萨斯州洪堡（Humboldt）的"珀利阿斯"号船长维克菲尔德（Wm. Wakefield）奉命前来报到。随后他和他的"珀利阿斯"号开始和这里的"霍兰"号进行细节交接工作，"霍兰"号则在下午4点与护航舰只一同起航前往弗里曼特尔。

令我倍感悲哀的是，除了船上定期的鱼雷补给外，"珀利阿斯"号几乎没给官兵们带来什么增援。先前提到的那些急需的物资在全美都处于供不应求的状态，而我们的物资储备量极低，以至于只能给出航执行巡逻任务的潜艇配发20枚鱼雷，而不是应有的24枚。然而，隶属第6潜艇中队的"珀利阿斯"号带来了中队指挥官麦肯、支队指挥官"德克斯"麦克莱恩上尉以及中队轮机官"乔"修少校。3名军官都在潜艇上待过，拥有多年的潜艇作战经验。对我们这个处于艰苦奋战中的部队而言，他们的到来非常受欢迎。另有几艘潜艇在这些指挥官之前抵达，目前已经赶赴南中国海附近海域巡逻。

伴随着"霍兰"号接替位于弗里曼特尔的"鸮"号，我们对潜艇进行有效维修的能力也得到了极大的提高。除了潜艇供应舰上的维修车间外，通过部队轮机官"荷兰人"威尔高效而不懈的努力，我们还得到了位于北弗里曼特尔的国家工程公司的凯克威克（G. C. Kekwick）先生的协助，"霍兰"号的重负也因此得到了一定程度的缓解。我的愿望是在弗里曼特尔岸上建立一个维修点和蓄电池大修车间，它的维修处理能力应相当于一艘潜艇供应舰。这样，我们相当于腾出了一艘潜艇供应舰，可以转移到埃克斯茅斯湾的珀索特基地。

按照这一设想，我们从弗里曼特尔港信托公司租用了一个巨大的麦仓。在正常情况下，这里平时主要被用于储存谷物，然后准备运往英国。港口信托基

∧美国海军"鲟鱼"号（SS-187）潜艇。

金的经理麦卡特尼（G.V. McCartney）先生，可以说是在各个方面都与我们进行了最充分有效的合作。

　　在每艘潜艇出航执行巡逻任务之前，艇体必须进行消磁。这个步骤主要是为了消除潜艇的钢制艇体和艇上设备的永磁性，这样潜艇就不会引爆敌人所布设的磁性水雷。然而，我们的潜艇供应舰上并没有这类设备，所以我们动用了停泊在弗里曼特尔天鹅河（Swan River）上的澳大利亚皇家海军（RAN）辅助船只"斯普林代尔"号（Springdale）。消磁作业是非常有价值的，它能够提高我们潜艇的安全性。但我们发现直到战争结束，日本人都没有配备磁性水雷，因此所有这些工作其实都是没有必要的。它唯一可能保护潜艇的情况是避免被其自身所发射的装有磁性起爆引信的鱼雷绕圈航行后击中自己。

　　为了与潜艇部队保持更密切的联系，并且能随时应付大量虚惊一场的夜间警报，我干脆把自己的办公室搬到了"霍兰"号上。"霍兰"号是船龄最久的潜艇供应舰，而且几乎时刻处于忙碌状态，往往听起来像个热闹的锅炉厂，即使在夜里也总是如此，以至于舰长彭德尔顿（Pendleton）中校把他的大部分手下都搬了出来，让他们睡在距离维修车间较近的我们新建的粮仓楼上。

值得一提的是，由令人敬畏的布尔·怀特（Bull Wright）艇长指挥的"鲟鱼"号（Sturgeon）潜艇的出色表现极大地鼓舞了我们，而由来自宾夕法尼亚州匹兹堡的费罗尔（W. E. Ferrall）少校指挥的"海龙"号（Seadragon）潜艇同样战绩优异。前者于 7 月 1 日在吕宋岛西海岸海域击沉了排水量达 7267 吨的"蒙得维的亚丸"号（Montevideo Maru）运输船[①]，后者则分别于 7 月 12 日、13 日和 16 日在印度支那海岸附近击沉了"日山丸"号（Hiyama Maru）、"神阳丸"号（Shinyo Maru）和"函馆丸"号 (Hakodate Maru) 货轮，吨位共计 15636 吨。

说起来"海龙"号潜艇与我们的对手之间还有一段旧怨。1941 年 12 月 10 日当天，日军轰炸机突然轰炸了加维特码头，当时"海龙"号和"海狮"号（Sealion）两艘潜艇正并排停泊在一起。日军飞机投下的两枚炸弹准确地击中了"海狮"号，后者当即沉没。两枚炸弹中第一枚爆炸飞起的碎片还击穿了"海龙"号的指挥塔围壳，正在指挥塔内的萨姆·亨特（Sam Hunter）少尉当场丧生，他不幸成为第二次世界大战中美军潜艇部队的第一个死难者。"海龙"号的上层建筑上后来一直保留着这次日军轰炸的伤痕，艇长是想让这些痕迹留在那里，以此提醒所有的人，这是那些阴险狡诈的敌人所欠下的血债。

1942 年 7 月，我们的潜艇与敌船的接触有所减少，这可能是由于敌船航线的普遍变化。他们显然是在学习，

∧ 美国海军"海龙"号（SS-194）潜艇，摄于1944年8月马雷岛海军码头。

---

① 译注：美军潜艇当时并不知道船上载有 1050 名盟军俘虏，他们无一生还。

就像我们盟军自己的商船队在大西洋战场上学到的一样。在顺利抵达目的地和落入"戴维·琼斯的箱子"之间，采用一条看似最长的航线往往会有完全不同的结局。我们在西澳大利亚部署的潜艇数量还是太少，必须覆盖太多的重要节点才能采用德国人所擅长的那种协同攻击或是所谓的"狼群"战术。

关于前往马尼拉、达沃（Davao）、泗水、新加坡、西贡、金兰湾（Cam Ranh Bay），以及婆罗洲的米里（Miri）和塔拉坎（Tarakan）两石油港口的附近水道的敌情，如果可能的话都必须持续保持关注。在上述每个要地附近部署我们的攻击艇群，无疑会令我们收获极为可观的红利。望加锡海峡和印支海岸附近海域也迫切须要部署艇群。不过，海军拿不出足够的舰队型潜艇来支援我的行动，意义同样重要的太平洋战区潜艇部队司令部则有足够的潜艇可以有效覆盖作战海区。这样看来的确有些不幸。敌人的反潜部队不仅数量少，而且缺乏经验，我们的潜艇攻击战术他们完全摸不透，许多日本商船上的武器装备低劣或者根本没有配备武器。此外，日军正在储存来自占领区的战略物资，并大量储备石油和汽油，这样下去将使我们付出昂贵的代价。如果在这个难得的机会窗口时期里，我们能动用100艘舰队型潜艇（而不仅仅是实际拥有的39艘）组成强大的作战力量，那么我们迎来的将会是一个巨大的丰收季。毫无疑问，这不仅会使战争缩短6个月，而且能节省数十亿美元，并挽救数以千计的美国人的生命。

我的另一半行政指挥权由驻布里斯班的第5潜艇中队的克里斯蒂（R. W. Christie）上校掌握，他的指挥部设在新潜艇供应舰"格里芬"号（Griffin）上，后者负责支援在所罗门群岛、布干维尔岛（Bougainville）、新爱尔兰岛（New Ireland）、新不列颠岛（New Britain）和新几内亚岛的炎热海域作战的11艘S级潜艇。在这些地区作战条件十分艰苦，由于这些旧潜艇上普遍缺乏空调设备，因此潜艇在水下航行时艇内会产生让人几乎无法忍受的高温。主蓄电池组的温度时常高达125~135华氏度，在这种情况下艇员们相当于在持续盐浴中生活。在30天的战斗巡逻任务结束后，他们看起来就像是从岩石下面翻出来的东西一般。当我在码头上看到他们时，他们一点也不高兴。为了使老旧的潜艇保持正常运转，他们可以说是进行了长期的斗争。无法避免的海水腐蚀会使艇体强度变差，时间久了艇体能否成功抵御深水炸弹近距离爆炸所产生的冲击是相当值得怀疑的。

大战爆发前，计划让当时在亚洲舰队服役的 S 级潜艇完成剩余几年服役期后在加维特报废拆解。但是，这些旧艇仍然可以在战时训练新的艇员，或是充当反潜舰艇的"电动兔子"①。因此海军方面最终决定用珍珠港和西澳大利亚的舰队型潜艇替换掉部署在布里斯班的 S 级潜艇，并把后者送回美国本土。这一变更措施是在 1942 年秋季初做出的，这些久经沙场而伤痕累累的功勋老艇们开始离开驻地回国，留下的是一笔笔值得称赞的关于战斗巡逻、击沉敌船、敌占区滩头渗透登陆等成功作战记录。

袖珍潜艇是另一个不断进入澳大利亚视野的新元素。人们在悉尼港的克拉克岛（Clark's Island）发现了两艘日本袖珍潜艇，它们正是 5 月 31 日晚袭击当地盟国船只的罪魁祸首。据信，共有四艘日军袖珍潜艇参与了此次由位于港口外海的伊式潜艇发动的奇袭行动。其中三艘的踪迹已经被发现，第四艘可能已经失踪或者已经回到了母艇。无论如何，这些袖珍潜艇仅仅发射了两枚鱼雷，而且都没有击中我们停在港内的重型巡洋舰"芝加哥"号。其中一枚鱼雷在没有爆炸的情况下冲上了海滩，另一枚鱼雷则击中由一艘渡轮改装而成的海军征兵营，导致数人丧生，同时击碎了停泊在附近的荷兰 K-9 号潜艇上的大量蓄电池罐。其中一艘日军袖珍潜艇显然曾经试图打开鱼雷发射管外口的盖子，但没有成功。于是这艘袖珍潜艇干脆静坐海底，艇长和机械师吞枪自尽，而另一艘袖珍潜艇被反潜网缠住，脱身之术变得气馁，于是日军艇长用爆破炸药将潜艇就地炸毁。据报告，第三艘袖珍潜艇则是被我们的深水炸弹击沉的。

这些日军袖珍潜艇本身虽然是设计建造精良的小型舰只，但实际上只是一枚超大号的鱼雷，主要被设计来捆绑固定在大型远洋潜艇的甲板上。每艘大型远洋潜艇携带两条这样的"鱼"，袖珍潜艇艇体底部有一个舱口，艇员们可通过母艇进入其中。这样一来，它们就能以水下潜航的方式直接到达目标作战水域，然后被施放。每艘艇的乘员由一名军官和一名水兵组成。毫无疑问，他们从来没有想过再回家，即使有也很少成功。

---

① 译注：意即对抗演习中的假想目标。

考虑到这四艘袖珍潜艇在悉尼港造成的所有损失，它们的建造工作似乎徒劳无功。我们在战后了解到，日本花费了数千吨钢铁、无数人力物力，以及大量时间建造了数百艘这样的袖珍潜艇。其目的就是执行这种特攻任务，并作为保卫日本本土、抵御盟军进攻的最后一条防线。很显然，如果物资和劳动力被转移到了这方面，那么可用于建造远洋作战艇型的资源就相应减少了，这对我们而言是有利的。大战期间，海军部多次收到关于制订袖珍潜艇建造计划的提议。我一直反对这些建议，因为我认为这是基于错误的考量以及对太平洋地区实际情况的不了解。日本本土港口和濑户内海的水深很浅，因此通过水雷和防潜网就足以进行充分防御，同时渗透至此的潜艇也难以通过深潜方式摆脱深弹反潜攻击。因此，让潜艇和艇员尝试进入敌人这样的防御要地无异于让其自杀，这是一种我认为永远不需要的绝望任务，我本人也不会主张这样做。我认为当我们的潜艇横扫大洋，消灭了敌人所有的海上运输力量后，陆军和海军航空兵部队就可以完全自如地处置这些日据港口了。

令我感到高兴的是，这些不经大脑思考的孩童一般的想法没有一个超越绘图板阶段。在大战期间，我们一直在建造的是几乎没有重大变化的优秀多用途型潜艇，这种潜艇就是为我们在太平洋进行的那场战争而设计的。潜艇的设计指标诞生于1938年美国海军部潜艇军官委员会，由一群杰出的海军建设者和工程天才经过大量研究后齐心协力编制而成，其中包括"安迪"麦基（A. I. McKee）上校、"沉默者"阿尔曼德·摩根（Armand Morgan）上校、"瑞典人"布莱恩特上校，以及"小腿"小莱吉特（W. D. Leggett, Jr.）上校。

第三章

由于日本海上航运在我们的打击下损失太大，因此他们决定从澳大利亚着手反击。但他们明显对我们设在埃克斯茅斯湾的基地还一无所知。距离埃克斯茅斯湾150英里的海德兰港（Port Hedland）是一个以采珠业为主的小镇，一个澳大利亚皇家空军基地就建在它的西北海岸。1942年7月29日夜，从帝汶或安邦（Ambon）基地起飞的9架日军轰炸机趁夜袭击了这里。虽然轰炸造成的损失很小，但日军的这次突袭使我们注意到埃克斯茅斯湾基地所面临的危险。为此，收复帝汶似乎是显而易见的答案，但鉴于我们在澳大利亚西海岸的微薄力量和东海岸盟军的当务之急，实现这一目标的可能性似乎微乎其微。尽管如此，我们还是在高登·本内特将军的每周会议上对这一行动计划进行了热烈讨论。

令人不安的传言不断传来，说是日军在北方和东北方向上的活动正在增加，显然日本人正准备采取行动。事实上，"东京玫瑰"[①] 曾经不无自夸地说："日本帝国陆军将在次年第一个月前占领珀斯。"在第一次萨沃岛战役期间，我们遭受了灾难性的损失，这种不确定性的增加可能会打乱我们所有的潜艇作战计划。虽然我们已经确切地得知S-44号潜艇在卡维恩（Kaviang）附近海域击沉日本海军"加古"号（Kako）重巡洋舰，但日本舰队的损失及其

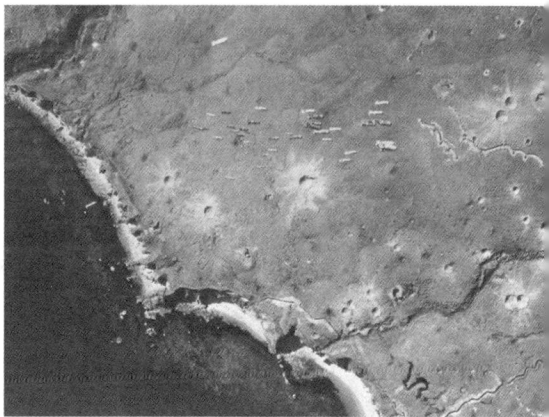

△ 美军飞机轰炸基斯卡岛的目标时拍摄的空中照片。

撤退的事实在西澳大利亚是暂时保密的。

不久，我们的电台传来一个好消息，那就是美国海军陆战队第一师已经在瓜达尔卡纳尔岛成功登陆。我们的进攻终于开始了！澳大利亚人以及我们自己的民众都反应强烈。感觉现在已经没什么能阻挡我们了，我们对海军陆战队的钦佩更是绵绵不绝。这一消息到来的同时，关于我们轰炸了阿留申群岛（Aleutians）基斯卡岛（Kiska）的消息也传了来。几天后，海军陆战队方面又宣布，从"舡鱼"号（Argonaut）和"鹦鹉螺"号（Nautilus）潜艇上登陆的美军突击队员，袭击了吉尔伯特群岛（Gilberts）的马金岛（Makin）。

上述所有这些作战活动在我的参谋人员和潜艇供应舰上的军官中产生了些许躁动，后者中某些人的军衔其实基本达到了指挥巡洋舰或运输船只的资格，

〜　"鹦鹉螺"号（SS-168）潜艇上的官兵们。

∧ 美国海军"长尾鲨"号(SS-200)潜艇。

他们也希望能在战况激烈的前线参加战斗。作为一种安抚，同时为了给这些年轻军官一些第一手的潜艇作战经验，我答应了他们中间的两三个人，他们将会得到指挥潜艇执行战斗巡逻任务的机会。泰克斯·麦克莱恩（Tex McLean）中校就是首位得到这一机会的军官。甚至连我的菲律宾小厨师也跑来找我，几乎是流着眼泪来恳求我让他执行战斗任务，他说："我的家人没了，我的钱没了，我的国家也没了。我想忘记这一切，出去参加战斗！"

在珀斯，到处都是来自中国香港、马来亚、爪哇的难民，其中很多是妇女和儿童，她们几乎一贫如洗，而她们的家园和私有财产都被敌人据为己有并肆意享用。如果她们家中还有男人，那他们如今怎么样了却很少人知道。然而，这些难民在令人心碎的处境下展露出来的勇气和他们尽力支援盟军作战的决心，却令人倍感鼓舞。对驻扎在弗里曼特尔的荷兰海军部队的官兵来说，很少有人知道他们的家人发生了什么事。对他们来说，最难以接受的是奉命按兵不动，他们期待的是任何会占用他们时间和头脑的演习、护航任务或其他项目。

8 月 15 日，来自纽约长岛溪谷（Valley Stream）的"长尾鲨"号（Thresher）潜艇艇长米利肯（W. J. Millican）少校前来报到。"长尾鲨"号是从珍珠港派出的新潜艇之一，奉命在托管岛屿附近的最热点海域执行战斗巡逻任务。米利肯宣称巡逻期间击沉了两艘日本船只，但战后的报告里只记录了一艘——在马绍尔群岛海域击沉的一艘鱼雷艇供应舰。

米利肯艇长还报告了他在特鲁克环礁泻湖北面水道巡逻时的一次独特经历。那是一个漆黑的夜晚，"长尾鲨"号和一艘日本巡逻艇几乎是在快要发生迎面碰撞的时候发现了彼此。米利肯本能地下令紧急转向以避免发生碰撞，同时下令清空舰桥并发出紧急下潜的警报，希望能在敌舰撞到自己之前潜入水下。然而，日本人可能误以为"长尾鲨"号是另一艘日军巡逻艇，同样巧妙地操纵船身紧急规避以避免碰撞，结果导致双方几乎是肩并肩地平行着停了下来。日军巡逻艇此时位于美军潜艇侧后方一定距离，因此其单人操纵前主炮无法瞄准潜艇并射击。根据米利肯艇长的回忆，当他从指挥塔围壳舱口滑进艇内时，听到日军艇长操着难懂的语言朝他的炮手咆哮，似乎是想拔掉后甲板副炮口的盖子却没有成功。而当日军巡逻艇艇长终于意识到可以投掷深弹进行攻击时，即使双方当时距离很近，深弹爆炸的冲击力也仅仅炸掉了"长尾鲨"号艇身排气歧管上的几个扳手。当这场喧闹最终平息下来后，"长尾鲨"号上的官兵们这才有时间尽情地对日本人展开嘲笑——后者该怎样向他的支队长解释，通过巧妙的机动成功地避免了与一艘美军潜艇相撞？而他们是会砍了他的头还是会让他自行切腹？

这一时期除了偶尔传来一两个小消息之外，还从布里斯班传来了一条坏消息。由来自内华达州雷诺（Reno）的布朗（F.E.Brown）上尉指挥的S-39号潜艇在罗塞尔岛（Rossel Island）附近海域不慎撞上暗礁，艇体完全撞毁。亨德里克斯（C.N.G. Hendrix）上尉和军需长肖恩洛克（Steward W. L. Schoenrock）携带着缆绳设法游泳上了岸，所有艇上人员都通过这条缆绳穿浪登上了海滩，没有任何人员伤亡。

我们的埃克斯茅斯湾计划则在继续向前推进。"小手指"索普中校组建了一支"远征队"，在美国海军后备役部队（USNR）非常能干和足智多谋的土木工程官霍利斯特（R.E.Hollister）上尉及其他几名军官的陪同下，"远征队"乘车前往埃克斯茅斯湾，探讨在距离我们的燃料驳船锚地尽可能近的地点建立一个营地的可能性。为了在巡逻任务的间歇期内对潜艇进行整修，我们在这一锚地部署了一艘供应舰，因此很有必要在岸上建立一个简易活动房式的营地，以容纳我们的潜艇维修部门人员，同时让潜艇艇员在这里轮流休养。诚然，这样的一个营地所提供的休闲活动仅仅包括游泳、打猎、钓鱼和放映电影，异性社交的魅力则完全不存在。不过，我还计划调派航速较快的"伊莎贝尔"号（Isabel）（由游艇改装成的炮舰，原部署在中国长江流域）作为渡船前往弗里曼特尔，让船员们在珀斯能多出几天自由时间。"小手指"结束远征沿着当地危险的小路——澳大利亚当地人称之为"灌木丛小道"——返回驻地。很明显，为了给前出基地提供补给，渡船才是主要而有效的途径。

"鲍勃"英格利希曾经致信给我，信中希望我同意把"旗鱼"号潜艇艇长迪克·沃格（Dick Voge）调配给他前去担任驻珍珠港的作战参谋。我虽然同意了，但是极不情愿，毕竟经验丰富的潜艇艇长非常难得。我几乎没料到这一变化有多重要，也不知道迪克将来会成长为一位多么非凡的作战参谋。我还是想和还在奥尔巴尼的沃格谈一谈，于是我搭乘"雀鳝"号（Gar）前去那里。当我登上"旗鱼"号潜艇时，我发现迪克正以一种独特的姿态俯身趴在他的小桌子上，他正在绘制一张巧妙的图表，用来演示不同型号的鱼雷齐射扇面时发射参数的设置。迪克极富创造性的头脑总是在琢磨一些创新的、聪明的点子，这一习惯也决定了他最终能够成为太平洋舰队潜艇部队一名工作出色的作战参谋。

次日，我乘车返回珀斯。但在离开"珀利阿斯"号之前，我召集所有军官到军官室开了个会。1939 至 1940 年期间，我担任前潜艇部队司令弗里德尔（W. L. Friedell）海军少将的参谋长。"大个子伊夫"弗里德尔有一个伟大的习惯，也就是他所说的"军队训话"。在每次特别行动之前，或是在他有任何突发奇想的时候，他都会召集他所有的军官与之交谈。他有时会骂他们，有时会拍他们的背，但在整个过程中，他总会通过自由讨论收集到一些有用的想法。

这种做法很好，我也毫无保留地予以沿袭。其实再糟糕的情况，只要去完全分解它，正视它，并找到症结所在，就没什么是解决不了的。"大个子伊夫"还没有骄傲到不愿接受任何人（无论军衔军阶高低）建议的程度，当他交给手下一份差事时，他会让他放手去做，而不是一直盯着他，这些都是我想效法的美德。当然我也发现，在整个战争期间，特别是在视察新驻地时，"军队训话"的做法总能在快速建立联系和产生好点子方面收到很好的成效。

　　我们也讨论过几种特殊场合下的特殊情况，其中包括婚姻和公众宣传。我的一项额外职责就是婚政局的运作管理。西南太平洋战区司令按照美国政府高层的指示发布过一条命令，有传言说命令是未经所在部队指挥官的首肯，海军部队人员不得与外国女孩结婚。这项命令还要求准新郎在一封正式公函中明确声明他的婚姻意图，而且六个月后才能举行婚礼。显然对于每桩这样的婚事中的女方是否绝对可靠，部队指挥官多少是要负些责任的。关于这道命令有多合理合法，我无从判断，因为我们从来没有过这样的实验案例。不过我曾试图取消这六个月的"冷却期"，或者至少将其缩短为三个月，结果都是徒劳的，而准新娘的名声通常可以通过写给教堂牧师的信轻易了解到。西澳大利亚州的女孩都长得特别漂亮，而且大多是运动型的，所以我们的小伙子们被她们所吸引也就不足为奇了。

　　公众宣传则是另一个让我们头疼的问题。为了提高国内民众的士气，海军部被要求每天都要发布关于这场战事的实况报道，因此他们正面临着巨大的压力。我们潜艇部队可不想参与这件事，我们宁愿什么也不发表，甚至连每艘返航的潜艇击沉敌舰的战绩都不想对外公开。我觉得这样可以令敌人无从判断他们未能返回港口的船只的实际情况，这不仅能让他们的神经保持高度紧张，而且会使他们不知道可以根据什么来改变航线或改进反潜措施。我们希望日本人一直认为他们现有的战术是极为有效的，以至于让他们相信自己每投下一枚深水炸弹就能击沉一艘美军潜艇。我还建议刊发一份新闻稿，大意是美国海军方面对其潜艇的损失深感关切。德国海军潜艇部队司令邓尼茨（Doenitz）海军上将不久前发表过一次讲话，他在讲话中暗示他的损失巨大。这无疑是为了使同盟国方面相信他们的反潜作战是成功的，但实际情况肯定不是这样。

　　曾有传言提到，一名公职人员在一份新闻稿中不无夸耀地说，美军潜艇并不害怕日本驱逐舰，因为日本人的深弹威力不足以损伤到我方潜艇，甚至连深度都达不到。不管这个谣言是否建立在事实的基础上，它对于敌人的价值其实是可以很容易被认识到的。1942年秋，日本人确实从根本上改进了他们所配备的深水炸弹的性能指标。1942年全年，我们只损失了三艘潜艇，大概是深弹攻击造成的。而仅在1943年的前几个月，据报道就有六艘美军潜艇"逾期未返航，据推测已损失"。潜艇官兵们都相信自己是无比骄傲的"沉默舰队",但其实他们也很难堵住所有的漏。

　　大战初期的 1942 年 9 月 2 日,从珍珠港起航执行战斗巡逻任务的"白杨鱼"号(Gudgeon)潜艇在艇长乔·格伦费尔(Joe Grenfell)中校的指挥下,在敌情活跃的托管岛屿海域击沉了美军潜艇部队的第一个战利品——伊–173 号(I–173)。"白杨鱼"号现在的艇长是来自密西西比州皮卡尤恩(Picayune)的斯托沃尔(W. S. Stovall)中校,他则宣称"击沉或可能击沉"四艘日军潜艇。然而其中三艘几乎可以肯定是返回了母港,因为根据战后的报告,斯托沃尔只在特鲁克群岛西南海域击沉排水量为 4858 吨的"浪速丸"号(Naniwa Maru)。"白杨鱼"号潜艇的副艇长是"杜斯蒂"多尔宁(R. E. Dornin)中校,多尔宁在美国海军学院(Naval Academy)期间就因为高超的足球、棒球和篮球水平而享誉全校。而作为日本海上航运的毁灭者之一,他辉煌的作战生涯才刚刚开始。

　　在每艘潜艇执行战斗巡逻任务之前,我们都要仔细地对其进行测试,看看

∨ 美国海军"白杨鱼"号(SS–211)潜艇,摄于1941年。

∧ 排水量达12752吨的日本运输船"巴西丸"号（Brazil Maru）。

艇上机械设备部件是否有噪声过大的现象。由于日本海军驱逐舰的水声监听设备非常出色，因此我们潜艇的"静默潜航"能力尤为重要。一天清晨，我前去现场查看了"矛鱼"号潜艇的终期测试情况。我们选择了弗里曼特尔港外科克本湾（Cockburn Sound）的一个美丽的小海湾，用一套便携式分贝计逐一检查艇上机器设备的噪声水平。如果发现有任何机械设备太吵，那么就能马上找出原因并做出调整，直到潜艇能够保持令人满意的静音性能。大多数潜艇都能顺利通过这一测试，但随着艇上主减速齿轮的老化，潜艇有时也会超过允许的噪声阈值。一旦发生这种状况，除了把该潜艇部署到敌方反潜力量不处于"第一梯队"的巡逻区之外别无他法。一旦任务繁忙的马雷岛码头或旧金山海军猎人角（Hunters Point）船厂可以腾出手来承担潜艇整修工作，我们就会立即把潜艇送回去对减速齿轮进行打磨翻新。

这期间，虽然巡逻区域几乎遍及所有作战海区，但只有三四艘潜艇带着战果返回弗里曼特尔。其中，"南欧鲭鱼"号取得了相对最大的战绩：在印度支那海域突出部击沉排水量为 5872 吨的日本客货船"俄亥俄丸"号（Ohio Maru）。南中国海至菲律宾一带海区的目标较少，这可能是敌人在新几内亚群岛东北部海岸、新不列颠、新爱尔兰和布干维尔岛一带的作战活动加剧所致。日本人显然是在用他们海上运输力量的主力来运送部队和物资，以此加强他们在南太平洋前哨阵地的实力，从而抵抗我们在所罗门群岛的海军陆战队和陆军的持续攻势。

位于布里斯班的潜艇则取得了相对理想的战绩，其中包括"六线鱼"号（Greenling）潜艇击沉的排水量达 12752 吨的日本运输船"巴西丸"号（Brazil Maru）以及 S-38 号潜艇击沉的排水量为 5628 吨的"明阳丸"号（Meiyo Maru）。这样一来，西南太平洋战区潜艇部队在 8 月里击沉敌商船的吨位数就达到了 38057 吨，这一数字中包含了大量日军运输船，这更令我们感到高兴。被 S-44 号潜艇所发射鱼雷击沉的日本海军"加古"号重巡洋舰，更是将总吨位数提升到 46857 吨。

与此同时，我们在珀索特当地建立活动板房营地的计划正在推进。9 月 11 日，乔·修中校与我一起带着高登·本内特将军的参谋人员[①]一同搭乘海军的水上飞机前往埃克斯茅斯湾，为这一计划中澳方所承接的部分制订初步方案。我们占用了水上飞机母舰"普雷斯顿"号（USS Wm. B. Preston）上格兰特少校的起居室，并征用了他的一艘平底船来考察索普中校暂时选定的地点。当时"矛鱼"号潜艇正停靠在最近配备的燃油驳船旁加油，所以我也利用这个机会前去视察了一下这个新的支援设施。

上了岸我们才发现，"远征队"所挑选的确实是一个极佳的地点。这儿有一处浅滩，可用于建造一个临时的码头供小型船只使用。海岸线后面是 40 英尺高的沙丘，活动板房建在这些沙丘后面能受到一定程度的保护，从而免受大风的影响。大约 1 英里外是一大片平坦的土地，在那里不用花费太多的劳力就可以建造一条可供战斗机起降的跑道。我们计划在那里部署一批战斗机以应对日军

---

① 原注：即澳大利亚帝国军队第一远征军团（AIF）的克莱因（B. E. Klein）准将和澳大利亚陆军（AMF）的扬（J. S. Young）上校。

的空袭行动，例如 7 月份黑德兰港遭受的那种轰炸袭击。根据与澳大利亚皇家空军方面达成的初步计划，战斗机中队基地将设在延里（Yanrey）地区以东约 20 英里的地方，由澳大利亚飞行员驾驶"喷火"战斗机升空作战。

我的团队一致认为，在珀索特基地建立潜艇部队前出基地的设想是完全可行的，这将使我们在潜艇巡逻半径方面获取重要收益，从而进一步证明我们所需要的军费和物资支出是合理的。而且我们认为，即使是向敌人迫近这一小步，其所造成的心理影响也是重要而深远的。

回到珀斯后，我与驻弗里曼特尔海军补给站的勒瓦瑟（J. J.Levasseur）中校举行了会议，我们组织到一批用于前出基地的设施和物资材料，其规模与数量足以建造几个这样的营地。其中包括一艘自行式浮桥驳船，可以用来将重型装备和防空炮从船上转运到岸上进行组装，此外还有履带式起重机（樱桃夹式升降装卸台）和推土机。勒瓦瑟所提供的物资中最有价值的是用于修建跑道的孔压金属板和铁丝网，这些物资还可以用于在深沙区修建道路。

在高登·本内特将军的保证下，澳大利亚陆军方面随时准备协助我们钻井，同时会提供一个由 8 门 3.7 英寸口径高炮组成的防空营来支援我们。得到这一许诺后，我立即向西南太平洋部队（Southwest Pacific Force，西南太平洋战区的新名称）司令部发出了一份通知，请求他们准许我马上启动这一行动。

然而，在关于我的潜艇部队主力到底应部署在弗里曼特尔还是布里斯班的问题上，部队高层的决策却产生了各种延误和迟疑。我希望的是，西南太平洋战区潜艇部队最终能拥有 48 艘潜艇，基地分别设在弗里曼特尔、布里斯班、珀索特和达尔文。在布里斯班部署的半数规模潜艇的保证下，我们就可以在关岛以南纬度的所有托管岛屿海域开展巡逻活动，从而减轻驻珍珠港潜艇部队的负担，其余的潜艇则负责在南中国海一带巡逻。这样一来，我觉得我们就完全可以阻断日军在菲律宾、马来亚和印度尼西亚一带的海上交通线。不幸的是，尚不能确保有足够数量的潜艇能够投入到这样的任务中去，可供部署的潜艇和潜艇供应舰的分配还处于不断变化的状态。因此直到 11 月 2 日，"苍鹭"号（USS Heron）扫雷舰才带着一个任务小组和初期的必要设备离开弗里曼特尔，前去准备珀索特的建设工作。

　　利用这一档口，我急匆匆地搭乘一艘登陆舰前往布里斯班，在那里与西南太平洋部队司令卡彭德（Carpender）中将和第42特混舰队指挥官克里斯蒂上校就珀索特的建设和鱼雷供应问题进行磋商。由于目标稀少，因此我们的潜艇部队在8月份总共只发射了76枚鱼雷，在9月份总共只发射了77枚，而我们的鱼雷供应量正逐步趋近于零。我从军械局那里得到的最好的承诺是平均每月交付48枚，然而这一承诺没有得到兑现。8月至9月期间，我们总共只接收到36枚。

　　我的参谋人员选择了六个理想的地点可用于布设水雷。根据需要，我们计划派遣"长尾鲨"号、"鼓鱼"号（Tambor）、"雀鳝"号、"南欧鲭鱼"号和"鲦鱼"号（Granadier）潜艇来完成这一海上布雷任务。所有上述雷场应该同时实施布雷，这样敌人就没有机会逐步了解我们的布雷战术和水雷的性能特点。不过，计划的后半部分我们实际上没能执行。我们所选择的型号是MK XII型磁性水雷，这与德国人在欧洲水域最初取得巨大成功的水雷类型相同。在布里斯班的指挥部看来，鱼雷供应的问题没有任何缓解迹象，因而只能着力于眼下的布雷计划。10月和11月上旬，我们在暹罗湾（Gulf of Siam）最北端和中国海南海峡[①]之间海域布设了五个水雷场，每艘潜艇除水雷外还携带了八枚鱼雷。我们不知道中国人是否也在自己的水域布设了水雷，这也是我们不得不承担的风险。

　　到达珀斯后，我发现我们的一架巡逻机轰炸了刚刚部署到弗里曼特尔的荷兰K-12号潜艇，幸运的是没有击中。显然，没有发出正确的敌我识别信号是这次误击事件的根本原因。两天后，"真鲷"号（Snapper）潜艇也遭到了类似的轰炸，这次则造成了严重的损伤。这一系列事件催生了一项新命令，而且在大战后期推广到了大部分太平洋战区，那就是我禁止盟军飞机轰炸西澳大利亚水域的任何未被明确识别为敌方目标的潜艇。我们拥有的潜艇已经很少，远远不够那些"扣扳机爱好者"（飞行员）拿来胡乱瞄准，我们可冒不起这个险。

　　10月底，上级下达了派遣吉米·费弗上校担任卡彭德中将特别职务的调令。这是个突如其来的变化，但当我们得知他将在麦克阿瑟将军的参谋部担任海军

---

① 译注：意指琼州海峡。

联络官时，我的感觉就好多了。这是因为我急于在军事法庭上找到一个朋友，他也许可以说服陆军航空队不再误炸我们的潜艇。幸运的是，截至目前只有一艘潜艇因误击事件受损，即"重牙鲷"号（Sargo）上的两部潜望镜被澳大利亚皇家空军所扔下的炸弹炸毁。但是以后潜艇在途经安全水道时，这类粗心大意会不会再次导致致命的后果仍不得而知。我宁愿这些"飞行小子"放弃一百次攻击疑似敌舰的机会，也不要再突如其来地冲着我们自己的潜艇俯冲投弹。

除了这些令人沮丧的事件之外，还有消息称澳大利亚皇家海军"航海者"号（Voyager）驱逐舰在日军控制的帝汶海岸附近礁石区搁浅，最终宣告被毁。该舰奉命前去帝汶南部一个交通不便的地区撤离抵抗日军的大约 600 名难民，其中包括澳大利亚人和荷兰人。"航海者"号已尽可能近地下锚，但强烈的海流

∧ 正在马雷岛船台上进行大修的美国海军"重牙鲷"号（SS-188）潜艇。

∧ 荷兰皇家海军"切克·希德斯"号（Tjerk Hiddes）驱逐舰，摄于鹿特丹，1949年10月。

还是把驱逐舰抛向了礁石区。日军轰炸机不久后到来，"航海者"号的命运就此终结。"航海者"号上大约有 100 名舰员被迫登岸，成为难民的一员。

事情发生之初我们几乎束手无策，因为我们的特混舰队中仅剩的两艘驱逐舰荷兰皇家海军"范·盖伦"号（Van Galen）和"切克·希德斯"号（Tjerk Hiddes），正在外执行护航任务。而如果动用潜艇，那么须要多次出航才能疏散这么多人。最后，我决定指派"切克·希德斯"号驱逐舰去达尔文执行难民撤离任务。通过精心计算时间，一路高速航行的"切克·希德斯"号于夜间时分顺利抵达帝汶海岸，往返两次成功疏散了所有难民。在驱逐舰甲板下面的空间里，人们像沙丁鱼一样拥挤着，甲板上只有站立的地方。当"切克·希德斯"号返回弗里曼特尔后，除了一个舵受损外没有任何损伤。因此我十分热切地建议为"切克·希德斯"号舰长颁发"军团荣誉勋章"（Legion of Merit）[①]。

9月30日这天，我花了相当长的时间前去弗里曼特尔的海军船台，查看首艘使用我们最新完工的船台滑轨设施完成大修工作后的潜艇"鲑鱼"号重新下水的情况，整个下水过程花了足足一天时间。我在日记里这样写道："澳大利亚的劳工真是太慢了！我想我很快就会去拜访总理（西澳大利亚）先生，如果工作进度再不快点，我就不得不把整个项目都租出去。"在这一决定的压迫之下，工程经理在第二天晚上解雇了一个明目张胆外出闲逛的负责艇体清洁的工人，结果造成整批工人全部罢工。比尔·琼斯少校当时正好在场，对事态进行了紧急处置。他立即前去"霍兰"号上，在那里临时征募了一个由50人组成的施工组，并在创纪录的时间内完成了船台上潜艇艇体的清洁和涂刷任务。第二天一早，我在拜访西澳大利亚州的总理时提到了另一个值得关注的方面。虽然我完全赞同琼斯的行动，但是这可能会导致整个船台的工人罢工，这是我可以预料到的。我把事情的情况告诉了总理，并解释说战争的紧急态势已不允许我们抽出时间来处理劳工问题。总理表现得彬彬有礼，显然他与我意见一致。此后，只要我留在珀斯并且没有其他麻烦，我们就继续在船台上雇用我们自己的施工队伍。可以想象，这套船台滑轨在建成后的开始几个月就进入到全负荷工作状态。大多数潜艇已经离开码头很长时间，它们的艇体底部看起来就像个海洋花园，而只有刚从珍珠港抵达这里的新潜艇才能达到16节以上的航速。

根据我们的估计，9月份在西南太平洋战区遭到美军潜艇攻击的日军舰船中，有八艘被击沉，五艘被击伤。但在战后的报告里，被击沉敌船的数量减少了一半，因此战绩应该是击沉四艘，吨位共计17041吨，此外击伤九艘。其中最大的战绩由"秋刀鱼"号（Saury）潜艇取得，其艇长是来自得克萨斯州巴克霍特（Buckholt）的"特克斯"梅文尼少校（L. S. Mewhinney）。该艇在望加锡海峡海域击沉排水量为8606吨的日军飞机运输船"关东丸"号（Kanto Maru）。

[①] 译注：美国政府向美军或盟军军人颁发的一种勋章，授予服役期间功绩卓著的人员。

^ 美国海军"秋刀鱼"号（SS-189）潜艇的指挥塔围壳特写。

荷兰皇家海军少将科斯特（F.W.Coster）是荷兰驻澳大利亚的高级海军武官，他从驻墨尔本的指挥部专程飞来视察我在西澳大利亚指挥的荷兰皇家海军舰艇和战斗人员的情况。科斯特将军年轻时曾在荷兰潜艇上服役，是一名热情洋溢的潜艇人，也是当年负责在荷兰潜艇上安装空调设备的负责人之一。我们美军潜艇官兵第一次看到这样的空调装置是在1929年，当时荷兰皇家海军的K-13号潜艇正通过巴拿马运河。我们对这个创造发明十分感兴趣，但美军潜艇直到1934年才开始安装空调设备。当时这一新设备遭到许多人的强烈反对，他们讥讽其为"酒店设施"，但它对于潜艇官兵在热带水域作战期间的健康和耐力状况无疑起到了很大的帮助作用。荷兰人一直都有所谓的"智能"潜艇，也正是他们发明了一种被我们称为"提升阀"的装置，这种装置主要被用来消除潜艇发射鱼雷时从发射管冒出来并且浮至海面的气泡。

与此同时，"海龙"号潜艇带着击沉一艘、击伤两艘的战绩结束其战斗巡逻返航。"海龙"号的艇长还提交了一份惊人的报告，他的艇上进行了一场阑尾切除手术，而且该艇是所有三艘曾经完成这一壮举的潜艇中的首创者。后来，医务官向所有艇上医师发出指示，禁止在战斗巡逻期间在艇上实施阑尾切除手术。当时"海龙"号正在距离基地3000英里的印支海岸，艇上美国海军预备役部队的一名一等水手雷克托（D. D. Rector）突发急性阑尾炎。当然，"海龙"号潜艇上当时并没有配备医生，于是艇上的一等药剂师（Pharmacist's Mate the first）利普斯（W. B. Lipes）情急之下在艇上牵头临时组建了一个医护小组，并且对这个病例做出了正确的诊断。在我们尚未学会如何用磺胺类药物控制急性阑尾炎症状之前，我们通常使用的冰袋似乎并没有给患者带来任何缓解，患者本人也非常痛苦，他请求"医生"立即动手术。毫无疑问，当时包括艇长费罗尔少校在内的所有相关人员都对这台手术心里没底，但这似乎更是一个生死攸关的问题。因此，在仔细研究了艇上现有的医学书籍之后，他们把潜艇下潜到了艇体不易发生漂移的 120 英尺深度，于是开始了手术。正如我们的潜艇中队医务官后来所描述的那样："在上帝和一把长柄勺子的帮助下，手术取得了成功。"

当我登上潜艇返回弗里曼特尔时，艇长在他的例行报告中向我提到了这件事。我问及病人是否康复良好，艇长立马拿出了证据：水手走进军官室，他掀起衬衫，露出一个大约 6 英寸长的伤疤，两眼闪闪发亮。由于他是第一个在潜艇上做阑尾切除手术的人，因此他骄傲得简直像一只孔雀。药剂师利普斯也被请到了我的面前，他同样为自己的成就感到自豪。他说，最大的困难其实并不是切开患者的腹部，而是要准确找到阑尾。我问他手术总共花了多长时间，他回答说，大约两个半小时！"上帝啊，"我说，"一针乙醚的效力能持续那么久吗？""哦，不，先生，"他回答说，"但每当我感觉到他的肌肉变硬了，我就知道麻醉效力快消失了，这时我会再给他一针！"

艇长先生推荐他手下的这位医护兵担任总药剂师（Chief Pharmacist's Mate），我衷心同意。他的勇气、机智和承担责任的意愿当然值得高度褒奖。然而，令我惊讶和失望的是，中队医务官对这件事"看法很糟糕"。按照他的说法，如果把病人包裹在冰块中间，吃上饥饿疗法式的液体食物，相比经历像这次手术这样的折磨，病人存活的机会要大得多。或许这是真的，但不管怎样，我们让这位"医生"得到了他应得的晋升。

10 月里最沉重的打击发生在我接到命令派遣"霍兰"号供应舰和 8 艘潜艇前往布里斯班基地的时候。如此一来，给我留下的作战力量就仅剩 1 艘潜艇供应舰和 12 艘潜艇了。当然，对奥尔巴尼方面就不会有任何进一步的抽调需求。所以我乘车前去那里，组织我们所有的舰艇出海进行演习。我宣布这次演习的目的是考验潜艇供应舰和扫雷舰的实战能力，当晚即返回奥尔巴尼，连澳大利亚皇家海军"阿德莱德"号（Adelaide）巡洋舰也从弗里曼特尔赶来参加。我们在 10 月 23 日清晨起程返回，这是我们最后一次看到奥尔巴尼这个美丽的城市，那里有许多乐于助人和热心肠的人，还有一个景色壮丽的港口。我记得奥尔巴尼俱乐部里有一张珍藏多年的照片，那是一张美国舰队的照片，画面上这支舰队在1908年至1909年期间完成环球航行后正驶入他们的锚地。

部队规模和实力的减弱对我们的行动而言是一个巨大的障碍，但我们勒紧了腰带并没有放弃。"重牙鲷"号潜艇在印度支那海岸附近结束为期两个月的战斗巡逻任务返航后，特克斯·麦克莱恩中校也回到了我的作战办公室。由于长期缺乏阳光照射，因而他的脸色看上去有些苍白和憔悴，就像战斗巡逻任务结束时的大多数潜艇指挥官一样。然而，作为一名随艇"乘客"，他有许多时间来思考我们所面临的问题，也正是这样他才会带着大量对作战方法可能产生改进的想法回到这里。

毫无疑问，从作战能力的角度衡量，我们的潜艇指挥官可谓进步神速。早在战争爆发初期，我们还一度认为敌人反潜舰艇和飞机的力量太过强大，因此我们所有的潜艇在昼间执行任务时不得不保持潜航状态，只在夜间上浮海面。虽说这种境况客观上使潜艇上的瞭望哨和声呐兵们迅速地得到了锻炼，但毕竟也极大地限制了我们潜艇部队作战的时间和空间。如今，就在太平洋战事如火如荼进行之时，我们的潜艇指挥官们逐渐发现敌反潜措施远远无法做到覆盖整个作战海区。这样一来，潜艇在白天保持水面航行的问题也就没那么大了。

与此同时，在大战爆发初期，我们夜间攻击的实战经验还十分匮乏，一些夜间模拟攻击训练不得不在战时组织展开。为此，我们不得不投入大量的安全措施和人力物力，希望以此来避免这类训练中因经验不足而可能造成的舰艇碰撞事故和大量鱼雷消耗状况。然而这样一来，训练中的实战真实性也就大大降低了。大战进行到现在，潜艇的夜间攻击日渐频繁，几乎已经成为海上战斗巡逻任务的家常便饭。一旦锁定目标，我们就会发现在暗夜中发起攻击要比在白天简单得多。举个例子来说，日军舰船在夜间航行时就很少采用我们在白天所常见的Z字形规避航线。当然，在可视条件良好的晴朗夜间，我们的潜艇还是尽量采取水下航行状态以降低被发现的概率。通过采用新发现的光学技术手段，潜望镜的镜片得到改善，这使潜望镜的视野要比过去明亮许多。这样一来，潜望镜即使是在这种环境下，夜间视野也是非常理想的，这也就极大地提升了我们使用潜望镜执行夜间作战任务时的效率。

艇长们还有一个大发现，那就是利用水下声呐回波测距设备，仅仅通过主动声呐波的单次砰击便可有效测定目标方位和距离。在攻击任务中的后半程关键阶段，这一技术手段非常行之有效，而且不易被敌舰察觉。说到这里，还有两件非常重要的事情等着我们尽快完成，一是用于夜间在舰桥上测定目标方位的装备急需改良，另一件事情是须要改变伪装手段。实战经验表明，在夜间环境下，采用新的灰色艇体涂装反而要比我们从大战初期便开始采用的黑色艇体涂装的可视度低。

伴随着一系列战术和技术的改进和应用，我们得以发现越来越多的目标，因此击沉、击伤敌舰船的战绩也很自然地开始逐步提升。随着战事的推进，日军开始利用马来西亚、印度尼西亚和菲律宾等地的油井、炼油厂、制糖工厂等工业设施大量攫取战争资源。而当这些宝贵的战争资源的生产设施和供应线被当地抵抗组织和盟军破坏后，作为侵略者一方的日军往往要花上几个月的时间来征召劳力进行修复重建。这一时期，日军海上物资的运输量就会随之明显下降。根据这一点进行分析，在1942年春夏之交的这段时间，美军潜艇部队在东南亚海域发现日军舰船目标比较少其原因就和日军海上能源供应线的这种阶段性沉寂有很大关系。

按照当时的乐观统计，在1942年10月间，美军潜艇部队在太平洋西南海域总共击沉14艘日军舰船，另外击伤5艘。但按照战后的战果统计，这一数字被削减到了击沉9艘，吨位共计39789吨。当月里我们所取得的最重要的战果当属"鲟鱼"号潜艇在俾斯麦群岛海域击沉排水量为8033吨的日本海军飞机运输船"葛城丸"号（Katsuragi Maru），当时"鲟鱼"号艇刚刚迎来他们的新艇长——来自罗德岛米德尔顿的皮岑科斯基（H.A.Pieczentkowski）上尉；同样，由艇长斯托沃尔指挥的"白杨鱼"号击沉排水量为6783吨的日本货轮"朝光丸"号（Choko Maru）；由人称"笑脸科"的吉姆·科指挥的"鲣鱼"号潜艇则击沉排水量为6781吨的日本货轮"春光丸"号（Shunko Maru）。在此期间，另有两艘舷号船名未知的日军舰船被击沉，其在美国陆军—海军联合评估委员会（JANAC）战后编制的报告中被列为"不明日军船只"。从这一点意义上来看，实际上日军舰船的损失更高，日军战局的衰败由此可见一斑。

第四章

11月6日，我搭乘一架"卡塔琳娜"水上飞机出发前往埃克斯茅斯湾，随行的还有墨尔本指挥部的几位澳大利亚参谋人员，他们希望在得到澳方最终批准之前掌握关于整个珀索特建设计划的第一手资料。其中，怀特洛（Whitelaw）将军和布坎南（Buchanan）中校分别代表澳大利亚陆军和海军方面，克莱因准将则是高登·本内特将军的代表。

飞机起飞大约一个小时后，飞行员告诉我说飞机左侧发动机漏油严重，因此得在杰拉尔顿（大致在珀斯以北200英里处）降落修理。没过几分钟，左侧引擎突然熄火，导致飞机急剧下降，飞行员用尽气力才重新控制飞机。传令兵回到后机舱报告说："飞行员说左侧引擎熄火了，他要返回珀斯去，并尽可能长时间地让飞机留在空中。"低头望着我们下方那片荒凉的海岸线，我由衷地希望没什么能阻止他"留在空中"。当我们飞抵位于珀斯的天鹅河（Swan River）时，飞机只剩下大约50英尺的高度，飞机成功降落后我们马上转乘另一架飞机，然后最终到达埃克斯茅斯湾，一路平安无事。

澳大利亚军方参谋人员最终确信，前去珀索特并在那里做出进一步安排是完全切合实际的。几天后，我得到西南太平洋战区司令的许可，开始在那里建造营地。至于调派一艘潜艇供应舰去那里的打算则暂时搁置，直到我们在弗里曼特尔港为维修、保养潜艇而租用的粮仓拥有足够的装备设施。

11月9日（东经日期），世界再次被一个令人吃惊的行动所震撼，这一行动被掩盖得如此隐秘，以至于我们这些身在澳洲的人都不知道它的展开——我们的盟军部队在北非登陆了！整场登陆行动看来是成功的，而潜艇在这一系列两栖攻击行动中充当了信标舰。紧跟着这一消息，关于我们的海上作战在11月12日至14日间取得决定性胜利的消息从瓜达尔卡纳尔岛传来。虽然我们在舰艇和人员上遭受了沉重损失，但是日军在所罗门群岛的进攻主力被瓦解了。

珀索特的初步建设工作现在可以迅速、安全地进行了。负责先遣工作组的军官是"比尔"海耶斯（W.J.R. Hayes）上尉（后来被委任为基地指挥官），他夜以继日地和手下一起工作，准备运送物料上岸和搭建施工棚屋。美国海军预备役工程兵部队（CEC）的霍利斯特上尉负责建筑施工细节，他发明了一种他自称为"珀斯小屋"的长方体便携式镀锌铁棚，我们把这种棚屋作为食堂、仓库等使用，而把隔热活动板房腾出来用作宿舍区、医务室和其他须要免受热带阳光炙烤影响的居住空间。

"南欧鲭鱼"号潜艇结束巡逻任务再次返航时，带回来的是确信击沉一艘排水量为 4000 吨的日本客货船的战绩，还确信击中另两艘，但尚不清楚是否已经沉没。此外，"南欧鲭鱼"号还带回来 4 名来自菲律宾三宝颜港（Zamboanga）的青年。在苏鲁海（Sulu Sea）海域，"南欧鲭鱼"号遇到了一艘排水量为 75 吨的捕鱼帆船"海鲜 II"号。当潜艇朝其船头方向警告性射击后，船上的渔民急忙挂起了日本旗。令其靠边停靠后才发现，船上有 12 名日本人和 4 名菲律宾人。后者被带到了"南欧鲭鱼"号上，前者则被勒令弃船并登上渔船上的一艘小艇。"南欧鲭鱼"号留给了他们一些必要的食物和水，并给他们指明了距离那里最近的陆地方向，最后则用甲板炮将这艘渔船予以击沉。

菲律宾人说，他们被日本人扣押在渔船上，像囚徒一般劳作而没有任何报酬。他们后来给我们提供了大量关于美国人和菲律宾游击队仍在棉兰老岛（Mindanao）作战的重要情报。

"长尾鲨"号潜艇则是在暹罗湾最北端完成 32 枚水雷的海上布雷任务后返航的。根据"长尾鲨"号的报告，其中的两枚水雷几乎刚设定完引信后就爆炸了，不过布设水雷和引信工作之间的安全时间足以使布雷潜艇远离布雷现场。"长尾鲨"号潜艇此番巡逻任务只携带了 8 枚鱼雷，任务期间发动了数次鱼雷攻击，而且用光了所有鱼雷。

返航期间，"长尾鲨"号沿着苏拉威西群岛的西海岸航行，途中看见一艘船停靠在距离海滩很近的地方，显然是搁浅了。米利肯艇长命令潜艇下潜，从水下小心翼翼地靠近观察，试图找到一种不至于令潜艇遭受日军太大空中威胁的方法来摧毁这个目标。米利肯知道，日军在距离望加锡市大约 25 英里远的地方就有机场。于是他决定等到夜幕降临，然后上浮海面用 3 英寸甲板炮将其击沉。

然而，日本人也在奋力使他们的船离开礁石区，可以观察到日本船员正在把压载水从船上抽出来，同时在船艉下锚。最后在距离日落仅剩两个小时的时候，这艘日本船终于成功驶离礁石区并开始起锚——这对米利肯艇长来说可接受不了。

他是不可能让那艘船就这么离开的。因此，无论这艘船有没有日军飞机的空中掩护，他都决定"战斗上浮"，用甲板炮将其击沉。而战后的报告中并没有认定"长尾鲨"号在这次巡逻途中用鱼雷击沉了任何目标，这最后一艘船则被认定为"身份不明的日本船只，可能已沉没"。

米利肯艇长已经充分证明他知道如何很好地运用小口径火炮进行水面攻击，所以我决定为他配备更好的火炮武器——一门刚刚运送给我们的 5 英寸口径潜艇

∧ 停靠在澳大利亚布里斯班的"富尔顿"号（AS-11）潜艇供应舰，摄于1943年8月。

∧ 美国海军"斯佩里"号（AS-12）潜艇供应舰。

甲板炮。当我在1926至1928年期间指挥V-3号潜艇 [1] 的时候，安装在潜艇甲板上的就是这门炮。甲板炮安装完毕后，我们一同出海组织观摩了一次潜艇枪炮和鱼雷作战演练。令人欣慰的是，我们的作战演练还充分地引入了实战主义思想。要知道如果潜艇艇长过度使用潜望镜，那么目标舰艇一旦发现我们的潜望镜，就会毫不犹豫地立即冲向潜望镜所在的方向并进行深弹攻击，这会迫使潜艇在不够理想的阵位上仓促实施攻击并迅速下潜，以避免成为敌人深弹的牺牲品。演练结束后，我们还假想目标船只在距离我们的潜望镜300码的海面投下了一连串深水炸弹实弹，以便让新艇员们习惯于它们爆炸时所发出的刺耳巨响。

1942年10月和11月期间，驻布里斯班的潜艇部队第42特混舰队得到了来

---

① 译注：原"鲣鱼"号潜艇，1931年更名。

自珍珠港的唐尼斯（W.M.Downes）上校指挥的第 8 潜艇中队和斯泰尔（C.W.Styer）上校指挥的第 10 潜艇中队的增援。两艘新潜艇供应舰"富尔顿"号（Fulton）和"斯佩里"号（Sperry）则分别作为两支中队的旗舰，于 11 月抵达布里斯班。随着现代化潜艇数量的增加，我们与哈尔西（Halsey）上将的南太平洋战区部队在瓜达尔卡纳尔战役中的协同行动也得到极大改善。

在澳大利亚东海岸组建的第 42 特混舰队的首要任务，乃是协助扰乱日军的海上行动及其进入所罗门群岛的补给线。整个第 42 特混舰队的行动接受南太平洋部队司令部的指挥，并与舰队方面进行更密切的合作。不过，哈尔西上将并不想承担他们的后勤保障和派驻部署工作。因此，他指示位于"奥多比"（Adobe，布里斯班的代号）的第 42 特混舰队指挥部来行使上述职责。他以一种典型的大胆、直率的性格强调了他对这支部队的期望。在指定了他特别希望巡逻的海区后，哈尔西上将总结道："在作战海区内要保持最大的巡逻覆盖范围，优先目标包括作战人员、油轮、满载运输船、补给舰只等，你们的任务就是摧毁敌方船只。"

除了单一的战斗任务外，这些潜艇还为登陆上岸的观察员和侦察队员提供了许多支援。当瓜达尔卡纳尔的航空燃料供应量已经下降到危险的低点时，由来自纽约沃尔希尔的小波尔（J. A. Bole, Jr.）少校指挥的"琥珀鱼"号（Amberjack）潜艇还向图拉吉岛（Tulagi）紧急运送了 9000 加仑的汽油，外加 200 枚 100 磅炸弹和 15 名陆军航空队战斗机飞行员。

虽然按照我们当时的最佳估计，潜艇部队 11 月里的击沉战绩非常高，但根据战后的报告还是没能超过过去的一个月。敌人在新几内亚、新不列颠和所罗门群岛地区的反潜作战行动变得非常坚决，美军艇长们很少有机会目视确认他们的目标是否真的被击沉。在此期间，最佳战绩由在西海岸一带活动的"海狼"号（Seawolf）潜艇取得，该艇在棉兰老岛的达沃湾附近海域击沉三艘日本船只，吨位共计 1.3 万吨，这是"海狼"号

∧ 美国海军"琥珀鱼"号（SS-219）潜艇，摄于1942年5月30日。

一贯出色的表现之一。艇长弗雷迪·沃尔德（Freddy Warder）带着他一贯淡定、自信神气返航归来，他总是对人们给他起的绰号"无畏的弗雷迪"不以为然，其实这个绰号完全是他应得的。

沃尔德艇长最激动人心的冒险发生在 11 月 3 日上午。在达沃湾以北 50 英里的塔罗马湾（Taloma Bay）海域，"海狼"号在刚刚过去的一天里在海湾入口处击沉了一艘 3000 吨的货船。沃尔德通过潜望镜注视着它的下沉过程，希望一艘驱逐舰能出现以救出落水的幸存者，但一直没有出现。随后，弗雷迪指挥潜艇朝达沃市方向航行看看有没有进一步的收获。

次日一早，弗雷迪在达沃港发现了两艘小型货船，但更具价值的目标是停泊在塔罗马湾的一艘大型客货船。经过观察，这片海域并没有水雷场存在的迹象。事实上，锚地的水很深，他确信日军并没有在这里布设水雷。经过深思熟虑，弗雷迪指挥潜艇小心靠近，通过声呐的单次砰击测定了一下目标的距离。这可真是一只坐以待毙的鸭子！上午 10 点 50 分，射程已逐步降至 1100 码，弗雷迪艇长下令朝目标发射了一枚鱼雷，鱼雷航行深度被设定为水下 18 英尺。结果鱼雷从敌船下方通过，最终在海滩上起爆。弗雷迪随即将他下一枚鱼雷的深度设定为水下 8 英尺，第二次射击准确地击中了他所瞄准的目标位置。这艘船的位置很糟糕，它虽然在遭受攻击后进行了调整，但并没有什么起色。"海狼"号随后又补射了两枚鱼雷，但显然鱼雷都从目标船底下经过而没有爆炸——那天鱼雷上的磁性引信显然感觉不太舒服。

几乎是与此同时，敌船上的两门火炮朝"海狼"号潜望镜的方向进行了炮击，但所幸没有击中。

"海狼"号暂时退出阵位重新装填鱼雷，然后重新进入射击位置。此时敌船上的火炮仍在射击，但远远无法击中"海狼"号的潜望镜。这一轮的鱼雷攻击击中了目标的船艉，直接轰掉了船艉甲板及其栏杆，船上的小艇

︿ 从潜望镜拍摄到的一艘被"海狼"号潜艇所发射鱼雷命中后正在下沉的日本货轮，摄于1942年11月。

开始撤离船员上岸。接着，"海狼"号在原地进行调头，用艇艉鱼雷发射管发射了最后一枚鱼雷。这场战斗以目标剧烈的爆炸而告终，熊熊烈焰之中，排水量达 7189 吨的"相模丸"号（Sagami Maru）从船艏开始沉没。几分钟后，"海狼"号潜艇上浮至海面，三架日军飞机恰好赶到，朝着"海狼"号的潜望镜投下了深水炸弹。及时撤离现场的"海狼"号随即前往远海，11 月 8 日再次击沉了一艘改装过的日军炮艇。

西南太平洋部队司令部发出了一份行动命令，大意是荷兰人急于派驻一支特战小分队在爪哇岛渗透上岸。我的回应是命令"鰕虎鱼"号潜艇立即起航，以最快的速度前去参加行动。由于某种原因，特战队员们是通过铁路运送的，而且配备了相当多的作战装备。后来由此产生的一系列困扰提供了一个非常好的案例，充分说明了在长途跨大陆旅行中所需列车的种种变化可能造成的混乱。特战队员们的抵达日期似乎在无休止地拖延，我也对此越来越恼怒。而当他们终于出现的时候，却没有携带任何行李和装备，就连小分队指挥官的手枪也在旅途中弄丢了！结果又耽搁了整整一天时间才找回他们的装备，几番折腾后我们终于让他们登上了秘密出航的"鰕虎鱼"号潜艇。

然而，这并不是这次远征的最后一次不幸事件。"鰕虎鱼"号是在当天下午起航的，结果当天午夜时分我的一名参谋人员报告说，他听到了两名当地人在滨海酒店（Esplanade Hotel）的谈话，谈话透露出他们竟然清楚这次远征的全部细节。这次泄密显然是由于某个管不住嘴的荷兰士兵。在这种情况下，除了取消"鰕虎鱼"号潜艇的作战计划外别无他法。于是"鰕虎鱼"号把特战队员们留在了我们位于埃克斯茅斯湾的前出基地，从那里乘机返回珀斯接受安全保密方面的教育，然后等待更有利的时机。

年底，我飞去珀索特过圣诞节。虽然那片沙漠地区酷热难耐，但假期还是鼓舞了我。当地的苍蝇非常可怕，那些没见过澳大利亚苍蝇的人绝对不知道真正的苍蝇是什么。它们以数不清的数百万计的规模从沙漠中蜂拥而出，走在大街上的人们不断地拍打着空中的苍蝇，即我们所谓的"澳大利亚人式的敬礼"。而有些人似乎早已经习惯，因为我曾经看到一名澳大利亚哨兵像是在做瑜伽一样平静地站在他的岗位上，而苍蝇几乎遮住了他的脸、胳膊和裸露在外的腿。

在珀索特，由 4 名军官带领的 65 名建筑工人很好地完成了施工任务。他们中的大多数都不过是孩子，这对他们来说无疑是场冒险。他们被允许蓄长胡子和穿最少的衣服，除了机枪、步枪和手枪方面的一些应急演练和指导外，没有进行过实战演习。而且在不值勤的情况下，他们可以睡觉、游泳、狩猎或者去海滩上收集贝壳。他们确实向我证明，在美国的年轻人中间，对户外生活和冒险的热爱并没有消亡，特别是当他们涉足像澳大利亚灌木丛这样的边远偏僻地区时，生活其实并不容易。我有一队士兵在卡拉蒙达（Kalamunda）的一个雷达基地营地里开展训练，因而顺道来看看他们进展如何。结果我看到他们住在帐篷里，身体和精神状况都很好。在离开之前，我问他们在圣诞酒宴上是否有什么特别喜欢的东西，负责训练的海军军士犹豫了一下，然后说："好吧，先生，我们一定会想吃牛肉的。我们每天都要吃三次这种该死的山羊①。"与此正好相反的是，我们在珀索特的补给官"查克"奥斯本（Osborne）少校按澳大利亚防空炮兵的需求为其准备了特别的口粮。他们不能接受我们常吃的牛肉，并恳求我们从附近的兵站采购羊肉。

圣诞节那天，乔·修中校和我一起乘坐一辆装载着铁丝网的十轮卡车，前去查看位于西北角（North West Cape）的灯塔设施。我们的计划部门想在那里安装一部 271 型雷达，另一部则安装在昂斯洛（Onslow）沿海岸线往东北方向 60 至 70 英里的地方。我想看看这段绵延 30 英里的通向灯塔的灌木丛小道是否能让车辆通行，并为雷达设备选择一个合适的部署地点。这条路确实很糟糕，但在我们经历了两次爆胎并借助铁丝网帮助我们渡过了最糟糕的沙地路段后，我们终于成功抵达预定地点。我认为在那里部署雷达设施是完全可行的，并计划在昂斯洛附近确认在那里建立雷达站作为补充的可行性。我的观察更是得到了抵达埃克斯茅斯湾的雷达通信专家、澳大利亚皇家空军上尉格洛特·史密斯（Grout Smith）的证实和认同。

到了 1942 年 12 月，西南太平洋战区潜艇部队的战绩相较上一个月有了明

---

① 原注：意为羊肉，澳大利亚人的主食之一。

∧ 日本海军轻巡洋舰"天龙"号（IJN Tenryu）。

显提升。其取得的战果包括：由费罗尔少校指挥的"海龙"号潜艇，击沉了八艘商船和一艘日军大型潜艇伊 –4 号；由来自印第安纳州戈申（Goshen）的雷克少校（R. C. Lake）指挥的"大青花鱼"号（Albacore）潜艇，击沉了日本海军"天龙"号（Tenryu）轻巡洋舰；由来自阿肯色州小石城的布鲁顿（H. C. Bruton）少校指挥的"六线鱼"号潜艇，发射鱼雷击沉了由日军旧驱逐舰改装而成的 35 号巡逻舰。刚才所提到的八艘商船中，有两艘由布鲁顿指挥的"六线鱼"号参与击沉。

　　"长尾鲨"号再次有所斩获，这次战绩是用我们给它配备的 5 英寸口径甲板炮取得的。12 月 29 日晚，米利肯艇长在苏拉巴亚（Soerabaya）以北的爪哇海遭遇了日本货轮"八安丸"号（Hachian Maru）。他小心翼翼地保持战位，朝目标发射了两枚鱼雷，但没能击中，敌船似乎也并没有发现自己正被攻击。"长尾鲨"号则再次靠近发射鱼雷，结果还是没有等到令人振奋的爆炸声。艇长彻底被激怒了，米利肯叫来 5 英寸口径炮炮手准备炮击目标。然而不幸的是，我们交付给米利肯的 5 英寸炮上并没有安装光学炮瞄镜，只配备了一个开放机械式瞄准具。在漆黑的夜色中，通过瞄准具上的准星根本无法准确瞄准目标。于是米利肯艇长带着望远镜来到甲板上，把望远镜紧紧地绑在甲板炮瞄准具上，通过测距、分划线和顺着炮膛方向观察瞄准目标，最终将火炮瞄准具校正准确。

在整个准备过程中，目标船只都没有发现敌情和报警。然而，在第一轮甲板炮射击后，目标用船艏火炮进行了还击，然后掉转航向准备发起撞击。米利肯艇上的甲板炮安装在指挥塔围壳的后方，当他为了避免被撞而下令转向时，他的炮手们恰好可以向敌船的前部持续进行炮击。几发炮弹过后，日本货船的火炮沉寂了下来，同时停止了航行，显然是机舱受到了损坏。随后米利肯把注意力集中在攻击目标船身中段，就像他所说的，"在它下沉之前，可以看到它的烟囱下方有一个大洞，大到足以开着一辆卡车通过！"米利肯还报告说，我们配备的新5英寸炮炮弹在接触目标时爆炸得很好，而且完全没有哑弹。

进入新的一年，我们的潜艇充满了斗志。作战部署与调派计划显示，1月份将是又一个战斗月份。随着来自华盛顿特区的史蒂芬（E. C. Stephan）少校指挥的"灰背鲸"号（Grayback）潜艇于1月2日在所罗门群岛击沉一艘排水量达2180吨的日军潜艇伊–18号，雪球就此开始滚动起来。

1月11日，一场悲剧突然出现在我们的报告中。陆军航空队一架满载炸弹的飞机目睹了敌护航船队与潜艇之间的战斗，这艘潜艇应该就是美国海军当时现役中排水量最大的"舡鱼"号。飞机报告说，它看到海面上有一艘被鱼雷击中的日军驱逐舰和另外两艘正起火燃烧的驱逐舰。在一轮猛烈的深弹攻击过后，美军潜艇的一部分浮出了海面，日军驱逐舰随即向严重翘起的潜艇艇艏开火。在这份目击报告之后，再也没有收到艇长皮尔斯（J. R. Pierce）和他的106名艇员的消息。

在战后的报告里确信"舡鱼"号于1月10日当天攻击了一支从莱城（Lae）起航前往拉包尔（Rabaul）的日本护航船队，结果被日军护航舰艇所击沉。"舡鱼"号（原V–4号）原本是一艘设计用于海上布雷任务的布雷艇，其艇艉设计有空间巨大的水雷舱。1942年8月，"舡鱼"号奉命装载战斗人员支援"鹦鹉螺"号潜艇作战，利用艇艉的水雷舱总共运送了美国海军陆战队第2突击营的211名官兵前往马金岛。

∧ 停靠在码头上的美国海军"守卫鱼"号（SS-217）潜艇。

随着这个月临近结束，关于敌船被击沉的报告不断涌现，我们的士气也相应地不断上升。"守卫鱼"号（Guardfish）潜艇的艇长"伯尔特"克拉克林（T. B. Klakring）少校来自马里兰州的安纳波利斯，在一次为自己赢得"总统嘉奖"（Presidential Citation）的战斗巡逻任务中，"守卫鱼"击沉了日军1号巡逻艇和"羽风"号（Hakaze）驱逐舰。

至此，我们在昂斯洛附近计划建立的雷达站的位置还有待进一步确定，所以我从第10巡逻飞行联队借来了一架水上飞机，接上飞行上尉格洛特·史密斯一同前往埃克斯茅斯湾。我们在珀索特停留了一夜，然后直飞昂斯洛。飞机在机场降落后，我们见到了驻当地的澳大利亚皇家空军飞行大队指挥官桑普森上校，然后找他借了一辆突击车。我和格洛特·史密斯一起徒步穿越了大片地区，为我们的雷达站选址大致敲定了一个有利位置。由于我们愚蠢地穿着短裤，因此我们的腿都被当地锋利尖锐的滨刺草扎破，这让我们看上去就像一对水痘患者。不过，我们还是有了一个令人非常满意的发现，那就是设在那里的雷达完全可以在没有山丘或建筑物干扰的情况下进行360度的全方位扫描。我于1月

30日回到珀斯，这趟旅程着实让我收获不小。虽然当时尚未收到所有的潜艇作战报告，但战后评估认为在此期间西南太平洋战区美军潜艇部队取得的战绩是击沉两艘运输船、两艘客货船和九艘货船，外加三艘战斗舰艇。

由来自明尼苏达州亚伯特利（Albert Lea）的巴尼·西格拉夫（Barney Sieglaff）少校指挥的"南欧鲭鱼"号，从南中国海海域巡逻返航归来，该艇在弗洛勒斯海（Flores Sea）海域击沉了两艘日本货船，此外还击伤了另外两个目标，其中一个是日本海军轻巡洋舰。战斗期间，"南欧鲭鱼"号潜艇遭到日军舰艇深水炸弹的猛烈攻击，但只是受到了强烈的水下震动并没有受到任何严重的损伤。

"守卫鱼"号潜艇除了击沉3艘日本船只外，还以成功渗透拉包尔港而声名远扬。其实许多美军潜艇艇长都曾有类似的计划，但在这之前还没人能真正实现。当艇长克拉克林在1月28日上午指挥潜艇悄然进入布兰奇湾（Blanche Bay）时，他可以观察到几艘停泊在辛普森港（Simpson Harbor）下游段的船只，而它们几乎构成了重叠在一起的目标。克拉克林决定，一旦潜艇靠近至距离目标8000码内时，就用艇艏鱼雷发射管呈扇面低速齐射六枚鱼雷。不幸的是，就在只剩一分钟航程的时候，"守卫鱼"号的潜望镜被一架日军飞机发现，岸上的日军炮兵立即开火。前鱼雷室报告说位于作战室上方的艇体被击中，有可能是日军飞机所投下的一枚深水炸弹，所幸那可能是一枚哑弹。无论如何，在两艘巡逻艇出现在潜艇前方不远处时，"三十六计走为上策"，于是"守卫鱼"号在条件允许的情况下尽可能迅速地脱离了战场。

"刺鲅鱼"号（Wahoo）潜艇的艇长——来自佛罗里达州迈阿密的"马什"达德利·W. 莫顿（Dudley W. Morton）——取得了这个月的最佳击沉吨位数，他还留下了几桩在很长时间内都值得铭记的事例。在前往巡逻海区的途中，莫顿奉命前去新几内亚岛东北海岸的威瓦克港（Wewak Harbor）执行侦察监视任务。他决心深入港口内部一探究竟，结果却发现自己手上缺少海图。殊不知艇上轮机舱里的一等轮机军士长（MM1/C）基特尔（D.C.Keeter）曾经购买过一本澳大利亚学校的地图集。于是在地图集的帮助下，莫顿指挥潜艇利用昼间潜伏、夜间航行的方式成功进入港口，途中还小心地避开了挡在前方的两艘日本海军"千鸟"级（Chidori）驱逐舰。

　　中午刚过，莫顿在威瓦克镇附近发现一艘系泊在那里的日军"吹雪"级（Fubuki）驱逐舰，旁边还有几艘"吕"级（RO）潜艇，它们绝对是价值非凡的目标。于是莫顿开始指挥潜艇小心接近，为了让"刺鲅鱼"号保持较大的水深从而方便撤离，莫顿计划靠近到3000码范围内再发动攻击。

　　在接下来的一次潜望镜观察中，莫顿发现目标驱逐舰已起航朝外海航行，看起来它将会从"刺鲅鱼"号的后方经过。于是"刺鲅鱼"号开始进行艇艉鱼雷发射管准备，但目标采取Z字形机动恰好从"刺鲅鱼"号的艇艏前方经过。在1800码的射程上，"刺鲅鱼"号朝目标齐射了三枚鱼雷，仓促准备之下鱼雷仅以15节的航速驶向目标。结果莫顿发现鱼雷从日军驱逐舰的艉部经过错失目标，于是紧接着下令发射了第四枚鱼雷，这次的鱼雷航速被设定为20节。然而这艘驱逐舰再次转向规避开了鱼雷，然后在海上回旋航行并朝"刺鲅鱼"号的潜望镜方向直扑而来。

　　这时莫顿并没有下令收回潜望镜，此举不仅仅是为了获得观察数据，同时也是为了让日军驱逐舰沿一个稳定航向驶向"刺鲅鱼"号。在目标逼近到1200码处的时候，他下令发射了第五枚鱼雷，结果这枚鱼雷要么是错失了目标，要么就是没有起爆。随着目标进入800码内并且仍在急速迫近，莫顿下令发射了艇艏鱼雷发射舱里的最后一枚鱼雷。当鱼雷舱里的秒表跳至25秒的时候，终于监听到鱼雷击中目标艉部后发生的剧烈爆炸。很明显，日军驱逐舰还在设法就近靠岸，但无论如何，它都已经失去了战斗力。"刺鲅鱼"号潜艇则冒着岸上日军的炮火和日军飞机所投掷的炸弹，惊心动魄地航行9英里后回到开放水域。

　　这一次，一直被我们诅咒的MK.6型鱼雷的磁性引信完全按照设计的那样工作正常，因此这很有可能拯救了"刺鲅鱼"号潜艇及其艇上的所有人。从目标正面发射时，受偏转角度的影响，直接碰炸引信命中目标的机会是很小的。而在朝驱逐舰的侧面进行射击时，撞击力则可能不足以触发引信工作。无论如何，MK.6型鱼雷磁性引信还是使我们错失了太多的目标，也带来了太多的过早起爆和太多的敌船深弹反击。我依然希望它反复无常的性情得到纠正，或者干脆取缔这个磁性工作机制。

　　次日一早，"刺鲅鱼"号将目的地设定为帕劳（Palau），并在可能出现敌护航船队的海区沿大 Z 字机动航线航行。就在 1 月 26 日破晓前，海平面上出现了两艘商船的身影。"刺鲅鱼"号开足马力，抢先到达有利阵位并下潜，准备发起攻击。

莫顿原本计划用艇艏的六具鱼雷发射管齐射攻击，但发现自己距离目标已经很近，所以他迅速调整航向，改用艇艉的四部鱼雷发射管。在这一轮四枚鱼雷齐射过程中，两枚鱼雷分别命中两艘货轮。"刺鲅鱼"号随即调转方向，让艇艏指向目标方位，准备利用艇艏鱼雷再次发动攻击。正当潜艇在水下机动时，莫顿通过潜望镜发现了第三个目标，这是一艘被先前第二艘货轮遮挡住了的大型运输船。这确实非常幸运！究竟是这位运输船船长太过震惊和疑惑因而来不及采取机动，还是他当时为了去营救落水者而执意保持航向，我们可能永远不会知道，但最终的结果是两枚鱼雷命中令它的引擎停止了运转。接着，莫顿把注意力转向了被击伤的第二艘货轮，在潜艇进行最后一次潜望镜观察时，它正转向"刺鲅鱼"号的潜望镜方向并以缓慢的速度驶来，显然是要直接撞击"刺鲅鱼"号潜艇。莫顿当即下令迎面齐射两枚鱼雷，其中一枚命中目标，但即便如此日本货轮仍未停下，"刺鲅鱼"号于是不得不全速前进并改变航向进行紧急规避。

八分钟后，通过潜望镜观察到第一艘货轮已经沉没，但运输船仍在海面漂浮。曾试图撞击"刺鲅鱼"号的第二艘货轮现在正试图逃离，但显然舵出了问题。莫顿决定彻底完成任务，于是从 1000 码距离上的完美阵位发射了一枚鱼雷，结果鱼雷从目标下方通过，没有爆炸。又是我们的磁性引信干下的好事！然而，据莫顿后来的报告，第二枚鱼雷准确命中目标舯部，剧烈的爆炸把船身抛得"比风筝还高"。

"刺鲅鱼"号缓缓地向这艘仍在海面漂浮着的货轮靠拢，但艇上蓄电池已快耗尽。通过潜望镜观察到地平线上出现了一根疑似一艘巡洋舰的桅杆，这一切都让莫顿打算停止攻击。也许关键的游戏过程总是会出人意料！不久之后，这位新登场的不速之客改变了路线，显现出一艘油轮的典型轮廓。这真是一个忙碌的早晨！"刺鲅鱼"号潜艇全体艇员进入战斗岗位，他们从一大早起就处于高度紧张的状态，因此莫顿艇长下达了"准备浮出水面"的简短命令。他计划用两到三个小时的时间给蓄电池组充电，然后绕行到正在逃窜的油轮和被击伤的货轮前方，从那里潜入水下发动攻击。

　　"刺鲅鱼"号潜艇浮出海面时，发现水中漂浮着约 20 艘从日军运输船上投放下来的各式小船和小艇。为了搜集情报，"刺鲅鱼"号靠拢过去打算抓捕几名落水者，结果立即遭到对方步枪和机枪的射击。当时，除了把他们连人带艇全部击沉之外别无他法，"刺鲅鱼"号后来就是这么做的。这正是敌人的一种态度，我们的潜艇在接下来的几个月甚至几年里都经常遇到这种态度。他们只要有武器就会战斗，即使是在水里求助无门的时候，也会拒绝被我们施救。

　　到了 15 时 30 分，"刺鲅鱼"号开始追击这两艘正在逃窜的日本船只。18 时30 分，当夜幕迅速降临时，"刺鲅鱼"号用艇艏鱼雷发射管向油轮发射了三枚鱼雷，其中一枚鱼雷击中了油轮，两艘船都继续前进并且分头转向。"刺鲅鱼"号在这个漆黑的夜晚再次浮出水面，此时潜艇只剩下艇艉鱼雷发射管里的四枚鱼雷。在其后长达一个半小时的时间里，"刺鲅鱼"号都在试图获得一个理想的艇艉鱼雷攻击阵位，但一直徒劳无功。最后在不到 2000 码的距离上，"刺鲅鱼"号终于与日本油轮并驾齐驱，然后全速调转航向发射了鱼雷。结果两枚鱼雷命中了油轮的艉部，后者迅速沉没。

　　在接下来的时间里，"刺鲅鱼"号为占据有利于攻击货轮的阵位而使出浑身解数。在此期间，海面的大浪和货轮的炮击让问题变得极为困难。到了夜里 21点整，一束耀眼的探照灯灯光开始在海平面上扫来扫去，一艘日军护航驱逐舰突然出现，"刺鲅鱼"号的这场海上追逐不得不提前结束。

　　当目标直奔驱逐舰寻求掩护时，"刺鲅鱼"号潜艇终于在 2900 码处获得了一次艇艉鱼雷攻击阵位，并朝目标发射了最后两枚鱼雷，结果全部命中。当迟到的护航驱逐舰从海平面上驶过，在探照灯的照射下看到货船的轮廓时，"刺鲅鱼"号潜艇已经在驶往珍珠港的途中。被鱼雷击中 15 分钟后，日本货轮宣告沉没，而日军驱逐舰的探照灯扫过的仅仅是一片空荡荡的洋面。

　　就这样，我们首次"孤身狼群"的全天战斗结束了。"刺鲅鱼"号潜艇在达德利·莫顿艇长的指挥下，开创了单艇消灭整支护航船队的壮举。这是一名战斗艇长和一艘战斗潜艇的战斗开始。莫顿在报告这一作战经过时，以他典型的言简意赅的方式进行了如下描述："在十个小时的火炮和鱼雷运动战里，我们摧毁了一支由两艘货轮、一艘运输船和一艘油轮组成的护航船队。当所有鱼雷都用光的时候，我们就回家了。"

第二天早上，"刺鲅鱼"号潜艇遭遇了另一支由货船和油轮组成的共五艘舰船的护航船队。此时莫顿已经没有鱼雷可用，但还是下令潜艇以水面航行方式远远地跟踪这支护航船队，希望能有机会用甲板炮击沉掉队者或是落单者。好运没能持续太久。当天晌午时分，一艘日本海军驱逐舰突然脱离护航船队，径直向"刺鲅鱼"号扑来。"刺鲅鱼"号则以最大航速继续在海面上航行，保持艇艉朝向敌舰方向，但当距离目标 7000 码的时候，敌舰炮火越来越近，莫顿只得下令下潜。日军驱逐舰接连投掷了六枚深水炸弹，但都没有对潜艇造成任何伤害。

关于这场战斗经历的报告，莫顿艇长的描述又是极为典型的个人风格："又一次运动炮战。这次是驱逐舰开炮，'刺鲅鱼'号逃跑。"由于"刺鲅鱼"号潜艇出色地完成了这次攻势战斗巡逻任务，因此该艇的全体官兵都受到了"总统嘉奖"。

虽然我还不知情，但我在西南太平洋战区的任务行将结束。1 月 27 日，媒体发布消息称，一架载有鲍勃·英格利希少将和其他九名军官的泛美航空公司飞机从珍珠港飞往旧金山，结果飞机迟迟没有落地抵达。这是一个可怕的消息，因为鲍勃·英格利希是美国海军太平洋潜艇部队的核心和灵魂——一个我们不能失去的人。

在给我潜艇部队前任上司①的一封私人信件中，我是这么说的："如果是真的（飞机失踪了），那么我希望不会有人想到派我去珍珠港。无论如何，让其他人去吧。"2 月 5 日凌晨，我收到了发给我的一份电报，电报调令将我从西南太平洋战区潜艇部队司令的岗位上撤了出来，命令我担任美国海军太平洋舰队潜艇部队司令一职，向太平洋战区司令部总司令（CINCPAC）报告。

鲍勃的飞机还是确认坠毁了。我给爱德华兹将军的信并没有送达他手中，后来他告诉我，这跟我根本没什么关系。鲍勃·英格利希是一名勇敢而充满智慧的潜艇指挥官，是第一次世界大战时期一位经验丰富的老艇长。和他一同不幸丧生的还有鲍勃·史密斯（Bob Smith）上校、莱利·科尔（Riley Coll）中校

---

① 原注：即时任美国海军舰队司令部总参谋长的爱德华兹（R. S. Edwards）中将。

和约翰·J. 克兰（John J. Crane）少校。他们都是鲍勃的参谋人员，同时也都拥有长期的潜艇作战指挥经验。

　　一想到就要离开澳大利亚，我对这一坠机惨剧的悲痛之情就愈发强烈。在珀斯，我们要比在珍珠港，更接近战斗前线。与珍珠港相比，要切断日军在马来亚、荷属东印度群岛和菲律宾一线的海上运输线，从弗里曼特尔和布里斯班出发，要接近许多。这么看来，我似乎倒退了一大步。我的参谋人员开玩笑似的威胁我说，要送我一根白羽毛来对付敌人，但他们后来送给了我一块漂亮的小腕表。这是我拥有的第一块手表，直到今天我还非常自豪地戴着它。

　　此外，为了在澳大利亚建立组织和实施计划，我们也付出了大量的热血和泪水，因而我非常想将这一切进行到底。对此，克里斯蒂海军少将奉命接替上述工作。我满怀遗憾地向副州长、基地总指挥官、当地市长以及澳大利亚和荷兰的战友们致以真诚的道别。我在珀斯、弗里曼特尔和奥尔巴尼的短暂停留中，充满了体察、协作和热情友好的经历，以至于向他们道别就像是与一辈子的朋友永远告别一样。

第五章

　　1943 年 2 月，在赶赴珍珠港新岗位的途中，我路过布里斯班，在那里向西南太平洋战区潜艇部队司令做报告并参加了最后一次会议。在对我们的事务进行交接处理后，卡彭德中将指示我向麦克阿瑟将军也做一下离任报告，而麦克阿瑟将军的办公室就在同一栋大楼的两层楼上。

　　将军说他有一条消息要亲自交给尼米兹海军上将。"我十分迫切地想向太平洋战区司令部指出，西南太平洋地区需要一支更强大的海军部队，"他说，"我对谁指挥这些舰艇不感兴趣。不管他们是由我管辖，还是由哈尔西将军管辖，或者是由尼米兹将军管辖，对我来说都没有什么区别，这都可以安排协调。坦率地说，我担心的是日本人在马来屏障附近集结的后备兵力，我估计敌人在那片地区有 20 万人。如果他们占领澳大利亚，对盟国造成的后果将是灾难性的，并将使最终胜利推迟许多年。"

﹀美国海军"黑鲈"号（SS-215）潜艇，摄于1943年5月5日。

　　我草草地记下了一些旁人根本看不懂的笔记，即使这份笔记落入敌人手中也没什么意义。我在恭敬地道别后离开，随即前往新农场（New Farms）码头，对那里的"富尔顿"号潜艇供应舰进行告别访问。第 42 特混舰队的新指挥官吉米·费弗上校已经在那里挂起了他的新指挥旗。他们正在沉痛地追悼"黑鲈"号（Growler）潜艇上的艇长霍华德·W. 吉尔摩（Howard W. Gilmore）、威廉（W.W.William）少尉和一级领航员凯利（W. F. Kelley），他们是在"黑鲈"号和一艘日本巡逻舰相撞时，被日军机枪子弹打死的。"黑鲈"号潜艇就停靠在供应舰旁边，艇艏看起来就像一只海象扭曲的鼻子，舰桥和指挥塔围壳已被机枪子弹打得千疮百孔。吉尔摩在先前的战斗巡逻中为自己赢得了杰出潜艇艇长的声誉，他勇敢地面对死亡，全心全意地履行职责，他的名字将永远为人们所铭记。他为潜艇部队官兵们喊出的是一句永不泯灭的口号——紧急下潜！

　　那是在 1943 年 1 月 1 日，"黑鲈"号潜艇从布里斯班起航前往所罗门群岛以西海域执行战斗巡逻任务，从拉包尔往东南方向一线都是由日军控制的海上运输线。16 日，"黑鲈"号巧妙地突破日军护航船队警戒圈，击沉了日本货轮"智福丸"号（Chifuku Maru）。当"黑鲈"号尝试再次攻击时，麻烦来了。2 月 5 日，"黑鲈"号在利用艇上雷达对两艘日本商船和两艘护航舰艇进行夜间水面攻击时，遭到对方猛烈的炮火和深弹攻击。艇上一号压载水舱检修孔被毁，艇艏鱼雷舱大量进水，情况十分紧急，但在损管组的努力下成功进行了临时维修。

　　2 月 7 日凌晨 1 点 10 分，"黑鲈"号在艇艏右前方发现一艘反向航行的船只，距离大约 2000 码。艇长吉尔摩下令所有鱼雷发射管做好发射准备，并操纵潜艇转向准备攻击。当"黑鲈"号居于目标右舷舰艉部方向时，对方也发现了"黑鲈"号，随即同样转向准备攻击。当时，"黑鲈"号潜艇的艇长、甲板官、见习甲板官、军需官以及三名瞭望手都在舰桥上。虽然艇上雷达设备及时地发现了目标正在改变航向，但显然当时舰桥上的人尚未注意到这一变化。

　　1 点 34 分，雷达指示目标距离过近，已进入鱼雷发射最小射程内，因此无法实施鱼雷攻击。这时从舰桥舱口传来指令："左满舵！"同时艇上响起了碰撞警报。转瞬之间，"黑鲈"号以 17 节的速度迎面撞上了这艘日军巡逻舰，撞击十分剧烈，艇上几乎所有人都瞬间站立不稳。"黑鲈"号在短暂倾斜 45 度后很快扶正了过来,随即敌舰枪炮齐鸣,子弹如暴雨般呼啸而至。艇长吉尔摩下令"清理甲板",甲板官、军需官和两名受伤的瞭望手很快从舰桥上撤了下来,经舱口进入艇内,人们最后听到的就是头顶传来的那句经典的"紧急下潜"。随着时间读秒般地流逝,艇内的人都在焦急地等待着艇长等人出现在舱口,但一直没能等到。"黑鲈"号成功潜入水下,而海面上的日军巡逻舰仍在用机枪扫射,"黑鲈"号的艇长、见习甲板官和一名瞭望手被留在了舰桥上,最终很有可能死在了日军机枪火力之下。

霍华德·W.吉尔摩中校当时深知自己已经在劫难逃。他由于在舰桥甲板上身受重伤时下令潜艇紧急下潜的个人英雄主义之举,因此成了首位荣获"国会荣誉勋章"(Congressional Medal of Honor)的美军潜艇部队人员。在他那鼓舞人心的自我牺牲精神的引领下,他的潜艇虽然遭受重创,但幸存了下来并重新投入战斗,在其早已功勋累累的战绩簿上续写着新的击沉记录。

我经由新喀里多尼亚(New Caledonia)、斐济和坎顿岛(Canton Island)飞往珍珠港的空中旅程是在一架陆军B-24轰炸机上进行的。机上乘客中还包括美国海军陆战队的克利夫顿·B.盖茨(Clifton B. Gates)上校,他的海军陆战队第一团刚刚从瓜达尔卡纳尔岛(Guadalcanal)撤出来。2月14日天气晴朗,我们就在这个周日抵达了珍珠港的希卡姆机场(Hickam Field)。"婴孩"约翰·H.布朗(John H. Brown)上校对数以千计的海军足球迷们来说非常知名,他们在第一次世界大战爆发前目睹布朗带领他的球队击溃了陆军队。在鲍勃·英格利希死后,布朗接替其担任美军太平洋舰队潜艇部队第7特混舰队司令。他和他的参谋长约翰·格里格斯(John Griggs)上校与我一同出席了一场几乎持续了24小时的小型会议,然后召集参谋人员、中队和大队指挥官宣读了我的命令,接管了部队指挥权并向尼米兹将军做了汇报。

尼米兹将军当时还在医院,他看上去有点憔悴。虽然他身患疟疾,但他仍然和蔼可亲的微笑和眼睛里透出的清澈蓝光都在告诉我,他丝毫没有失去无畏的精神,我也传达了麦克阿瑟将军的信息以及我准备着手的新工作。

鲍勃·英格利希的日程就摆在我的面前,当时他正在赶去参加在马雷岛举行的一个会议,然后去我们在科迪亚克(Kodiak)、荷兰港和圣地亚哥的潜艇设

∧ 1942年6月日军舰载机突袭荷兰港时的情景。

施进行视察，随后再进行一次华盛顿之行。他们本应等我熟悉太平洋中部地区部队的部署和战局时，再为我安排职务，然而不幸就这么发生了。

如今整个珍珠港地区的面貌，已经与 1941 年 1 月我离开珍珠港前往伦敦时大不相同。海军码头周围到处都是住宅区，军官宿舍在马卡拉帕山（Makalapa Hill）上井然有序地排成一排，顶部建有泥色混凝土防弹顶棚，上层盖着两层框架式结构房屋，悬挂着尼米兹海军上将的四星旗。在阿伊亚（Aiea）地区建成了一所大医院，机场上堆满了补给物资，通往火奴鲁鲁的道路两旁排列着预制圆顶海军营帐，福特岛（Ford Island）上则挤满了各式飞机。

自 1942 年 4 月我途经珍珠港之后，这里的气氛同样发生了巨大变化。当时阴霾正笼罩着珍珠港，而现在，信念、决心和自我牺牲的精神是至高无上的。瓜达尔卡纳尔的一小块土地的争夺以及几艘战舰和商船的沉没在我们的内心里产生了如此惊人的反响。2 月份里，太平洋战区潜艇部队的战绩并不高，但由来自宾夕法尼亚州费城的"托米"沃根（T.L. Wogan）少校指挥的"海鲢"号（Tarpon）潜艇仍然交出了一份极为出色的答卷。沃根艇长在日本本州（Honshu）以南海域成功地击沉了排水量 10935 吨的日本客货船"伏见丸"号（Fushimi Maru）和排水量 16975 吨的邮轮"龙田丸"号（Tatsuta Maru）。日本商船的排水量通常都不是很大，平均只有 5000~7000 吨，因此"海鲢"号潜艇击沉的这些船只确实极具价值。

"海鲢"号是一艘运气很差的老艇。它在战争爆发的第一年就遭遇了不幸，大战期间该艇多次从海上灾难中逃脱，而且好几次都几乎"丧命"。"海鲢"号曾在爪哇海海域搁浅，那次事故几乎令这艘潜艇被遗弃，但好在后来重新浮起并获救，直到 1942 年 11 月她才有机会第一次发射愤怒的鱼雷。1943 年 2 月 1 日这天，"海鲢"号潜艇终于时来运转，当天该艇相继成功地击沉了"伏见丸"号和"龙田丸"号，后者在大战期间美军潜艇击沉的日本商船中吨位排名第三。

"龙田丸"号是在前往特鲁克群岛的途中在东京湾以南约 80 英里的海域被击沉的。当天晚间，雷达在 10000 码的距离上与目标发生接触。很快，沃根就意识到他即将面临的是一个庞大而快速、拥有强大护航力量重重护卫的目标，错过它将不会有第二次机会。沃根遵循的是惯用的攻击模式，即迎头航向全速水面航行，然后下潜进行潜望镜—雷达攻击。在不断迫近目标的过程中，沃根艇长确认这是一艘拥有双层甲板的排水量更大的邮轮。

雷达接触半小时后，"海鲢"号潜艇利用四具艇艏鱼雷发射管朝目标发射了鱼雷，这是在 1500 码距离上的一次完美攻击。时间已不允许潜艇久留，沃根从鱼雷入水那一刻起就下令潜艇战略性撤退。还不到一分钟，艇内就监听到了鱼雷撞击目标的声呐回波，不是一次，也不是两次，而是全部四次，爆炸也相当猛烈。"海鲢"号这次拥有的是最令人满意的经验，那就是一艘潜艇可以享受四次射击四次命中并且目标沉没的喜悦。

随之而来的是长时间的猛烈深弹攻击。日军护航舰艇令"海鲢"号潜艇度过了一段极为艰难的时期，但他们的忙活妨碍不了"海鲢"号的成功。深弹攻击一直持续到当天午夜以后，但是沃根通过深潜顺利地摆脱了追击者，艇上官兵们除了神经高度紧张之外没有受到任何伤害。

我还在澳大利亚的时候就听说过一则故事，说是一艘美军潜艇潜入了东京湾，还观看了靠近海岸线的某条赛道上的赛马比赛。这听起来确实不太可能，因为东京湾的水深实在太浅，一艘大型潜艇根本无法通过潜航方式渗透进去。直到抵达珍珠港，我才知道事件的实情以及这条传言是如何发源的。因为有太多人向我问及此事，所以我在这里再次复述，主要是为了照顾那些尚不清楚事件来龙去脉的人。

那是 1942 年 8 月的一个晴朗日子，由艇长伯尔特·克拉克林指挥的"守卫鱼"号潜艇抵达八木（Yagi）附近水域，这是位于北本州的一座被雾霾笼罩着的钢铁城市——釜石（Kamaishi）——的一处港口。当时潜艇距离岸边确实很近，艇长通过潜望镜能看到位于岸边的赛马赛道。不过赛道上并没有任何比赛活动，上空也没有任何飞机飞行的迹象，这对"守卫鱼"号潜艇来说无疑是非常有意思的。

官兵们透过潜望镜朝外窥探着，在艇上指挥室里一边玩着下注和双赌游戏[①]一边开着玩笑。艇长伯尔特·克拉克林戏言道，他下次还会率艇回来参加下一轮赛马比赛。然而真正令伯尔特感兴趣的是一条横穿赛马场入口的铁路桥，这让他想起了安纳波利斯学院溪（College Creek）上的一座并不长的老铁路桥。如果一列火车在横穿铁路桥时刚好被"守卫鱼"号所发射的一枚鱼雷击中，那么"守卫鱼"号将成为"美国海军中第一艘用鱼雷击沉火车的可恶潜艇"。

艇长几乎一整天都打着这个主意，但始终没有火车出现。于是继续开展巡逻行动，结果"守卫鱼"号在其后的战斗中总共击沉了 7 万吨的敌船，并且因此获得"总统嘉奖"。经过媒体点缀颇多的报道后，纽约州赛马委员会也向伯尔特艇长授予了荣誉会员称号。一名艇员回到珍珠港后用极具浪漫主义的口吻夸口说，他们确实看到了岸上的赛马比赛，这就是克拉克林一直想要纠正的这条潜艇战神话的由来。

当时的另一则轶事涉及另一艘美军潜艇，据说该艇在不远处盯上了一艘正

[①] 译注：关于赛马的一种赌博方式。

在船坞中建造的日本航空母舰，于是静静地等待它完工。当航母刚刚从滑道下水，该艇就把它击沉了。这虽然是一篇很好的报纸媒体的报道，但很可惜纯属虚构。

从布里斯班传来的一份报告说，"大青花鱼"号潜艇的击沉战绩又增加了一艘日军布雷艇和一艘日军驱逐舰。那是在 2 月 20 日，"大青花鱼"号遭遇两艘日本海军驱逐舰，当时后者正在为一艘布雷艇护航。在有些人看来，这可能会是一个极度危险的攻击目标，但莱克少校显然不这么想。他大胆地钻进护航圈内，先后击沉这艘布雷艇和其中一艘驱逐舰，另一艘日军驱逐舰则借机逃窜。莱克艇长上个月就开始了他的潜艇闪击行动，并成功击沉轻巡洋舰"天龙"号。

"金枪鱼"号（Tunny）潜艇的艇长是来自密歇根州大急流市（Grand Rapids）的约翰·A. 斯科特（John A. Scott）少校。虽然他击沉的仅仅是一艘排水量为 5000 吨的日本货船，但是这一战例极大地鼓舞了我们的士气。"金枪鱼"号执行首次战斗巡逻任务时正部署在台湾海峡南端。2 月 8 日，由于一架日军飞机的出现，"金枪鱼"号被迫紧急下潜，直到日落才浮上水面，这时它立即发现了一艘大约在 10000 码远处的大型货轮。"金枪鱼"号再次紧急下潜，在没入水面之前最后检查了一次目标的航向。随后，"金枪鱼"号浮出水面，用艇上雷达锁定目标，然后迅速绕到猎物的前方位置。在获得理想阵位后，斯科特艇长下令潜入水下 40 英尺的深度以降低潜艇可视轮廓，同时谨慎地靠近目标至 830 码的距离，然后齐射了两枚鱼雷。艇上的声呐操作员并未听到其中一枚鱼雷的回

∧ 美国海军"金枪鱼"号(SS-282)潜艇。

音（可能失的沉没），而另一枚鱼雷由于航迹不正常因而同样没能命中目标。"金枪鱼"号随后浮出水面，用雷达再次检查敌船方位，然后转向准备下一次射击。然而，目标此时也发现了"金枪鱼"号潜艇，并用船上的两门火炮对其开火。斯科特艇长十分恼怒，决心不让那艘船全身而退，结果糟糕的鱼雷性能令他的整个战斗巡逻经历变成了一场噩梦，但斯科特决定冒险继续接近目标。"金枪鱼"号在 980 码远的距离上冒着敌船的炮火再次发射了两枚鱼雷，其中一枚航迹非常平直，但没能命中，另一枚则在海面上划了一道弧线。

这时，艇上整个火控组都已经怒不可遏，他们发誓一定要拿下那艘敌船。"金枪鱼"号于是退出阵位重新装填鱼雷，冒着日军货轮的炮火重新进入攻击阵位，在 1020 码的射程内再次发射了三枚鱼雷。这次第一枚准确命中，第二枚从目标前方经过未能命中，第三枚沿着一条曲折的航线航行后最终还是准确击中了目标。那天晚上，幸运女神最终还是站在了"金枪鱼"号潜艇这边，该艇几乎是毫发无损地撤出了战斗，而这艘日军货轮则在 20 分钟内宣告沉没。

在珍珠港这边的潜艇上，鱼雷过早起爆和哑弹发生的概率与西南太平洋战区的潜艇并无二致，这里的鱼雷专家也没有比澳大利亚那边更好的答案。军械局方面认为，鱼雷过早起爆的比例并不高，毕竟我们还在不断地击沉敌船。这也许是事实，但几乎每一次鱼雷过早起爆都会造成目标逃脱，因为这相当于给目标发出了提前警告，使其有充足的时间来规避后续发射的鱼雷，同时给敌护航舰艇提供了一个理想的航迹线索来制订他们的反潜搜索路线，从而大大增加了潜艇蒙受敌舰报复性深弹攻击的风险。美军潜艇艇长们也感到愤愤不平和无比气馁，就像他们其中一位说的那样，"到中国海岸去你就会发现，你那该死的鱼雷不起作用是一件多么糟糕的事"。

当一枚 3000 磅重的鱼雷带着 700 磅重 TNT 装药的战斗部从潜艇上的 10 根鱼雷发射管中刚刚发射出来时，它应该是完全安全无害的。鱼雷的安全保险措施十分必要，它可以充分保护潜艇免受鱼雷近距离意外爆炸所造成的危险。当鱼雷入水航行出约 300 码时，爆炸引信装置中的机构就会释放撞针，在触发磁性引信装置后，撞针将会撞击火帽，当鱼雷通过一个金属材料的目标附近时，火帽就会引爆鱼雷战斗部内的炸药。如果是碰炸引信，那么鱼雷必须直接命中目标船体，从而激活撞针并起爆。我们的 MK.6 型鱼雷引信装置可设计用于上述任意一种工作方式，但不幸的是在多数场合下两种方式都不管用，问题不一而足。"为什么我们不能在发明出一个更简单更万无一失的引信装置之前停止使用磁性引信装置呢？"

然而我是不愿意停用的，因为鱼雷在目标龙骨下方爆炸的效果无疑是毁灭性的，这也是出于磁性特征几乎是制造一击必中的"必然"因素。然而，正如我在给美国海军军械局局长的信中所反映的那样，我对纠正鱼雷这一缺陷的信心正在减弱。

英国皇家海军"胜利"号（HMS Victorious）航母的鱼雷武器官为我们提供了一些宝贵的数据，包括他们在大战初期就已放弃的英国磁性引信装置的作战使用经验以及他们认为可能带来成功的新设计。这一最新的技术尝试使用干电池作为鱼雷动力来源而不是我们美国海军使用的口袋大小的发电机，而后者正是这么多麻烦的源头。英国人的鱼雷引信装置大约只有我们的一半大小，因此只须在鱼雷外壳上开一个较小的开口，从而降低海水渗漏的可能性，而这正是造成鱼雷过早起爆的一个常见原因。所有这些数据资料我都转给了海军军械局，并告诉他们驻伦敦的海军武官无疑会很乐意为他们提供这个新引信装置的样机。

经历西南太平洋战区的奋斗历程之后，珍珠港的潜艇维修设施成了我非常感兴趣的事情。我发现 2500 吨级的 ARD–1 号浮式干船坞已被移交给潜艇基地专用，其两侧因长期的浸没和紧急情况而磨损严重，因此水下维修和海底清洗必须跟上。从这里出发前往日本本土附近的"潜艇猎场"行程约 3500 英里，因此必须节约燃料，潜艇每次在珍珠港整修时，都要清洗艇体底部并重新涂漆。到目前为止，我们在中途岛还没有船坞设施，而驻珍珠港的潜艇基地维修大队在"破碎"艾迪（D. T. Eddy）少校的指挥下在潜艇整修方面做得非常出色。维修车间 24 小时运转，整修工人则利用潜艇艇员的休假间隙加紧施工，须要进行全面检修的潜艇通常每 18 个月就会被派往珍珠港、马雷岛或猎人角的海军船厂。

在熟悉了珍珠港的情况和当地设施之后，我的下一个兴趣放在了中途岛。1940 年 7 月，我看到沙岛（Sand Island）作为一个航空和潜艇基地开始投入建设，当时我就相信这里在未来存在极大的可能性。我还在 1941 年 1 月的一份作战计

∧ 美国海军工程营人员（绰号"海蜜蜂"）正在从事岛屿开发建设工作。

划中考虑在中途岛部署一艘油船，以便为从这里出发作战的潜艇加满燃油。然而着眼于未来，我对中途岛还有更大的计划。我希望把我的整个潜艇作战指挥部都搬到那里去，然后将那里的基地改装为至少能为半数潜艇提供整修支援的场所。这样一来，我们从这里出击的潜艇每次执行战斗巡逻任务将比从珍珠港起航节省 2400 英里的漫长航程以及由此带来的燃油消耗。

　　于是在 3 月 1 日下午晚些时候，我搭乘"阔鼻鲈"号（Scamp）潜艇前往中途岛。由"沃利"艾伯特（W. G. Ebert）少校指挥的"阔鼻鲈"号潜艇是一艘在新罕布什尔州朴次茅斯建造的新型潜艇，其作战状态相当优良。该艇根据战争期间的经验进行了大量改进，无不反映出其设计建造者的良好声誉。航行期间，一艘猎潜艇护送我们直到夜幕降临，以确保我们的巡逻飞机能够正确识别"阔鼻鲈"号的身份。在用灯光发出"再见，狩猎愉快"的信号后，我们脱离猎潜艇开始了自己的航程。

　　当构成中途岛岛群的东岛和沙岛在 3 月 5 日这天的早晨进入我们的视野时，

我眼前呈现出一幅与我在1940年最后一次见到它们时大不相同的景象。当时，民间承包商刚刚开始建设这里的潜艇和航空基地，唯一已经完成的是沙岛上的设施，电报局和泛美航空都已经在那里建立了自己的机构。

而如今，这两个岛屿上布满了无线电和雷达站、指挥塔、水塔和防空高炮阵地。环绕着宽泻湖的礁石区被人工凿穿，开挖了一条400英尺长的水道。一个由钢材和木板搭建的码头从沙岛延伸到泻湖，那里还修建了一处油罐仓库。除了留给简易机场的空间外，其余各处都挤满了商店、办公楼、仓库、宿舍和营房。东岛为航空基地专用，沙岛地区则由潜艇和航空设施共用，这些建设成果得益于海军船坞码头局（Bureau of Yardsand Docks）局长本·莫瑞尔（Ben Moreel）少将和他的"海蜜蜂"（Seabee）[1]所做的工作。

中途岛是"美人"马丁（H. M. Martin）海军准将负责指挥的美国海军第14海军军区的一部分。灾难性的12月7日这天[2]，曾是航空兵的马丁准将时任驻卡内奥赫（Kaneohe）航空基地的指挥官；我们的潜艇基地指挥官是"米奇"奥里根（W. V. O'Regan）中校；由1500人组成的海防营则由美国海军陆战队的哈恩（Hahn）中校指挥。

虽然在开发中途岛方面已经投入大量工作，但目前仍有许多工作要做。建设潜艇基地的目的是拥有一处相当于一艘潜艇供应舰的支援能力的岸上设施，即能够同时整修三或四艘潜艇，这方面的工程目前进展顺利。而供潜艇官兵休养的当地休闲设施则条件欠佳，不过也开始兴建楼房和运动场。我们也进行了相应安排，即每艘潜艇在中途岛完成一次整修，珍珠港两次。

潜艇的整修改装设施也须要改进。停泊在这个3英里宽泻湖内"油船"码头上的潜艇完全暴露在海上季风中，有时因为风浪太大，潜艇不得不停泊在泻湖里，这就须要划船登艇，因此极大地浪费了维修施工人员的时间。在冬季的大风中，风速有时高达75英里/小时，这时一切划船行动都得停止。

我们迫切需要的原材料是一种蜂窝状的隔水钢板，它可以用来为泛美航空

---

① 译注：意指美国海军方面负责工程修建的海军工程营人员，1942年开始使用这一绰号。
② 译注：即日军偷袭珍珠港的日子。

的水上飞机建造浅水港口并进行疏浚，使其可供供应舰和潜艇使用。有了这样一个整修基地，我们最终就可以将3~4艘潜艇转移到中途岛，并且在所有天气条件下不间断地修理12~20艘潜艇。为了完成这个理想的设施配置，还需要另一个2500吨级的浮式干船坞。完成这一新任务后，我就可以确定我的新目标了。

在返回珍珠港的途中，我给莫瑞尔少将写了一封信，对他带领的"海蜜蜂"的战斗精神、敬业风貌和巨大成效致以祝贺，同时我详细地阐明了我们在中途岛所需的关于疏浚和兴建防波堤以便建造一个全天候潜艇整修基地的工程物料情况。我和第14海军军区土木工程师哈通（T. A. Hartung）中校讨论了这件事，他认为这个计划完全可行。我让本仔细考虑一下这个提议，一旦我得到太平洋战区司令部的批准，我就随时准备实施。然而恰恰在那里我遇到了障碍。太平洋战区司令部希望中途岛泻湖得到足够的疏浚以便为巡洋舰工作队提供锚地，因而不同意将挖泥船从该项目中分流出去来对我所提议的潜艇整修基地进行深入建设工作。考虑到另一艘挖泥船已在前往中途岛的计划中，所以我没有把这个答复当作最后的结论，然而还是足足过去了几个月我才得到"推进"的指示。

∧ 美国海军MK.14型鱼雷是MK.18型电动鱼雷问世前潜艇部队的主力鱼雷装备。

3月里值得我们忧虑的事有很多。我们的MK.14型鱼雷的库存降至新低，再加上磁性引信装置令人头痛，因此我们不得不为接下来的三艘计划出航巡逻的潜艇安排最有限的任务，以减轻我们不断减少的"鱼"（MK.18型电动鱼雷）供应压力。这种鱼雷由于航行时没有尾迹因此非常受人期待，但它还没有现身于我们所在的战区。按照纽波特港潜艇官兵们的说法，他们也没有对此给予太多的关注，直到几年后海军督察长（Naval Inspector General）才对这一明显的疏忽进行了调查。

此外，舰队总司令收到一份关于在华盛顿设立一名"潜艇总监"的建议，由后者向美军各潜艇部队指挥官下达所有行政命令。对于这一提议我也认真地进行了审视，考虑到这意味着在海上作战的潜艇和舰队总司令之间增加了额外的指挥机制，而后者永远拥有决定权，因此我强烈反对这个想法。

来自西南太平洋战区潜艇部队的消息称，由小波尔（J.A.Bole）少校指挥的"琥珀鱼"号潜艇以及由克莱格（J. R. Craig）少校指挥的"逆戟鲸"号（Grampus）潜艇"逾期未返航，据推测已损失"。战后的报告显示，1943年2月16日，"琥珀鱼"号潜艇在新不列颠东南海域被敌巡逻艇的深弹击沉；据推测，"逆戟鲸"号潜艇则是于2月19日在同一地区被日军水上飞机击沉的。

当月里最后担心的一件事是，太平洋战区司令接到舰队总司令的一封信，询问我们对苏联"伊尔曼"号（Ilmen）货轮沉没的情况了解多少。情报提供的沉没地点位于日本最南端的九州岛东南海域，距离美军"锯鳐"号（Sawfish）潜艇报告的在黎明前同一时间击沉一个目标的地点大概只有50英里。反复核对后终于显示出了准确详细的情况：："伊尔曼"号确实是"锯鳐"号潜艇的不幸受害者。更为糟糕的是，次日夜间"锯鳐"号潜艇还击沉了一艘疑为苏联货轮的"科拉"号（Kola），据报告这艘船也是被潜艇所发射的鱼雷击沉的。

上述船只原本计划通过范迪曼海峡（Van Dieman Strait）向日本南部航行，当时我们的情报显示，苏联船只使用的是拉彼鲁兹（La Perouse）海峡[①]附近的

---

① 译注：或称宗谷海峡。

航道前往美国。事实上，宗谷海峡已于 1 月 15 日前后被冰封，这迫使其改用对马海峡（Tsushima）至范迪曼海峡一线的航线，但我们没有收到关于这一变化的任何消息。诚然，这两艘苏联船只都亮出了"半强度"的航行灯。但"锯鳐"号潜艇发现"伊尔曼"号时天色尚未破晓，而发现"科拉"号时也是个月夜。两次场合下"锯鳐"号都使用潜望镜进行了水下攻击，而没有注意到这些昏暗的灯光。

两起事件发生后，苏联人开始通过我们驻符拉迪沃斯托克的总领事向我们通报个别船只的动向和例行的通航路线，后来他们还开始使用特殊的识别标记来表明船只身份。根据官方统计，美军太平洋战区潜艇部队共计击沉 16 艘敌商船，而我们自己的作战记录显示我们还击伤了 16 艘船，而且这一数字实际上可能更高，因为很多我们声称击沉的船只战绩未被官方认可。但毫无疑问即便如此，我们还是造成了这些船只艰难地返回已经拥挤不堪的维修码头，从而不断地给他们的后勤维修重负加码。

"刺鲅鱼"号潜艇主动要求并获批准前去黄海执行巡逻任务，这是一片几乎从未有人触及的海域。而在那里，"刺鲅鱼"号完成了迄今为止无与伦比的壮举——10 天之内单艇击沉 8 艘货轮和 1 艘运输船。莫顿艇长显然是对他 1 月份的战绩并不满意，于是又创造了一个新的记录。

坠机殉职的英格利希海军少将生前未完成的巡查计划终于在 3 月份得以实现。我的首要需求是搭乘潜艇前去荷兰港，然后乘飞机沿阿留申岛链返回。阿拉斯加地区的飞行天气在每年中的那个时候都难以预测，我只想确保不必花费太多时间就能顺利到达我们位于荷兰港的潜艇基地。然而，太平洋战区司令部不同意调派潜艇离开"生产线"供我使用，哪怕只是几天的时间。于是我于 3 月 21 日下午乘水上飞机离开珍珠港，次日下午抵达旧金山，然后径直飞向科迪亚克。

在那里，我发现阿拉斯加战区司令"杰克"里夫斯（J. W. Reeves）少将已经将他的指挥部迁往荷兰港。由"烟雾"斯奈德（G. W. Snyder）少校负责管理的潜艇基地虽然暂时没有潜艇大修的任务，但在维修那些遍布沃门斯湾（Womens Bay）的小型舰艇和水面船只方面还是发挥了很好的作用。一个木制的浮式干船坞已经投入使用，在之前没有任何停靠经验的情况下，这里已经驻泊了大约 50 艘舰船。

我在荷兰港的一个带有混凝土防弹顶棚的"炸洞"里找到了里夫斯将军的办公室。这一建筑里的上层空间留得特别大，因为航空炸弹很可能会在这里爆炸。由"公爵"格雷（C. W.Gray）中校负责的潜艇基地还在施工建设阶段，它的维修车间可以说是"麻雀虽小，五脏俱全"，是一个能够维修从潜望镜到蓄电池组的任何艇上设备的综合机修车间，目前接近完工。虽然条件严苛，且驻荷兰港的老迈的 S 级潜艇不得不与北极圈的大风和恶劣海况进行持续斗争，但我们潜艇部队的小伙子们仍然有很多仗要打。

这里有一则故事描述了潜艇的海上战斗究竟有多艰难。由来自缅因州埃尔斯沃思（Ellsworth）的"汉克"门罗（H. S. Monroe）上尉指挥的 S–35 号潜艇，对北极圈的恶劣天气有着极为可怕的体验。12 月 21 日 S–35 号潜艇抵达安齐特加岛（Amchitka）一带海域时，该艇已经在海上巡逻了 10 天。在典型的阿留申群岛风暴的浓雾中，S–35 号在海面的恶浪中艰难地颠簸航行。汹涌的海浪冲进舰桥，大量海水灌进控制室，舱底不断地泵水。在入夜后不久的漆黑夜幕中，一个巨大的卷浪扫过舰桥，被抛到舱口的艇长严重扭伤了一只胳膊和一条腿。当被艇员们扶到舱室内的床上时，他忽然听到"控制室着火"的叫喊声。主电力电缆产生的明亮电弧和蓝色火焰照亮了右舷后部舱室，显然是海水浸泡了艇内的绝缘材料，从而造成了短路。这场大火刚被控制住，控制室的右前部又发生了一场类似的火灾。艇上的电气火灾一次又一次地发生，直到最后不得不关闭引擎，放弃和关闭隔离控制室。接下来又是三天的噩梦，因为大火和浓烟，所以潜艇内部不得不经常性地被暂时关闭隔离几个小时。在这些接二连三的危机中，艇上所有的官兵都得在舰桥上"避难"，它们用缆绳把自己捆绑在指挥塔围壳上，以防止自己被冰冷的海水冲走，所幸的是没有人失足坠海或因艇外作业而伤亡。直到圣诞节前一天，S–35 号潜艇才一瘸一拐地驶进阿拉斯加的埃达克岛（Adak），美国海军"吉利斯"号（Gillis）驱逐舰在那里为潜艇进行了临时支援和紧急维修。

在美军两栖作战部队登陆阿图岛（Attu）和基斯卡岛之前，这些老旧的 S 型潜艇的任务是切断日军对这些岛屿的所有补给。战后的报告显示，虽然困难重重，但这些英勇的美军小型潜艇仍然很好地履行了这一职责，它们击沉了日军的一艘改装炮艇和四艘货船，吨位共计 15026 吨，还击伤了另几艘敌船。这些沉重的损失无疑削弱了驻阿图岛的日军的最后防御，由此带来的绝望感更极有可能强烈地影响了日军最终放弃基斯卡岛的决定。

我在埃达克岛并没有什么工作要做，但尼米兹上将的命令足够灵活，允许我酌情造访那里。我在那里发现第 16 特混舰队司令金凯德（Kinkaid）少将与他的参谋长"澳洲人"科尔克拉夫（O. S. Colclough）上尉（一位老潜艇兵）正在一个活动板房里。他们的指挥团队包括阿拉斯加战区司令西蒙·玻利瓦尔·巴克纳（Simon Bolivar Buckner）少将（当时不在）、科利特（Corlett）少将（埃达克岛指挥官）、第 11 航空军司令巴特勒（Butler）少将及其参谋人员。友好合作的良好精神在这里非常普遍，根据我在太平洋地区的广泛观察，这种良好氛围似乎一直都存在。直到战争真正结束，我们才得知那些对这场战争袖手旁观的华盛顿政客评论说美军内部关系糟糕，以及我们是多么地须要"联合起来"。

4 月 2 日，我踏上了返回旧金山的长达 3400 英里的旅途，全程几乎是在完美的飞行天气下完成的，这在一年中的那个时候极为罕见。在湾区我进行了为期两天的停留，在那里我查看了马雷岛、猎人角和伯利恒钢铁公司的潜艇修理设施。随后我立即赶往圣地亚哥查看那里的类似设施。同样我想看望一下我在科罗拉多的家人，从 1939 年起，我只在路过此地时探望过他们。

位于圣地亚哥驱逐舰基地的潜艇状态并不理想。从荷兰港基地撤下来的 S 级潜艇至少需要 4~5 个月的时间进行大修，而马雷岛、猎人角和伯利恒钢铁公司对排水量更大的舰队型潜艇进行大修只需要 40~50 天。灯火管制的规定极其严格，以致极大地妨碍了在码头上或任何舰艇外部的夜间施工。在那里，灯火管制比在澳大利亚或珍珠港更严格，而在距离驱逐舰基地仅仅半英里的地方，一家飞机工厂经常是通宵灯火通明。考虑到日本人远在几千英里外，我认为这些预防措施有点过火了。我向太平洋司令部提出的关于这些问题的报告已在现场与基地指挥官和第 11 海军区司令进行了讨论。

在驱逐舰基地，我发现"独角鲸"号（Narwhal）潜艇正准备为陆军部队运送半个侦察连的士兵，"独角鲸"号计划与"鹦鹉螺"号潜艇一同向即将展开攻势行动的阿图岛输送突击队。为此，"独角鲸"号上的所有鱼雷和鱼雷架都从它的艇艏鱼雷舱被移除，代之以加装多层铺位。当然，突击队的士兵们就像沙丁鱼一样挤在一起，每层四个铺位，最后这两艘潜艇每艘都塞下了大约108人。

一天清晨，我应汉威尔（G.P.Harnwell）博士的邀请造访了加州大学战争研究部的圣地亚哥海军实验室（UCDWR）。他告诉我他们正在为潜艇和反潜作战开发小型装备，也许我会对它们感兴趣。就这样，通过一次偶然的访问，潜艇开始与科学界展开一场最有价值的接触。他们确实有一些我感兴趣的小玩意儿，例如可干扰敌人监听设备的噪声发生器、用于迷惑敌反潜舰艇以及定位水下物体的调频声呐的诱饵装置等。

我们乘坐一艘小型水面舰艇进入海湾，汉威尔博士演示了他们的仪器如何定位航道两侧的浅滩以及入口处的渔网，而途经的小型船只也能在PPI（平面位置指示器）上显示出来。博士认为这对于潜艇以水下航行状态渗透敌人港口或通过敌反潜网时定位出入口是极具价值的。毫无疑问这种设备完全可以用在上述场合，但它更吸引我的是配备这种设备的潜艇在遭到敌水面反潜舰艇的攻击时，可以确定追击者的方位并用鱼雷进行反击。一艘舰艇或浮标的钢制外壳除了在显示屏上会显示出一个斑点外，还会发出一个清晰响亮的回声，由此可以得出目标的距离和方位。后来，我还意识到这个装置作为水雷探测器同样适用。于是我立即开始计划在我们的潜艇上安装一台进行试用。

在战争期间，每次我回到美国本土，都会对圣地亚哥的海军实验室进行一次专门造访，并在两次访问期间通过驻该港口的潜艇中队指挥官与之保持密切联系。这个科研小组研制的专用潜艇装备非常重要，它无疑能使大量潜艇免遭攻击和摧毁。汉威尔博士、库里（F. N. D. Kurie）博士、马尔科姆·亨德森（Malcolm Henderson）教授和伯恩斯（R. O. Burns）博士是该科研机构中我们打交道最多的成员，他们的合作和对太平洋地区潜艇部队的技术援助访问对我们很有帮助。就我们而言，只要有可能，就会提供潜艇供他们推动科研工作。同样也正是由于调频声呐的帮助，我们的潜艇才得以成功渗透日本设置的海上雷区，进而突袭日本海。

在圣地亚哥的时候，我接到了意料之外的命令，要求我前往华盛顿参加海军部的一系列会议。于是我于 4 月 13 日乘飞机离开，次日一早抵达海军部。海军作战部潜艇物料和作战官梅里尔·科斯托克（Merrill Comstock）上尉在现场迎接我，带我经历了一场为期两天的旋风式会议。我们太平洋潜艇部队有太多需求了，这是我们为自己分一杯羹的绝好机会。我首先向美国海军总司令金上将做了报告。大西洋舰队潜艇部队司令弗里兰·道宾（Freeland Daubin）少将也在华盛顿，于是我们一起拜访了大老板。弗里兰和我不仅统帅着美国海军的绝大部分潜艇，而且我惊奇地发现我们是在离海很远的密苏里州拉马尔镇（Lamar）上一起长大的。

金上将完全了解两大海区潜艇的情况，他关于潜艇部队训练、部署和去最有价值地区巡逻的观点是完全正确的。我唯一不同意他的一点是，是否应该为潜艇提供更好的防空武器。我不想让我的潜艇试图对空射击驱赶敌机。大西洋海域的德国潜艇在对我们的飞机进行了仅有的几次成功防空作战之后，在这种不对等的战斗中遭受了沉重损失。潜艇对飞机最好的防御方法就是紧急下潜，这才是我想让我的潜艇使用的正确战术。

梅里尔·科斯托克让我在一次由来自不同作战部门的潜艇军官参加的会议上发表讲话。这也许不是个好主意，因为我对我们的鱼雷性能不佳且没有威力足够强大的火炮来击沉敌舰而感到情绪激动，我还对那些高高在上的当权者提出了一些批评。

"如果军械局，"我说，"不能为我们提供能准确击中目标和正常起爆的鱼雷，或者提供一支比玩具枪大一点的火炮。那么，看在上帝的份儿上，请舰船局（Bureau of Ships）设计一个船钩，这样我们就可以用它从敌目标的侧面拆舷板！"

我还赞扬了所谓"酒店设施"（经改良的厕所和空调）的优点。这是海军联合委员会（General Board）在 1938 年就送给这些设施的雅号，实际情况其实与他们的论断大相径庭。联合委员会的成员们均出席了会议，我确信他们足以洞见这些创新手段的战略价值，并且承认有时候"不知天高地厚的年轻人"要比"老学究"更专业。

那天下午，我去看望了我的老朋友——军械局的局长"斯派克"布兰迪（W.

H. P. Blandy）少将。我已结识并景仰斯派克很多年，他曾在安纳波利斯待过一阵[①]，并将自己毕生的事业奉献给了海军军械，在那里他被公认为海军的顶级专家。然而他并非鱼雷领域的专家，我觉得他得到的是一些不好的建议。

当我到达他的办公室时，斯派克正在暴怒当中，有人告诉了他我当天早晨的批评言辞。"我不知道这是否是你任务的一部分，"他说，"我指的是让军械局名声扫地，但你似乎干得不错。""好吧，斯派克，"我也情绪激动地说，"如果我说的话能让军械局改头换面并且拿出一些举措来，那么我会觉得我这趟旅行没有白费。"

紧接着，我们便开始处理这些具体的鱼雷失效案例。在一个小时的时间里，我们一起做了大量有建设性的工作。军械局还须要我们提供潜艇鱼雷专家协助他们，虽然我并不想失去这些专家，但我还是立刻给他们委派了2位，后来又增加了3位。虽然当时我们没能立即解决有缺陷的鱼雷引信装置问题，但也许有些成功的种子已经播下。4个月后，我们终于找到了一个可以接受的解决方案。

在返回珍珠港之前，我前去向美国海军部部长詹姆斯·文森特·福莱斯特致敬。我第一次与福莱斯特先生会面是在英国皇家海军"罗德尼"号(Rodney)战列舰上，当时他是海军部副部长。他是在1941年时来到英国的，我发现现在的他与在伦敦的时候没什么变化，如果非要说有的话，他的下巴可能更结实了。任何人只要看一看福莱斯特就会相信，我们的海上战争必将如期结束。在他的指挥下，处于战斗前线的官兵们必将得到全力支持。

"我为我们潜艇的性能感到骄傲，"他亲切地说，"而且随着产量的增加，我们很快就会有足够的能力在太平洋上扫灭敌人的运输线。"

---

① 译注：意指从美国海军学院毕业。

第六章

1943 年 4 月 19 日清晨，我返回了珍珠港。我这次离开办公室总计 28 天，空中旅行总行程共计 16578 英里，但得到的第一手信息和更多接触极大地弥补了我暂时脱离主要工作的损失。潜艇部队第四中队指挥官约翰·布朗（John Brown）和我的参谋长约翰·格里格斯上尉在我离开的时候很好地维持了这里所有工作的正常运转。

我外出期间，太平洋司令部下达了更多的对敌海岸海域的布雷行动命令。我不赞成以水雷代替鱼雷，但我们的鱼雷供应量之低确实到了危险的程度，太平洋司令部不但要减轻我们不断减少的鱼雷储备的压力，而且要通过布雷发挥干扰敌海上行动的价值。布雷行动将迫使敌人进行大规模的扫雷，据专家所说，这将消耗大量的铜线和橡胶，而两者都是日本不得不进口的重要战略物资，要知道日本的铜原料已处于严重短缺状态。米切尔斯（C. W. Michels）博士是美军太平洋司令部参谋部的高级水雷战技术专家，在他的密切配合下，五艘潜艇被派往中国香港、上海、温州湾，日本北部岛屿以钢铁生产为主的室兰港（Muroran），以及本州岛东海岸的鹿岛滩（Kashima Nada）海域开展布雷行动。

与此同时，美国海军总司令发布了一则关于开展"狼群"战术的命令。我早就抱有一个希望，那就是我们能很快拥有充足数量的作战潜艇以遂行这一战术。"狼群"战术的想法其实并不新鲜，早在 20 世纪 20 年代中期就已经有名为"区域攻击"的探索。当时就这一问题撰写出了大量文献，但其因对单艘潜艇行动自由的限制以及随之带来的水下碰撞风险而被放弃，即使是在和平时期相关训练的危险也比所获得的收益要大。

部队早在战前就进行过夜间试验性训练，尝试由几艘潜艇同时发动攻击。但由于通信联络效果不佳，因此无法确保达到和平时期潜艇行动所需的安全程度。而现在情况不同了，雷达装备已经得到完善，我们还安装配备了高频无线电通信设备，过去的编解码方法因效率低、操作难而被淘汰。潜艇通信是解决问题的关键，而我们现在已经有出色的通信手段。总之除了足够数量的潜艇之外，我们什么都有了。

尽管如此，约翰·布朗上尉和他潜艇部队第 4 中队训练部的手下已经开始准备制订协同攻击条令，并发起了他们所谓的"护航学院"。位于珍珠港的潜艇军官食堂里的舞池是由一块块一英尺见方的黑白瓷砖拼成的"棋盘"。这是一个极佳的推演场，潜艇艇长们和他们的火控艇员们就在那里展开三艇编队协同攻击的训练。只要不用出海巡逻进行鱼雷攻击作战，每天复盘推演训练期间，这些小伙子都会聚集在舞池里，在幕后营造出一番良好的军事学院氛围。推演训练重点强调艇间通信和尽可能少的"潜望镜观察"，当目标开始"出现在地平线"上时，歼灭敌护航船队的作战行动也就开始了。

后来，经太平洋舰队总司令批准，我们向从旧金山驶往珍珠港的护航运输船队发出警告称，他们在到达目的地前的某一天晚上将受到我们潜艇的"攻击"。约翰·戴尔·普莱斯 (John Dale Price) 海军少将派出的飞机将从卡尼奥赫起飞，预计将在距钻石头山（Diamond Head）四五百英里的上空发现护航船队，然后我们的"狼群"就会开始行动。起初潜艇之间经常险些发生近在咫尺的碰撞，但好在潜艇艇长们学习得很快，雷达设备也令他们能在暗光条件下通过 PPI 看到像白天那样明显可见的船队目标。这次训练可以说为我们带来了巨大的收益。

而此时，鱼雷糟糕的性能要比以往任何时候都更加困扰我们，鱼雷过早起爆的比例已从百分之五上升到了百分之九，潜艇艇长们结束巡逻返航后都恨不得上交制服甩手不干，连军械局能够派给我们的顶级专家也毫无建树。作为一项试验，我们责成八艘潜艇将其艇上鱼雷引信装置的磁性工作机制暂时解除，目的是在随后进行的战斗巡逻途中重新为其加装磁性引信，以便由此获得比较数据。

虽然我们的鱼雷故障频频，但潜艇仍在不断地取得击沉战绩。在关于 1943 年 4 月战绩的战后报告中，太平洋战区潜艇部队和西南太平洋战区潜艇部队共计击沉 18 艘敌船，而被我们击中但侥幸回港的敌船数量很可能是这一数字的两倍。

要说当月的最佳战绩，无疑当属由来自加利福尼亚州洛杉矶的"比尔"波

∧ 美国海军"海狼"号潜艇艇长格罗斯（R. L. Gross）少校从艇上拍摄到的一张潜望镜照片，照片记录了日本海军第39号巡逻船的沉没过程，摄于1943年4月23日。

斯特（W. S. Post）少校指挥的"白杨鱼"号潜艇。4月28日，"白杨鱼"号在苏鲁海海域发现了排水量达17526吨的日本运输船"镰仓丸"号（Kamakura Maru）。这次攻击是在晚上进行的，由于"白杨鱼"号潜艇的航速尚不及这艘由邮轮改装而成的大型运输船，因此艇长波斯特幸运地从170度的方位（目标舰部后方10度）上抓住机会发射了鱼雷，其中两枚击中"镰仓丸"号船艉。这次击中几乎给"镰仓丸"号带来了灭顶之灾，艇长波斯特几乎还没来得及确认战果，"镰仓丸"号就从船艉开始迅速下沉，海面上开始散落救生艇、木筏和尖叫着的日本船员。船艉遭受的两次鱼雷命中本不应该轻易击沉像"镰仓丸"号这样的大型船只，显然这名日本船长对他船上的水密舱门处置得太不小心。后来，"白杨鱼"号还击沉了一艘排水量为5800吨的日本货船和一艘日军巡逻船，并从后者上解救出了三名菲律宾人。

　　如果我们要颁发一项"本月最佳照片"奖项的话，那么无疑应该颁给"海狼"号潜艇艇长格罗斯（R. L. Gross）少校，因为他从艇上拍摄了一组共八幅非常出色的潜望镜照片，画面生动地描绘和记录了日本海军第 39 号巡逻船的沉没，其中一张由格罗斯艇长亲笔签名的照片现在就挂在我的办公桌上。格罗斯艇长当时执行的是从马里亚纳群岛海域进入吕宋海峡一带海域的战斗巡逻任务。他宣称在马里亚纳群岛东北方向海域击沉一艘排水量为 4575 吨的日本货船，并在中国台湾东南海域击沉一艘日军驱逐舰。

战后报告显示，他宣称击沉的这艘"驱逐舰"应被断定归类为由旧驱逐舰改装而成的一艘排水量为 820 吨的日军巡逻船。格罗斯对自己用鱼雷取得的这一战果表达了自己的歉意，因为在严重缺乏鱼雷补给的那段时期，我们通常不会主动攻击敌驱逐舰，这类目标是不值得用宝贵的鱼雷攻击的。然而，这艘日军驱逐舰在"海狼"号潜艇正要攻击一个绝佳目标时突然出现在了现场，格罗斯于是怒气冲冲地说："让它去吧！"最后结局的场面极为引人注目。日军巡逻船被"海狼"号所发射的鱼雷击中舯部下方位置，随后缓缓前倾下沉，直到舵和螺旋桨都从海水里露了出来，摆出一个完美的垂直造型，最后迅速沉没，只留下海面上的一缕黑烟来标志着它消失的地方。这艘巡逻船是美军潜艇从日本帝国海军舰艇序列登记册上勾销掉的大约五艘吨位较小的日本护航舰艇之一。

由来自北卡罗来纳州卡托巴（Catawba）的"叛逆者"劳伦斯（V. L. Lowrance）少校指挥的"王鱼"号（Kingfish）潜艇，提前从中国台湾附近海域返航了。根据劳伦斯艇长的报告，他曾被日军舰艇的反潜声呐紧密跟踪，并且遭受了严重的战损。他宣称在战斗中击沉了一艘满载货物的日本运输船和一艘拖网渔船，此外可能还有一艘货轮，而 JANAC 能够确认的是他击沉了排水量为 8154 吨的运输船"高千穂丸"号（Takachiho Maru）。日军护航舰艇在反潜反击中击伤了"王鱼"号潜艇，其中一艘日军护航舰艇在近距离上用密集的深弹攻击迫使潜艇下潜到了水下 350 英尺深处。艇长劳伦斯认为那反倒是个好去处，于是他下令关闭艇上所有正在运转的设备，然后静坐在海底原处。

在日军护航舰艇发动第二轮反潜攻击时，一名电气师正在艇上电机舱里检查可能的受损情况。就在这时，一组深水炸弹到达潜艇附近并在非常近的距离上发生了爆炸。电气师飞奔着钻进舱口，进入操纵室，慌张地报告说潜艇螺旋桨传动轴旁的密封压盖里冒出了火焰，但艇员们对这种可能性嗤之以鼻。可在接下来的一轮深弹攻击中，艇上轮机官和另两名电气师也表示他们看到了火焰。对此，一位科学家后来向我进行了详细的解释。他说，毫无疑问，他们看到的只是频率足以接近光波速度的声波，然而目睹到这一现象的"王鱼"号潜艇的官兵们仍然发誓他们当时真的看到了火焰。

　　无论如何，"王鱼"号潜艇最终能够成功返航足以成为奇迹，这也是对它的设计者和建造者的高度赞扬。返航后的"王鱼"号艇身已是凹凸不平，潜艇的龙骨看起来就像一匹结实的赛马的肋骨。因此，我们决定把它送回马雷岛去"养肥"。

　　由来自堪萨斯城的达文波特（R. M. Davenport）少校指挥的"黑线鳕"号（Haddock）潜艇也在帕劳群岛海域遭遇了苦战。结果"黑线鳕"号最终带回了两块头皮[1]，其中一艘是排水量为 7389 吨的日本客货船"有马丸"号（Arima Maru）。这次返航归来，潜艇的指挥塔围壳上还留下了两个明显的凹坑，其中一个是在水下 300 英尺深度由日军舰艇近距离投掷的深水炸弹爆炸冲击造成的，另一个相信是"黑线鳕"号潜艇在水下 415 英尺深度时留下的，这无疑是当时那个深度上每平方英寸 183 磅的巨大海水压力所致。

　　同样，我们也把"黑线鳕"号送回了马雷岛进行修理。后来，舰船局局长告诉我，这些凹坑是由指挥塔围壳结构设计上的一个细节失误造成的。如果情况属实，那么这将是我们优秀的舰船局及其局长内德·科克伦（Ned Cochrane）海军中将承认的为数不多的几个潜艇设计失误之一。到目前为止，我们的潜艇在敌人的深弹攻击反击下已经表现得很好，但日本人的深弹攻击肯定会越来越强，也许他们在战争初期通过我们草率发布的新闻而获取的有价值的信息开始为他们带来回报。无论如何，他们把深弹引信的起爆深度设置得更大了，还有传言说他们已经把深弹的炸药量增加到 1000 磅。

　　"梭子鱼"号（Pike）潜艇艇长尼尤（W. A. New）少校从西太平洋马绍尔群岛海域的一次短途巡逻中返航归来。任务途中，"梭子鱼"号潜艇遭受到日军舰

---

① 译注：印第安人歼敌后的胜利象征和传统，这里意指击沉战绩。

艇准确的深弹攻击，在艇壳上方位置爆炸的深弹冲击波击碎了潜艇主控室周围的绝缘条，艇内电流产生了巨大的放电电弧，受创的"梭子鱼"号不得不返回基地。在这场遭遇战中，唯一令人欣慰和鼓舞的是，潜艇电机舱上方的焊接钢板一直保持着完美的状态。在设计和建造过程中，对于潜艇艇体的焊接接缝是否能和铆接工艺一样有效抵御深水炸弹的爆炸冲击，一度存在着大量争论。"梭子鱼"号潜艇的战斗经历似乎很好地回答了这一论点：就焊接接缝而言无疑表现得令人满意。而大修期间，"梭子鱼"号在艇上主控室顶部加装了护板并换用更具有弹性的绝缘材料，做好了再次出海的准备。

　　然而，我们对潜艇艇体的坚固性依然深感不安，特别是在收到以下消息后，所有人都倍感悲伤。由小阿尔斯顿（A. H. Alston）少校指挥的"狗鱼"号（Pickerel）潜艇奉命在日本东北部海域巡逻，由麦肯齐（G. K. MacKenzie）少校指挥的"梭尾螺"号（Triton）潜艇则奉命前往新几内亚群岛北部海域执行战斗巡逻任务，结果两艘潜艇都没能如期返航。战后的报告显示，这两艘潜艇都是因日军深弹攻击而损失的。JANAC方面告诉我们，"狗鱼"号潜艇在它的最后一次巡逻途中击沉了一艘日军猎潜艇和一艘日本货船。同样地，"梭尾螺"号也在最后的战斗中把一艘日本货轮一起带到了海底。

　　4月份击沉敌船战绩最高的美军潜艇是"飞鱼"号（Flying Fish），它在进入日本北部函馆（Hakodate）的本州岛和北海道之间的海域时，击沉了三艘日本船只。这一区域是敌占水域中作战最为艰难的海区，由于在那里遭受的损失甚大，我们不得不关闭这一巡逻区域长达数月之久。"飞鱼"号潜艇的艇长是来自得克萨斯州诺曼吉（Normangee）的"驴子"多纳霍（G. R. Donaho）少校，他还只是个小伙子，但在他的身上似乎从未见到过紧张，脸上显然也没什么肌肉，只是不时地露出一个缓缓地浅笑，击沉敌船对多纳霍而言只是一道道应用科学问题。于是我们派"驴子"多纳霍和曾经成功从科雷吉多尔岛抢运菲律宾货币储备的"麦克"芬诺两位艇长回国，以协助国内的征兵工作。

　　5月8日，"鲉鱼"号（Scorpion）潜艇从日本近海地区的巡逻中返航，报告了潜艇副艇长丧生以及击沉两艘敌船的消息。击沉的两艘敌船中，有一艘是排水量为6380吨的客货船"勇山丸"号（Yuzan Maru）。在返航途中，"鲉鱼"号遭遇了一艘装有无线电设备的日军小型巡逻艇，这些巡逻艇都是由拖网渔船改装而来的，日军在离日本主岛约 600 英里的近海海域进行了大量部署。"鲉鱼"号潜艇拦住了日本巡逻艇，接战中日军的一枚炮弹击中了潜艇引擎室，而我们潜艇上配备的 3 英寸小口径火炮似乎与击沉目标的任务极不相称。仍在海面上的"鲉鱼"号潜艇缓缓接近目标到 1000 码距离，然后发射了一枚鱼雷。而就在那一瞬间，"鲉鱼"号的死对头（日军巡逻艇）的最后一轮机枪射击打死了雷格·雷蒙德（Reg Raymond）少校。雷格·雷蒙德是一位出色的年轻军官，在珍珠港袭击事件爆发前他和我一起在伦敦待过，还作为观察员在英国潜艇上执行过巡逻任务，我对他的不幸丧生深感遗憾！

敌机枪火力射击对我军潜艇人员造成的伤亡（包括我们在"黑鲈"号和"鲉鱼"号潜艇上遭受的人员伤亡战例），对我们提出了关于如何更好地保护潜艇舰桥上作战人员的问题。我当然不想鼓励我的艇长去打这种短兵相接的战斗，因为潜艇本身太脆弱，很难承受抵御敌舰炮火的风险。然而，在夜间巡逻时与敌方舰艇不期而遇终归是一种可能性。当我们把这一情况告知舰船局后，奈德·科克伦海军中将立即答复说，目前正在建造的新舰艇都已经开始使用一种特殊处理钢材料（STS），并计划一有机会就应用到其他计划建造的新潜艇上。

内德的助手们是一支由经验丰富的海军建造师和工程师组成的优秀队伍，其中包括"安迪"麦基上校、"乔"福勒（J.W.Fowler）上校、"沃利"西尔维斯特（E.W.Sylvester）上校、"小腿"小莱吉特上校、阿尔曼德·摩根上校、"巴克"韦弗（G.C. Weaver）上校，以及"比尔"琼斯上校这些人才。华盛顿（或是在舰艇建造和修理码头里）拥有如此之多的人才，难怪舰船局的工作总能遥遥领先。

配备了训练有素的艇员的新潜艇不断建造完成，并开始以每月 4~5 艘的速度抵达珍珠港。在 1943 年里，我们总共接收了 52 艘这样的新潜艇和 3 艘全新的潜艇供应舰，后者分别是"布什内尔"号（Bushnell）、"猎户座"号（Orion）和"尤瑞艾莉"号（Euryale），另外还要算上从大西洋转移到太平洋战区的非常老旧的"海狸"号（Beaver）。大战爆发初期就与潜艇部队一同参战的"鸦"号则被调往西南太平洋战区充当鱼雷摩托艇的供应舰。因此，这就给我们在太平洋战区留下了 9 艘潜艇供应舰，其中 3 艘部署在澳大利亚海域。

我对新潜艇的到来抱以极大的兴趣，因此一直忙于在珍珠港外海组织训练，借此观察新技术和新装备的操作运用。每艘新潜艇都由指挥官训练科直接指派给驻珍珠港各潜艇支队的一名支队指挥官，所有潜艇支队指挥官都被赋予了这项额外的职责。他们中的大多数人都经历过海上战斗，对于分配给自己的新潜艇，他们都会用一到两个星期进行训练。他们大都是优秀的兄长式教练，但有时我也听到传言说他们对潜艇艇长太过严苛。

有一名潜艇支队指挥官，据说为人非常地严厉。顺便说一句，他还没有经历过任何一次战斗巡逻任务。他来找我请求指挥一艘潜艇出海参加一次战斗巡逻任务。后来一切都安排妥当，我可以很高兴地说，他完成了一次出色的巡逻并带回了出色的战绩。我敢肯定，这段经历对他本来的和后来的潜艇官兵学员们来说都是极好的。

结果很快，我就被各潜艇支队和中队的指挥官、我的参谋人员，甚至指挥官训练科的"老板"约翰·布朗上尉人等提出的类似性质的请求团团围困住。我满怀同情地答复并处理了这些请求，因为我觉得这样的作战经验对我自己和潜艇部队而言都有很大的价值，他们中的大多数人都是以相应方式获得的这样的经验。我也深感自己缺乏一线战斗巡逻的经验，于是大胆地请求美军太平洋司令部允许我作为观察员参与一次短时间的潜艇海上战斗巡逻任务，比方说40天。尼米兹上将则以一份非常体谅的口吻委婉地答复我说，他希望潜艇指挥官们的岗位都能够在短时间内响应他的需求，这样太平洋司令部可以随时调派他们参战。他最后说："我很感激你希望亲身体验更多的前线战斗，这同样也是我的愿望。但当我们身处这些岗位时，我们必须保证自己离作战指挥的岗位更近。"

然而，我偶尔也会被允许搭乘潜艇前往中途岛。这四天的航程给了我一个很好的机会来检查我们潜艇的训练状况和物资的准备情况，这既能使我判断我们官兵的士气状况，又能让我好好呼吸一口带着咸味的空气。我打算经常性地利用好这种机会。至于上文我曾向尼米兹上将提出要求参加的那次特别行动，其实是一次对日本海的突然袭击，我们计划在不久的将来动用三四艘潜艇来完成。

1943年春季，美军制订了夺回基斯卡岛的计划，但后来目标又转移到了阿图岛。正如我前面所提到的，由爱荷华州伯灵顿（Burlington）的拉塔（F.D.Latta）

∧特鲁克群岛上空的美国海军俯冲轰炸机群。

中校指挥的"独角鲸"号潜艇和由小布罗克曼（W.H.Brocman）少校指挥的"鹦鹉螺"号潜艇都被列入了这些计划。原定的 D 日 [①] 从 5 月 7 日推迟到 5 月 9 日后，最终定在了 5 月 11 日。第七侦察连乘坐橡皮艇登上了两艘潜艇，并于凌晨 3 时 09 分起程前往红滩（Scarlet Beach）。"鹦鹉螺"号在原地驻泊了一段时间并向登陆点照射红外光，以帮助侦察连保持正确的航向。两艘潜艇完成运送任务后随即向荷兰港撤退，由水面舰艇力量来自由攻击所发现的任何潜艇目标。要知道，以往想要完成这样大批部队的海上运输任务，不经历些挫败是不可能的。

---

① 译注：这里意指本次突击登陆行动。

这次登陆行动的延误和水下潜航时间的延长（有时是因为昼间日照时间较长，从5时30分至23时整，潜艇一直处于潜航状态）严重消耗了艇上的氧气储备。同时因为有近200人在艇上，所以空气中二氧化碳的百分比在17时左右上升到3%的上限。在漫长的等待期里，所有的二氧化碳吸收剂都被中途耗尽，因此潜艇被迫完全浮出水面，将发动机吸气阀伸出海面进行换气。由于是在有日军潜艇巡逻的海域，因此这种上浮并不是十分安全的动作。然而官兵们的胃口并没有因为这次航行带来的不适而受到影响，据说艇上一名厨师在给6名士兵总共制作了72个热蛋糕后几乎要罢工！

在约翰·斯科特艇长的指挥下，"金枪鱼"号潜艇从特鲁克群岛海域巡逻返航归来，他给我们讲述了一个袭击日军航母编队的惊心动魄的故事。当时，日军正在向特鲁克群岛运送大量作战飞机以抗击我们在所罗门群岛作战的美军部队，因此潜艇在该地区海域不间断地进行战斗巡逻。4月9日晚22时28分，"金枪鱼"号潜艇正在特鲁克群岛西南海域巡逻，艇上雷达与一支约在15000码距离上的水面编队发生了雷达接触。根据测定，"金枪鱼"号获取了敌编队航向，其航速据信达到了18节，这样的高速水面航行速度让人感觉这可能是一支飞机运输船编队。约翰·斯科特艇长随即下令潜艇下潜，并保持艇体刚好没入水中的航行状态以尽可能减少轮廓，同时全速前进以迫近目标。由于这支护航船队改变航向后恰好位于潜艇正前方，因此任务反倒变得容易了。潜艇雷达PPI显示，"金枪鱼"号的右舷前方有一艘大型舰只，左舷前方位置有两艘吨位较小的舰只，敌编队的前方两翼各有一艘驱逐舰。斯科特艇长相信这是所有美军潜艇艇长都梦寐以求的目标——敌航母编队，"金枪鱼"号于是准备从其编队两纵列之间通过并伺机发起攻击。

很快，所有鱼雷发射管都报告做好了发射准备。斯科特艇长计划左满舵转向后，朝两艘船所在的纵队齐射了六枚鱼雷，与此同时用艇艉鱼雷发射管朝吨位更大的这艘航母齐射了四枚鱼雷。然而就在这时，三艘小型舰艇（可能是鱼雷艇）出现在了"金枪鱼"号左舷前方不到500码的距离上。这一突发情况瞬间打破了斯科特艇长的计划，于是"金枪鱼"号紧急右转并下潜到水下40英尺的深度，令雷达扫描天线恰好伸出水面。短短数秒内充满了兴奋和紧张，然而"金

∧ 日军护航航母"大鹰"号（Taiyo）。

枪鱼"号的火控小组却没有感到一丝惊慌。

现在这艘大型舰艇已经位于潜艇正前方位置，用潜望镜很难目视跟踪，但目标上一些体贴的日本兵开始用信号灯发信！这就使一切都变得完美起来，22时48分，距开始接近目标仅仅20分钟后，"金枪鱼"号潜艇瞄准880码距离上的两艘敌舰所在纵队的为首目标，从艇艉鱼雷发射管中发射了四枚鱼雷，随后又从艇艏鱼雷发射管朝敌航母目标齐射了六枚鱼雷，此时射程仅为650码。"金枪鱼"号随即朝深处下潜，不久就在艇艉方向监听到四次爆炸声，艇艏方向又听到三次，这意味着一共有七次良好命中。但是很可惜，这些爆炸声大多来自过早起爆的鱼雷。因为我们现在知道，这艘日军护航航母"大鹰"号（Taiyo）大约是唯一一个在这轮鱼雷攻击中受损的目标，而它的损失完全不足以干扰它的既定航程。这次攻击策略精明、执行完美、胆识非凡，最终却被一个有缺陷的鱼雷引信装置挫败。

平心而论，我得承认军械局已经尽他们的最大努力来解决鱼雷爆炸引信的问题。大概在5月10日，亚历山大鱼雷工厂的一名首席无线电技师携带着一套专用于MK.6型鱼雷引信调试的设备抵达珍珠港，理论上看这将有希望纠正鱼雷的缺陷。此人嘴皮子功夫似乎不错，我们也抱着最大兴趣观看了他的设备试验和测试，看起来似乎确实有希望，于是我决定给他一个月左右的时间来进行替换试验。在此之后，如果鱼雷过早起爆的比例仍然没有下降，我就会要求太平洋司令部停止使用磁性引信鱼雷。

而这时，我在西南太平洋战区时曾是我的参谋长的穆雷上尉也已抵达珍珠港，并从约翰·格里格斯上尉手中接过新组建的第 12 潜艇中队的指挥权。

情况似乎和预期的一样好，因此我在 5 月 12 日搭乘由来自弗吉尼亚州丹维尔（Danville）的约翰·A. 泰里（John A. Tyree）少校指挥的"长须鲸"号（Finback）潜艇起程前往中途岛。这场为期四天的前去中途岛的海上旅行对我来说是一次很大的放松。从潜艇离开珍珠港的时候起，我们就一直处于无线电静默状态。因此除了紧急情况之外，我不得发送任何信息。这就把全部职责交给了我的副手布朗上尉，使我得以在这艘无意中登上的潜艇里全身心地体验生活：在进行操作演习时四处游荡，与艇员们交谈，在军官餐厅里大快朵颐（并非酒精饮品）。简言之，我可以再一次把自己想象成一名作战潜艇指挥官。

在大战期间发展而来的一种新的海上导航方式，就是在日落后很久利用星光导航的技术。当我还是导航员的时候，一旦天空阴云密布，如果在早晨或是黄昏时分还能看到地平线的时候无法观测到星星，那么机会就永远失去了。现在，新一代的海军导航员即使说不清道不明星宿之间的差别，但只要懂得利用星盘上的斜度和方位角判读，在夜幕降临后把列着计划观测参考的星宿星盘带到观测甲板上，通过星盘上分布在不同位置上的五六颗星之间的交叉线，也可以得到当前位置的一个非常精确的定位。

我在一天晚上观看了这一过程，等着看艇上的导航员是否会测算北极星的高度（当时明亮的北极星几乎正在他的眼前）。最后等到他完成观星操作朝舱口走去的时候，我问他："你观测到北极星了吗？""没有，长官，"他说，"它今晚没起床。"——要是听到这句话，那些古代的航海家估计要气得从他们的坟墓里跳出来。

我们到达中途岛的时候已是周日白天，我失望地发现，就中途岛的潜艇设施的修建进度而言，可谓进展甚微。我们的大部分建筑工程都依赖于"海蜜蜂"，而他们所投入的是航空设施的修建工作。我非常需要挖泥船来清理码头边的浅滩，我想把新的潜艇供应舰"斯佩里"号以及一个中队的潜艇部署在那里，而挖泥船如今仍在对泻湖进行疏浚使其适合作为巡洋舰特遣部队的锚地。我不是美国海军战争学院的毕业生，我看不出中途岛的航空兵或巡洋舰特遣部队如何赢得了这场战争。但我可以看到的是，作为一个能够同时大修改装 8~20 艘潜艇的地方，中途岛的这个潜艇基地显著地加快了美军潜艇返回作战海区的速度，而这对日本经济的扼杀起到了至关重要的作用。

对我来说，一个防御良好的、全天候的改装码头是一个"必备"的设施，我可以在其中部署潜艇供应舰和潜艇。这次正在从事挖泥工程的承包商们都站在了我这边，因为他们也迫切需要这样的一个避风港，以便在冬季风暴来临前将他们的工程设备转移到那里。

当我回到珍珠港的时候，这些想法就像奶酪里的蛆一样在我脑海里翻来覆去。我和太平洋司令部的参谋人员们聚在一起讨论了此事，但总参谋长的态度很强硬，我最后只能问问是否可以亲自向尼米兹上将提出这个问题。

"好吧，"总参谋长如是答道，"如果你想继续把头撞在石墙上，那么你就去见尼米兹上将。"

"好吧，先生，"我说，"我已经用头撞过太多石墙，就连现在都还带着它。"于是，在我那高大、顶尖的智囊们（布朗和穆雷上尉）的陪同下，我来到了尼米兹上将的办公室。

我们对当前情势的介绍一定是令人信服的，我相信我们每个人感受到的这种关于迫切需求的信服感一定都写在了我们的脸上。不管先前制定的方针可能会受到多大的影响，尼米兹上将是一个总能以开放的心态倾听不同意见的人。结果他说，"看来须要对形势重新进行研究"。而重新研究的结果就是，确定了在同等优先的基础上修建巡洋舰锚地和潜艇大修改装码头的指导方针。

在承包商们的期待下，我知道我更不能输。在大战的剩余时间里，即使在锚地兴建完成之后也没有一艘巡洋舰进入中途岛泻湖，但却有数百艘次的潜艇前来进行燃料补给以及数十艘潜艇在这里完成大修。我迈出的第一步就是提供"斯佩里"号潜艇供应舰给第 10 潜艇中队的指挥官斯太尔上尉作为旗舰。"斯佩里"号立即在整修潜艇方面发挥了巨大作用，使我们持续不间断的整修能力达到了同时进行八艘潜艇的水平。

　　1943 年 5 月，潜艇部队的战绩已有明显改观。虽然我们的鱼雷过早起爆和哑弹现象依然存在，但结果却是开战以来的单月最佳。JANAC 方面的数据列出在当月击沉的 34 艘敌船中，有 30 艘是被 16 艘不同的美军潜艇击沉的，吨位共计 128138 吨。而且几乎在所有的巡逻海区，包括作战活动活跃的帕劳、苏鲁海、中国东海和黄海、马里亚纳群岛、新几内亚群岛、马绍尔群岛和日本近海海域，每个地区都能有所斩获。由来自威斯康星州密尔沃基的"托尼"德鲁普（A. H. Dropp）少校指挥的"秋刀鱼"号潜艇在战斗巡逻中取得了高昂的战绩，其中包括在中国东海海域击沉一艘排水量为 10000 吨的日本油轮。

　　由来自得克萨斯州弗里尔（Freer）的"本尼"巴斯（R. H. Bass）少校指挥的"潜水者"号（Plunger）潜艇在特鲁克—马里亚纳一带海域执行巡逻任务的过程中，讲述了一段关于凭借顽强意志进行战斗的故事。5 月 8 日傍晚，"潜水者"号潜艇在特鲁克群岛以北海域与一支由五艘大型日本货轮和两艘护航舰艇组成的护航船队发生了雷达接触，当时这支船队正在前往日本本土的航线上。

　　起初"潜水者"号一时无法占据射击阵位，但天黑后潜艇浮出海面进入船队前方位置，并于 5 月 9 日凌晨 3 时发动了一次夜间潜望镜鱼雷攻击。巴斯艇长认为这次攻击至少击沉了一个目标，因为艇上的声呐操作员报告说监听到了目标"破裂的噪声"，即海水涌进舱室和舱壁垮塌的声音。但当"潜水者"号于一小时后浮出海面时，已经找不到任何残骸。

　　天亮之后，"潜水者"号在海面全速前进，争取再次进入迎头攻击阵位。虽然日军护航船队当时距离特鲁克群岛已不到 200 英里，距离塞班岛也只有 390 英里，但"潜水者"号并没有遭到日军飞机的滋扰。16 时 57 分，"潜水者"号潜艇再次进入攻击阵位。这一次，巴斯艇长把自己的鱼雷攻击火力分配给了两个最大的目标，结果每个目标都被两枚鱼雷命中。由于日军护航舰艇立即发动了深弹反击，因此"潜水者"号不得不保持水下潜航以规避攻击。日落时分，通过潜望镜观察到当时海面上有三艘船，其中西北方向的两艘船船体已经倾斜，第三艘显然也正在下沉。巴斯艇长指挥潜艇紧随两艘逃窜的日本船只身后实施追击，终于在当天夜幕降临前抓住机会发射了四枚鱼雷，其中三枚命中目标。

　　5 月 10 日清晨 6 时 05 分，巴斯从潜望镜深度观察到一艘大型船只停了下来，一艘小型护航舰艇正在一旁待命。他决意在那里静候等待，伺机把这群目标彻底消灭。正当他为了占据攻击阵位而进行机动时，突然发现护航船队的最后一艘，也是船队中最大的一艘船正停在距离受损船只大约 4000 码的地方。这一美好局面简直让人难以置信！于是巴斯艇长立刻指挥潜艇朝这个新目标靠近。

8 时 25 分，当"潜水者"号潜艇还在 3000 码外的时候，这艘大型客货船显然意识到了自己的行为是愚蠢的，于是开始离开原地。"潜水者"号见状立即发射了两枚鱼雷并且全部命中，目标几乎当场开始下沉。巴斯艇长现在还剩三枚鱼雷，还有最后一艘敌船尚未解决。两天来他既没怎么睡觉休息，又没怎么吃饭，但他的情绪无比兴奋，以至于完全没有顾及这些平常的事情。虽然目前他已经消灭了这支日军护航船队的大部，但他必须把它们全部消灭，这样才有资格高举胜利的旗帜返回珍珠港。

上午 10 时 20 分，日军飞机突然抵达附近海域，问题开始变得复杂起来。12 时 45 分，巴斯艇长再次下令发射两枚鱼雷，而监听到的是两枚鱼雷撞击到了目标船体的一侧，但并没有起爆！现在艇上仅剩下一枚鱼雷。一小时后，"潜水者"号回到潜望镜深度一探究竟。情况和上一次观察到的大致相同，只是目标似乎已经被其护航力量放弃。13 时 51 分，"潜水者"号潜艇发射出了最后一枚鱼雷，这一次鱼雷准确命中目标烟囱下方船体并成功起爆。日军护航舰艇显然已经耗尽了深水炸弹，它仅仅释放了一枚烟雾弹，然后便退到了安全距离。

"潜水者"号几乎一整天都在观察受损的日军船只，但日军护航舰艇并未走远，所以无法浮出海面使用潜艇的甲板炮。然而当天晚上，他还是伺机上浮并给我发了一条消息，询问邻近海域的美军潜艇能否赶来支援并了结这一切。

这是肯定的，我们立刻给位于附近的"鲸"号潜艇传达消息，但第二天早上因故不得不取消支援行动。5 月 11 日白天，"潜水者"号潜艇发现日军护航舰艇并不在附近，于是果断用 180 发 3 英寸甲板炮炮弹和 1000 发 20 毫米口径弹药对这艘大型日本船只进行了猛烈射击。目标随即开始燃烧，日本船员们也很快开始弃船。最后"潜水者"号从船艉方向缓缓靠近目标，这才清晰地读出了它的船名——"浅香丸"号（Asaka Maru）。

整个 5 月以一声骤然而至的巨响宣告结束，当时这声巨响就发生在距离我办公室大约 200 码的地方。一个巨大的水柱从繁忙的港口中间升起，随之而来的爆炸声让我们的牙齿都震颤起来。当时我正要离开办公室去参加太平洋司令部的每日例行晨会，在会上我告诉尼米兹上将，这很可能是由一枚日本鱼雷的弹头造成的，是 12 月 7 日珍珠港事件中日军袖珍潜艇行动的又一个翻版。可想而知，当我后来回到我的办公室并得知这一确切的坏消息时，我有多尴尬——"鰕虎鱼"号潜艇意外地从一个鱼雷发射管中发射了一枚鱼雷实弹！幸运的是，它是击中海底发生爆炸的。如果它继续向前航行，那么它很可能会炸毁海军船坞的一个码头；如果它稍微向右偏转，那么一艘漂亮的新货船将会失去它的整个船头，而我也可能会丢掉我的乌纱帽！究其原因，"鰕虎鱼"号上的鱼雷组当时正在训练一个新兵完成鱼雷发射前的注水操作。也就是在模拟一次鱼雷实弹射击的训练过程中，从一个空鱼雷发射管中吹除其中的注水。但一个几乎不可能

∧ 1943 年被美军部队攻占的一处日军袖珍潜艇基地。

被原谅的错误发生了，当时使用的竟是一具装填有鱼雷的鱼雷发射管，而鱼雷里正好装着弹头。幸运的是整起事故并没有造成任何损失，而我们也以极其微小的代价得到了一个很好的教训。

当时，美军潜艇正在执行多样化的任务。由西格拉夫少校指挥的"南欧鲭鱼"号潜艇为我们分享了一个发生在澳洲海域的有趣故事。"南欧鲭鱼"号在它的第七次战斗巡逻任务中奉命执行另一项任务：将爪哇岛的两名伊斯兰教徒带到南苏拉威西岛附近的卡巴埃纳岛（Kabaena）海岸。这两人其中一个来自爪哇岛，是一位富裕的地主；另一个是一名教师，由于曾经17次前往麦加朝圣因而在穆斯林圈子享有极高的声望。他们的使命是登上卡巴埃纳岛，那里的一位很有影响力的爪哇亲属可以为他们提供必要的文件证明，允许他们从一个岛到另一个岛旅行并传播关于日本占领区的解放指日可待的消息。

这对搭档每天都要向麦加方向祈祷三次，甲板上的导航员或军官每次都要给他们提供那个圣地的相对方位。到了晚上，还要把祈祷毯带到舰桥上面，在开放的天空下进行这一仪式。两个穆斯林对美国爵士乐非常感兴趣。当夜里起居室的收音机打开的时候，他们总是热切地、满怀期待地出现在那里。有一次，他们在感动之余问及他们是否可以献唱一首歌，西格拉夫艇长回答说很乐意听他们演唱，于是这两个人突然唱起歌来："从蒙太祖马大厅到的黎波里海岸……"①原来，他们在驻澳大利亚的一个海军陆战队营地里住过一阵，对美国优秀歌曲的了解令他们感到无比自豪。

艇上的金枪鱼和鲑鱼罐头成了"穆罕默德们"主要和必备的餐点，但作为一种变化，有一天艇上餐厅的厨师在军官室的桌上放了一些罐装龙虾，两位乘客表示这是他们吃过的最美味的食物。当这两名客人抵达目的地被送上岸时，"南欧鲭鱼"号上的艇员们怀着尊重和钦佩的心情依依不舍地跟他们进行了道别。

6月初，我的老朋友②刚刚结束在圣地亚哥进行的海上训练活动来到这里。我感觉他有些变老了，这倒也并不奇怪，因为他曾在加勒比海和其他地方开展

① 译注：歌词源自《海军陆战队赞歌》，是美国五大军种的军歌中最古老的军歌之一，歌词写于19世纪。
② 原注：即曾在"加利福尼亚"号战列舰上服役的霍兰·M. 史密斯（Holland M. Smith）少将。

多年工作，他强化了美军两栖部队的训练，使训练水平达到了真正有效的程度。

　　这就是他奉命以舰队陆战队司令的身份前往太平洋，为我们即将跨越太平洋的两栖作战部分进行作战计划和组织实施的原因。他的战斗精神丝毫没有衰退，他的活力和精力也一如既往。不过，他对自己所扮演的角色并不十分满意。他希望的是在南太平洋能有一支属于他自己的部队，并在歼灭日军方面发挥更大的个人作用。

　　被人戏称为"黑桃"的史密斯将军是一位直率的绅士。他告诉我们，美国本土有传言说，我们会从所有没有取得击沉敌船战绩便返航的潜艇上立即撤掉它的指挥官。

　　让我感到惊讶和不安的是，像这样的谣言竟然会甚嚣尘上！因为我们一向都会向后方倾斜，给每一位艇长展现他们价值的机会。而如果经过不同海区的作战实验（包括在那些通常战果较高的地区进行实验）后，有些潜艇在击中目标或寻找攻击目标方面仍然运气不佳的话，我就会按照支队和中队指挥官的建议行事，有时还会像教练在足球比赛中通常做的那样更换四分卫。

　　进入6月份后，击沉敌船的数量不断增加，这从一开始就看起来像是一个创纪录的月份。但据JANAC的报告，当月我们只击沉了26艘船，吨位共计105108吨，其中还有两艘是被其他部队击沉的——两艘中有一艘被"未知的特工"击沉。不过毕竟这几乎实现了"每天一艘船"的计划表，我们一直在为此奋斗。

　　令人感到最兴奋的一次鱼雷攻击战例，结果以根本未击沉目标而告终。但从我们与鱼雷引信装置缺陷做斗争的角度讲，这是一个里程碑式的事件。6月11日，由来自新罕布什尔州康科德（Concord）的罗伊·本森（Roy Benson）少校指挥的"扳机鱼"号（Trigger）潜艇在东京湾入口以南25英里的海域巡逻时发现，一艘由两艘日本海军驱逐舰和一些飞机伴随护航的日军航母正在航行途中。当时的形势极为有利，"扳机鱼"号潜艇很快在距离目标右舷前方1200码的位置上进入攻击阵位。不幸的是，这一侧的日军驱逐舰正落在惯常的鱼雷齐射扇面后方，事实上它正好处于航母的航行尾迹上。这就使得"扳机鱼"号潜艇处于驱逐舰正前方的危险位置。不过，本森艇长仍然下令使用艇艏鱼雷发射管朝目标齐射了六枚鱼雷，在目测到两次爆炸后降下了潜望镜。从当晚20点一直持续到次日凌晨 1 点，"扳机鱼"号一直在通过深潜方式规避日军的深弹反击。在那个季节的破晓时分，"扳机鱼"号潜艇只有一个小时的时间为电量即将耗尽的蓄电池组充电，然后就必须再次迅速潜入水下。

本森艇长后来告诉我，他先前观测到的两次爆炸是他所发射的前两枚鱼雷在正确时间造成的。当时水柱在日军航母舰桥前方，但并没有任何舰体碎片，因此这两枚鱼雷一定是过早起爆了。他在降下潜望镜后还听到了后两枚鱼雷的爆炸声，而如果它们成功命中目标的话，位置应该是在航母的舰桥后方，第五和第六枚鱼雷则应该是从目标后方错失经过的。后来我们才得知，这艘排水量达 28000 吨的日军航母"日高"号（Hitaka）[①] 的舰艉被鱼雷击中后大量进水，不久就被拖回了港口。假设四次鱼雷爆炸都发生在船壳下方，那么目标极有可能会沉没。事实上，它经过修理后又再次投入了战斗，最终在第一次菲律宾海战中被斯普鲁恩斯（Spruance）将军的第五舰队的航母舰载机击沉。

我们最为关心的问题在于，日本人会不会是研制出了某种装备，在我们所发射的鱼雷命中目标之前将其引爆。他们的船体是否具有很强的磁化强度，能在离船舷很远的地方将我们的鱼雷引信触发爆炸？他们的船是不是配备有某种从船头释放的拖曳式扫雷器，其后面拖曳着的一条电缆可以引爆我们的鱼雷磁性引信装置？如果他们真的采取了这样的防御手段，那么他们肯定会首先安装在他们最有价值的航母上。特别是在最近两次针对日军航母的鱼雷攻击中，"金枪鱼"号和"扳机鱼"号潜艇都遭遇了几乎令人难以置信的鱼雷提前起爆事件。

关于日军可能配备了反鱼雷装置的论断开始变得越来越站得住脚。例如，在"扳机鱼"号潜艇的鱼雷攻击战例中，其发射的前两枚鱼雷在这一装置的附近起爆可能就已经摧毁了它，从而允许后两枚鱼雷顺利击中目标。看来无论如何，必须立即着手关停我们的 MK.6 型鱼雷引信装置的磁性特征。我召开了一次由我所有高级鱼雷装备技术人员出席的会议，最终通过投票一致决定发布上述条令。

---

① 译注：原文有误，日军并无一艘名为"日高"号的航空母舰，此处应为"飞鹰"号（Hiyo）航母，排水量 26120 吨，日军随后将其拖回横须贺港修复。不幸的是，美军 JANAC 战报中一直将"飞鹰"号误记为"日高"号。航空母舰"飞鹰"号最终在一年后的马里亚纳海战中，被美国航母舰载机击沉。

不过，我必须首先获得太平洋舰队总司令的授权。因此我前去太平洋司令部拜访枪炮官汤姆·希尔（Tom Hill）上尉，他为我引荐了艾利斯·A. 强森（Ellis A.Johnson）少校（入伍前他是华盛顿特区卡内基研究所的一名数学物理学家）。强森少校当时刚从美国海军部回来，随身带着一份粗略起草的正由军械局"处理"的信件副本。这份了不起的文件虽然还不具备最后正式批准的格式，但依然提出了许多问题，并且针对目标的正确磁航向和如何配置鱼雷引信磁纬度给出了许多条件说明，这不由得让人对在鱼雷中安装任何类型的磁性引信装置的可行性产生严重怀疑。

汤姆·希尔也非常赞成停用磁引信鱼雷。事实上他以前也向我提出过这个问题，但当时我并不情愿放弃磁性引信的价值（尤其是在一击必中的鱼雷攻击作战中），只希望能够弥补它的缺陷。后来我们一起去了尼米兹上将那里，后者在听完我们的意见后指示我下达必要的停用令。当离开他的办公室时，我感觉就好像是从我自己乃至太平洋舰队潜艇部队全体官兵的肩上卸下了一个巨大的包袱。

然而，西南太平洋战区潜艇部队司令部在这件事上并没有效仿执行。克里斯蒂少将被誉为是该型鱼雷引信的"教父"之一，他下定决心要让它重新发挥作用。就这样，驻澳洲地区的美军潜艇与鱼雷引信缺陷问题又继续斗争了大约一年时间，他们的鱼雷提前起爆的比例甚至一度达到 13.5%。

军械局局长布兰迪将军的一封私人信件在一段充满沮丧情绪的章节结尾处笔墨颇多，这体现出这位典型的优秀军官的直率性格。"在签发条令之前，"他总结道，"我想再次重申，军械局并不是一个封闭的公司，我希望潜艇部队能像其他海军部队一样把它当成自己的军械局……所有其他类型的海军舰艇部队在这里都有很好的代表，包括航空母舰、战列舰、驱逐舰，甚至鱼雷快艇部队和海军陆战队，但你们这些家伙大部分时间都待在外面，因此有些固执。来和我们一起吧，水也许不太好，但我们可以分给你们一杯。"从那时起，我们也的确与军械局一起共事，并进行了大量共享。

最后，四枚 MK.18 型鱼雷的教练用弹被运抵夏威夷地区。这是由位于美国宾夕法尼亚州沙伦（Sharon）的西屋公司（Westinghouse）生产的电动型鱼雷，是纳粹德国海军电动鱼雷的"美国版"。不幸的是，我们认为有必要对该型号的鱼雷进行改进，但在尝试时遇到不少困难。

最初一批共五枚手工组装的原型鱼雷已于 1942 年 6 月提供给军械局和纽波特鱼雷站进行试验。结果试验工作在那里一度陷入困境，直到一年后才将四枚鱼雷送达珍珠港美军潜艇基地。这些鱼雷比我们的"蒸汽"型鱼雷航速要慢，但它不会留下像其他鱼雷一样的气泡尾迹，这对潜艇艇长来说是一个非常重要的考虑因素，他们一定不想让这些"尾迹"告诉日军反潜舰艇鱼雷的发射地点。

因此，所有人都在热切地期待着这些新"鱼"。它们到达珍珠港时几乎都还处于"原材料"状态：蓄电池产生的氢气无法及时排放，从而容易引起爆炸；舵柱是钢制的，被海水腐蚀后容易被卡住，从而产生不规则的转向或沿圆周航行；蓄电池板顶部留给电解液的空间太小；鱼雷发射时，尾翼也时常被发射管的管盖碰掉。

这些 MK.18 型鱼雷中的一枚发生了严重的氢爆炸，我对此影响深感担忧，因为它本已经准备好进行作战试射。这样一次爆炸所造成的冲击力是否足以引爆装载了 TNT（或 Torpex 铝末混合炸药，目前正在取代 TNT）的鱼雷战斗部？找到答案的最好方法就是试试看。

首先，我们决定尝试进行一次不装弹头的试爆，只是为了看看鱼雷会受到什么样的破坏。所以我们在一个棒球场的中央放置了一枚鱼雷，给它充上氢气，然后聚集在沙袋后面观察爆炸情况。我检查了整个过程，美国海军后备役部队中来自新泽西州纽瓦克的罗斯（Leon I. Ross）上尉向我报告了鱼雷电池舱里的氢气含量比重。他告诉我当前这一数字是 28%，并补充道这样的氢含量百分比将导致最大程度的爆炸。我听了开玩笑似的说："这是哪个业余化学家想出来的？"他回答说："是我，但我并不是一个业余爱好者，我平时在耶鲁大学教化学。"

情况看起来已经可以了，于是我们按下了点火钮，结果鱼雷却没有爆炸。我们又试了一次并重新检查了电路，可还是没有结果。

最后，罗斯上尉说他必须再进行一次全面检查，我只得回到办公室继续我的书面工作。大约一个小时后，我被告知一切重新准备就绪，于是我又来到了球场。"怎么了，上尉？"我问道。他耷拉着脑袋回答说："好吧，长官，气瓶打错了标记，我们把鱼雷里充满了氮气！"

　　后来发生的爆炸对鱼雷损伤较大，但爆炸本身威力并不大。第二天，我们找了一具旧鱼雷发射管，然后来到巴伯斯角（Barbers' Point）附近的灌木丛中，在鱼雷发射管里装填了一枚带有弹头的鱼雷，然后给电池舱充了氢气，最后在安全距离上按下了点火钥匙。结果由此产生的爆炸声儿乎听不到，虽然鱼雷的前舱壁被爆炸冲击波嵌进了弹头的 TNT 装药里，但仍然不足以引爆它。通过这次验证，我觉得潜艇配备 MK.18 型鱼雷执行战斗巡逻任务是安全的。

　　我们鱼雷工厂的技术人员还设计了一个消氢器，它的核心部件是一根红热的镍铬丝，在鱼雷产生氢的过程中会燃烧殆尽并消耗掉这些氢气，而其他的鱼雷缺陷则需要更长的时间来进行纠正。不过在战争结束之前，美军潜艇发射出的鱼雷中 MK.18 型所占比例超过 65%。我们允许每一位潜艇艇长自主选择鱼雷型号，结果电动鱼雷虽然航速较慢，但依然是最受他们欢迎的武器。

第七章

　　我们一向认为日本海是一片遍布敌船的海域。7 月初,"大鲹鱼"号(Permit)、"潜水者"号和"黑鮋"号(Lapon)潜艇取道日本北部的宗谷海峡进入日本海,并各自散开进入战斗巡逻阵位。我们原本指望我们的潜艇能在那片海域大有斩获,结果却发现根本没几个目标值得我们用价值 1 万美元的鱼雷进行攻击。

　　"黑鮋"号潜艇在日本下关(Shimonoseki)至朝鲜一线的海上航道附近巡逻时遇到了海上大雾天气,一路上只遭遇一些小舢板。"大鲹鱼"号和"潜水者"号潜艇也仅仅在日本海北部海域击沉两艘货轮和一艘客货船,此外"大鲹鱼"号还误击了一艘苏联拖捞船并导致其沉没。

　　缺少目标这一点已经清楚地表明,日本人已将其可用的船运力量从内海转移到了远洋航线,以便在我们发起不可避免的大反攻之前,从荷属东印度群岛、马来亚和菲律宾掠夺尽可能多的石油、橡胶、锡和其他战争物资。因此,我们决定不再继续执行日本海的巡逻任务,除非有明确迹象表明我们能在那里开展更好的狩猎行动。

　　在日本海的巡逻区内待了四天后,这些美军潜艇接到命令在敌人组织有效的反潜措施并封锁出口之前,按照它们进入日本海海域的航线撤退。制订这一撤离时间的同时,"独角鲸"号潜艇奉命以水面炮击的方式对千岛群岛中部的马图阿岛①机场进行袭扰,以此转移日军的注意力。

　　"独角鲸"号潜艇在马图阿岛海域航行时遇到了困难,那里大雾弥漫。直到 7 月 14 日下午,能见度才有所改善。尽管发现附近有一艘小型巡逻艇,拉塔(Latta)艇长仍然下令潜艇"战斗上浮",出现在距离该岛简易机场 7000 码远的地方,但要等到能见度进入 2000 码才能对目标发动炮击。第二天晚上,"独角鲸"

---

① 译注: Matsuwa,日本称其为松轮岛,今日俄争议的北方四岛之一。

号再次浮出海面，这次是在能见度良好的 14000 码距离上，"独角鲸"号用艇上的两门 6 英寸口径甲板炮瞄准目标开火。在机场上的机库区域观察到有一处被炮火击中，并引发了一场大火灾。敌海岸炮火很快进行了还击，拉塔艇长随即终止了战斗，下令潜艇潜入水中。

"大鲹鱼"号潜艇犯了一个错误，即前文我提到的由"月亮"查普勒（W. G. Chapple）少校指挥的美军潜艇，于 7 月 9 日在库页岛（Karafuto）西南端的日本海海域击沉一艘苏联拖网渔船。当天下午，"大鲹鱼"号潜艇在海面上观察到一艘船并以潜航方式靠近。查普勒知道附近可能出现苏联船只，因此他决定在发起攻击前对这艘船进行仔细观察。于是，他采用对向航向从 1200 码的距离上经过这艘船。看起来对方似乎是一艘手无寸铁的拖网渔船，船上配备有无线电设备，但看不到任何旗帜，船舷一侧也没有特别的标记。"大鲹鱼"号随即在 1800 码的距离上战斗上浮，用艇上的 4 英寸口径甲板炮瞄准目标快速开火，并一边炮击一边靠近。到大约 800 码远的地方时，查普勒才看到一男一女在船头挥舞着白旗。

查普勒下令停止射击，当潜艇进一步靠近才发现那是一艘苏联船只，而不是一艘日本船。"大鲹鱼"号潜艇从船上接走了 13 名生还者，其中一人在被带上潜艇后不久便死亡。苏联船员中有 5 人是妇女，其中 3 人身上还带有弹片伤。拖网渔船上有六七个炮弹弹洞，因此很快就进水沉没了。查普勒立即向我报告了这一情况，并说他打算在堪察加的彼得罗巴甫洛夫斯克（Petropavlovsk）让这些乘客上岸。但我认为荷兰港将是一个更好的上岸地点，这里可以避免引发任何不必要的国际舆论，在那里他们可以转移到一艘途经科尔德湾（Cold Bay）的苏联船只上。苏联人可能对这一误击事件有不同的看法，我也向尼米兹上将报告了这件事，他同意了。

查普勒把"大鲹鱼"号的艇艏鱼雷舱安排给了女士们住，使她们尽可能感到舒适。查普勒是海军学院的前摔跤冠军，身高 6 英尺 2 英寸。他告诉我，这些苏联妇女在荷兰港与他道别时，眼里满是泪水，而苏联船长在他的官方报告中也没提到说他的船是被一艘美军潜艇击沉的，他只是说拖网渔船遭到一艘身份不明的潜艇炮击，而一艘美军潜艇把幸存者们救走了。当然，查普勒艇长也一定很好地尽到了地主之谊。

从西南太平洋战区传来的报告里，有关于与菲律宾游击队联合开展潜艇作战活动的报道。由克拉克（A. H. Clark）少校指挥的"鳟鱼"号潜艇从棉兰老岛南部海岸成功救出了美国海军后备役部队的"小鸡"查尔斯·帕森斯（Charles Parsons）上校和其他 4 名军官。由赫尔（H. Hull）少校指挥的"长尾鲨"号潜艇则向菲律宾内格罗斯岛（Negros）西海岸运送了一支由 4 人组成的突击小分队并助其成功登陆，同时还包括总重 5000 磅的 .30 和 .45 口径弹药各 20000 发。这一绝密行动始于 1943 年 1 月，当时由小斯托沃尔少校指挥的"白杨鱼"号潜艇将维拉莫（Villamor）陆军少校和 5 名菲律宾人以及一吨重的特种装备运送到了内格罗斯西海岸。3 月，由安布鲁斯特（S. H. Ambruster）少校指挥的"鼓鱼"号潜艇将帕森斯少校连同数千发步枪、手枪弹药以及 1 万美元的现金钞票运送到了棉兰老岛南海岸上。帕森斯曾任吕宋码头装卸公司总裁，能流利地使用当地方言，麦克阿瑟将军委派他负责联络当地游击队并为其提供支援。整个大战期间，虽然日本人为了除掉此人煞费苦心，但他总能随意出入菲律宾。

由于中途岛的建设开发进展顺利，通过电报方式将其与珍珠港连通也已列入计划，因此我认为现在是时候申请将我的总部迁往该基地了。尼米兹上将礼貌地听取了我所有的意见，但并没有同意。他觉得中途岛的作战活动可以由我的一个中队指挥官来负责处理，而我的正确指挥岗位就应该在他的总部附近。

他说，当他认为该向西迁移的时候会毫无疑问地这么做，但目前他并没有把中途岛列入这方面考虑。当时我很失望，但后来我还是很高兴能与太平洋舰队总司令更为接近，特别是太平洋舰队无线电部（FRUPAC），从那里发出的最新情报可以经由"贾斯珀"赫尔姆斯（W. J. Holmes）上校通过私人电报转发到我的作战室里。

7 月 20 日,据报道由布兰（J.H.Bourland）少校指挥的"军曹鱼"号（Runner）潜艇"逾期未返航,据推测已损失",该艇原本是被分配到本州岛东北海岸的一个区域执行巡逻任务。我们从战后的报告中得知,"军曹鱼"号击沉了一艘货轮和一艘客货船,而具体失踪原因现在仍不清楚。日本北海道东海岸和本州岛东北海岸的情况令人非常失望,两艘美军潜艇在那里失踪后,我们决定暂时放弃那片海域,直到我们对日军在那里的反潜防御情况有更详细的了解。

7月份的击沉战绩出现了明显下降，1艘日军炮艇、1艘潜艇和17艘商船成了本月的全部收获。支队指挥官弗兰克·沃特金斯（Frank Watkins）中校接替唐克·多纳霍成了"飞鱼"号潜艇的新任艇长，而后者奉命返回位于美国本土的训练中心进行巡回演讲。弗兰克艇长在执行战斗巡逻任务途中同样没与多少敌船发生接触，只是在中国福州附近海域击沉了一艘日本船只。

我向军械局提出了一个问题，询问日军鱼雷战斗部所携带炸药的重量和类型。敌人的驱逐舰所发射的鱼雷给我们的驱逐舰和巡洋舰造成了巨大破坏，而我们的潜艇若能一次命中将敌商船一分为二则算是幸运的，但实际情况是排水量较大的敌船通常在被击中两三次后仍能返回港口。军械局是否应该考虑一下提高我们鱼雷战斗部的尺寸和威力？军械局对这一问题的答复是，日军鱼雷战斗部的装药量相当于1000磅TNT炸药，是我们开战时配备的鱼雷战斗部装药量的两倍。他们所装备的新型炸药确实更好，而我们只知道我们最新设计的鱼雷拥有尺寸巨大的战斗部，但这种鱼雷总是"可望而不可即"，从来没有真正投入战争。

虽然被我们长期诅咒的MK.6型鱼雷引信的磁性特征现在已经停用，但关于令人不安的哑弹和疑似哑弹问题的报告仍在不断出现。一位艇长报告说，他"用两个空气瓶"击中了一艘货轮，这意味着是压缩空气瓶爆炸了，而非弹头。而在大战的早些时候，"鲑鱼"号潜艇实际上是用一枚未爆的鱼雷哑弹将一艘日军船只击出一个洞，并且击沉了它。

令我不胜感激的是，这场麻烦似乎没有像以前那样拖延漫长而疲惫的几个月。然而很快，当由来自路易斯安那州霍马（Houma）的"丹"达斯皮特（L. R. Daspit）少校指挥的"鲦鱼"号（Tinosa）潜艇于8月6日从战斗巡逻任务中返航归来时，我们再次被它令人震惊的厄运弄得晕头转向。

∧ 在瓜达尔卡纳尔岛海滩上发现的一枚未爆的日军鱼雷，摄于1942年。

∧ 完成巡逻任务后返航归来的美国海军"鲦鱼"号（SS-283）潜艇。

达斯皮特艇长指挥潜艇在特鲁克群岛海域巡逻期间，遭遇了排水量达19000吨的"鲸鱼工厂"——日军"第三图南丸"号（Tonan Maru）油轮[①]。当时该船正在海面独自航行。"鲦鱼"号潜艇于明亮的昼间在潜望镜深度上以95度角的方位呈扇面向目标齐射了四枚鱼雷，实际上射击方位与敌船航向刚好呈垂直角度。结果是至少有两枚鱼雷击中目标，但没有爆炸。目标察觉被攻击后立即加速并转向，但达斯皮特用他的艇艉鱼雷发射管发射了剩下的两枚鱼雷，结果全部准确命中目标艉部并顺利起爆，油轮随之停了下来。这最后两枚鱼雷实际上是以钝角击中目标的，如果我们意识到这一点的话，整个问题的关键就在这里。那些以垂直角度

---

① 译注：这是著名的"花魁事件"的主角。7月24日，"第三图南丸"号被"鲦鱼"号（SS-283）多次攻击。7月28日，带着未爆鱼雷的它，被拖入特鲁克基地维修。因其船体上插了不少未爆的美军鱼雷，故被日军戏称为"花魁"。1944年2月17日，特鲁克基地遭美国航空母舰舰载机空袭，"第三图南丸"号沉没。二战结束后，日本将沉船重新打捞修复，将其改名为"图南丸"。

击中目标的鱼雷成了哑弹，而那些以一定斜角击中目标的鱼雷反倒成功起爆。

达斯皮特艇长是一位细心的观察者，他的冷静性格很少会被激怒。这次他下定决心要击沉自己的猎物。由于日军油轮同样配备有火炮，因此他不能上浮海面使用甲板炮炮击目标，但达斯皮特也不想浪费自己的鱼雷，于是他在目标航线上 875 码远的位置发射了一枚鱼雷。艇上有人听到它击中了敌船船体，艇长则在潜望镜里观察到瞄准点上有一根巨大的水柱，但弹头并没有发生爆炸。接下来的鱼雷攻击又出现了一连串令人心碎的哑弹，数量多达 8 枚，而所有这些鱼雷都是在我们一向认为是理想鱼雷发射阵位上射出的。带着这 11 枚鱼雷哑弹，达斯皮特艇长很自然地得出结论，用丹麦人的话说就是一定有什么东西"烂到了极点"。所以他保留了艇上剩下的鱼雷，留给我们做检查，然后返回了珍珠港。

当达斯皮特来到我的办公室时，他成了我见过的情绪最激昂的人。我本以为他会用一大堆脏话来咒骂我、军械局、纽波特鱼雷站和基地鱼雷工厂，我不可能责怪他没能把这 19000 吨的目标像从灌木丛上摘下来一般收入囊中。我觉得达斯皮特一定是气得说不出话来，他的遭遇几乎令人难以置信，但证据是毋庸置疑的。我们极其仔细地对"鲦鱼"号潜艇上剩下的鱼雷进行了检查，结果却没有发现任何缺陷。测试期间，鱼雷雷管击发正常。我们在这个问题上绞尽脑汁，也提出了一些理论，这些理论与几天后我们达成的解决方案已经相当接近。与此同时，用于失事潜艇逃生的"蒙森肺"水下逃生系统的发明者"瑞典人"蒙森（C. B. Momsen）上尉来到我的办公室。他的脑子里总是充满着实用的想法，这次他建议我们携带一批已准备好用于实弹射击的鱼雷，然后向卡胡拉威（Kahoolawe）小岛上的垂直崖壁射击，这些崖壁从海上升起，水下部分则有 50 英尺之多。

一旦出现鱼雷哑弹，我们就立即停止射击并将鱼雷回收，看看我们能找到什么答案。这是一个完全实用的想法，但要我们现场检查一个装载着 685 磅 TNT 炸药的鱼雷哑弹弹头，我会觉得自己像是在和圣彼得握手一样[1]。然而，尼

---

① 译注：意指风险巨大。

米兹上将最终批准他离开珍珠港，并派遣"大梭鱼"号（Muskallunge）潜艇前往卡胡拉威岛，然后潜艇向悬崖壁发射了三枚鱼雷。结果是前两枚成功爆炸，第三枚成了哑弹。随后，"瑞典人"蒙森、皮尔臣科斯基（H. A. Pieczentkowski）中校和我一同搭乘"野鸭"号（Widgeon）潜艇救援船，在"玉髓"号（Chalcedony）警戒船的护送下赶到了现场。

警戒船的全体船员显然都是来自夏威夷瓦胡岛的"专业"潜水员，当我们上船请求他们协助我们定位寻找这枚鱼雷哑弹时，船长卡斯特（Castle）少校、副船长洛夫（Love）上尉和船上水手长的助手约翰·凯利（John Kelly）——火奴鲁鲁的一位艺术家的儿子——立即穿戴上他们的泳裤和护目镜，和我们一起爬进了船上的工作小艇。接下来是一个愉快的早晨，他们在悬崖脚下的海浪中游来游去，直到最后凯利成功地找到那枚鱼雷。他既没有穿潜水服，又没有戴专用头盔，经过多次专业深潜后，他潜到水下55英尺的深度，在鱼雷的尾部绑上了一条钓线，我们这才把鱼雷哑弹装运上了"野鸭"号。经过检查发现，鱼雷的战斗部前端已被压陷。当取出引信雷管装置时，我们发现发火针实际上严重向上弯曲变形，并且碰到了爆炸装药的火帽，只是没有足够的力度将后者引爆。

找到问题所在后，所有人都立即着手消除这一缺陷。通过把带有引信装置

∧ 驻泊在锚位上的美国海军"霍兰"号潜艇供应舰。

的模拟鱼雷战斗部从90英尺高的升降装载机上扔到地面钢板上（大概等同于水下鱼雷攻击命中目标时的航速）做试验，我们很快就发现每次垂直向下90度的撞击都会造成一枚哑弹。而如果把钢板进行一定程度的倾斜，比如45度的角度，也许只会有一半哑弹。这一重要信息被立即发送到正在海上巡逻的美军潜艇上，借此敦促他们以锐角或倾斜角度发射鱼雷，而不是与目标呈90度航迹发射。

几个星期以来，我们夜以继日地为此忙碌，连做梦都是关于鱼雷引信的内容。"霍兰"号的佩利·彭德尔顿（Perley Pendleton）上尉、基地指挥官汤姆·埃迪（Tom Eddy）中校、勤务部队的约翰逊（Johnson）少校以及许多其他军官和士官都对这些鱼雷引信装置的改进工作做出了巨大贡献。我们在三周内就改进出了一套可接受的、安全可靠的碰炸式鱼雷引信装置。一个如此沉重的包袱终于从我们的肩头卸下！我认为我们破坏十几个鱼雷引信装置（每个价值约830美元）的代价最终没有白费。

最后，当我确定一切妥当后，我去尼米兹上将那里进行了汇报。他也一直密切地关注着我们的实验，我请求他允许我派一艘配备了改装过引信的鱼雷的潜艇执行巡逻任务，结果他毫不犹豫地同意了。当时美国海军总司令金海军上将正对太平洋司令部进行例行视察，他与后者都同意我们立即进行改进型鱼雷的大规模生产。

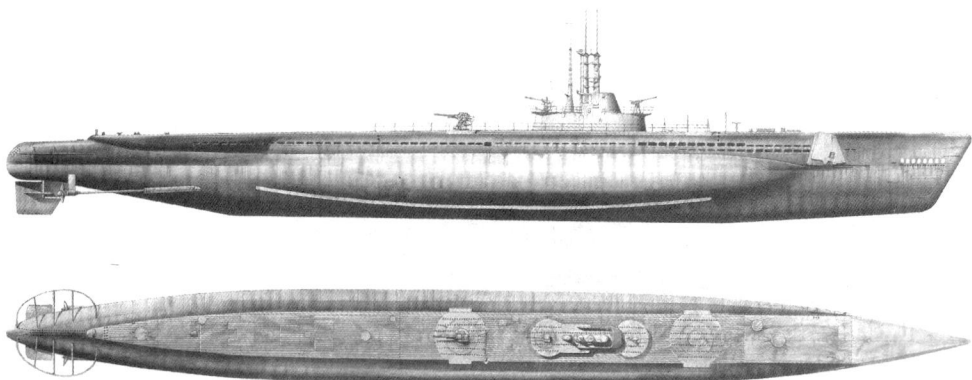

∧ "鲃鱼"号所属"丁鲷"级潜艇的侧视图和俯视图。

∧ "鲻鱼"号潜艇在海上营救落水美军飞行员时的情景，摄于1944年。

1943年9月30日，由约翰尼·沃特曼少校指挥的"鲃鱼"号（Barb）潜艇携带着20枚装有新改装引信装置的鱼雷离开了珍珠港潜艇基地。至此，所有关于鱼雷引信装置的麻烦几乎在顷刻间告终。同年8月和9月，美军潜艇共击沉4艘日军作战舰艇和50艘商船，吨位共计218767吨。30艘潜艇共同取得上述战绩，其作战海域覆盖日本海、中国黄海和东海、印度支那、望加锡海峡、摩鹿加海峡（Molucca）、爪哇海、帕劳、特鲁克群岛、马绍尔群岛、马里亚纳群岛和千岛群岛等地区。

我们在太平洋地区部署的数量不足100艘的潜艇，加上在千岛群岛海域巡逻的18艘S级潜艇和为护航舰艇提供训练支援的潜艇，再加上我们的新鱼雷引信装置，我们终于让太平洋海域成为敌人海上运输线的坟场。

由来自加利福尼亚州磨坊谷（Mill Valley）的"灰尘"多尔宁少校指挥的"扳

机鱼"号潜艇在中国东海海域击沉两艘日本货船和两艘油轮，总吨位达 27000 吨。其中有三艘是多尔宁指挥潜艇在一夜之间击沉的。"骨鱼"号（Bonefish）和"锯盖鱼"号（Snook）潜艇则各击沉一艘排水量达 10000 吨的运输船，但除了这些战绩之外，被击沉的日本船只都是中等规模的。由来得州达拉斯的塞缪尔·D."萨姆"德雷（Samuel D. Dealey）中校指挥的"鲷鱼"号（Harder）潜艇，在日本列岛本州以南海域的第二次巡逻任务中击沉五艘日本船只，其中包括排水量 5878 吨的日军油轮"大神丸"号（Daishin Maru）。而油轮正是我们的最高优先级攻击目标。

遗憾的是，我们也损失了两艘潜艇：由布林克尔（R. M. Brinker）少校指挥的"河鳟"号（Grayling）和由托马斯（W. M. Thomas）少校指挥的"金鲳鱼"号（Pompano）。至于"河鳟"号潜艇究竟是如何损失的，我们无从得知。根据战后的报告，该艇在菲律宾附近的佛得岛（Verde Island）水道击沉了一艘排水量为 5500 吨的日本客货船。"金鲳鱼"号潜艇的最终命运同样无人知晓，不过我们相信该艇很有可能是在本州岛东北海域触雷沉没的，而该艇在它的最后一次巡逻任务中还击沉了两艘日本货船。

8 月上旬，安迪·麦基和阿南德·摩根上尉（两位优秀的潜艇设计师）前来珍珠港造访，随后又去了中途岛。他们对增加我们的燃料和鱼雷作战能力充满了大有助益的想法。他们的逗留绝不是"24 小时专家"型的，我们其实都从中受益不少。舰船局的弗雷德·W. 贝尔茨（Fred W. Beltz）中校的主要工作则是为太平洋战区潜艇部队寻求艇上零备件供应，他也在这个非常繁忙的秋季里拜访了我们。潜艇零备件的价值无可估量，除非是最后一次修理和作为备件使用的可能性已经完全耗尽，否则艇上任何东西都不会报废。当然，战时零备件的重要性也应该被永远铭刻在我们的记忆中。

一个来自海军部门的代表团的造访则并不是那么令人放心。他们的任务乃是用所谓的"潜艇需要强大的对空防御力量"这一站不住脚的事实给我们制造深刻印象。他们指出盟军曾遭遇一艘纳粹德国潜艇，该艇配备了由 11 门防空炮组成的双层防空炮塔，防空炮口径最大达到了 87 毫米。如果是这样，那么当日军的空中作战力量发展到更强大的程度时，我们又该怎么办呢？海军部向我们提出了在艇艉甲板上安装"花盆"的建议。这个重达 8 吨的怪物将对空发射一枚火箭，火箭尾部拖曳的电线将会缠绕住来袭飞机的螺旋桨。当然到那时，日军飞机早就已经朝我们发射武器，缠绕的铁丝也仅仅是一种报复手段而已，我对此毫无兴趣。顺便说一句，我在英国的一些机场也看到过这类小玩意儿，它们主要是设计用于保护简易机场跑道的，而且我知道飞行员们对此几乎毫无信心。实际上，即使是来访的代表团也不赞成这个主意。

然而，他们仍然觉得我们应该在潜艇甲板后方配备一个40毫米或20毫米口径防空炮的水密炮塔，从而确保其在水面和水下航行状态的严苛条件下保护潜艇免受敌机空袭，可这也是我不想要的。我仍然觉得潜艇在面对敌舰或敌机时最好的防御手段就是下潜，而我们所需要的只是一部好用的雷达来告知我们敌机何时接近。如果潜艇被这么多防御性的作战装备弄得乱七八糟，那么鱼雷的携带量就会受到严重影响，潜艇的外形轮廓也会被放大。如果是这样，在破坏掉潜艇的大部分进攻特性之后，那么我们还是把它们留在港口比较好。

我们正处于一个日军空中作战力量达到顶峰的时期，而且很可能他们正在开始衰落。如果我们在其力量高峰期尚不需要如此繁琐的防御手段，那么为什么我们还要派遣宝贵的潜艇到海军船厂进行长时间的改装工作，而关键急需的装备却得不到满足？要知道我能集结的所有潜艇都是前线所急需的。

整个争论的结果是，金上将命令我开发一种可以在潜艇指挥塔围壳内操控、潜望镜指挥射击的多管防空炮塔。这个想法倒是很好，但在研制开发的过程中遭遇了许多障碍，因此直到战争结束都没有完成。

8月上旬，由"托尼"德鲁普少校指挥的"秋刀鱼"号潜艇回到了珍珠港，看上去像是潜艇的潜望镜椳杆被暴风刮坏了。先前在中国东海海域巡逻时，"秋刀鱼"号取得了击沉19936吨敌船的战绩，其中包括一艘大型油轮。但这次运气不好，该艇在潜望镜深度发动一次夜间攻击时，一艘日军驱逐舰突然出现在黑暗中向"秋刀鱼"号驶来，在潜艇到达安全深度之前，日军驱逐舰撞上了"秋刀鱼"号的潜望镜椳杆。显然，日军舰长还没有意识到他撞到了一艘美军潜艇，因为对方并没有投掷深水炸弹。当时，哪怕是一枚深水炸弹都能直接结束"秋刀鱼"号潜艇的战斗生涯。

这一时期发生的事情太多了，我不打算按相对重要与否的先后顺序把它们

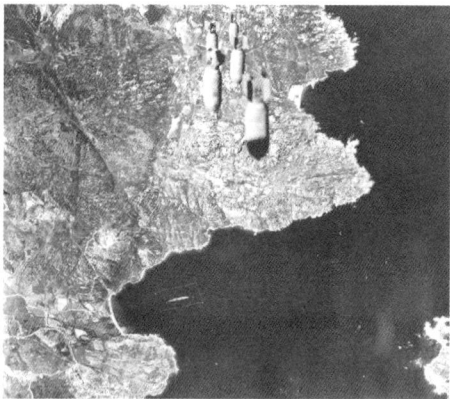

∧ 1943年阿留申战役期间美军轰炸机朝日军目标投弹的瞬间。

全写下来。随着鱼雷效能的提高和我们对鱼雷信心的增强，战场局势看起来非常乐观。而由此带来的击沉敌船记录的不断增加使我们所有人都处在热情高涨的大潮中，这是我以前从未目睹过的。

虽然莫顿指挥的"刺鲅鱼"号潜艇和巴斯指挥的"潜水者"号潜艇尚未来得及配备新的鱼雷引信装置，但两位都坚持我准许他们经由宗谷海峡重返日本海海域。他们沿着苏联航运采用的航线毫无困难地进入了目标海区，结果两艘潜艇都报告鱼雷性能不佳，但巴斯艇长还是设法击沉了两艘日本货船，这些都记录到了我8月至9月的作战总结中。"刺鲅鱼"号潜艇的运气则很差，艇上鱼雷的表现完全让莫顿感到困惑不已，结果只得绝望地要求返航重新检查他的鱼雷。

当然，我表示同意。莫顿艇长指挥的潜艇在经过了破纪录的11天漫长航行后终于返回基地。这次他快疯了，因为他发现了大量目标，结果发射出去的鱼雷要么航行深度过深，要么就是哑弹。这种局面完全使他崩溃了，他决心用检查过的鱼雷重新出海执行战斗巡逻任务。这是一个明智的决定，莫顿想要的就是用我们配备的新鱼雷（MK.18型电动鱼雷）在日本海海域完成一场快速逆转。由来自得州特克萨卡纳（Texarkana）的"基因"桑德斯（E. T. Sands）上校指挥的"锯鳐"号潜艇也已经做好出航准备，他也想用这种新型鱼雷在日本海上撕开一条口子。于是在9月底的最后几天，两艘潜艇一同进入了那片海区。

经过大量准备，美军部队于8月15日占领了基斯卡岛，结果发现日军已经从那里撤离。经历了先前的那场惨败 [①]，陆军和海军方面无不愧疚。这使我们在

---

① 译注：意指给美军造成巨大伤亡的阿留申群岛战役。

荷兰港的潜艇中队指挥官约翰逊（F. O. Johnson）中校可以如愿地搬到他在阿图岛的金字塔湾（Pyramid Cove）选择的新基地。从那里出发，美军在千岛群岛和寒冷的鄂霍次克海（Okhotsk）地区的行动将得到极大的便利。太平洋司令部曾指示不会再建立一个像荷兰港基地这样大规模全功能的新基地，因此我们的请求最终只获得一艘旧潜艇供应舰"海狸"号。

1943 年 10 月，在来自纽约的支队指挥官约翰尼·杰恩斯（Johnny Jaynes）中校的指挥下，我们在阿图岛建立了一个前进基地。利用从我们在科迪亚克的基地运来的机械设备，再加上一些圆顶活动房屋，共同构成了一个最低限度的岸上设施。

9 月 20 日下午，321 航班从南太平洋地区抵达珍珠港。机上有一位特殊的贵宾，后来有人认出是富兰克林·D. 罗斯福（Franklin D. Roosevelt）夫人。尼米兹上将指示我在皇家夏威夷人酒店安排好下榻事宜，看看能不能给罗斯福夫人安排一位盎格鲁—撒克逊女佣。虽说其行程是保密的，但我还是听到了各种各样的暗示，这表明其实很多人都已知情。不过我还是必须进行几次谨慎的调查，才能有幸得到相关提示确保我正确行事。我打了一通电话，沃尔特·迪林汉姆（Walter Dillingham）慷慨地举荐了迪林汉姆太太的女仆，她就是一位有着苏格兰血统的女人。我派自己的管家去接替她手上的工作，她也很乐意，当年胡佛（Hoover）总统的夫人在马里兰州旅行时，她就为其服务过。我们的助理作战参谋拉里·多尼（Larry Doheny）上尉则充当罗斯福夫人的保卫人员和向导。

罗斯福夫人一直停留到 22 日才乘机飞往旧金山。在皇家夏威夷人酒店，她的风采和魅力给那里的所有人都留下了深刻印象。在自助餐厅里，总能见她手拿托盘，随意坐在她喜欢的地方。在她返程离开的前一天，尼米兹上将在自己的住处为她准备了一顿安静的晚餐，当时有七名海军高级军官在场，但没有其他女士。她表现得十分半易近人，这也让我们感到放松自在。她说酒店很不错，当我问她随从们是否也感到舒适，又或者过于奢侈时，她回答说"两者都没有"，并特意补充道，他们都得到了适度的接待。

皇家夏威夷人酒店是我们最负有声誉的官兵疗养项目。1942 年初，尼米兹上将授权军方从马特森（Matson）公司手上将其租下来，并将它移交给太平洋潜艇部队司令部、参谋部及其管理人员负责管理运行。太平洋司令部将其作为从前线暂时退居后方进行轮休的潜艇官兵和飞行员的疗养中心。此外，海军航空兵部队的军官们在夏威夷卡拉卡瓦大道（Kalakaua Avenue）上还有一个非常舒适的休养住所，这是由航空兵部队的"克里斯"赫尔姆斯出面租借的。因此皇家夏威夷人酒店的官兵入住率并不算高。按计划，该酒店具备安置约150名军官和1000名士官的能力。由于珍珠港地区一般不会有大量的潜艇部队轮休官兵或飞行员来填满所有的房间空缺，因此每周都能腾出一定的酒店房间配额来提供给该地区的其他海上作战部队官兵使用。皇家夏威夷人酒店当初是作为珍珠港潜艇基地的一部分被利用起来的，由军官麦克休（F. A. McHugh）少校负责管理，此人以前在美国本土的一家大型旅馆任职。

　　一群来自夏威夷火奴鲁鲁的自称是"怀拉基主妇"（Wailoki Hostesses）的爱国妇女，自愿组织起来为我们的海军管理部门提供后勤帮助，这既为我们的部队增添了必要的女性元素，又很好地避免了我们这儿演变为所谓的"超级大营房"。最初的妇女志愿者团队随着时间的推移在人员方面也发生过一些变化，如果我没记错的话应该包括：韦恩·普弗列格（Wayne Pflueger）夫人、雷内·海巴德尔（Rene Haibadl）女士、福莱斯特·平克顿（Forrest Pinkerton）夫人、威廉努娜·坦尼（Wilhelnuna Tenney）小姐、朱莉·韦勒（Julie Weller）夫人、A. Y. L. 沃尔德（A. Y. L. Ward）夫人、哈泽尔·斯科特（Hazel Scott）夫人和卡尔·阿连堡（Carl Allenbaugh）夫人。潜艇部队对她们给予我们援助和奉献的精神深表感激！

　　火奴鲁鲁红十字会也是我们作战人员休养康复工作中的一个非常重要的机构，赫尔曼·范霍尔特（Herman Van Holt）夫人是该红十字会的负责人。数百件毛衣和其他保暖衣物就是由这个工作非常周到的组织提供给我们潜艇部队前往寒冷地区作战时使用的。而计划在圣诞节期间执行海上巡逻任务的潜艇，起航前总会收到一盒礼物和一棵小圣诞树。

　　8月里举行的一系列会议，诞生了潜艇对被击落飞行员的救援条令。在这些会议举行期间，为即将发起的吉尔伯特群岛（Gilbert Islands）"电流行动"而准备的训练和演习也在同期计划当中。当时指挥太平洋战区航母部队的查尔斯·A. "光头"波纳尔（Charles A. Pownall）海军少将正准备对距离日本东京东南约

1100 英里的马库斯岛（Marcus Island）发动一次主要出于训练目的的打击行动。有人问到，如果他的飞行员在海上被击落，是否有可能对其实施营救而不是让他们落入敌人的手中？显然，营救的希望一定会增强飞行员们发动攻击的信心和勇气。波纳尔也和我讨论过这件事，我们决定可以安排一些协同合作。

"锯盖鱼"号潜艇计划从中途岛出发驶向中国黄海海域，可能会被转派到马库斯群岛附近的一个待命点。虽然"锯盖鱼"号潜艇没有机会营救被击落的美军飞行员，但该艇创下了首次为我们的空中兄弟们提供类似支援的记录。

几天后，飞行员们用飞机上的"照相枪"拍摄到的这次打击行动的空中录像在太平洋司令部的晨会上进行了展示，马库斯群岛上的日军目标一处不留地遭到了我军的猛烈打击。"虹鳟鱼"号（Steelhead）潜艇在 9 月 20 日发起的吉尔伯特群岛打击行动中承担了海上救生艇的角色，但该艇并没有机会实施救援。

第一次有效的潜艇救生任务是由原来指挥"鲑鱼"号潜艇而现任"鳐鱼"号（Skate）潜艇艇长的基恩·麦金尼中校指挥实施的，他当时正享受着指挥一艘新艇的满足感。10 月 6 日至 7 日，当蒙哥马利少将的轰炸机和战斗机袭击威克岛时，"鳐鱼"号正在离海滩很近的位置，该艇的一些救援行动是在日军猛烈的岸炮火力下进行的。不幸的是，一架日本"零"式战斗机突然从阴云中钻出直扑"鳐鱼"号潜艇，这让后者一时措手不及，副艇长马克松（W. E. Maxson）中尉的后背被日军飞机的一颗子弹打伤，而此时"鳐鱼"号已经成功营救起两名美军飞行员。在得知马克松伤情严重后，我请求蒙哥马利将军安排一艘驱逐舰与"鳐鱼"号潜艇会合并将受伤的军官带走。"鳐鱼"号在获知会合地点后还被告知，如果会合没能顺利完成，那么它将在完成其特别任务后前往中途岛。当时空中打击行动已经结束，但却迟迟无法联系上前来会合的驱逐舰，"鳐鱼"号潜艇只得以最快的速度驶向中途岛。大概就在这个时候，蒙哥马利将军用无线电联系我，告诉我九名迫降的美军飞行员可能的位置。但当时除了让"鳐鱼"号潜艇返航以外别无他法，做出这个决定无疑十分艰难，但事实证明这是完全正确的。

第二天早上，就在潜艇预计将在两天后抵达中途岛的时候，马克松中尉因伤势过重而不幸离世。10 月 9 日和 10 日，"鳐鱼"号潜艇在威克岛周边海域的海面上持续搜寻，又救起四名海军飞行员，要营救的最后一位是飞行大队长马克·A. 格兰特（Mark A. Grant）少校。落水期间，格兰特少校一直确信自己会被发现并获救，他很高兴地盘算着自己获救后与救援人员之间的对话。他打算使用的正确开场白是："啊，利文斯通（Livingstone）医生，我就知道。"然而，当被救援人员发现时，格兰特已经在他的橡皮救生艇底部睡着了。潜艇官兵的呼喊声叫醒了他，他在兴奋之余干脆跳下救生艇一路游到了潜艇上，而把自己的鞋子和牙盘忘在了小艇里。在被扶上潜艇的时候，他说的第一句并不是他排练过的那句话，而是"你们这些人是怎么解决水的问题的？我这还有半罐水！"

大战后期，他的兄弟格兰特准将负责指挥位于马朱罗环礁（Majuro Atoll）的海军基地，我们在那里的米尔纳岛（Myrna Island）建立了一个潜艇部队疗养营。在格兰特准将看来，对潜艇部队官兵们来说，已经没什么比这更好的。

"列克星顿"号航空母舰也向"鳐鱼"号潜艇表达了类似的想法，因为"鳐鱼"号也曾救起不少航母上的舰载机飞行员。"'列克星敦'号上的任何东西都是你们的，"从航母发来的电报如是说，"如果它太大，拿不走，我们就把它切成小块！"从那时起，任何重要的航母攻击行动都离不开潜艇救生力量的支援。

由来自威斯康星州希博伊根（Sheboygan）的詹森（M. J. Jensen）少校指挥的"河豚"号（Puffer）潜艇奉命在弗里曼特尔外海海域巡逻。10月9日至10日期间，该艇在望加锡海峡遭受了一次令人痛苦的深弹攻击经历。10月9日5时25分，"河豚"号开始以水下潜航方式在海峡北部的狭小区域进行水下巡逻。上午晚些时候，一艘由日本海军"千鸟"级驱逐舰护航的大型商船出现在潜望镜视野中，詹森艇长下令发射的鱼雷中有两枚击中目标，日本货轮随即失去了动力，但并没有沉没。于是"河豚"号再次发射了两枚鱼雷，结果其中一枚过早起爆，另一枚要么错失了目标，要么就是一枚哑弹。

就在此时，日军"千鸟"级驱逐舰开始做出反应。詹森决定暂时撤离，并等待更好的机会。当时他并没有指挥潜艇进行深潜，这一点非常不幸，因为日军反潜驱逐舰几乎就在他的头顶上投掷了一组六枚深水炸弹。结果潜艇指挥塔围壳门和舱口都在猛烈的爆炸中因遭受冲击而移位，直接造成了大量可怕的进水。几个海水阀门从安装位置脱落，主引擎进气管和通风阀垫圈脱落，艇上设备玻璃和软木绝缘部件也受到一定损坏。

　　这时"河豚"号开始深潜，但日军驱逐舰仍能够追踪到它，可能是因为漏油，或者是因为垫圈失效而产生的气泡。18时20分，另一艘日军护航舰艇也加入了追击"河豚"号的行列，并再次发动了深弹攻击。这时"河豚"号潜艇因为严重进水，艇艉已经开始下沉，艇上官兵正想尽一切办法控制深度。幸运的是，后来所有的深水炸弹都是在潜艇的上方位置爆炸的，但有时也一度迫使潜艇进入更危险的深度。最后一次深弹攻击发生在10月10日凌晨1时15分，但日军驱逐舰上的深弹显然已经耗尽，该舰继续在潜艇上方水域盘桓。他们显然希望潜艇可能浮出水面，或至少伸出潜望镜，最后直到当天12时25分才撤离。

　　詹森并没有孤注一掷，也很幸运地没让自己濒临绝境。天黑后不久，"河豚"号就浮出了海面，并且与一艘小型船只进行了雷达接触，而很可能还有另一艘日军巡逻舰艇正在等着它。然而此时"河豚"号须要做的只是找个安静的地方，直到能对电量耗尽的蓄电池重新充电，并修复艇上受损的管路。因此，詹森小心地指挥潜艇在日军水面巡逻圈外行进，直到潜艇到达一个背后是陆地的位置，这样敌方的雷达将很难发现它。而"河豚"号潜艇这长达31小时的经历，是我们有史以来持续最久的潜艇遭受深弹攻击记录。

　　我们的下一步打算是应用"狼群"战术，因为我们已经有了足够数量的潜艇来覆盖大部分重要的日本海上贸易航线和热点地区。由于日本护航船队的规模、防御和策略都得到强化，因此单单一艘潜艇根本没有足够的鱼雷来对付整支目标船队。即使敌船全都聚集在一起也不行，而且这种情况从未出现过。在鱼雷命中目标发生第一次爆炸后，训练良好的护航船队将会向不同方向分散，这就须要潜艇进行无休止地高速追击，通过一轮又一轮的攻击才能取得可观的战绩。如果经过"婴孩"布朗的"护航学院"的有效训练，让三到四艘配备雷达装备的潜艇协同行动，那么就能有效应对这种局面。

　　就日本的运输船队而言，其规模还无法与我们前往欧洲的运输船队的庞大规模相提并论，后者通常可能会有80艘乃至更多的船只集结而行。美军潜艇遇到的敌护航船队规模可能从未超过15艘，通常的数目也就6~8艘。因此，我们无须像纳粹德国海军那样部署由15或20艘潜艇组成的庞大"狼群"艇群。另外在我看来，这么大的一支艇群多少有些笨重不便，尤其是像德国人尝试的从岸上指挥部进行作战指挥那样的模式。如此庞大的潜艇群集中在一个海区，给我们的反潜舰艇和空中猎潜力量都带来了极大的便利。邓尼茨将军也正因为如此而蒙受了巨大的损失。

1943 年 8 月，海军上将迪克·爱德华兹（Dick Edwards）在给我的一封信中总结了这一点，他在一段典型的有说服力的段落中总结道："狼群对付羊轻而易举，但如果羊做好了充分准备，那么对付起来就不那么容易了。去年冬天，你的老朋友邓尼茨因为固执地坚持这一战术而弄得丢盔卸甲。从他的观点来看，这本应该是最不合理的。"随着"狼群"战术的继续实施，邓尼茨的损失不断增加，他甚至一度试图用潜艇和反潜飞机对抗——我可不打算采用这种战术。

邓尼茨遇到的主要障碍之一就是他的潜艇部队兵力分散得太广，潜艇消耗损失得也太快，以致他的潜艇官兵们在训练中永远无法达到作战技巧高度完美的程度，而且他们在战斗巡逻期间几乎得不到休息和疗养。我们也并不打算尝试指挥我们的"狼群"从珍珠港出发实施攻击行动，除非能随时随地为他们提供有关敌方行动的最新情报。

我们的"狼群"艇群的指挥官一般由潜艇支队指挥官担任，他们"在炮口上寻求着泡沫一样的荣名"①，同时这可以让他们从潜艇基地里日复一日的密集训练中解脱。然而在通常情况下，艇群的高级指挥官其实也肩负着某种"领袖"的责任，当他指挥的潜艇群出海巡逻时，他就会负全责。我期待着这些艇群领袖充分践行在"护航学院"里学到的理论，而事实证明他们也确实表现得名副其实。

早在 1943 年 4 月我就说过，通信是解决这个问题的关键。在解决这个关键问题之后，我们所需要的只是足够数量的潜艇，而如今我们已经拥有足够数量的潜艇来开展行动。接近珍珠港的运输船队几乎总是在收到非常明确的警告后，遭受我们所训练的"狼群"艇群的模拟袭击。我们通常在瓦胡岛东部水域对其

---

① 译注：源自《莎士比亚十四行诗》，意指冒着可能不必要的巨大风险追逐虚荣。

实施模拟攻击，因为敌潜艇的潜望镜经常出现在西面，有时甚至就在我们的训练海区。曾经有那么几次，充当靶舰的一艘驱逐舰或护卫舰以三艘潜艇为反潜目标，结果发现声呐波得到的回声来自四艘。然后只有命令所有潜艇上浮出水面，当三艘美军潜艇浮出水面时，靶舰就将使用深弹攻击入侵者。

为什么这些敌军潜艇在许多场合下都未向任何目标发射过鱼雷，这对我来说仍然是个谜，对他们来说也是一个愚蠢的错误。他们显然是被派往那里观察珍珠港内外的动向的。事实确是如此，在太平洋战争爆发的开始几个月里，在珍珠港或中途岛附近海域，没有一艘美国船只遭到日军潜艇攻击。

"瑞典人"蒙森上校奉命指挥首批从珍珠港起程作战的"狼群"艇群。他曾训练过这一特殊的艇群，并希望能有实践机会证明其战术的有效性，这也是在过去和平时期里目标实践法则中公认的程序。在遥远的海域，与所有这些复杂的规则相比，实际作战要简单得多！于是我们为蒙森下达了命令，后者以"大马鲛"号（Cero）潜艇为指挥艇起程，"西鲱"号（Shad）和"灰背鲸"号加入艇群。此次巡逻的海区是中国东部和黄海海域。根据战报，这些地区的日军运输船队规模很大。摩尔（J. A. Moore）少校指挥的"灰背鲸"号击沉了两艘船只，总吨位约为14500吨。但据JANAC方面称，除此之外别无所获。据估计，该艇群在返回珍珠港途中还取得击沉五艘、击伤七艘日本船只的战绩。而官方评估认为有三艘推断击沉的船只实际上应该加到击伤之列，于是此次行动的最终战绩是二沉九伤。行动中我们发现，潜艇的通信联络仍然不够好，因此我们开始对通信代码进行简化。

正在海上巡逻的潜艇反复发回报告表明，我们的新型Mk.18型电动鱼雷并不那么受人欢迎，它的"牙齿问题"还没有被完全治愈。此外，它的航行速度缓慢到几乎与老Mk.8型鱼雷同一档次，而后者是我早在1928年的V–3号潜艇上就用过的。在如此缓慢的航行速度下，通过观察和跟踪目标获得的射击参数必须非常准确。对习惯于Mk.14型高速鱼雷的艇长来说，由于高速度允许射击参数有更大容差，因此这种电动鱼雷的缺陷看起来几乎是不可原谅的。

与此同时，鱼雷工作状态的不稳定也时常威胁着发射艇的安全。电池舱内的探孔极易漏水。给蓄电池组充电，为电池加水和通风等操作也都是人力手动进行的。在"飞鱼"号潜艇上就发生过一起鱼雷发射管中的鱼雷电池失火事故，火焰产生的热量几乎引爆鱼雷战斗部中的铝末混合炸药。此外，现有的鱼雷数据计算机并不是针对低航速的 Mk.18 型鱼雷而设计的，所以发射数据还得进行额外的推算。

我们的基地鱼雷军械官乔治·K. 霍奇基斯（George K. Hodgkiss）中校的头发在鱼雷引信问题得到最终结论时几乎恢复了正常的颜色，而如今又再次显示出一种变灰白的趋势。毫无疑问，电动鱼雷正在慢慢地开始流行起来。然而，我们决心征服这个"原料质量问题"。就像我们已经征服 Mk.6 型鱼雷引信问题那样，最终我们做到了，这主要是靠我们自己的努力。

我不定期的中途岛之行，因军方高层人员和包括四名美国参议员在内的许多重要人物的到来而被推迟。一份来自"锯盖鱼"号潜艇的报告说，该艇将在 10 月 3 日左右抵达中途岛。而在其经历的一次水面炮战中有几名艇上人员受伤。那些老学院派潜艇人员曾对我们使用潜艇甲板炮提出批评，这些人认为把火炮安装在潜艇上会鼓励潜艇冒险。这也许是对的，但由于鱼雷在浅水深环境下性能发挥不佳，因此要想对付那些在距离日本本土 600 英里处形成的一道警戒线上的大量配备无线电装备的日军警戒船，使用潜艇火炮将是唯一有效的手段。

按照预期，我将在"锯盖鱼"号潜艇刚刚到达中途岛时与其碰面，这个时机正好，我也可以从第一手资料中了解特里贝尔艇长经历的炮战故事。因此，我乘坐每两周例行一班的美国海军航空运输部（NATS）飞机飞过考艾岛（Kauai）高耸的悬崖，飞越尼豪岛（Niihau）和法国军舰浅滩（French Frigate Shoals）前往中途岛。

到了中途岛，"锯盖鱼"号潜艇以轻盈敏捷的身形驶入了自己的锚位。特里贝尔艇长带我们来到下方的军官室。几杯咖啡过后，艇长拿出了他的巡逻报告和我一同翻看。他的手下在战斗中只有一人伤势较重，其股骨骨折，已安排飞机立即将他送往珍珠港。正如我所推测的那样，当时的炮战是在潜艇与一艘日本武装拖网渔船之间展开的。"锯盖鱼"号用它的 3 英寸口径甲板炮击中了对方的机舱，使其失去了动力。而用那门小口径的潜艇甲板炮把目标击沉无疑是一项漫长的工作，日军飞机可能很快就会到达。所以当所有的还击消失后，特里贝尔指挥潜艇进一步靠近目标并调整到更好的位置，然后瞄准拖网渔船水线部分射击。这时，一名擅长玩"地鼠游戏"的日本兵突然从船上用自动武器朝潜艇射击。他立即被射倒，但还是成功地打伤了我们的四名甲板炮炮手。我想我们确实付出较小的代价得到了宝贵的教训。

"锯盖鱼"号潜艇计划在第二天中午起程前往珍珠港，所以我决定搭乘这艘潜艇，而不是坐飞机回来。归途一路上很平静，艇长估计他们已经击沉或击伤了大约25000吨的日本船只，听起来还不赖。

当我们进入珍珠港潜艇基地的码头时，乐队开始演奏传统的《星条旗之歌》（Star Spangled Banner），接着鼓声和号角（授予海军中将军衔荣誉时才会有的号角）各响起三遍。要是有人在这种大张旗鼓的场面下提醒他们注意自己的错误，那我估计乐队指挥和我的副官都会脸红。我从舰桥上爬下来，见到了"婴孩"布朗、"阳光"穆雷、"瑞典人"蒙森、迪克·沃格尔和几乎所有的参谋部人员，他们都在笑着祝贺我。布朗呈给我一份据称是来自美国海军人事局（BUPERS）的电报，他说总统先生已任命我为美军太平洋舰队潜艇部队司令，军衔为海军中将。这是一次"职务"晋升，直到转至其他岗位才会失效。

实际上，此时我仍然以为这是我的参谋人员们在捉弄我，这也是我经常在他们身上做的恶作剧。直到我来到防弹室里的办公桌前，发现尼米兹上将发来的贺信，这才真正相信这一奇妙的好运。我充分相信，我的升职只是褒奖整个美国海军潜艇部队出色表现的一种方式。在潜艇部队里没有一名海军中将存在的真正必要，就像我在与华盛顿方面的通信中两次就这一话题讨论过的那样。没有必要，也许是的，但确实带劲！

第八章

太平洋中部的战斗开始进入岛屿争夺阶段。我们在 10 月份里的最高优先级作战计划就是规划"电击行动",即攻击吉尔伯特群岛、塔拉瓦(Tarawa)岛和马金岛,预定发起行动的日期是 11 月 20 日。海军少将雷蒙德·A. 斯普鲁恩斯奉命指挥美军中太平洋战区作战部队;南太平洋战区的里奇蒙德·凯利·特纳(Richmond Kelly Turner)少将负责指挥两栖作战部队;霍兰·M. 史密斯(Holland M. Smith)少将负责指挥登陆部队。

潜艇部队在登陆行动前将发挥积极作用,其任务是拍摄塔拉瓦群岛上的主要目标比托岛(Betio Island),获取那里最新的海流和潮汐数据,并在塔拉瓦以南约 90 英里的阿贝马马环礁(Apamama)上投送一支由 4 名海军陆战队军官和74 名士兵组成的分遣队。

由来自宾夕法尼亚州格伦赛德(Glenside)的"比尔"埃尔文(W. D. Irvin)少校指挥的"鹦鹉螺"号潜艇奉命执行这一先遣任务。在与凯利·特纳、霍兰·史密斯以及斯普鲁恩斯的参谋长卡尔·摩尔(Carl Moore)上尉举行会议后,我们在10 月里的第二周命令"鹦鹉螺"号出航。能用在潜望镜上的相机很少,但幸运的是"鹦鹉螺"号的副艇长"奥奇"林奇(Lynch)少校带了一台自己的徕卡相机,于是接下来的任务开展得十分顺利。这是我们第一次拍摄登陆滩头的全景照片,也正是从这时起,侦察拍照成为每次新的登陆攻击行动之前我们的标准程序。

在"鹦鹉螺"号潜艇完成了它的全景潜望镜侦察拍摄后,照片被运回约翰逊岛(Johnson Island)。在那里,技术人员带着这些照片一同前往位于珍珠港的太平洋司令部的拍摄部。该部门里的几名技术人员专门负责对这些侦察摄影胶片进行处理和判读,并取得一些非常显著的成果。例如在硫磺岛拍摄的一张照片显示,一队日本士兵正在海滩上挖掘并构筑机枪阵地。照片上每个日本兵的脸几乎都是清晰的,完全可以放在他们的家庭相册里。"鹦鹉螺"号随后也返回了珍珠港,直到 11 月 9 日那支海军陆战队分遣队登艇,随后该艇在塔拉瓦附近水域驻守，承担潜艇救生的职责。

日本人也开始慢慢地从自己的航运灾难中吸取教训，并开展自己的反击行动。从第七舰队传来了一条坏消息：由科少校指挥的"白鲑"号潜艇未能按时返航。根据推测，该艇是在南中国海海域的一次巡逻任务中失踪的。战后的报告相当确信该艇是 10 月 9 日那天在苏鲁海被日军飞机的轰炸和深弹攻击击沉的。在大战初期指挥 S–39 号和"鲣鱼"号潜艇时，吉姆·科就已经为他自己及其指挥的潜艇积累了一份相当优秀的战绩记录。更多的坏消息来自北太平洋，在那里日军声称击沉了美国海军 S–44 号潜艇并俘虏两名美军官兵，事实证明这并非虚言。除杜弗（E. A. Duve）和怀特摩尔（W. F. Whitemore）之外，包括艇长布朗（F.E.Brown）少校在内的几乎艇上所有官兵都在幌筵岛（Paramushiro）附近海域失踪。

在大西洋和巴拿马海域，美军潜艇的损失则很少。1942 年 1 月，S–26 号潜艇与一艘海岸巡逻艇相撞沉没，艇上除三人外全部丧生。而在一场操作事故中，R–12 号潜艇在基韦斯特（Key West）附近海域不幸沉没，艇上只有五人幸存。因此，由施耐德（E.C.Schneider）少校指挥的"箭鱼"号（Dorado）潜艇于 10 月 12 日前后在加勒比海地区失踪的消息对我们来说又是一个相当大的打击。难道它是遭到了德军的拦截？"箭鱼"号是一艘崭新的潜艇，10 月 6 日才从新伦敦起航驶往珍珠港，但从未到达过巴拿马。人们严重怀疑该艇是被一架从关塔那摩起飞的美军巡逻机误击沉没的，有记录表明后者在 10 月 12 日晚上朝一艘身份不明的潜艇投下了三枚深水炸弹。

为了调查该案件，军方还成立了一个调查法庭。但由于缺乏证据，因此无法得出明确的结论。友军飞机多次攻击我们在太平洋地区的潜艇，完全无视有关安全通道的指示，涉及"箭鱼"号潜艇一案的飞行员也收到了关于己方潜艇周边轰炸和攻击限制区位置的错误指示。所有这些事件都表明，我们并不缺"扣板机爱好者"，缺的其实是一套万无一失的敌我识别系统。

鉴于上述这些损失，同时为了应对敌人反潜措施增强所造成的威胁，我们加强了相关措施以实现对潜艇自身更强的防御保护。这一时期取得的一项重要进展就是为我们的潜艇进行了有效伪装。最初所有的美军潜艇都是被漆成黑色的，因为许多测试发现，这是潜艇潜入水下躲避飞机时的最佳伪装色。然而，现在的反潜飞机并没有敌护航舰艇那么大的威胁，而且我们发现敌人在夜间对水面航行状态下的潜艇进行攻击时，往往能在相当远的距离上发现我们的潜艇。特别是在有星光或月光照耀的夜晚，纯黑的艇体在海面上看起来太明显了。

美国海军后备役部队少校代顿·布朗（Dayton Brown）是一位在美国国内享有盛誉的艺术家，他是由海军舰船局派到我们这里的。我们进行了一系列试验以寻求打破潜艇固有轮廓的更好办法，布朗与我的参谋乔·格伦费尔（Joe Grenfell）花了很多个晚上与我们正在训练的"狼群"艇群合练，最后得出的答案是在热带水域以浅灰色伪装为佳，而在热带地区以北海域稍深的灰色更适用。上述伪装色适用于艇体上的所有垂直表面，而水平表面保持黑色涂装。结果我们发现一艘潜艇在1000码以外完全看不见，甚至在月光下也是如此。在某些情况下，我们的潜艇甚至在距离敌驱逐舰700码以内都没有受到攻击。

到了10月27日，我开始为这个月的潜艇损失和伤亡并未结束而担心起来。"刺鲅鱼"号潜艇的艇长莫顿本应在前一天晚上就发来报告，但我们没有收到任何消息。事实上，自从莫顿于9月13日指挥潜艇离开中途岛后，除了来自日本本土的广播消息外，我们什么也没听到。据日本同盟通信社（Domei）报道，10月5日，一艘汽船在本州岛西海岸靠近对马海峡的日本海海域被美军潜艇击沉。这艘船几乎在几秒钟内即宣告沉没，并且造成船上544人丧生。而在当时，"刺鲅鱼"号潜艇是唯一一艘位于日本海海域的美军潜艇，所以这一战绩毫无疑问要归属于它。

日子一天天过去，我们仍然没有"刺鲅鱼"号的消息。上一次日本人承认自身船只损失时，同时宣称击沉了一艘美军潜艇。所指的那艘潜艇就是"锯盖鱼"号，而实际上它早已安全返航，从而证明日本帝国海军评估委员撒了谎。不过关于"刺鲅鱼"号潜艇，日本方面却没有提及。莫顿和他的官兵们似乎不可能失踪，我也从没想过日本人能聪明到在海上俘获他的地步。

随着时间的推移，尼米兹上将允许我在一周的时间内报告潜艇损失情况，最终我不得不把"刺鲅鱼"号潜艇的名字列于"逾期未返航，据推测已损失"名单上的头条。这一消息令我们整个潜艇部队都感到悲哀，因为"刺鲅鱼"号作战小队是我们潜艇部队最具价值的战斗团队之一。如今该艇再也无法带着舰桥上莫顿艇长那斗志昂扬的面容昂首返航了。

　　根据 JANAC 方面的记录，"刺鲅鱼"号潜艇在最后一次致命巡逻任务中，在日本海海域击沉了 4 艘日本船只，这使得该艇最终取得击沉 20 艘敌船吨位共计 60038 吨的战绩。战后的报告显示，该艇是于 1943 年 10 月 11 日在宗谷海峡海域被一架敌机所投掷的深弹击沉的。

　　复仇的文字就写在弗雷迪·沃尔德艇长的脸上，他准备于 10 月 30 日前往马里亚纳群岛海域巡逻，"狼群"则由"鲻鱼"号、"油鲱"号（Pogy）和"锯盖鱼"号潜艇组成。在接下来的一个月里，我们总共击沉了 232000 吨的日本运输船只。

　　10 月份的击沉战绩十分理想。根据 JANAC 的统计，在被美军击沉的总共 39 艘敌商船（排水量共计 158093 吨）中，有 26 艘是被潜艇击沉的。其中各海域吨位战绩最高者分别是："刺鲅鱼"号，在日本海海域击沉四艘；"银河鱼"号（Silversides），在加罗林群岛（Carolines）以南海域击沉四艘；"红石鱼"号（Rasher），在班达海（Banda Sea）海域击沉三艘。"鲂鱼"号（Gurnard）也在吕宋岛西北海域击沉两艘大型船只。在巡逻报告中，艇长提到他在朝一个巨大的敌船目标发射鱼雷时遭遇了一个哑弹，这令他时至今日仍然愤恨不已。当时他通过潜望镜发现了一艘日本护航舰艇，显然后者正打算对"鲂鱼"号潜艇发起深弹反击，对方一口气投掷了三枚深弹，结果竟然全都是哑弹。这才让他感觉好多了。此外，"骨鱼"号潜艇也在南中国海海域击沉两艘敌船，其中一艘是排水量达 10000 吨的运输船。

　　经过改良后的鱼雷引信装置被军械局命名为 Mk.6 Mod.4 型，其表现可谓完美。事实上，前四艘装备这种新鱼雷引信的潜艇在巡逻时的命中率超过 50%，

∧ 美国海军"海马"号（SS-304）潜艇，摄于 1943 年 6 月。

而且没有哑弹发生。"黑线鳕"号潜艇艇长达文波特报告称，有四次鱼雷攻击命中是在垂直 90 度航迹上发生的，取得击沉两艘敌船的战绩；"扳机鱼"号潜艇艇长多尔宁报告命中八次，击沉三艘敌船；"海马"号（Seahorse）潜艇艇长斯莱德·卡特（Slade Cut）则报告称，在约 90 度航迹鱼雷攻击时有七次命中，击沉三艘敌船。形势看起来十分喜人。

不过，Mk.18 型电动鱼雷的表现仍然令人头痛，可谓"海上杀手"，但我们并没有灰心丧气。我们相信可以调教好它，但我们决定暂时停止向正在巡逻的潜艇配发电动鱼雷，直到问题被解决。即使是在性能不够完善的情况下，它的巨大优势也开始变得越来越明显。"鲦鱼"号潜艇报告说，在一次攻击行动中，敌护航舰艇完全无法利用鱼雷气泡定位和跟踪到它，结果竟然在 1500 码以外的地方投掷了深水炸弹。作为最后的努力，军械局的"首长"高里（W. A. Gorry）上尉负责出面帮助我们解决电动鱼雷的问题。他告诉我们，军械局有一支顶尖的科学家团队目前正在负责研制一套可靠的磁性引信。

11 月上旬，我们的潜艇开始为支援塔拉瓦—马金岛作战行动而起航进入作战位置。所有作战计划都已经完成，水面战斗部队正在集结。特鲁克群岛常被作为日本海军舰队主力部队的基地，有四个主要的出入水道，分别由一艘美军潜艇负责把守。如果日军舰队向塔拉瓦和马金岛方面增援，那么这些潜艇将奉命立即报告上述动向，然后在条件可能的情况下发动攻击。而来自我们太平洋中部战区部队的指示可能要比一艘潜艇造成的影响更大。斯普鲁恩斯将军的第五舰队具备强大的实力，他和尼米兹上将都表示希望日军主力会试图介入这一行动，因此这将是一个重大海上作战的大好机会。

"潜水者"号潜艇奉命在马绍尔群岛东部的米利环礁附近担任救生潜艇，以便为两栖攻击行动之前的航母攻击提供支援。而"鹦鹉螺"号潜艇将在塔拉瓦岛执行类似任务。还有三艘美军潜艇奉命在特鲁克群岛与塔拉瓦岛之间的马绍尔群岛附近组成"狼群"艇群，它们将随时集结以应对日军可能组织的攻击行动。根据指示，第四艘潜艇也可能奉命与这支艇群会合。这批潜艇包括"大头鱼"号（Sculpin）、"鰕虎鱼"号和"天竺鲷"号（Apogon）。来自伊利诺伊州亨利的约翰·P. 克伦威尔（John P. Cromwell）作为艇群指挥官搭乘"大头鱼"号潜艇，

∧ 美军"大头鱼"号潜艇舰桥上方的布置情况。

而"大头鱼"号的艇长是来自阿肯色州海伦娜（Helena）的 F.A. 康纳韦少校（F. A. Connaway）。

11 月 5 日，在"大头鱼"号潜艇从珍珠港出发之前，克伦威尔来我的办公室道别，并接受了临行前的指示。我和我们的作战行动指挥官迪克·沃格中校向他概述了即将在吉尔伯特群岛发动的攻击行动详情，这样他就能更清楚地了解整个战局，并知道一旦事先的部署完全发生改变后，他可能会在哪里遭遇友军的海上作战部队。最后，我告诫他不要向任何人透露这些信息，以减少潜艇被击沉或俘虏后作战计划泄露的风险。这是克伦威尔执行的首次作战巡逻任务，他对任务前景十分有信心。我们也祝他"好运！狩猎愉快！"几分钟后，"大头鱼"号潜艇就缓缓地离开了码头。

在塔拉瓦和马金岛登陆行动前的几天里，局势变得非常紧张。这是我们在太平洋中部的第一次大规模行动，是一次"火线考验"，其目的是建立我们横跨太平洋的战略部署，因此志在必得。而我们是否尽了一切可能去确保我们的任务顺利完成呢？与其他地面部队和空中作战力量的协调是否得到了适当的规划？我冒昧地说，我和迪克·沃格中校反复核查了太平洋司令部发出的作战命令和我们自己的任务命令，以寻找其中的不足，结果并没有发现任何缺陷。然而接下来我们很快收到了一条令人震惊的消息：11 月 19 日至 20 日晚，我们在塔拉瓦岛的救生潜艇"鹦鹉螺"号遭到了突然炮击，当时潜艇正搭载着 78 名奉命攻占阿贝马马环礁的美国海军陆战队员。该艇在靠近比托岛时意外遭遇一支水面舰艇编队，"鹦鹉螺"号在后者发起的炮击中严重受损，几乎沉没。"鹦鹉螺"号发报说，在离开其既定救生点前往新的救生点后，位于 6000 码距离外的一支水面舰艇编队突然朝其开炮。"鹦鹉螺"号还没来得及下潜，一枚炮弹就击中了它，另一枚哑弹则击中舰桥下方位置，炮弹穿透主进气管击中指挥塔围壳，又反弹到潜艇上层建筑，而后才停了下来。

令我们感到困惑的是这支炮击我们潜艇的水面编队到底是谁的。不久我们就获知了答案：在另一次行动中，"林戈德"号（Ringgold）驱逐舰声称击沉了一艘敌巡逻艇，而"圣胡安"号（San Juan）轻巡洋舰表示，该舰用76发6英寸口径舰炮炮弹为这一战绩的取得提供了火力支援。事实上，为了避免受到可能的干扰，"鹦鹉螺"号潜艇完全是遵照规定航线行进的。除了采取这些预防措施外，我们还规定我军水面舰艇除非受到一艘潜艇的攻击，否则不得攻击任何潜艇。这让它们误以为"鹦鹉螺"号是一艘敌方巡逻艇，于是决定先开炮，然后再喊话询问。

虽然因炮击而受损，但"鹦鹉螺"号潜艇仍按计划将艇上的海军陆战队突击队员运送到了阿贝马马环礁，同时用艇上的6英寸口径火炮为他们的进攻提供了炮火支援。所有驻防那里的日军部队要么被歼灭，要么在战壕里切腹自尽。

由巴斯艇长指挥、在马绍尔群岛以东米利环礁海域担任救生潜艇的"潜水者"号也遇到了麻烦。日军在那一地区的空中作战力量十分强大。"潜水者"号在救起一名美军飞行员后，一架日军"零"式战机突然从云中钻出俯冲而至，副艇长和五名艇员被日机机枪射伤，幸运的是伤势都不致命。后来我去位于珍珠港的医院里看望了这些伤员。副艇长乔治·布朗（George Brown）上尉心情十分愉悦，他甚至自豪地给我展示医生从他背部取出的机枪子弹。

"好吧，"我说，"你当然有东西要给你的孙子们看，但是你要怎么向他们解释你背部中枪的事呢？""好吧，长官，"布朗说，"我想我得告诉他们：我是因为跑得不够快才没能躲开子弹！"在那次战斗中，艇上值班人员中的一名军需官身中五发机枪弹，身上中了三弹，另两处在手臂和腿部。我问他是否希望有人给他写信，或者给他读点什么。"不用，长官，"他说，"我只想要一瓶波旁威士忌。"医生告诉我，小剂量饮酒不会有什么坏处，于是我就给他送了一瓶过去。

11月29日晚，已经搭乘"大头鱼"号潜艇离开珍珠港的艇群指挥官克伦威尔上校奉命集合他的马绍尔群岛"狼群",向西北方向扫荡。结果"大头鱼"号潜艇迟迟没有发出任何集结命令,在等待了40个小时后,我们只得指派另一艘潜艇集结指挥该艇群。指挥部又向"大头鱼"号反复发送了新的命令,但并未得到确认和答复。直到大战结束,当我们从日军战俘营接回小布朗(G. E. Brown)上尉和20名艇员后,我们才得知当初该艇沉没时的一些细节。

11月18日至19日夜间,"大头鱼"号潜艇与一支快速护航船队发生了雷达接触,随即以全速大转向进入攻击阵位。"大头鱼"号进入敌船队航线上,准备在黎明到来时发动攻击,这看起来将是一个成功的开始。然而就在攻击发起阶段,"大头鱼"号不慎被对方发现,护航船队随即采用Z字形机动规避并向其迫近,"大头鱼"号则被迫下潜。此时日军舰艇并没有立即进行深弹攻击,大约一个小时后,潜艇浮出水面并再次进行大范围转向机动。由于发现6000码外有一艘拖行在船队后方的日军驱逐舰,因此"大头鱼"号不得不再次下潜,这时日军的深弹攻击也随之而来。

在随后的深弹攻击中,起初一连串的深弹爆炸对这艘潜艇仅仅造成了轻微的损坏。布朗上尉作为艇上工程师和潜水官,是"大头鱼"号上唯一一名幸存的军官,他对潜艇受损情况进行了检查,认为潜艇大体完好。这时,潜艇本来已经成功摆脱敌舰,但就在布朗回到控制室试图让潜艇上浮到潜望镜深度时,潜艇突然迅速下沉,深度计一度指到了水下125英尺深处,艇内立即发出了警报,新一轮的深弹攻击也随即展开。

11月19日中午左右,18枚深弹产生的一连串剧烈爆炸令"大头鱼"号再次下沉,此时潜艇已经严重失控,耐压壳体严重变形和漏水,转向舵和潜水舵严重受损,已经处于无法修复的状态。艇长康纳韦决定浮出水面,用他的甲板炮进行战斗。这是他绝望之下的举措,他肯定知道这么做毫无胜算。潜艇浮出海面后,艇上枪炮全部投入战斗,战斗中康纳韦艇长和枪炮官在舰桥上负责指挥,副艇长在指挥塔围壳里。日军驱逐舰的几发炮弹先后命中"大头鱼"号潜艇的主进气管和指挥塔围壳,当场造成这些官兵严重伤亡。

布朗上尉接手指挥权后决定将潜艇自沉以避免落入敌手,他下令"全体艇员弃艇"。在重复了几次命令之后,"大头鱼"号潜艇打开了所有的海水阀并以

△ 1943年11月18日至19日，日本海军"山云"号（IJN Yamagumo)驱逐舰耗费了9个小时对美军"大头鱼"号潜艇（SS-191）进行追击，并最终将其击沉。

全速前进，伴随着引擎的高速运转，"大头鱼"号昂首沉入海底。据当时落水的艇员回忆，"大头鱼"号最后的这次下潜是它完成得最漂亮的一次。

艇上伴随潜艇下潜的约有 12 名官兵，其中包括克伦威尔艇长和另一名军官，两人都拒绝离开潜艇。克伦威尔艇长熟悉我们在吉尔伯特群岛和其他地区的作战行动计划，他要求留在艇上以确保敌人无法获得他所掌握的任何情报。他对布朗上尉说的最后一句话是："我不能和你一起走，我知道得太多了。"为此，太平洋战区潜艇司令部建议授予他"国会荣誉勋章"。当被告知这艘潜艇将被迫自沉时，菲德勒（W. M. Fiedler）少尉走进了自己的休息室，幸存下来的艇员们回忆起最后一次看到他时，他的手里正攥着一摞纸牌。

最终，总共有 42 名美军潜艇官兵被日军驱逐舰俘虏，其中一人因受重伤而被日军遗弃。38 名艇员和 3 名军官被带到特鲁克岛，在那里接受了 10 天的审问。然后他们被带上两艘航母（其中一艘 21 人，另一艘 20 人）前往日本。在前往目

∧ 1939年5月23日，美国海军"角鲨"号（SS-192）潜艇因事故在新罕布什尔州朴次茅斯军港沉没时的瞬间和营救场面一。

∧ 1939年5月23日，美国海军"角鲨"号潜艇（SS-192）因事故在新罕布什尔州朴次茅斯军港沉没时的瞬间和营救场面二。

的地的途中，载着21名"大头鱼"号潜艇官兵幸存者的日本海军"冲鹰"号（Chuyo）航母于1943年12月4日被美国海军"旗鱼"号（Sailfish）潜艇所发射的鱼雷击沉，只有一名美国人获救。这是一起特别巧合和悲剧性的事件，因为早在1939年5月23日"角鲨"号（Squalus）（后来被重新命名为"旗鱼"号）因机械事故在新罕布什尔州朴次茅斯军港沉没时，"大头鱼"号潜艇就在它的旁边。

由鲁尼（R. S. Rooney）艇长指挥的"黄花鱼"号（Corvina）潜艇也在吉尔伯特群岛作战行动中失踪。该艇于11月4日离开珍珠港开始它的首次战斗巡逻任务，并在特鲁克群岛以南海域驻守，以防日军通过南部水道逃窜。巡逻任务结束后，"黄花鱼"号计划前往位于布里斯班的费弗准将指挥部报告（费弗本人最近搬到了新几内亚米尔恩湾的"富尔顿"号潜艇供应舰上）。根据敌方记录，"黄花鱼"号潜艇是在1943年11月16日那天遭遇厄运的。一艘日军潜艇曾报告说在特鲁克群岛西南方向发现一艘处于水面航行状态的美军潜艇，于是向其齐射了三枚鱼雷，其中两枚命中目标，紧接着发出了巨大的爆炸声。

在为我们在吉尔伯特群岛展开的太平洋大进攻做准备的同时，我也在着手其他工作。一段时间以来，我一直致力于建立一个独立的训练指挥部。新潜艇的训练和针对战斗经验丰富的潜艇的进阶训练任务由第4潜艇中队的约翰·布朗上校负责，他被任命为作训官。我们没有为潜艇第4中队、第2中队和蒙森艇群配备潜艇供应舰，但他们可以一起使用珍珠港的潜艇基地作为支援。因为他们或多或少是常驻在那里的，所以他们应该承担潜艇作战的主要任务，这一点非常重要而且合乎逻辑。蒙森担任布朗上校的总参谋长，所有支队指挥官都被赋予了作训官下属的额外职责。然而，一个基地驻有两支中队毕竟有点尴尬，我希望在约翰·布朗的领导下建立一个独立的作战训练指挥部，并将潜艇第2中队和第4中队合并到蒙森麾下，以这种方式可以在某种程度上实现军官和参谋人员的精简。最终，这一计划得到美国海军总司令的批准，新的潜艇组织机构随即正式生效。

这样，潜艇学院和大西洋战区潜艇司令部的所在地（新伦敦）的重要性就凸显了出来。弗里兰·A.道宾（Freeland A. Daubin）海军少将负责指挥大西洋舰队潜艇部队，卡茨（E. F. Cutts）上校负责指挥潜艇基地，该基地从1916年以来一直是美国海军潜艇学院的所在地。在那里，和平时期的潜艇官兵们在被派往舰队之前要接受相当长时间的鱼雷、蓄电池、柴油发动机和潜艇艇上操作系列课程训练。为了给学员们提供基本的训练平台，那里还组建了一支由旧艇组成的支队。

如今，随着国家处于战争状态，美国海军潜艇部队的规模以每月 5~10 艘的速度持续扩张。相应地，军官和士兵的训练期也必须分别缩短到 3 个月和 1 个月，而且所有人员必须通过从一个由 100 英尺长的潜水柜模拟的失事潜艇中逃生的训练课，潜艇新兵还要经过医务人员的仔细检查。医疗部队的施林（C. W. Schilling）少校是一位杰出的专家，他要确保新兵们有充足的夜视能力，而非幽闭恐惧症患者，他们必须在精神上能够适应潜艇拥挤空间中的战斗生活。此外我们还开设了几门强化课程，旨在让学员熟悉当时正投入使用的特殊武器。还有一所准指挥官学校，进入这所学校的是军衔已具备在不久的将来有指挥作战资格的潜艇军官，由经验丰富的艇长们对其进行实战化的训练，使他们懂得如何发动攻击和规避敌人的反潜对抗措施。

客观而言，这所学校的发展态势如雨后春笋一般，老兵与新兵之比极低。我们在太平洋战区的工作之一就是为学校和大西洋舰队潜艇司令部提供有经验的人员，以便为新艇输送合格的指挥员和核心艇员。

把我们不可或缺的潜艇作战人员送回后方的做法无疑是令人心碎的。但不可否认的是，我们也必须确保大西洋舰队潜艇司令部得到有效的人员供应。在被迫与人事局进行协商的过程中，也不可避免地出现了一些矛盾。但总的来说，我们都在私下里解决了我们之间的分歧。道宾将军的训练机构接管了所有新服役的潜艇，为其提供大约四周的训练期，并把这些新艇送到珍珠港进行最后的磨合。大西洋舰队潜艇司令部还为解决鱼雷故障缺陷问题做出了重要贡献，尤其是 Mk.18 型电动鱼雷通风管装置的改进问题。道宾将军采取的另一个重要措施是派遣一名自己的参谋人员 [①] 前往位于新港的海军鱼雷站，为新型鱼雷的射击

---

① 原注：即经验丰富的潜艇和鱼雷军械军官霍德·戈里（Hod Gorry）上校。

试验和改装工作的加快进行提供协助。大西洋舰队潜艇司令部、珍珠港潜艇基地、新伦敦和潜艇学校在培训潜艇指战人员、装备补给和训练新艇方面做了大量出色工作，从而使每艘抵达珍珠港的新潜艇在最短时间内具备有效作战行动能力成为可能。

另一件让我高度关注的事情是，我们须要与建造和装配潜艇的各个船厂码头和海军舰船部门举行一次全员会议。当他们在仲夏时节拜访我们时，安迪·麦基（Andy McKee）和阿曼德·摩根上校建议每 6 个月与舰船局举行一次会议，但现在同时与其他海军部门进行如此多的协同项目，因此很有必要与所有有关机构和部门举行一次会议。目前我们每个月都会有关于不同主题的数十封官方信件往来其间，我相信与这些岸上活动事务的高级代表举行一次为期三四天的"智囊团"会议，可以消除我们之间大部分信件往来的必要性，同时加快讨论中的事项的处理进程。在吉尔伯特群岛行动结束后不久落实一个会议日期似乎是比较合适的，因此我请求太平洋司令部批准我提出的请求。尼米兹上将后来进行了批复，并且确定会议于 12 月 10 日在马雷岛海军码头举行。

在珍珠港事件爆发之前，美国只有三家造船厂被用来建造潜艇。位于康涅狄格州格罗顿（Groton）的电船公司（ElectricBoat Company）多年来一直在生产性能良好的战斗舰艇，而位于康涅狄格州布里奇波特（Bridgeport）的雷克鱼雷艇公司（Lake TorpedoBoat Company）已于 1922 年关闭，它也是美国海军潜艇建造事业的先驱。此后，位于新罕布什尔州朴次茅斯的海军造船码头加入了这一阵容，后来马雷岛船厂也开始为美国海军建造潜艇。

在第一次世界大战爆发前和大战期间，美国国内其实还有一些其他的潜艇建造工厂。但当我们的国家开始为第二次世界大战做准备时，只有三家船厂在为军方建造并交付潜艇。当然，随着战争的爆发，这些船厂的建造能力大大提高，另外的两家造船厂——位于费城的克兰普造船公司（Cramp Shipbuilding Corporation）和位于威斯康星州马尼托沃克密歇根湖畔的马尼托沃克造船公司（Manitowoc Ship Construction Company）——也相继投入建造。我认为克兰普造船公司试制完成的唯一一艘潜艇"龙"号并不成功，但马尼托沃克船厂在查尔斯·韦斯特（Charles West）先生和他的出色组织的共同努力下建造完成了 28 艘漂亮的潜艇。这批潜艇都是按照电船公司的设计蓝本建造的，并且得到了电船公司一些施工专家的指导。我相信无论如何，他们的结果和产出都是极为突出的。马尼托沃克造船公司本身也赢得了美军潜艇部队的高度尊重，因为他们提供的是最适合居住和战斗的水下平台。

在这家船厂里建造的潜艇将沿着芝加哥的运河被运送到密西西比河，然后前往位于新奥尔良的海军基地，在那里进行出海作战准备。精明干练的"强尼"约翰斯（J. G. Johns）上校负责在巴尔博亚港对新艇进行接收监管和作战训练。

我十分迫切地希望我们的电动鱼雷能作为送给东条英机的圣诞礼物重返一线战场。基地鱼雷工厂和所有的技术专家一直都在不断地研究该型鱼雷所涉及的技术问题，我相信他们能找到所有的答案。由于用于训练的鱼雷战斗部中填充的是海水而不是炸药，鲁贝·戈德堡（Rube Goldberg）设计的吹除系统先前主要用于这种训练场合下清除鱼雷内部的压载水，因此鱼雷在这种情况下将获得额外的浮力并保持漂浮状态，这就成了一种技术上的瓶颈问题。在旧型鱼雷中使用的吹除系统则非常可靠，在实战中效果较好。毫无疑问，对纽波特的海军鱼雷站来说，他们认为该系统对潜艇官兵们确实好用，但它反倒使我们在对敌水下作战方面付出了沉重代价。尤其重要的是，我们必须能够用这些新型电动鱼雷进行有效的射击练习，以便让艇长和艇上火控组习惯这些电动鱼雷缓慢的航行速度。

最终在 11 月 30 日的早上，基地鱼雷军械官霍特尔（M. P. Hottel）中校邀请我搭乘由来自加利福尼亚州瓦莱霍的约翰·科巴斯（John Corbus）指挥的"座头鲸"号（Haddo）潜艇出海进行鱼雷发射试验。家书里关于夏威夷的日出景象的描述通常是壮阔而绚丽的。然而当天是个阴天，细雨一直伴随着我们穿过海峡和反潜网，这无疑是这个令人不快的一天里的一个不愉快的开端。而我们艇上所携带的要在当天进行发射试验的八枚电动鱼雷是由我们基地鱼雷工厂里最有经验的技术军官和鱼雷兵进行调试准备的。

鱼雷试射过程中，其中有两三枚运行情况良好，而另三枚失败，霍特尔中校急得恨不得跳海。纽波特方面对此给我们的答复是，我们根本不知道如何正确地操作它们。但我在我们驻纽波特的潜艇部队代表发送给我的报告中也注意

∧ 美国海军"石首鱼"号（SS-228）潜艇刚刚从朴次茅斯港下水时的情景。

到了类似的发射失败案例。在那里，鱼雷是由同一批海军和非军方技术人员负责调试的，正是他们对我们进行了指责。而不同之处恰恰在于，他们从来没有公开承认过自己糟糕的表现，我认为只有对问题进行开诚布公的讨论才能真正有助于我们的潜艇部队出海作战。

虽然电动鱼雷的表现令人沮丧，但鱼雷工厂的小伙子们并没有放弃，而是继续寻求问题的解决和改进方案。东条英机的圣诞袜里并没有像我所希望的那样有一枚 Mk.18 型鱼雷，但是到了次年 1 月中旬，我们终于看到大量鱼雷正朝其而去。

1943 年 11 月的战绩乃是开战至今表现最好的一个月。当月里总计有 70 艘敌商船被美军击沉，吨位共计 320807 吨。其中有 48 艘（吨位共计 232333 吨）是被潜艇部队击沉的。我们还击沉了 3 艘敌战斗舰艇，此外英军潜艇在马六甲海峡海域击沉了日本海军大型潜艇伊 -34 号。根据我们的权威统计机构 JANAC的统计，按击沉吨位数排列的各艇战绩如下：

　　"海马"号潜艇：击沉 1 艘油船、1 艘客货船、3 艘货轮，吨位共
计 27579 吨；

　　"弓鳍鱼"号（Bowfin）潜艇：击沉 2 艘油船、1 艘客货船、2 艘
货轮，吨位共计 26458 吨；

　　"马鲅鱼"号（Raton）潜艇：击沉 3 艘货轮，吨位共计 18801 吨；

　　"鲻鱼"号潜艇：击沉 3 艘货轮，吨位共计 15270 吨；

　　"扳机鱼"号潜艇：击沉 2 艘客货船、2 艘货轮，吨位共计 15114 吨。

　　"石首鱼"号（Drum）潜艇拿下了一个吨位最大的目标（一艘排水量达
11621 吨的潜艇供应舰）。"蓝鱼"号（Bluefish）和"鰕虎鱼"号潜艇则各自击
沉一艘排水量为 10000 吨的油船。

　　由来自伊利诺伊州奥斯威戈（Oswego）的斯莱德·D. 卡特（Slade D.
Cutter）少校指挥的"海马"号潜艇的一次战斗巡逻特别值得注意，因为这是卡
特作为艇长的首次巡逻任务。"海马"号是一艘全新的潜艇，以前只执行过一次
巡逻任务，没有取得击沉战绩。卡特因在美国海军学院运动中的出色表现而被
20 世纪 30 年代初的美式足球迷和拳击迷所铭记。作为一名擒抱手和重量级拳击
手，在我的业余观点看来，他几乎是没有对手的，也没有人能胜过他。他在体
育运动中表现出的侵略性，同样被他带到了战斗中。

　　卡特艇长的首次巡逻始于 1943 年 10 月 29 日，当时该艇奉命在日本本土以
南海域活动。当遭遇一艘武装拖捞船时，潜艇从 2400 码距离上战斗上浮，使用
甲板炮炮火将其击沉。第二天，他用甲板炮截停了另一艘船，当目标正在下沉时，
他率领"海马"号艇上官兵登船搜索，缴获了一些书刊、海图和日志以便送到
太平洋司令部的情报部门分析。次日，一艘不期而至的日本拖网渔船试图撞击"海
马"号，但没有对潜艇造成任何损伤，反倒成为"海马"号火炮下的又一个牺牲品。

　　这仅仅算得上是一次热身演习，卡特在两晚后才开始真正的狩猎。他指挥
的"海马"号潜艇与一支由 17 艘船只组成的日本护航船队发生了接触，其中包
括几艘日本海军"千鸟"级护航驱逐舰。次日黎明，"海马"号潜艇进入进攻位
置，但日军严密的反潜护航措施一度令该艇无法靠近。一阵突如其来的猛烈爆

炸充分表明，附近还有一艘潜艇正在参与攻击，这无疑是由他的战友"杜斯蒂"多尔宁指挥的"扳机鱼"号。卡特下定决心不让这些难得的目标逃走，等到它们越过海平面，"海马"号浮出水面全速航行，通过一次大范围的转向机动第三次进入迎头攻击阵位。进入午夜后不久，卡特艇长的坚持终于得到了回报——他所发射的鱼雷中有三枚准确命中一艘排水量达5859吨的客货船，并且观察到这艘船正在下沉。四个小时后，他又朝一艘油轮和一艘货船发射了鱼雷，目标各被两枚鱼雷命中。但据JANAC方面的报告，只有后者最终确认被击沉。两艘日军"千鸟"级驱逐舰对"海马"号潜艇穷追不舍，但是后者甚至没有进行深潜就全速逃离了战场。

通常情况下，只要能避免，潜艇艇长就不会在夜间状况下选择下潜，因为这意味着失去进攻主动权，并可能让自己遭到深弹攻击。没人喜欢这样，谁能怪他们呢？而以水面航行状态撤退也相当危险，尤其是在日本护航舰艇配备了雷达装备之后，这也确实制造了几次极度紧张而危险的战场逃离行动。

卡特在接下来的几天里与敌船又发生了几次接触，但除了大量的深弹攻击之外，并无所获。在能见度极低的一次接触中，目标船只似乎停了下来，在水下潜航过程中已经感到疲劳的卡特直到发现测深仪的读数迅速降低才突然意识到，目标可能在一块礁石上搁浅了，于是他很快意识到可能自己也即将遭遇同样的不幸。最后在11月22日，"海马"号潜艇在一次夜间潜望镜攻击中袭击了一支相信是极富攻击价值的船队，因为这支船队中虽然只有两艘货轮，但却有三艘驱逐舰为其护航。在目标受到严密防御的情况下，卡特抓住机会发射了鱼雷，其中两枚准确命中日本货船"大洲丸"号（Daishu Maru）。日军护航力量随即发起了密集的深弹反击，但并未对"海马"号潜艇造成任何损伤。

四天后，在对马海峡水雷场附近的一次夜间雷达接触引发了另一场旷日持久的战斗。为了避免目标从这一蜿蜒曲折的海峡海域逃逸，卡特艇长冒着巨大的风险（他以前在足球场上就善于冒险，在关键时刻一蹴而就）在3750码的射程上发射了四枚鱼雷。一支出色的鱼雷火控团队和好运气此刻就站在了他那一边，一艘排水量达7000吨的日本油船在明亮的蓝白色爆炸闪光下被轰上了天。

在进出中国东海的问题上，麻烦一度比较大，因为琉球群岛之间的每一个通道海域在夜间都被日本海军巡逻艇所覆盖。"鲸鱼"号潜艇曾报告说，该艇在一个明亮的月夜里奇迹般地通过了这片海域，而当时一场不期而至的月全食为其提供了必要的掩护。而当"海马"号准备离开这片海域的时候，有人在指挥塔里说了句"要通过这道关口真难"，于是一个名叫怀特的二等信号兵舵手大声地说，他相信可以在光天化日之下浮出海面大摇大摆地通过，因为日本人绝对不会料到这一点。

这听起来是完全可行的。他们选择了屋久岛（Yaku Shima）以南的吐噶喇海峡（Tokara Kakyo），并在上午8点至10点之间以12节的水面航速踏上了征程。一路上，岛上的房屋清晰可见，一架高空飞行的日军飞机可能认为这只是一艘渔船，于是竟然选择了置若罔闻。卡特还在潜艇上悬挂了一面在早前巡逻期间从一艘拖网渔船上摘下的日本国旗，于是更增加了成功的可能性。大家对这整个过程都感觉很好，特别是艇上的这名舵手。

此次巡逻任务最终以一场炮战结束。11月30日，潜艇遭遇由两艘小型护航舰艇掩护的三艘中型货船，而当时艇上只剩下艇艉的四枚鱼雷。要知道在紧张激烈的追击行动过程中，仅仅使用艇艉鱼雷发射管有时是很难操控的。当晚22时40分，卡特指挥潜艇进入攻击阵位，而目标采用Z字形大范围机动进行摆脱，同时对潜艇开火。"海马"号迎着敌船的炮火坚持了大约一个小时后再次进入攻击位置，一口气齐射了最后四枚鱼雷。其中一枚鱼雷在发射后50秒提前起爆，这种情况通常是鱼雷发射偏转角度太大，或者是鱼雷撞到了反鱼雷浮标装置。无论如何，这次鱼雷攻击等于是向目标发出了警报，导致对方一起朝"海马"号开火射击。在随后的一连串爆炸中，卡特无法判断敌目标是否被击中，JANAC方面也没有当时在那一海区里的任何击沉战绩记录。不过，这一引人注目的良好开端还是为"海马"号潜艇赢得了"总统嘉奖"。只要卡特还在指挥岗位上，他就不会放慢自己征战的脚步。

"弓鳍鱼"号潜艇在来自路易斯安那州曼斯菲尔德（Mansfield）的"瓦尔特"格里菲斯（W. T. Griffith）少校的指挥下从弗里曼特尔出发，以达尔文港为燃料补给基地，在印支海岸海域进行了一次旋风式的战斗巡逻任务，取得了骄人的战绩。短短三天三夜，格里菲斯总共发射了24枚鱼雷，其中命中19枚。他在锡布图通道（Sibutu Passage）水域用甲板炮击沉了两艘小型油轮，以此来庆祝第一次世界大战停战日①的到来。在接下来的巡逻行动中，他又击沉了五艘较小的船只，而这些船只由于吨位都太小了，因此无法在战绩记录上显示。在南中国海海域，"弓鳍鱼"号潜艇突然遭遇台风天气，海上持续暴雨，巨浪滔天，能见度几乎为零。潜艇上的对空预警雷达被官兵们临时用来定位海岸上的山峰，从而避免潜艇在近海航行时陷入触礁的危险。

　　11月26日午夜后不久，雷达分别在1英里和2英里距离上与目标发生了接触。起初，艇长格里菲斯还以为自己处于一群岛屿中间，但当发生更多的近距离雷达接触和一次险些近距离碰撞后，他发现真实的情况其实是，自己正居于一支由五艘船只组成的护航船队的中心。在确定了船队的航向和航速后，"弓鳍鱼"号潜艇计划攻击船队右列的两艘船，而这两艘船暂时都无法通过目测识别。两枚鱼雷命中目标后，这艘领头的船只发生了剧烈爆炸，海面上漂浮着的大量正在燃烧的汽油充分证明目标是一艘运油船。这艘注定要毁灭的船随即打开了它的泛光探照灯，艇员们可以看到日本船员正纷纷弃船跳海。第二个目标仅被一枚鱼雷命中，对一艘油轮而言，这很难让其立即沉没。格里菲斯艇长于是决定再次齐射三枚鱼雷，结果其中两枚准确命中目标，油轮不久就宣告沉没了。

　　在重新装填鱼雷发射管后，"弓鳍鱼"号潜艇回到了现场，在昏暗的晨光中，格里菲斯发现他击中的第二个目标也已经开始沉没，只剩船艏还竖立在海面上。大概8时30分左右，同一支护航船队中的一艘中型运输船也被"弓鳍鱼"号潜艇截获。这次的收获则有些运气成分在里面，毕竟当时的能见度还不到两英里。"弓鳍鱼"号一面继续向前推进，一面潜入水中准备发起攻击。接下来的鱼雷攻击中，有四枚鱼雷准确命中目标，最终将这艘日本运输船送至海底。第二天，"弓鳍鱼"号又发现并跟踪了一艘悬挂着法国国旗的小型海岸汽轮，船舷一侧还涂有"范·瓦伦霍文"（Van Vollenhoven）的字样。由于当时整片海域都在日军的控制之下，因此毫无疑问这艘船也一定站在我们的敌人那边，于是格里菲斯用

---

① 译注：11月11日。

三枚鱼雷准确命中并击沉了它。

11 月 28 日凌晨，另一支由五艘船只组成的护航船队被"弓鳍鱼"号潜艇发现。"弓鳍鱼"号在进行跟踪并确定其航向和航速后发射了鱼雷，领头的船只在被四枚鱼雷命中后沉没，第二艘船则被两枚鱼雷击中。在最后一轮攻击中，"弓鳍鱼"号潜艇被一发炮弹击中，艇上主要管路被弹片击穿。不过这些弹洞都被迅速修补完毕，潜艇也最终成功返回珀斯港。"弓鳍鱼"号潜艇因为在这次战斗巡逻任务中表现突出，所以很快就被授予了"总统嘉奖"。

萨姆·德雷（Sam Dealey）中校指挥的"鲻鱼"号潜艇是弗雷迪·沃尔德上校统帅的"狼群"艇群中的一员，它的出航就是要为我们先前的损失复仇。萨姆·德雷将要面对的是从 9 月扫荡行动结束以来的又一个沉甸甸的收获。11 月 19 日，"鲻鱼"号在马里亚纳群岛以北海域遭遇一支正在返航途中的护航船队。从当日晚间至次日凌晨，"鲻鱼"号潜艇一共击沉三艘船只。萨姆艇长生性积极主动，他力求行动尽可能干净利落，在目标面前表现出来的永远是一个猎手的理性和冷静。

在同一次巡逻的早些时候，"鲻鱼"号潜艇攻击了一艘由巡逻艇和配备深水炸弹的小型武装拖轮护航的小型货船。德雷艇长指挥潜艇以水下航行状态接近目标，然后发射了三枚鱼雷，其中两枚准确击中货轮，并将其炸得一分为二。两艘护航舰艇立即朝"鲻鱼"号所在的位置驶来，德雷不得不下令紧急下潜并"静音航行"，谨慎地操纵着潜艇抵御对手的深弹攻击。其中两枚深弹落在了距离潜艇相当近的地方，随后又听到来自较远处的一次猛烈的爆炸声。大约一个小时后潜艇返回潜望镜深度时，一个令人惊讶的景象出现在了德雷的眼前：日本拖船的船艉几乎被完全炸毁，另一艘护航舰艇则在一旁围绕着它航行。究竟是"鲻鱼"号所发射的第三枚鱼雷绕一圈后最终击中了目标，还是这艘拖船所投掷的深水炸弹还没脱离弹架就发生了爆炸？德雷拍摄了几张照片，然后在黄昏时分下令浮出水面，这时才发现目标船身上满是 20 毫米和 3 英寸口径的弹洞。

看起来这艘日军护航舰艇并不想再次卷入这场战斗，始终与潜艇保持着约4000 码的谨慎距离，最终"鲻鱼"号在没受到任何滋扰的情况下安全地脱离了战场。

我的战争影像簿中最珍贵的收藏之一，就是在这两次出色的战斗巡逻任务结束时，这位谦逊微笑着的得克萨斯人接受美国"海军十字勋章"（Navy Cross）的照片。

多尔宁少校在接替罗伊·本森中校的指挥权担任"扳机鱼"号潜艇的艇长后，用一次出色的战斗巡逻充分发扬了这艘功勋潜艇的优良传统。"扳机鱼"号潜艇上配备有 PPI 指示器，它也是第一艘配备 PPI 装备的美军潜艇，"扳机鱼"号也在战斗中充分利用了这一新型装备。虽然它的雷达探测距离并不像后来使用的雷达发射机那样强大，但有了这一新装备，目标的方位及其护航力量情况始终是一目了然。

显然，夜色越黑，多尔宁就越高兴。1943 年 11 月 1 日晚间，他指挥的"扳机鱼"号潜艇与一支由 10~12 艘船只组成的护航船队发生了雷达接触。当时这支护航船队很可能也正在被"海马"号潜艇攻击，从两艘潜艇不约而同地报告目标距离为 10 英里便可基本判断出来。在这里，两位美式足球前队友（同时是热衷于同一目标的激烈竞争对手）披挂上阵，结果两人各取得击沉两艘船的战绩，所以到目前为止他们可谓打了个平手。

多尔宁艇长的所有攻击都是在夜间发动的，他特意跟踪护航舰艇的动向，并找到无人盯防的漏洞伺机攻击。长期的战斗经验教会了多尔宁如何躲避干扰并破门得分。然而在一轮水面攻击中，他被敌护航舰艇发现并被迫潜入水中，随后两艘日军护航舰艇用 40 枚深弹对他进行了无情的反击。在另一次攻击中，四散开来的船队中有一艘孤零零的货轮被"扳机鱼"号所发射的一枚鱼雷击中并失去动力，但似乎一时还没有沉没的迹象，于是失去耐心的多尔宁艇长打算不再用优雅的方式结束这一切。然而，日本人肯定是发现了"扳机鱼"号潜艇，于是用船上的两门火炮对其开火。由于没有一发炮弹落在近距离上，因此多尔宁可以大胆地继续靠近目标，并以两次鱼雷命中将这艘货轮最终击沉。"扳机鱼"号潜艇也因这次巡逻任务中的出色表现而被授予"总统嘉奖"。

第九章

随着我们潜艇部队的攻势不断加强，旨在提升战斗力的装备和技术的进步也逐渐跟上了步伐。我们仍在不断地寻找和发展新武器、新装备和新技术来战胜敌人。

然而，偶尔精明一番的日本人也有自己的小把戏，他们在战争结束前一直热衷于此。最受他们欢迎的一项作战活动是无线电电子战，其中包括搜寻美军潜艇传送信息的频率，然后当我们的潜艇开机发送无线电报文时就对其进行干扰。如果一艘美军潜艇刚好驶近日军的无线电站，那么这种干扰措施可能会相当有效。不过我怀疑日本人是否意识到仅仅过了一周左右的时间，这点小技巧就不再成为我们的障碍了，因为我们很快就为部队分配了用于抗干扰的交变频带。

基本没有必要让一艘潜艇把作战报告带回总部，因为"狼群"潜艇之间的通信是通过听筒、雷达或特殊无线电频率进行的。因此，日本人想要有所收获基本是徒劳无功，他们的测向手段（通过无线电测向来定位无线电发射的位置）也是无效的，日军的无线电雷达技术和设备水平总是要比我们落后一年左右。而我们在大西洋海域的反潜部队使用的无线电测向系统则成为我们摧毁纳粹德国潜艇最具价值的手段之一。

早在大战刚刚爆发的时候，潜艇使用无线电设备是非常谨慎的。每当信息被发送出去后，潜艇官兵们都会担心一架敌机立刻出现在他们的头顶。而随着战斗经验的积累，他们开始变得大胆起来。从大战中期开始，美军潜艇之间的通信就已经可以畅通无阻地进行。即使是从敌海岸附近海域也能随意发送天气报告而不会遭受反击，这样美军的轰炸机、登陆部队和炮兵部队就能够准确地获知天气状况。当然偶尔也会有一两架敌机出现，这可能是无线电定向作用的结果。而在大战接近尾声时，我们自己的配备雷达设备的夜间作战飞机反倒成了最大的危险，我们的艇长永远无法确定这些友军飞机是否得到了适当的通报。因此，当他们进入约 5 英里的雷达探测范围时，为保险起见潜艇通常会潜入水下。

用格雷先生的诗句形容就是"让世界归于黑暗和这些飞翔的小伙子……"①

潜艇部队对于夜间潜望镜的需要是非常迫切的，因为在夜间通过我们的常规攻击潜望镜观察，能见度会大大降低，只有在有月光的夜晚才会好些。部分他国海军已经装备了这样的潜望镜，但直径 9 英寸的内置式镜筒设计在我们看来是一个严重的缺陷，因为它的大小限制决定了它无法在白天作为紧急潜望镜使用。我们就这一问题在舰船局与摩根上校讨论了数月之久，相信很快就能有一个解决办法，那就是潜望镜雷达天线（主要用于昼间潜望镜测距），这一需求已被舰船局方面所采纳。

还有一个我十分仰赖的重要项目，我一直在致力推动它尽快完成，但这个项目似乎被拖延得没完没了。我指的是一种水下欺骗和噪声制造设备，我们需要这种装备把敌人的反潜舰艇拒止在外。人们已经提出关于这类装备的几种设想，但到目前为止还没有任何实用型的装备交付海上潜艇部队使用。我们听说有一种大约 2 英尺长的特大号"泡腾片"制造机，这种管状的玩意儿非常适合在水下制造一个气泡屏障，潜艇可以在它后面躲避水面反潜舰艇的攻击，据说德国人已经在大西洋上开始有效地使用它。如果这种简单的装置能在大西洋之战中迷惑我们盟军自己的"潜艇猎手"，即使是在短期内，那么我也确信在设计出更有效的装备之前，它对日本人是有效的。随着美军潜艇损失的逐步增加，这一问题似乎应在海军的武器装备生产计划中得到

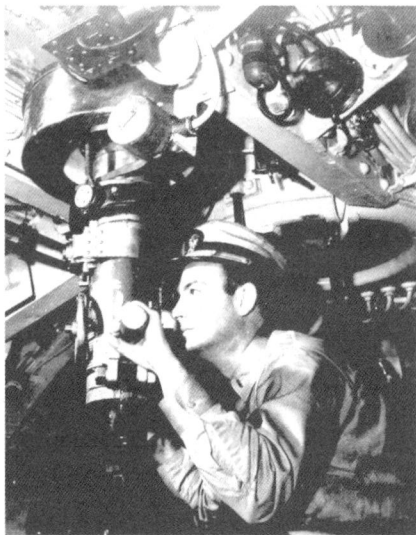

∧ 一名美军潜艇艇长正从潜望镜里观察海面情况，摄于1942年。

---

① 译注：改编自英国诗人托马斯·格雷的《墓园哀歌》。

∧ 美国海军"海狐"号（SS-402）潜艇，注意其桅杆上的雷达天线设备。

更高的重视。这就是我打算在马雷岛举行的潜艇作战会议上讨论的另一个项目。

有关这次会议的准备计划现已完成。1943 年 12 月 8 日，我派第 2 潜艇中队指挥官蒙森上校和作战部队物资官卡西·库尔德（Casey Kurd）中校乘飞机与我一同前去参会。第二天，我又增派了司令秘书"活力"伍德拉夫（Woodruff）中校和弗雷迪·沃尔德中校一同前往，他们的总体经验都是非常丰富的。

在马雷岛，我向我的老上司海军少将弗里德尔（Friedell）报到。在海军码头潜艇管理处的"矮个子"埃德蒙兹（Edmunds）上校的协助下，会议进行得十分顺利。令我非常满意的是，我发现华盛顿的海军有关部门和办公室派出了他们最称职和最了解情况的官员来解决我们的问题。出席会议的还有从朴次茅斯海军码头赶来的安迪·麦基上校、电船公司总裁斯皮尔（Spear）先生的代表，以及美国海军退役中校桑德斯·布拉德（Saunders Bullard）。

一场简短的预备大会结束之后，整个会议在接下来的几天里被分成不同的委员会会议继续进行。几乎每个参会者都与我会了面，我们讨论了几乎所有的事项，达成了令双方都非常满意的协议结果，因为希望赢得这场战争的共同愿望激发了我们每一个人的工作热情。夜间潜望镜以及 ST 型雷达的总体设计连同铅笔和大白纸一起被摆在了台面上。摩根上校就夜间潜望镜的光学指标问题进行了表态，同在舰船局的本内特中校对雷达设备电子系统的研制做出了承诺。他们说将在 9 个月内为我们提供可用的装备，并在 7 个月内为"海狐"号（Sea Fox）潜艇配备原型机试用。从隐蔽和伪装的角度来看，潜望镜头部的大小是一个非常重要的指标，它的实际镜筒长度显然要比前期我们所认为的可行长度长得多，但这是完全可以接受的。

军械局的代表们听到这样的消息应该会很高兴，即一种 5 英寸口径的新型甲板炮实际上已经准备好在所有舰队型潜艇上安装使用，这可谓是一场真正的胜利。那么，唯一悬而未决的项目就是所谓的潜艇防护计划了，即前面所提到的保护潜艇免受反潜攻击的欺骗性装置。我们必须设计一种新的管状装置来将这些小干扰物从潜艇上抛出，但这种装置必须安装在新的艇体结构上，这意味着每艘计划配备这种装置的潜艇都面临着一场大修改装。有人告诉我位于圣地亚哥的海军实验室在这种特殊装备的研制上进展十分顺利，我想我完全可以借视察那里的装备部署情况之机对此考察一番。

我们急需这种装备，特别是在这条新闻发生之际，即由马绍尔少校指挥的"毛鳞鱼"号（Capelin）潜艇在西南太平洋海域"逾期未返航，据推测已损失"。它的下落即使在战后的报告中也没有明确的线索。那片海域的水雷区可能是这艘潜艇失踪的原因。这次会议休会后，我在马雷岛、猎人角和伯利恒钢铁公司还有一些零碎的事务要处理，我们为潜艇提供大修工作都仰赖这些设施。这里有经验丰富的工程师和潜艇技术人员，例如乔·福勒（Joe Fowler）上校、"轮圈"罗林斯（Rawlings）上校、"荷兰人"克莱恩（Klein）上校和"克劳特"戴特曼（Dettmann）中校，在他们的有效组织下潜艇的大修工作一直进行得十分出色。我们可以预见，随着部队规模的不断扩大，旧金山地区的现有潜艇的后勤维修支援能力将很快脱节。我们还必须制订计划对珍珠港潜艇基地的一些潜艇进行全面检修，并将所有须要进行较长周期复杂大修工作（如严重损坏）的潜艇送到新罕布什尔州朴次茅斯进行处理。我们不能完全指望珍珠港的海军船坞，那里总是堆满了遭到炸弹和鱼雷破坏的各种舰艇，从而根本无暇顾及。

在处理这些问题的同时，我和我的几名参谋人员前往圣地亚哥视察了维修基地的情况，并参观了汉威尔博士的车间。在那里我看到潜艇水下欺骗设备的研制工作正在取得真正的进展，当时这些设备大部分还在保密档案中。这些装备是我们的潜艇在执行巡逻任务时迫切需要的东西，但它们的研制生产还涉及重要电子原材料供应优先级方面的问题，这些问题只能由海军部处理。我一边推动着他们，一边恳求甚至哄骗着他们，然而尽管我已经尽我所能，一台最新出厂且性能最优良的潜艇水下欺骗设备也直到1945年春才出现在珍珠港。可见在整个大战中，我们的电子原材料和部件的供应瓶颈是相当可怕的。

此外，我们还获得了一种对我们来说非常有价值的新装备，这就是静音测深仪。汉威尔博士为我们演示了它的工作原理，它可以用来在敌人的港口附近水域进行深度探测，而且使用起来非常安全。而我们现役潜艇装备的同类装备很容易被敌方的监听设备探测到，因此当潜艇靠近日本海岸海域需要测深仪时，潜艇官兵通常不敢大胆地使用它。而有了这种被称为"苏茜"（Susie）的静音型测深仪，我们就可以很快地为在一线战斗的美军潜艇配备。

我在4月份时第一次看到的FM调频声呐现在已经准备好进行安装部署，首艘计划安装这种新型声呐的是美国海军"白鲳"号（Spadefish）潜艇。FM调频声呐作为探雷器的价值已经变得显而易见，当这种声呐设备运抵珍珠港时，我已经急不可待地想要目睹它的海上试验了。回到珍珠港后，我才发现在自己暂离岗位期间发生了很多事情。其中有些是好事，有些则是悲剧性的。

弗雷迪·沃尔德上校率领着他的"狼群"回来了，他声称取得了57000吨的击沉战绩以及19000吨的击伤战绩。JANAC方面则将击沉数量减少到了七艘，吨位共计33620吨，击伤船只数量和吨位则相应有所上升。这支"狼群"艇群其实并没有完全配备所有的通信辅助设备，为此弗雷迪提出的主要建议是急需配备电话电报和IFF设备（最新型的敌我识别设备）。

没过多久，我们就在新服役的潜艇"安康鱼"号（Angler）上接收到了第一套新型敌我识别装置。这种新装备在作战飞机和舰艇上工作表现良好，但并不算是完全成功。控制设备的开关必须用手操纵打开，这一点经常被飞机或潜艇上的操作员所忘记。我们在珍珠港就经历了几次夜间误报，仅仅因为某个即将驾机抵达的飞行员忘了打开他的敌我识别器。后来在大战中，有消息说日军也缴获了一些我们的这种装备并利用它来对付盟军。1945年，"守卫鱼"号潜艇击沉了一艘美军舰队维修拖船①，据悉就是由于这种不信任。

　　从作战环境险恶的日本近海地区传来一则故事。那就是关于由来自加利福尼亚州安提俄克（Antioch）的"鲍勃"沃尔德（R. E. M. Ward）少校指挥的"旗鱼"号潜艇，与一支日本海军航母编队之间惊心动魄的战斗经历。12月3日晚，"旗鱼"号潜艇在东京湾入口东南方约300英里的海域巡逻时，趁着台风天气在黄昏时分浮出海面。汹涌的海浪伴随着40~50节的狂风暴雨，这让艇上的官兵们无不期待一个像在篝火前听风呼啸、昏昏欲睡那样的夜晚。在暴风雨和海浪的作用下，潜艇几乎无法提高航速，海面能见度几乎为零。潮湿寒冷的天气一直持续到午夜前，雷达操作员突然报告称与水面目标发生雷达接触。当雷达再次探测到三次接触时，艇上火控人员迅速进入到各自的战斗位置，这时雷达显示屏上赫然出现两个大点和两个小点。

　　据判断，目标航速显然是在18节左右，但尽管沃尔德下令全速前进，潜艇的航速也始终无法在大风中超过12节。他意识到这样下去将是很危险的，因为这两个大型目标还在很远的距离上。而在恶劣的海况下，鱼雷航行的性能不会太好，因此射程应该尽可能地短。"旗鱼"号潜艇一边破浪航行，一边不断地被海浪拍击着艇艏和舰桥。就在午夜时分，在距离首次雷达接触12分钟后，距离最近的一个小型目标（显然是一艘驱逐舰）打开了探照灯，开始在"旗鱼"号附近海面扫来扫去。显然，这艘日军驱逐舰也配备有雷达，并且已经发现"旗鱼"号。

　　此时的沃尔德一刻也不能耽误，因为日军驱逐舰就在400码外。沃尔德立即"拔掉塞子"，熟练地指挥潜艇潜入水下40英尺深度，此时"旗鱼"号的雷达天线仍然露在海面上，在海浪中若隐若现。随后，沃尔德单独使用雷达波判断目标方位和距离，瞄准两个大型目标中位置更近的那个设置了鱼雷扇面攻击参数，并在2100码距离上下令齐射4枚鱼雷。日军驱逐舰刚刚从"旗鱼"号潜艇的前方驶过，这名日军舰长无疑在想，他的雷达显示屏到底出了什么问题，没准还会摆弄着自己的胡须咕哝着这台复杂难用的新装置和他的雷达操作员有多么不可靠。两分钟

---

　　① 原注：此处是指"盗梦者"号（Extractor）。

后，"旗鱼"号监听到了两枚鱼雷击中的爆炸声。日军驱逐舰也忽然意识到了它的致命失误，于是立即疯狂地接连扔下21枚深水炸弹，但没有一个能在"旗鱼"号近处爆炸。沃尔德继续指挥潜艇深潜并从目标后方穿过，在艇上官兵们的兴奋情绪稍加平息后浮出水面，并开始沿着日军编队的航迹展开追击。

凌晨2时30分，"旗鱼"号潜艇在8400码的距离上锁定了他的大目标。经过观察发现，这个大目标当时是沿弧线航行的，而且它旁边还有一个较小的点，这很可能是一艘与它一同航行的驱逐舰。最后，目标以1~3节的航速在西北方向上缓慢地停了下来。对在潜艇上一度翻滚俯仰、疲惫不堪的小伙子们来说，这个消息就像是一股再好不过的清新氧气，这是一个结束战斗的绝佳机会！沃尔德很快就制订了战斗方案。伴随着凌晨时分破晓的微光，雨停了，海面上的能见度也有所提高，作战态势必将很快发生变化，所以沃尔德准备在尽可能近的距离上以水面航行状态齐射三枚艇艏鱼雷。如果事实证明这还不足以击沉目标，那么就下潜后再发出致命一击。

早晨5时52分，在3200码的距离上，"旗鱼"号潜艇朝目标发射了三枚鱼雷，并且在尚未天明的黑暗中观察到了两次命中以及爆炸腾起的闪亮火球。受能见度限制，此时的沃尔德还是无法清楚地辨认出这一目标。到了早晨7时48分，沃尔德终于见到了这一期待已久的大型目标的真面目，这是一艘日本海军航空母舰，在其一旁还有一艘日军驱逐舰。后来，沃尔德当面向我讲述当时的情景时，仍然兴奋得在椅子上坐不住，仿佛当时那一刻的激动心情重现一般。要知道，并不是每一位艇长的潜望镜里每天都能有机会出现一艘敌军航空母舰的。虽然当时他相信这艘日军航母已经在劫难逃，但他还是希望能亲眼见证它的沉没。上午9时12分，沃尔德指挥潜艇缓缓地靠近目标的左舷一侧，在1700码的距离上，可以观察到它的下沉过程极为缓慢，只有右舷方向看得出有些倾斜。航母甲板上还停放着许多飞机，日本舰员们像是村子里的居民一般来回奔跑。"旗鱼"号潜艇则调转方向，于上午9时40分再次朝这艘航母发射了三枚鱼雷，其中两枚命中。在潜艇里，无须水下侦听装置的帮助就能清楚地听到航母船体破裂和爆炸的声音。当绝望无援的日军驱逐舰又投下于事无补的七枚深弹后，"旗鱼"号再次来到潜望镜深度，这时才发现，这艘日军航母已经永远地从海面上消失了。

　　我们可以想象一下，当沃尔德突然发现在 4000 码外出现了一艘日本海军"高雄"级（Takao）或"那智"级（Nachi）重巡洋舰时，他是有多惊讶。这艘重巡洋舰究竟是从哪里来的对沃尔德来说是个谜，但它确实就在那儿。前甲板有三座炮塔，舰艉有两座炮塔。在波涛汹涌的大海中，"旗鱼"号很难保持艇体稳定。当这艘重巡洋舰几乎是径直朝他驶来的时候，沃尔德情急之下下令潜艇下潜到水下 90 英尺深度，他不想看到自己的潜艇在波浪中被人拦头撞击。这艘重巡洋舰显然先前是在航母的另一侧，所以才没被发现，沃尔德不无痛恨地责备自己没能及时发现它，不然的话他就可以先设法把这艘重巡洋舰击沉，再如法炮制地去解决那艘日军航母。故事讲到这里，悲剧性的部分在于这艘被击沉的日军航母正是"冲鹰"号，当时舰上还载有一批来自"大头鱼"号潜艇的美军俘虏。

　　这次攻击持续了大约 10 个小时，日本海军第六舰队（潜艇部队）司令三轮茂义（Miwa Shigeyoshi）中将，后来在向他麾下的部队下达命令时，就引用这场战斗作为潜艇持续攻击所能取得的成就的一个经典战例。由于鲍勃·沃尔德的这次巡逻取得了巨大的成功，因此我非常乐意地推荐为他颁授"海军十字勋章"。他的战绩还包括击沉两艘货船，吨位总计 29571 吨。"旗鱼"号潜艇全体官兵还因为这次任务中的出色表现被授予"总统嘉奖"。

　　不久，一份关于基恩·斯泰尔（Gin Styer）上校的派遣令下达至此，命令正在中途岛的他负责指挥位于新伦敦的潜艇基地。这对他和潜艇部队来说都是一个很好的新工作岗位。但在当时，基恩其实非常失望，因为他在中途岛已经训练好了一批"狼群"，并得到了我的批准即将出海开展巡逻任务。这样一来，他对参加一线战斗的希望就破灭了。

　　在"小鲨鱼"号（Gato）潜艇的第七次战斗巡逻任务中，艇长弗雷（R. J. Foley）少校于 1943 年 12 月 20 日在布里斯班附近海域无意间创造了我相信是世界潜艇史上绝无仅有的经历。当天，"小鲨鱼"号在对一支日本护航船队发动鱼雷攻击后，遭到了敌反潜舰艇的深弹攻击。潜艇在上浮到海面时，竟然惊讶地发现甲板上还有一枚未爆的深水炸弹！弗雷所采取的是惯用的攻击行动，但运气不佳的是，这支护航船队在最后时刻开始以 Z 字形机动，这使弗雷不得不放弃原本所设定的大型目标，改为攻击较小的一个①，后者被鱼雷准确命中并很快沉没。紧接着，两艘护航舰艇立即朝"小鲨鱼"号驶来，并投下19枚深弹。虽然数量不多，但是这次的深弹攻击相当精准，每枚深弹几乎都在"小鲨鱼"号的上方爆炸，而且每一次爆炸造成的冲击波都导致水下潜艇摇晃剧烈。

两个小时后，弗雷指挥潜艇在黄昏时分的大雨中浮出海面。当返回到可能再次与护航船队发生接触的航向时，弗雷立即发现了两艘令人不安的护航舰艇，其中最近的一艘距离只有1500码。当然，"小鲨鱼"号的前甲板上还立着一枚未爆炸的深水炸弹。弗雷下令潜艇转向，在日军护航舰艇开火时，"小鲨鱼"号开足马力全速前进。到了21时，"小鲨鱼"号已经与日军舰艇拉开足够远的距离，使他能够处理掉艇上这位不受欢迎的"乘客"——未爆的深弹。弗雷是这样做的：他让艇员们把深弹绑在一艘橡皮艇上，然后将橡皮艇刺破使它缓慢地漏气，最后把它放到海里，让它顺着追击者即将赶上的航线漂浮。

七天之后，"小鲨鱼"号潜艇创造了美国海军历史上又一个"第一"，这次甚至惊动了我们的海军总司令先生。当时，"小鲨鱼"号正在对一支日军护航船队实施攻击，过程中因为日军的一架被我们称为"杰克"（Jake）的水上飞机②的突然出现而一度受挫。在目标越过地平线后，"小鲨鱼"号潜艇浮出海面并展开追击。结果不到十分钟，这架"零"式水上侦察机又出现了，并开始朝潜艇俯冲而来，显然是为了降低高度准备发动一次深弹攻击。

这时，"小鲨鱼"号不得不动用它的防空火力。艇上的对空火力由两门20毫米口径机枪和一门.50口径机枪组成，射手们瞄准日机猛烈开火，目标很快就被急促射出的曳光弹罩住。在一次拉起并大角度爬升后，日机随即转向脱离，但不久后再次折回。如此这般，这架日军水上飞机反复纠缠了四次，每次都被"小鲨鱼"号潜艇快速而准确的对空射击火力所压制，潜艇甚至在日军飞机的机翼上打了几个20毫米的弹洞，在它的右舷浮筒上也留下了一连串.50口径的弹洞。几轮海空对抗下来，"小鲨鱼"号每轮都成为胜者。最终艇长觉得已经拉开

① 原注：此处是指排水量为2926吨的"常岛丸"号（Tsuneshima Maru）日本海军运输船。
② 译注：即日本爱知公司研制的E13A型"零"式水上飞机。

∧ 美国海军"小鲨鱼"号（SS-212）潜艇。

足够的距离，并且为了避免在白天到来之前附近日军水面舰艇增援力量的到来，因此"小鲨鱼"号随即潜入水中脱离了战场。

"小鲨鱼"号潜艇并不在我的指挥之下，但它树立的这个榜样式的战例还是让我感到非常不安，因为我不想让我的潜艇与敌军飞机之间进行枪炮对射式的对抗。在我考虑以书面形式正式地向该艇所在部队的指挥官提出质疑时，金海军总司令的回复则对此事"不以为然"。我充分怀疑这份书面回复不是金海军上将亲自发出的，因为就在两个月前，他还要求我们务必加强潜艇对空防御手段。如果没有使用这些防空武器的意图，那为什么还要改进它们呢？

随着 1943 年接近尾声，返航潜艇带回来的接二连三的捷报显示这又是一个战果累累的好月份。22 艘潜艇总计击沉 29 艘敌商船，总吨位为 127000 吨，此外还包括 3 艘战斗舰艇，这就要再算上额外的 22000 吨。这使得美军在整个 1943 年里取得的击沉战绩达到了 308 艘商船，总吨位为 1366962 吨，此外还要加上 22 艘战斗舰艇，吨位共计 43597 吨。

排在"旗鱼"号潜艇之后取得最佳战绩的美军潜艇，当属由令人敬畏的多纳霍艇长指挥的"飞鱼"号。他在吕宋海峡海域击沉一艘 8600 吨的货船，又在南中国海击沉一艘 10200 吨的油轮。要知道，运油船是我们最想击沉的敌船。

由来自加利福尼亚州伯克利的柯伊（J. S. Coye）少校指挥的"银河鱼"号潜艇同样取得了击沉三艘敌船的出色战绩，而且是在同一天晚间将其连续击沉的。

在战争时期，圣诞节的到来显然并不是为了"地球上的和平，对人类的善意"。迪克·沃格、乔·格伦费尔（分别是我的作战参谋和战略计划参谋）和我，与斯普鲁恩斯上将及其部下聚在一起，用了整整一个上午的时间为即将到来的攻击马绍尔群岛的"燧发枪行动"（Flintlock Operation）做准备。相比上次联合行动，我觉得这次的安排更好，因为在主要攻击目标附近存在大量敌水面舰艇，因此并未安排救生艇的角色。从吉尔伯特行动中获得的经验来看，我们的部队似乎拥有无可置疑的空中优势，完全可以自己承担战场救生角色。因此，为了避免类似"鹦鹉螺"号那样的事件再次发生，仅当轰炸机单独执行攻击较偏远目标的任务时，才会酌情部署救生潜艇力量。

"燧发枪行动"的攻击发起日期后来被定在了 1944 年 1 月 29 日，登陆行动日则为 2 月 2 日。夺取马绍尔群岛的基本作战计划显得极为大胆和冒险——日军的主要据点夸贾林环礁拥有戒备森严的罗伊—纳穆尔岛（Roi-Namur）和夸贾林岛，日军在马洛埃拉普环礁（Maloelap）、米里环礁、沃杰环礁（Wotje）和亚鲁特环礁（Jaluit）等地还设有外围空军基地。整个外围由我们的航母舰载机力量负责对付，而我们的进攻主力则放在中心位置，马朱罗环礁也将被用作我们的舰队锚地。

我们潜艇部队的任务则是对特鲁克岛的北部、东部和南部出入口进行防御，并在波那佩岛（Ponape）、库萨伊岛（Kusaie）和埃尼威托克岛（Eniwetok）等地部署救生点，所有潜艇的主要任务仍是水面攻击。一旦发现一支未经判明的庞大敌编队向马绍尔群岛方向移动，潜艇就应立即报告，然后尽可能地进行攻击。上述条令后来成了所有联合行动的标准程序。至于日本本土周围海域和马里亚纳群岛周围海域，则以正常的方式进行战斗巡逻，但我们要求潜艇要特别注意日本本土的所有出口水道，日本海军舰队很可能会通过这些地点展开行动。

电动鱼雷的换装工作已经基本完成，"海马"号和"安康鱼"号潜艇出海巡逻时，各自的艇艉鱼雷舱里都配备了八枚新型鱼雷。按他们的计划，艇艉鱼雷舱里使用的必须是航速更快的鱼雷，主要用于在看不见鱼雷气泡尾迹的夜间发

∧ "燧发枪行动"中的美国海军"北卡罗来纳"号（BB-55）战列舰，摄于1944年1月25日。

动鱼雷攻击。电动鱼雷则被打算用于进行昼间攻击，在这种情况下，这种新型鱼雷的低可见特征对潜艇的隐蔽性有很大的好处。

舰船局设计的 Mk.6 Mod5 新型电子引信已经送达珍珠港，但我们发现它用于密封装药室的垫片板极易进水。鱼雷一旦开始工作，这个舱室进水就会造成鱼雷过早起爆。我们鱼雷的麻烦总在变化，而且是永无休止的。因此，我们决定沿用自己的鱼雷引信装置，直到几个月后新的"Hyseal"式改良型鱼雷垫片交付为止。

1 月 20 日，我们举行了关于"燧发枪行动"的最后一次战前会议。每一次模拟推演都会使这些作战计划更为完善和明智，毕竟我们从吉尔伯特群岛行动中学到了很多。由我们的潜艇在登陆滩头外海通过潜望镜拍摄到的全景照片非常出色，这次我们一共拍摄了两轮，第一轮拍摄时潜艇位置距离海岸线还不够近，第二轮拍摄则近了很多，甚至可以从照片上数数椰子树上的叶子。

就在我们为这次行动做准备的时候，几乎每晚都有很多关于潜艇在巡逻区域取得出色战绩的好消息传来。据"黑线鳕"号潜艇报告，1 月 18 日该艇在关岛外海攻击了排水量达 20000 吨的日本海军护航航空母舰"云鹰"号（Unyo），其发射的鱼雷有两枚命中目标；由经历过多次海底战斗的罗伊·格罗斯（Roy

∧ 马朱罗环礁附近海域规模庞大的美国海军舰队，摄于1944年。

∨ 美国海军"埃塞克斯"号（CV-9）航母甲板上的SBD-5舰载攻击机，摄于1943年。

Gross）中校指挥的"海狼"号潜艇在中国东海海域击沉四艘货船，吨位共计23000吨；劳伦斯少校指挥的"王鱼"号于1月下旬进入澳大利亚附近海域，取得了击沉三艘油轮的战绩，吨位共计15600吨；来自康涅狄格州柏林的莫鲁姆菲（G. G. Molumphy）中校报告说，他所指挥的"鲣鱼"号潜艇在特鲁克群岛东北方向海域击沉排水量为1580吨的日本海军"凉风"号（Suzukaze）驱逐舰和一艘经改装的排水量达6700吨的水上飞机支援母舰。而沃尔德少校指挥的"守卫鱼"号潜艇不仅奉命支援"燧发枪行动"，而且在特鲁克岛西南海域击沉了1580吨的日本海军"海风"号（Umikaze）驱逐舰。

我对那次特别攻击行动的结果其实是非常感兴趣的，因为我早就想在马绍尔群岛建立一个潜艇改装基地和官兵休养营，那里还可以作为另一座中途岛为前线巡逻的潜艇提供支援，从而使潜艇的巡航里程增加约4000英里。

1944年1月份的击沉战绩几乎是上一年度12月的两倍。JANAC方面指出，包括英国皇家海军"塔利霍"号（Tally-ho）在内的35艘潜艇总共击沉了53艘敌商船，总吨位数为154400吨，另外还击沉了1艘轻巡洋舰、2艘驱逐舰和1艘布雷舰。上述战绩中还包括8艘油轮，这使我们击沉的敌油轮数量达到了30艘。那些清楚我们自身的油轮损失对大西洋作战行动有多大影响的人士认为，这种水平的损失并不会致使日本人一败涂地，因为日本的油轮船队规模要小得多。

当月里击沉的最大目标是一艘排水量达11933吨的潜艇支援母舰，这一战果归属于美国海军"扳机鱼"号潜艇艇长"杜斯蒂"多尔宁。多尔宁艇长执行任务时，他所指挥的潜艇采用了最新的浅灰色伪装涂色，当时正在拦截一支驶向特鲁克群岛的运输船队。"扳机鱼"号一直接近到与一艘日军护航驱逐舰不到700码的距离，这艘驱逐舰竟然一直没有发现它的存在。潜艇舰桥上的军需官终于开始担心了，他说："艇长，你不觉得最好还是应该告诉他们我们来了吗？"没多久，多尔宁确实这么做了。他在极近的距离上下令向目标舰艉位置齐射四枚鱼雷，目标被鱼雷命中后遭到了重创。随后，"扳机鱼"号立即以全速撤离，并使用艇艉鱼雷发射管朝已经警觉起来的日军驱逐舰发射了四枚鱼雷。由于当时目标正截面太小，因此这次攻击并没有命中。而令多尔宁艇长更为气馁的是，这艘驱逐舰很快调头离去，"扳机鱼"号最后只得在黑暗中悄无声息地撤离战场。

夺取夸贾林环礁的作战行动是在创纪录的短时间内完成的，而且损失极小，我们从塔拉瓦行动中也学到了很多。当指挥登陆部队的霍兰·史密斯（Holland Smith）将军回到珍珠港时，他谈到，在12英寸、14英寸和16英寸口径战列舰舰炮火力的近距离猛烈炮击下，"即使是一艘配备玩具枪的袖珍潜艇也能在夸贾林环礁的海滩上推进400码"。

而当马朱罗环礁（一个景色优美的岛屿、一处无比理想的锚地）被发现时已经是一处无人地带，我们的部队立即实施了攻占行动，就连事先展开的炮火准备都没有引发还击。结果是这一连串在好莱坞电影中才能一见的优美的南海岛屿几乎完好无损，这与我们轰击夸贾林环礁时制造的那片废墟形成了鲜明对比，我们把当时那种简短粗暴的夺岛行动称为"斯普鲁恩斯式理发"。

结束一次飞行之旅后，尼米兹海军上将去到我们新夺取的那片岛屿，他允许我到那里为新的潜艇基地挑选合适的地点。刚好，太平洋舰队空中部队司令淘尔斯（J. H. Towers）上将也正准备前往马绍尔群岛为他的新基地选址，于是让我乘坐他的飞机同去。

到了塔拉瓦岛，我从那里出发，改乘另一架飞机飞去看了看马朱罗环礁的情况，淘尔斯将军则视察了塔拉瓦岛。当我们接近马朱罗环礁上空时，我永远都不会忘记眼前那片壮观的景象——数以百计的舰艇。从巨大的航母、战列舰到登陆艇，全都在一片碧绿的泻湖水域里锚泊，而我们每个人都在屏息欣赏着这一切。

我在斯普鲁恩斯海军上将的旗舰"新泽西"号（New Jersey）战列舰上向他致了敬，这艘战舰是由我的老朋友卡尔·霍登（Carl Hoiden）上校负责指挥的。在夺取夸贾林和马朱罗环礁的过程中，整支美军舰队几乎没有

∧ 被誉为"现代两栖作战之父"的前美国海军陆战队上将霍兰·史密斯（Holland Smith）。

∧ 美军在马绍尔群岛夸贾林环礁攻击行动中缴获的日军爱知E13A"杰克"零式水上侦察机。

受到任何抵抗和还击。斯普鲁恩斯海军上将也打算继续向前推进去攻占埃尼威托克岛，同时轰炸和炮击特鲁克岛。事实上，舰队出航的命令就是在当天下午16时下达的。这一行动是既定作战计划的一部分，是马绍尔群岛作战任务迅速完成后的下一个步骤，因此我在离开珍珠港之前就部署好了潜艇救生力量并制订好了战斗巡逻计划。所以我当时正好有时间把潜艇部队的行动命令呈交给斯普鲁恩斯上将，并在舰队起航之前祝他好运。

这场联合行动的一大显著特征在于，对我们潜艇作战行动的安全性做出了新规定，以及在水面舰队因追击敌舰而进入未划定地区时向我方潜艇发出警报的新规定。其具体内容是，美军护航舰艇不应攻击潜艇，除非潜艇率先攻击，或者正占据着攻击其主力舰艇的关键阵位。即便如此，即使为了最大安全因素起见须要对潜艇目标进行攻击，深弹的起爆深度的设置也不能超过水下150英尺深度。

为了对我们的潜艇发出友军可能出现在他们所在区域的警告，我们安排舰队指挥官向所有潜艇发送了一些简单的英文单词以代表相应的含义。我们选择了一系列听起来十分奇怪的名字，如"玉米煮豆"（Succotash）、"百威啤酒"（Budweiser）、"马屁精"（Sycophant）等等，然后连续多日进行了发信测试，以便让所有人都能熟悉这套程序。

我查看了地图，为我们的潜艇官兵休养营选择了一个合适的岛屿，以防万一夸贾林环礁无法提供可选择的地点。其实，大小相仿而景色同样优美的岛屿还有很多，但马朱罗环礁距离日本本土仅240英里，我想要尽可能谋求的就是这样一个更为前出的位置。

在从珍珠港飞来的途中，海军上将淘尔斯与我一同仔细地查看了夸贾林环礁地区的地图，以确定我们能在哪里找到我们各自中意的地点。夸贾林岛预计将被作为海军作战基地（NOB）的所在地，但坐落在它以北的一个邻近岛屿①似乎能同时满足我们的需求。然而，淘尔斯将军似乎觉得它的面积并不够大。其实我只要20英亩左右的土地就够了，宽敞的埃贝耶岛完全可以容纳我们的两套设施。

不久，夸贾林环礁终于进入了我们的视野，淘尔斯将军告诉飞行员让飞机绕着埃贝耶岛和夸贾林环礁上空飞行。在我们的下方，一片凄凉的景象在眼前不断延伸！我特别留意了一下埃贝耶岛，岛上尽是布满沙砾的荒漠，这里显然无法安置一个休养营，而住在那里的官兵们是指望着能放松紧张的神经和情绪的。我转身对淘尔斯说："上将先生，请忘了我说过想要埃贝耶岛的那番话吧，它全归你了。"10时15分，飞机在泻湖区降落，我们接着登上了"洛基山"号（Rocky Mount），这是美国海军首批新型指挥舰之一，也是凯利·特纳少将的旗舰。特纳将军向我们提供了有关作战组织机构设置和区域分配的最新信息，并将我们送到夸贾林岛岸上进一步查看地形。

我与查理·埃尔克上校一起借到了一艘猎潜艇，向北航行了大概10英里后，我们来到了一个未命名的岛屿，现在这个岛名为本内特岛。埃尔克上校是和我一路从珍珠港前来此地的，主要负责协助我选址，因为他的潜艇中队供应舰"斯

---

① 原注：此处指埃贝耶岛（Ebeye）。

佩里"号将驻扎在新的基地。不过，本内特岛只是有一定的可行性，并不是完全合适。马朱罗环礁的条件则看起来好多了，而且是越看越合适。第二天一早，在正式做出决定之前我们又探访了一座岛屿，这里显然从未有人涉足。不过，这里作为潜艇供应舰的锚地来讲条件较差，海滩的状况也并不适合游泳。

回到"洛基山"号指挥舰后，我们和斯普鲁恩斯将军的战地代表、美国海军预备役工程兵部队的约翰逊上校聚在一起，仔细研究了马朱罗环礁地区的地图。最后在他的建议下，我们选择了附近的一个小岛，它的名字叫"米尔纳"（Myrna）。这个乡土气十足的名字对我们这些盎格鲁—撒克逊人来说念起来相当拗口。不过我们也没有比这更好的选择了，因为它确实是这片岛屿群中的明珠，就像是好莱坞女明星多萝西·拉莫尔（Dorothy Lamour）在她主演的电影中的地位一样。

当我们回到珍珠港的时候，对埃尼威托克岛的轰炸行动逐渐停止，我们的潜艇都已进入各救生点位置，并密切注意任何试图逃离特鲁克群岛的日军舰船。预计日军方面会在斯普鲁恩斯海军上将的第五舰队到达特鲁克群岛之前发现这一动向，因此日军舰船很可能会通过群岛的北部、西部和南部水道实施撤退。"鳐鱼"号、"太阳鱼"号（Sunfish）和"鰕虎鱼"号潜艇负责守卫北部的出口；"刺尾鱼"号（Tang）、"金吉鲈"号（Aspro）和"刺鲀"号（Burrfish）潜艇被部署在西部和西北部；吉米·费弗少将的布里斯班特遣部队下属的"镖鲈"号（Darter）、"鲮鱼"号（Dace）和"小鲨鱼"号潜艇进驻南部和西南部海域。这个专门针对日军撤退部队的狩猎计划最后没能取得成功，原因是日军方面并没有得到斯普鲁恩斯舰队已经接近的情报。直到2月17日，由米切尔海军少将指挥的航母舰载轰炸机和战斗机才直截了当地完成了这一任务。

然而，潜艇部队还是在一定程度上有所行动和斩获。就在2月16日日落时分，由来自密苏里州圣路易斯的小格鲁纳（W. P. Gruner）少校指挥的"鳐鱼"号潜艇在一次出色的水下攻击中，击沉了日本海军新型轻巡洋舰"阿贺野"号（Agano），四发鱼雷100%命中。这是格鲁纳作为艇长指挥的第一次战斗巡逻任务，这确实是一个很好的开始。第二天，负责运送"阿贺野"号轻巡洋舰上的幸存者前往特鲁克群岛的日本海军"舞风"号（Maikaze）驱逐舰也被美军飞机和航母特遣部队的炮火击沉。此外，"刺尾鱼"号潜艇还击沉了一艘大型货轮。

∧ "刺尾鱼"号（SS-306）潜艇在特鲁克群岛附近海域营救美军落水飞行员时的情景，摄于1944年。

　　我们部署在特鲁克群岛附近的一些潜艇，在环游环礁海域时距离斯普鲁恩斯海军上将的第五舰队很近。当潜艇官兵们看到我们的战列舰和航母出现在那片海域时，可想而知他们会是多么地倍受鼓舞。在长达 26 个月的时间里，潜艇一直在太平洋广阔而孤寂的海域进行着一场所谓的"私享战争"，如今有其他海军部队前来与我们分享战果，这当然是件好事。

　　回到珍珠港后，我被获准继续我的修造计划，即在马朱罗环礁的米尔纳岛部署一艘潜艇供应舰、一个浮式干船坞（ARD）和一个由圆顶活动房屋构成的潜艇官兵休养营。就在我们打算大干一场，甚至连行动命令上的笔墨都还未干透的时候，斯普鲁恩斯将军的一封急件于 2 月 23 日下发到了我这里，他的想法是攻击位于马里亚纳群岛的日军实力最强的基地塞班岛。特鲁克群岛轰炸行动的成功极大地鼓舞了他，以至于他希望在马朱罗环礁地区修建休养和支援设施前，能够再现一次成功的岛屿攻击行动。

尼米兹上将对此非常满意，他的参谋长"苏格"（Soc，苏格拉底的缩写）麦克莫里斯（C. H. McMorris）少将打电话给我，想看看我们的潜艇部队能为作战行动提供什么样的支援和配合。幸运的是，我们在那一地区有很多潜艇可供部署使用，于是迪克·沃格和我与太平洋司令部的参谋人员一起进行了深入研究，并在午夜时分向海军上将先生呈交了最终的作战计划。在他的批准下，无线电开始嘀嘀发报，我们的潜艇也开始调动并部署就位。

我们这次的计划与特鲁克群岛的作战计划极为相似。由于第五舰队将从东面发起进攻，因此我们将"天竺鲷"号、"鲛虎鱼"号、"太阳鱼"号和"鲣鱼"号潜艇部署在了塞班岛以西的一个圆弧线上。"刺尾鱼"号潜艇被我们部署在这条线之外，主要负责拦截任何试图从这里突破包围的日军编队。在攻击行动发起期间，"太阳鱼"号潜艇还要额外地承担救生艇的职责。

实际上，美军第58航母特遣舰队与在夸贾林环礁和特鲁克群岛时的情况一样，在到达塞班岛海域之前一直未被日军察觉。直到2月22日，日军侦察机才从空中发现了这支规模庞大的美军编队。米切尔上将的水面舰艇在到达发起攻击的位置之前，就遭到了日军轰炸机和鱼雷机的多轮攻击。不过各舰并没有受到损害，反倒击落了一些来袭的日机，并且按既定作战计划准时地发起了攻击行动。

由来自俄亥俄州辛辛那提的谢尔比（E. E. Shelby）少校指挥的"太阳鱼"号潜艇分别在夜间和清晨时分击沉了两艘吨位不小的船只。这两艘船几乎是趁夜刚从塔纳帕格港（Tanapag）撤离出来的，结果次日一早就被我们的潜艇给盯上了。在一片黑暗和细雨中，谢尔比艇长通过观察将第一艘船辨认为一艘护航航母，但在后来JANAC的报告中，这两艘船都被列为了货轮。

作为后备力量的"刺尾鱼"号在迪克·奥凯恩（Dick O'Kane）艇长的指挥下，在战斗中有着极为出色的表现，该艇在击沉一艘排水量为6800吨的货轮之后，又相继击沉了一艘客货船和三艘货轮。这是奥凯恩作为艇长指挥的第一次战斗巡逻任务。当年他在瓦胡岛曾与莫顿一起接受过早期潜艇战的训练，显然这段经历让他获益良多。

曾经主动申请去太平洋战区潜艇部队服役的"埃迪"皮巴迪（E. E. Peabody）中校（一位五弦琴大师，同时也是我的老朋友和海军战友）带着他的音乐才华于

∧ 正在愉快交谈的莫顿与奥凯恩艇长，摄于1943年。

2月17日抵达珍珠港。1919年至1920年期间，埃迪与我一起在S-14号潜艇上服役，当时他是艇上的二等军需官。他头脑聪明，身边总是带着一把尤克里里或是五弦琴。当年我们离开长滩出发前往马尼拉，此后我们的战斗生涯就在音乐方面留下了一个真空。艇上官兵中没人能比一位出色的音乐家更能发挥团队凝聚力，并让每个人都保持良好的情绪和幽默感。几年前，当我还在指挥N-5号潜艇的时候，我提出用两个顶级熟练的鱼雷兵来交换一个在老K-8号潜艇上拉手风琴的厨师，但没能成功。我估计就算拿整艘艇的官兵去交换，这位K-8号的艇长也断然不会答应。1920年至1944年期间，皮巴迪已经小有名气，并被调入海军预备役部队工作。1943年秋天，他问我能否把他调到太平洋战区去，后来海军人事局同意了

我的请求。埃迪不仅带来了他的四位音乐家伙伴、一位出色的魔术师和一位出色
的歌手①，而且后来为我们搭起了两支完整的海军乐队，那是他在大湖区招募和训
练的。对我们的潜艇部队而言，他们的到来确实是一种恩惠，这注定会给中途岛、
马朱罗环礁、关岛和塞班岛等前出基地的人们带来快乐。

　　1944 年 2 月底的一个星期六的上午，尼米兹上将来到潜艇基地，向潜艇官
兵们颁发了 18 枚勋章。按照惯例，我们在基地里的一艘潜艇上举行了授勋仪式，
这次，"加拿大白鲑"号（Tullibee）潜艇及其官兵获得了这一荣誉。仪式进行的
同时，其他潜艇和基地的正常工作也没有中断，但我们把尼米兹上将发言时的
麦克风连接到了广播系统上，这样基地里的所有人都能听到现场的声音。我们
非常欣赏这位"大老板"的"颁奖典礼"，因为他总能带给我们一场简短、鼓舞
人心而又不失很多最新的有趣故事的演讲。

　　在这个特殊的日子里，海军上将先生的兴致很高，在授勋仪式上还表彰了
一些作战表现特别突出的潜艇官兵。莫顿得到了第二枚"海军十字勋章"，其中
一枚是他在西南太平洋战区时就已经获得的。当所有授勋辞几乎快要宣读完毕
时，想象一下当我听到尼米兹上将宣读我的名字，并宣布我"作为太平洋舰队
潜艇部队最高指挥官而获得'荣誉军团勋章'"时，我是多么的惊讶！"是他发
起了一个对于赢得这场战争至关重要的实验性计划，而这一计划的直接结果便
是他所指挥的潜艇的作战效率大大提高，同时使击沉和击伤敌船吨位数显著增
加。"坦率地说，我对此很高兴，但其实我并不认为我在解决鱼雷缺陷问题上发
挥了多么巨大的作用，也就是上面所提到的"实验性计划"，那并不是我的主要
职责。尽管如此，我还是为"大老板"对这项工作十分满意而感到高兴，而且
他已经尽力给这一令人振奋的时刻增添几分惊喜的元素。

　　我们在鱼雷引信装置上的努力最终为鱼雷性能的完善和提高创造了奇迹，
就像潜艇部队官兵们的士气一样，这是不可否认的，因为即使是鱼雷攻击命中
的百分比数据也在突飞猛进。例如，美国海军太平洋战区潜艇部队所属的潜艇

---

　　① 原注：此处指约翰·卡特（John Carter）。

∧ 停靠在港的美国海军"加拿大白蛙"号（SS-284）潜艇。

在 1943 年 12 月和次年 1 月总共发射了 482 枚鱼雷，命中目标 220 次，几乎占到鱼雷发射总数的 45.6%，而大战刚刚爆发时这一比例仅为 20% 左右。

本月里我们的击沉战绩非常理想，几乎和 1943 年 11 月时的战绩相当，而 1943 年 11 月仍然是我们的"旗帜之月"。在 1 艘日军轻巡洋舰、2 艘驱逐舰和 1 艘潜艇的护航下，由 51 艘商船[1]组成的护航船队被我们收入了戴维·琼斯的海底储物柜中，总计有 23 艘美军潜艇参与了这场成功的猎杀行动。

---

[1] 原注：此处包括 9 艘载有敌方经济命脉（原油）的日军作战急需的油轮，吨位共计 231002 吨。

在这次战斗巡逻任务中，由莫尔（J. A. Moore）中校指挥的"灰背鲸"号潜艇不幸被击沉，艇上官兵全部丧生，该艇在所有参与行动的潜艇中战绩最佳，一共击沉了四艘敌船，吨位共计21594吨；由奥凯恩少校指挥的"刺尾鱼"号以总计21429吨的击沉战绩排在第二位；由梅特卡夫（R. M. Metcalf）少校指挥的"油鲱"号潜艇以击沉五艘，吨位共计21152吨的战绩位列第三；由"汤米"戴克斯（T. M. Dykers）少校指挥的"竹筴鱼"号（Jack）潜艇以同样傲人的战绩名列第四，该艇击沉了四艘日军油船，而且都是2月19日当天在婆罗洲以北的南中国海海域击沉的。

戴克斯少校来自新奥尔良，这是他作为艇长执行的首次战斗巡逻任务，他的出色表现几乎没留下什么值得改进的地方。在战斗过程中，"竹筴鱼"号潜艇的主发动机进气管道受损，一度造成了严重的漏水。当时的情形千钧一发，必须立即找到泄露点并进行修补。艇上的机械军士长厄尔·M. 阿切尔（Earl M. Archer）挺身而出，从机舱爬进主进气管道，最终找到了泄漏处。这项极度危险的工作很可能会要了他的命，因为管道十分狭窄，使人很难容身其中更何况爬行。一旦在管道内被卡住，阿切尔就必定会被淹死在里面。然而，他通过在大约100英尺长的进气管道中艰难地蠕动，最终发现漏洞并且成功堵住破损处，然后向后倒退着爬行返回了机舱。

在问题极为严重的情况下，"竹筴鱼"号潜艇冒险在白天浮出水面。虽然在敌占水域巡逻须要特别谨慎，但要想在黑暗中进行必要的修理是很难的。阿切尔和他的机舱人员通过迅速而出色的工作成功地逐一封堵了艇上的漏水处，这一问题解决得正是时候，因为就在第二天，"竹筴鱼"号又遭到日军舰艇的另一次破坏性的深水炸弹攻击。如果没有及时修复好破损的管道，那么"竹筴鱼"号潜艇将很有可能遭到灭顶之灾。

2月末，由麦克阿瑟将军和金凯德上将指挥的美军部队占领了阿德默勒尔蒂群岛（Admiralty Islands），此次作战行动提前了整整一个月。日军在拉包尔、卡维恩和东南各支撑点与日本本土之间的海上支援线至此被我们彻底封锁。从那时起，这些岛屿成了一个个被分割、孤立起来的基地，驻守当地的日军部队只能在忍饥挨饿中坚守并随时充当我们的轰炸目标，直到他们最终崩溃为止。

随着我们对马绍尔群岛、埃尼威托克岛、阿德默勒尔蒂群岛的占领以及对特鲁克群岛和塞班岛的轰炸，日军在 1944 年 2 月里遭受了空前沉重的打击。而我们自己的战争机器则开始进入高速运转阶段。

第十章

令人担心的是，日军的反潜活动开始变得越来越活跃，给我们潜艇部队带来的损失也越来越让人不安。显然，敌人正在从过往的作战经验中吸取教训，而我们的潜艇执行作战任务也变得更为困难和危险。出于对"鲉鱼"号潜艇可能不幸被击沉的担心，我匆匆搭乘由来自路易斯安那州新奥尔良的"强尼"沃特曼中校指挥的"鲃鱼"号潜艇，再次踏上了前往中途岛的旅途。

确实，"鲉鱼"号早应该按时返航，我们迫切地希望它能出现在中途岛的码头。如果一艘配备有无线电设备的潜艇从巡逻任务中返航，那么标准的程序应该是在夜间接近中途岛海域，并通过发射信号弹引起注意。因为夜幕降临后空中飞行巡逻将暂时告一段落，这将使潜艇避免遭受那些"扣扳机爱好者"误击的风险。我们夜以继日焦急地等待着"鲉鱼"号潜艇的返航，但却没能盼来好运气。到了 3 月 6 日，我们只能遗憾地宣布"鲉鱼"号潜艇"逾期未返航，据推测已损失"。

"鲉鱼"号潜艇是在马克斯·G. 施密特（Max G. Schmidt）中校的指挥下离开中途岛前往中国东部和黄海海域巡逻的。就在起航两天后，该艇发回报告说一名艇员的上臂骨折。为了把受伤的艇员送回中途岛，我们为"鲉鱼"号安排了一场与正从巡逻任务中返航的"鲱鱼"号（Herring）潜艇的海上会合。这两艘潜艇也确实如期进行了会合，但当时汹涌的海况使得艇上的伤员无法被及时转移。"鲱鱼"向我们报告了这一情况，并补充道，"鲉鱼"号称一切都在掌握之中。

然而遗憾的是，那是我们最后一次收到关于这艘潜艇的消息。根据日军方面的记录，可以排除日军舰艇对其发动袭击的可能性。但我们后来也在大战中了解到，黄海海域的另一侧有水雷场的存在。因此"鲉鱼"号很可能是因触碰到日军所布设的水雷而沉没的。JANAC 方面的资料显示，"鲉鱼"号潜艇在先前的战斗巡逻任务中总共击沉了四艘敌船，吨位共计 18316 吨。

到了 3 月中旬，我又开始为莫尔中校指挥的"灰背鲸"号潜艇担心起来。

这是一艘在海上战场上极为高产的潜艇，有着许多值得称赞的成功击沉敌船的战例。"灰背鲸"号的艇长莫尔既意志坚定又富有经验。在南中国海吕宋海峡的最后一次战斗巡逻中，"灰背鲸"号两次报告攻击成功，在第二次报告中莫尔提到，艇上只剩两枚鱼雷了，分别位于艇艏和艇艉鱼雷舱。这是一个相当困难的局面，于是我们指示莫尔立即返回中途岛。后来这条消息究竟被收到与否并没有得到确认，包括后来我们发出的询问他正在哪里巡逻的消息也石沉大海。最后，在被迫放弃所有的希望之后，我只得无奈地向太平洋司令部报告说"灰背鲸"号潜艇"逾期未返航，据推测已损失"。

根据日本方面的报道，一架日军航母舰载机于 2 月 26 日直接撞上了一艘潜艇，而这一地点正是我们推断"灰背鲸"号预计将经过的地方。日军声称，当时这艘潜艇立即发生了爆炸并迅速沉没，在海面上留下了大量的油迹。根据JANAC 方面的统计，"灰背鲸"号在 10 次战斗巡逻任务中总共击沉了 14 艘敌军舰船，其中包括 1 艘潜艇、1 艘驱逐舰和 1 艘轻巡洋舰。

时间倒回到 1943 年秋天，我们在司令部参谋人员中增加了一小部分人员。这个由莱因哈特（Rinehart）博士领导的新组织被命名为"潜艇作战研究组"（SORG）。这一新增的组织机构与传统海军部队的组织结构明显不同，它的任务主要是研究和分析潜艇的战斗巡逻报告和其他形式的情报，以确定我们的作战方法是否最有效，对我们的潜艇而言敌人的何种反潜措施最具威胁，以及采用

∧ 美国海军"灰背鲸"号（SS-208）潜艇在加利福尼亚州猎人角附近海面航行时的情景，摄于1943年8月26日。

怎样的规避策略才能取得最佳效果等等。简而言之，莱因哈特博士和他的助手们是一群观点态度不偏不倚、行为无拘无束、点子层出不穷而具有科学精神的人，他们以数据或图表的形式把我们所做的每一件事都进行了归纳，以黑白分明的文字向我们充分展示了正在发生的战况。他们与位于华盛顿的由金海军上将领导的第十舰队的"反潜艇作战研究小组"（ASWORG）一直保持着联系，从他们那里获得了大量基于大西洋战役的宝贵情报。

他们所取得的成果有时令人极为震惊，特别是在评估和预测我们战局的发展趋势方面始终具有很高的价值。在大战结束之前，他们总可以告诉并向我们证明他们的判断，比如哪片作战海域产出了最好的战果、何种方式的鱼雷齐射对目标造成的打击最大、哪些情报机构可能给我们造成严重损失……似乎没什么是他们无法在 IBM 机器①上将其简化为一张穿孔卡片的，而他们的研究成果每月（甚至更频繁）都会发表在我们的潜艇部队公报上。

潜艇作战研究组不断地强调须要开发新的潜艇水下欺骗装置以摆脱敌人反潜舰艇的追击，同时发展一种潜艇专用武器（旨在摧毁小型浅水舰艇的新型鱼雷），这类目标以往很难用我们现役的通用鱼雷击中。这对我来说其实并不是一个新话题。相反，一段时间以来，这一直是个令人极为关切的问题。我们平均每月损失两艘潜艇，而且有越来越多的积极证据表明敌方的巡逻舰艇已配备雷达装备。根据"银花鲈鱼"号（Rock）潜艇的报告，该艇在夜间曾被一艘配备有雷达的日军驱逐舰追击，这艘驱逐舰所发射的一枚 4.7 英寸炮弹击中并摧毁了艇上的望远镜和雷达天线桅杆。幸运的是，"银花鲈鱼"号当时正在下潜，否则炮弹就会直接击中它的指挥塔围壳，从而造成毁灭性的后果。

虽然对大部分国家海军而言，这种雷达装备的性能和部署情况以往是高度机密的（且现在仍是），但我们的轴心国敌人（特别是德军）和我们在大西洋战场上的部队都在使用这种设备。而在太平洋战区，新雷达设备交付进程的不断拖延仍然令人不胜烦恼。

---

① 译注：用于数据统计的一种早期设备。

　　这里有一个很好的例子，那就是"鼓鱼"号潜艇与一艘敌巡逻艇夜间遭遇的故事。当双方都惊讶地发现彼此如此接近的时候，日军舰艇立即转向朝"鼓鱼"号撞来。幸运的是，"鼓鱼"号已经准备好它的 20 毫米口径机枪，当潜艇以一个大角度转弯把艇艉朝向目标时，机枪急促射出的曳光弹不断击中日军巡逻艇，艇上的日军试图操纵他们的武器投入战斗，但都立即被"鼓鱼"号的机枪火力射倒。双方距离最近时，巡逻艇距离"鼓鱼"号艇艉几乎只有 20 英尺，当日军巡逻艇转向并准备进行深弹攻击的时候，"鼓鱼"号潜艇已经开始深潜。然而，潜艇随后还是受到了相当严重的深弹爆炸冲击，深度一度达到了水下 300 英尺。日军的深弹也对潜艇造成了相当大的破坏，包括它的指挥塔围壳舱门机构。相比在大西洋战场，如果我们当时配备有新的潜艇秘密武器，那么这无疑是一个绝佳的使用机会。

　　到了 3 月，我们驻珍珠港的潜艇部队从退役至训练部队的 S 级潜艇手上接管了"极地航线"。3 月 23 日，由来自爱荷华州苏城（Sioux City）的加里森（M. E. Garrison）中校指挥的"玉筋鱼"号（Sandlance）潜艇在完成这一新地区的

∧ 美国海军"玉筋鱼"号（SS–381）潜艇。

△ 1944年4月底美军轰炸特鲁克岛时拍摄的画面。

首次巡逻任务后返航归来。"极地航线"由千岛群岛及其毗邻水域构成，由于幌筵岛和松轮岛一带有相当多的日军基地，因此那里也成为我们尤为感兴趣的重要地区。加里森在巡逻途中一共击沉了三艘货轮，其中一艘是在 2 月份击沉的，吨位共计 12756 吨，此外还要加上排水量为 3300 吨的日本海军轻巡洋舰"龙田"号（Tatsuta），当时他正确地识别出这艘敌舰属于日军"天龙"级轻巡洋舰。后两个"玉筋鱼"号的牺牲品是在东京湾以南海域被击沉的，当时"玉筋鱼"号正前往千岛群岛海域继续它冰天雪地的巡逻旅程。

　　3 月 13 日午夜前，加里森正指挥潜艇在明亮的月光下以水面航行状态进行巡逻，一架飞机的突然出现迫使他立即下潜。凌晨 2 时 40 分，加里森通过潜望镜观察发现，自己正处于由至少五艘商船和三艘护航舰艇组成的护航船队中间。战机稍纵即逝，加里森决定用艇上剩余的最后六枚鱼雷瞄准三个目标发动攻击。结果一枚鱼雷击中这艘巡洋舰，后者当场沉没，还有一艘货轮也被鱼雷击中立即沉没。第三个目标是另一艘货轮，被鱼雷击伤后勉强回到了港口。在这次鱼雷攻击过后，"玉筋鱼"号潜艇遭到了长达 16 小时的深弹攻击。在此期间，日军护航舰艇总共投掷了 102 枚深水炸弹。而令人惊奇的是，潜艇只受到了轻微的损伤。"玉筋鱼"号由于在首次巡逻任务中表现出色，因此得到了"总统嘉奖"。

自从针对特鲁克群岛和塞班岛的轰炸行动被证明相当成功之后，美军航母特遣舰队对帕劳群岛、雅浦群岛（Yap）、乌利西环礁（Ulithi）以及沃莱艾岛（Woleai）的打击行动就一直处于谋划阶段。为此，我们与斯普鲁恩斯海军上将、米切尔少将和尼米兹海军上将的参谋举行的作战会议对行动中的潜艇救生计划进行了进一步完善。此外，帕劳群岛是唯一能发现大量敌船目标的地方，其西侧海域由"加拿大白鲑"号、"黑鱼"号（Blackfish）、"巴沙鱼"号（Bashaw）、"刺

∧ 美国海军"红鲺鲹"号（SS-383）潜艇。

尾鱼"号和"射水鱼"号（Archerfish）潜艇负责实施封锁。靠近巴伯尔索普岛（Babelthaup Island）目标的"金枪鱼"号和靠近佩莱利乌岛（Peleliu Island）的"雀鳝"号潜艇则担任救生艇。"红鲳鲹"号（Pampanito）奉命驻守雅浦群岛海域，"鲻鱼"号则被部署到了沃莱艾岛一带，同样是承担救生潜艇的角色。

不幸的是，"加拿大白鲑"号潜艇在帕劳海域失踪。正如我们在战后所得知的那样，该艇在航母舰载机发起打击行动的三天前，被它自己所发射的一枚鱼雷在海面上绕行一圈后击中沉没，艇上全体官兵只有一人幸存。"加拿大白鲑"号潜艇的沉没在这条半圆形封锁线的北端留下了一个不设防的重要区域。很明显，在打击行动的前一天，大部分日本商船就是从我们防线的这个漏洞里逃出来的。

然而，一个重要目标没能毫发无损地逃脱。"金枪鱼"号潜艇在帕劳一带海域执行常规巡逻任务期间，艇长约翰·斯科特（John Scott）发射了大量的鱼雷，估计击沉了一艘潜艇和一艘驱逐舰。不过按照 JANAC 方面的记录，它此次的战绩仅包括日本海军伊–42 号潜艇。在航母打击行动发起前夕的日落时分，"金枪鱼"

∧ 排水量达 63000 吨的日本海军"武藏"号（IJN Musashi）战列舰。

号潜艇在帕劳群岛西侧的主要入口水道附近设伏。夜幕降临前，斯科特发现海面上出现了一支由一艘轻巡洋舰、两艘护航驱逐舰和一艘巨大的战列舰组成的水面编队。这艘战列舰便是日本海军两大超级战列舰之一的"武藏"号（Musashi），排水量达 63000 吨。由于这个巨大的目标采用 Z 字形航行路线，因此斯科特的鱼雷射程并不理想。但进入 2500 码的距离，他还是希望"武藏"号能够挨上他所齐射出的所有六枚鱼雷。

鱼雷发射后，一艘负责警戒的日军驱逐舰发现鱼雷从海面驶来，于是立即发出了警报。结果"武藏"号避开了两枚鱼雷，其余四枚鱼雷则全部命中舰体前部位置，但这艘巨型战列舰还是设法逃脱了。如果鱼雷能命中舰艉部分，那么它可能会被迫减速，这样其他潜艇或者米切尔的俯冲轰炸机就有可能在第二天早上把它击沉。相反，"武藏"号战列舰直到 6 个月后才被击沉。

第二天，"金枪鱼"号的霉运再次降临。在帕劳以西 30 英里的海面上，潜艇一边等着营救被击落的美军飞行员的命令，一边观看着前去执行轰炸任务的美军飞机掠过上空。当潜艇官兵们看到九架鱼雷轰炸机向西飞去时，其中两架飞机突然调头朝"金枪鱼"号径直扑来。

领头的飞机很快掉头离去，但第二架飞机飞得很低，机翼上印着的"U.S."的字样清晰可辨。这架飞机投下了一枚 2000 磅重的航空炸弹，炸弹落在距离潜艇右舷仅 30 英尺的地方并在潜艇操纵室附近爆炸。斯科特下令"拔掉塞子"立即下潜，并在水下检查了艇内损伤情况。航弹爆炸造成的冲击只在主动力控制室中引起了一场短暂的火灾，很快就被官兵们扑灭了。这起误击事件发生时，"金枪鱼"号潜艇正在禁止飞机攻击潜艇的区域内。一些"扣扳机爱好者"再次险些杀死了 80 名美军同胞，以及摧毁一艘价值 1000 万美元、驻扎在该地旨在拯救生命的功勋潜艇。

我们的小伙子十分渴望能够成功拯救飞行员们的生命。他们成功的机会有多大，第二天就在沃莱艾岛得到了证明。萨姆·德雷中校指挥的"鲻鱼"号潜艇负责在那一目标地区执行救生任务，他在距离海滩两英里远的地方观看了一场大秀，他回忆说这场秀与他所看过的任何好莱坞电影巨作的精彩程度都不相上下。当时轰炸机上的炸弹雨点一般地落在岛上的每一个建筑上，整片建筑物似乎都被高高地举起来抛在空中，在那里被分解成燃烧的木头和砖块。战斗机从四面八方飞来，猛烈扫射地面上的日军防空阵地。许多俯冲中的战机看上去像是要穿过浓烟撞向岛上的地面，但他们很快都拉起机首从棕榈树的叶梢上方飞了出来。

突然，一架飞机在潜艇上方盘旋，并通过无线电告诉德雷艇长，一名飞行员迫降在了西面的第二个岛屿上。"鲳鱼"号潜艇于是全速航行前去营救。当发现这名飞行员的时候，他正站在离海岸的浪头大约 1500 码远的海滩上。德雷下令向潜艇的前压载水舱注水，小心地将艇艏探入海面，直到潜艇进入礁石区。他召集几名志愿艇员搬出了艇上唯一一艘橡皮艇，其中包括萨姆·洛根（Sam Logan）上尉、一级水手托马森（J. W. Thomason）和机械师弗朗西斯·X. 瑞恩（Francis X. Ryan），他们都是从艇上的一大群志愿者中挑选出来的。由于没有在橡皮艇上找到船桨，因此他们一边在海里游泳一边推着橡皮艇朝岸上行进。

与此同时，一架飞机把一艘小橡皮艇空投给了飞行员，飞行员试图划船前去与潜艇救援小组会合，但却被海浪拍击着漂到了更远的地方。直到一个半小时后，两名救援人员才到达飞行员身边，那时他几乎已经筋疲力尽。救援小组在与大浪搏斗的过程中，腿和手臂都被珊瑚和礁石严重割伤。尽管如此，他们还是用自己的橡皮艇把飞行员拽离了大浪区。另一名志愿艇员[1]带着一条绳索游了过去，让整个营救小组都得以被顺利拖上潜艇。在整个营救过程中，我们的战机也进行了很好的配合，他们不断地向岛上扫射，以压制日军隐藏着的狙击手，这些狙击手一直在远处朝救援小组和潜艇打冷枪。那名飞行员[2]能够大难不死简直是个奇迹！

在帕劳海域执行救援任务期间，"金枪鱼"号潜艇在海中发现了两名日军飞行员。其中一人被救上了潜艇，而另一人宁愿待在海里。由小劳特鲁普（G. W. Lautrup）少校指挥的"雀鳝"号潜艇在佩莱利乌岛附近营救了 8 名美军飞行员。据 JANAC 的记录，1944 年 3 月里 20 艘美军潜艇共计击沉 27 艘敌商船，吨位共计 123462 吨，外加 1 艘轻巡洋舰、1 艘驱逐舰、1 艘潜艇、1 艘炮艇和 1 艘猎潜艇。

---

① 原注：此处指小弗里曼·波内特（Freeman Pawnet）。
② 原注：此处指约翰·R. 盖文（John R. Gaivin）少尉。

其中，"南欧鲭鱼"号潜艇击沉四艘敌船，取得了最高的战绩，这是在千岛群岛和北海道附近海域取得的。克里斯蒂少将所在潜艇中队的"黑鲦"号潜艇在南中国海海域击沉了三艘大型船只，该艇也因此成为本月取得最高吨位数战绩的潜艇。不过，这一战绩数据远远低于2月的水平，因为许多潜艇一直在承担海上救援和其他"待命"职责，以支援快速机动作战的美国海军第五舰队的行动。

帕劳打击行动结束后，斯普鲁恩斯海军上将的第五舰队和米切尔海军少将强大的第58航母特遣舰队开始计划再次轰炸特鲁克群岛。这个计划是早就制定好的还是"刚刚出炉的"，我并不确定，但对我们大家来说，这看起来是个好主意。迪克·沃格上校同我一起花了几个小时与尼米兹海军上将的参谋人员配合，制订了总体作战命令的一些细节，完善了潜艇与地面部队和空中作战力量的协调问题。在以往两次与水面舰队的协同作战中，我们的潜艇都遭到了友军的误击，而这次我希望得到的是足够的安全保障。

尼米兹上将邀请我与他和他的部分参谋人员一同乘坐他的专机"蓝鹅"号飞往马朱罗环礁基地，第五舰队在横扫西加罗林群岛后返回到了那里。太平洋舰队总司令希望亲自检查拟议中的新作战行动计划，并了解关于斯普鲁恩斯海军上将近期胜果的全部第一手情况。

第二天下午，我们抵达马朱罗环礁，随后立即登上了"新泽西"号战列舰，斯普鲁恩斯上将的旗帜就在这艘巨舰的桅杆上飘扬。我们举行了一次全面的会议，参会者包括海军上将马克·米切尔（Marc Mitcher）、艾克·吉芬（Ike Giffen）、强尼·胡佛（Johnny Hoover）、斯韦德·汉森（Swede Hanson）、奥勒·奥尔登多夫（Ole Oldendorf）以及其他几名参谋人员。斯普鲁恩斯海军上将的作战参谋官非常完整地向众人展示了预定的打击行动方案，这就让整件事情看起来变得简单多了。

第二天，我与第十潜艇中队指挥官查理·厄尔克（Charlie Erck）上校以及他手下一个支队的指挥官弗兰克·沃特金斯（Frank Watkins）上校一起登上了"斯佩里"号，我还视察了我们在米尔纳的潜艇官兵休养营。尼米兹和斯普鲁恩斯上将在11点左右也来到这里进行视察，我们带着他们四处参观了一番。这个地方的风景确实很漂亮，现在还建成了一个养殖园，里面圈养了两只猪和一小群鸡。

∧ 美国海军工程营的士兵们正在为修建埃尼威托克环礁机场而从一艘登陆艇上装卸炸药，摄于1944年2月。

∧ 美国海军工程部队在修建埃尼威托克环礁机场时进行爆破作业，摄于1944年6月23日。

除了在修建道路、水利建设等方面做得很出色外，"海蜜蜂"还在暗礁区上用炸洞的方式修造了游泳池供官兵们使用。视察结束后，尼米兹上将提议去泻湖里游个泳，这个提议立即受到了热烈响应。在身边没带泳衣的情况下，由太平洋舰队总司令亲自率领的这支视察组把衣服扔在了沙滩上，然后纷纷赤身露体地扎进了海水里！

与此同时在马朱罗环礁地区，我们的修建改造工作已经开始。"王鱼"号潜艇成为我们的第一个客户，"飞鱼"号是在我准备起飞的时候进港接受大修改装的。"飞鱼"号艇长报告称已击沉三艘敌船，击伤两艘。战后的报告表明，实际情况完全如其所述。我从马朱罗环礁乘机起飞，计划经由夸贾林环礁前往埃尼威托克岛，希望在那里能找到一个适合潜艇供应舰的锚地和一个休养营地，以备将来的不时之需。我随身携带了一个记事本，里面记满了米尔纳岛上所需的人员和物料的备忘。从种植园的种子到运动专家，需求千差万别不一而足，而一个棒球场、一个养鱼池和有限的畜牧设施已经在当地投入运作。我多希望在距离美国本土不远的某个地方也能拥有一个米尔纳式的私人小岛，把它作为我的一个冬季度假胜地，我想它的价值至少应该是一百万美元。

至于埃尼威托克岛，我想我们将来或许会对那里有兴趣。我抵达后找到了当地美军指挥官"巴特"克鲁斯（E. A. Cruise）上校和作为港口总监、来自后备役部队的萨姆·金（Sam King）中校。萨姆是我在美国海军学院 1910 级的老朋友，第一次世界大战结束后他从美国海军部队退役，一直定居在檀香山，后来还在美国国会担任过若干年的驻夏威夷领土代表。

在视察埃尼威托克环礁地区的过程中，我发现两个邻近的岛屿——亚普坦岛（Japtan）和鲁尼托岛（Runnitto）。如果将来需要，那么它们似乎非常适合作为一个前出潜艇基地。然而，随着战事如火如荼地进行，我注意到关岛阿普拉港（Apra）附近的一处地点也十分合适，但我始终没有忘记这两个小岛的存在。

在返回夸贾林环礁的路上，我们在罗伊—纳穆尔岛进行了短暂停留，在那里我拜访了老朋友埃迪·埃文（Eddie Ewen）上校。他有很多有趣的东西要给我看，包括一些日军鱼雷和氧气压缩机。日本人的鱼雷使用的是氧气和煤油，而不是美军鱼雷使用的空气和酒精。我们知道，将氧气和煤油近距离存放可能会导致剧烈的爆炸，但一名日本海军军官后来在佐世保向我保证说，他们的部队几乎从未因这种事故而遭受伤亡。不过我也注意到，他们的鱼雷用于注入压缩气体的空间被一堵厚厚的混凝土墙包裹着。日军鱼雷的射程很远，速度也很快，而且携带了大量可怕的装药，我们完全可能从他们那里学到一些好的经验。

回到珍珠港潜艇基地后，我发现自己的办公桌几乎快要被埋在一大堆日常文件里。要不是这样，当时的战况似乎就显得很无聊了，看起来好像是日本人躲到了大洋深处一般。我们太平洋潜艇司令部所属的潜艇有 44 艘已出海，其中

26 艘正在预定作战海域，但是很少有关于击沉战绩的报告发回。

还在马朱罗环礁时我收到一份报告说，由来自佐治亚州迪凯特（Decatur）的霍林斯沃思（J. C. Hollingsworth）少校指挥的"阔鼻鲈"号潜艇被一架敌机所投掷的炸弹严重击伤，后来整个故事传遍了珍珠港。那是在 4 月 7 日的上午，隶属美国海军第七舰队的"阔鼻鲈"号在菲律宾达沃湾以南海域巡逻时，发现了一支由驱逐舰和飞机提供掩护、由六艘巡洋舰组成的日军水面特遣舰队。由于当时的海面如玻璃般平静，因此潜望镜攻击的条件较为不利。潜艇在接近至潜望镜深度的时候，很快就被日军反潜舰艇所发现，好在日军发动的深弹攻击并未奏效。"阔鼻鲈"号潜艇以大深度深潜几个小时后浮出水面，打算用无线电发出目标接触报告。

然而就在建立水面无线电通信时，潜艇一度遇到了困难，因此只能继续逗留在海面上不断尝试发送无线电报告，结果一直没能成功。15 时 43 分，一架日军水上飞机突然从太阳方向径直飞来，"阔鼻鲈"号潜艇立即紧急下潜。当到达水下 40 英尺深度时，飞机所投掷的深弹在机舱的左舷附近位置发生了猛烈爆炸。幸运的是，机舱与艇艉蓄电池舱之间的水密隔舱壁增加了艇体的强度。否则，我相信艇体很难扛住这样剧烈的冲击。

深弹爆炸时大多数艇员都跌倒在地，舱内电力供应中断，潜艇开始急速向数百英尺深的海底下沉。艇内打开了紧急灯，正在潜水官奋力检查潜艇下沉情况的同时，从艇艉传来了"操纵室着火"的呼喊声。舵也在满左处被卡住，耐压壳体已经严重变形，浓烟开始在后部舱室内弥漫，主发动机的进气管道部分破裂。这一切给潜艇增加了大约 20 吨的负浮力，当时的情况十分危急，艇长一度认为除了浮出水面后再想办法拼死摆脱困境外已经别无选择。这时潜水官贝瑟尼（P. A. Beshany）上尉吹除了艇上所有压载水舱，终于在水下 330 英尺深处止住了潜艇下沉之势。尽管如此，艇内的情况还是很糟糕，因为艇上所有官兵都因吸入过量酚醛烟雾而感到严重不适，但他们坚持损管工作，直到艇内火灾被彻底扑灭，并最终恢复供电和动力。

在完成这一自救壮举的过程中，首席电工麦克内尔（J. R. McNeill）和二等电工弗勒里（W. R. Fleury）突出地完成了无比英勇的工作，不幸的是后者最终因吸入过量毒烟而英勇阵亡。潜水官的举动尤其出色，是他指挥众人把这艘潜艇从濒临沉入海底的死亡线上拽了回来。艇长在他的报告中强调，艇员们在潜艇得到控制前的 15 分钟里做出的英勇行为应该被给予高度赞扬，他本人也受到了艇员们极大的鼓舞。

"阔鼻鲈"号潜艇在水下挣扎期间，总共流失了约 7000 加仑的燃油。正因如此，日军飞行员一度认为这艘美军潜艇已经沉没。不过后来，他们无疑是顺着油迹找到了驶入浅海区的"阔鼻鲈"号，于是再次开始投弹轰炸。反潜攻击一直持续到天黑，到了晚间 21 时左右，"阔鼻鲈"号才最终趁夜浮出水面前往位置最近的阿德默勒尔蒂群岛友军基地。可以肯定的是，潜艇坚硬稳固的艇体和艇员们众志成城的决心，是我们的潜艇至今仍能奋战不沉的两大主要原因。

4 月 17 日，我不得不遗憾地发出报告：由艾尔·克拉克（A. El Clark）少校指挥的"鳟鱼"号潜艇"逾期未返航，据推测已损失"。在太平洋战争期间，很多美军潜艇和它们的艇长都是这种执行过多次战斗巡逻任务的老手。从战后的报告中我们了解到，"鳟鱼"号潜艇于 2 月 29 日在台湾海峡以南约 700 英里的海域击沉了日本货轮"崎户丸"号（Sakito Maru）。不过该艇并没有按照惯例及时报告这次击沉战绩，因此我们据信它就是在那次攻击期间或之后不久失踪的。据 JANAC 称，在"鳟鱼"号潜艇的 11 次巡逻任务中，航迹几乎覆盖了整个太平洋地区，总共击沉 12 艘敌舰船，其中 1 艘是日本海军伊 –182 号潜艇。"鳟鱼"号还因第二次、第三次和第五次巡逻的出色表现而被授予"总统嘉奖"。

与此同时，一群鱼雷专家来到我这里，与我的电动鱼雷智囊团进行了整体讨论，特别是关于 Mk.18 型电动鱼雷的问题。这批鱼雷专家组成员包括来自大西洋潜艇部队的吉格斯·雷兹纳（Jiggs Rezner）上校和桑普森（Sampson）中校，来自军械局的雅各布（Jacobs）中校和艾曼（Eyeman）上尉，此外还有两名非军方人士——西屋公司副总裁普特曼（H. V. Putman）先生和来自宾州沙伦的西屋工厂（为我们生产 Mk.18 型电动鱼雷的工厂）的经理助理福特（J. G. Ford）先生。

我们潜艇部队的与会代表是来自宾州费城的鱼雷枪炮官参谋泰勒（A. H. Taylor）中校，来自马里兰州安纳波利斯的基地鱼雷官马丁"斯派克"霍特尔（Martin

P. Hottel）中校，以及几名来自在港潜艇的经验丰富的艇长。泰勒在指挥"黑线鳕"号潜艇执行巡逻任务期间大有斩获，曾经荣获两枚"海军十字勋章"和一次"总统部队奖"，而霍特尔也是一位经验丰富的艇长和鱼雷专家，因此我们才能够为这次会议注入丰富的经验和才干。

我们认为，Mk.18 型电动鱼雷的起爆问题已经得到很好的解决，同时也发现来访专家对我们在消除鱼雷氢气问题上的需求还存在一定的误解。我们需要的并不是为已经被证明切实可行而且价值极高的鱼雷配备更多的鲁布·戈德堡（Rube Goldberg）式的奇异机械装置。我们确实收到了在役潜艇对于 Mk.18 型电动鱼雷蓄电池产生烟雾的抱怨，这使得鱼雷舱里的环境远不像艇内休息室和起居室那样受欢迎。但我们认为，通过改善潜艇的通风系统和使用除臭剂可以弥补这一缺陷。来访专家组也提出了新的鱼雷通风方案，但我们无意采纳，因为它要极大地依赖已经处于高强度工作状态的艇内空气压缩机产生高压气体。

普特曼先生本人还向我建议，所有对电动鱼雷设计的改动建议都应首先得到我们军方的同意，因为我们才是它最好的用户，而且对它的工作机制和应用场合具备完全实用的见解。会上大家建立了一种良好的合作感，与会成员之间也建立了直接有效的联系机制，所有的安排都得以顺利结束。我一直认为，这才是解决分歧的最佳方法。

会后，军械局局长乔治·哈西（George Hussey）少将给我写了一封热情洋溢的信，信中他告诉我，专门为潜艇设计的新型 5 英寸口径甲板炮将率先安装配备在"白鲴"号潜艇上，后续的交付入役工作将在马雷岛陆续完成。更重要的是，在我们放弃了反复无常的鱼雷引信装置后，第七舰队潜艇部队司令拉尔夫·克里斯蒂海军少将其实还在使用。他写道："我们现在相信鱼雷的磁性引信装置已经走到头。"他们尝试重新设计鱼雷引信的努力以失败告终，另一项成本高昂的试验也被迫终结。

4 月 21 日，西南太平洋战区司令金凯德将军向太平洋司令部发出报告称，在米切尔海军少将指挥的航母特遣舰队的支援下，美军在新几内亚东北海岸的登陆行动进展顺利，几乎没有遇到日军较顽强的抵抗。这意味着，在米切尔的特遣舰队返航期间，航母对特鲁克群岛的攻击行动将如期进行。我们承担飞行员救生任务的潜艇在那次舰载机打击行动前就已经收到相应警告，并按照指示进入各自的预定阵位。结果又一次地，当我们认为所有的海空协同行动计划都已经相当完善的时候，其实还是忽略了某些飞行员"看到潜艇就击沉"的执拗精神。例如"海马"号潜艇在全速驶向特鲁克东南萨塔万岛（Satawan Island）附近海域的预设阵地途中，在安全水道上就被一架从夸贾林环礁或埃尼威托克岛起飞的 B-24 "解放者"轰炸机投弹攻击，所幸的是没被击中。这件事让我勃然大怒，我很想看看这些美军飞行员的脑子到底出了什么问题，或者要么我干脆辞职不干。就在当时轰炸机完成投弹后，飞行机组显然很快认出了"海马"号潜艇的身份，因为轰炸机组后来的报告提到他们"轰炸了一艘显然是来自友军的潜艇"。

　　"海马"号潜艇艇长斯莱德·卡特在自己的报告中则表达了他的谅解，说这主要是他的错。这无疑是他本人的宽宏之举，但飞行员的过错不容忽视。斯莱德认为当时艇上的甲板值更官亦有过错，因为直到飞机开始投弹他都没能及时

∧ 美军第371轰炸飞行中队的B-24D "解放者"轰炸机。

∧ 在冲绳上空飞行的美军B-24轰炸机编队。

发现这架轰炸机，如果这发生在真正的战斗中，那么即使紧急下潜也无法挽救
这艘潜艇。尼米兹海军上将要求这架 B-24 轰炸机所属部队的上司（胡佛少将）
马上采取行动，我同样希望这名肇事的飞行员得到应有的处理。按我对约翰尼·胡
佛上将的了解，他也一定会这么做。这是"海马"号潜艇在斯莱德·卡特艇长
的指挥下进行的第三次战斗巡逻任务，该艇刚刚在马里亚纳群岛海域完成一次
出色的任务。据 JANAC 的报告，"海马"号在此次巡逻中一共击沉了三艘货轮、
一艘改装过的潜艇供应舰和日本海军吕 -45 号潜水艇。

　　据卡特说，往往会有一些蛛丝马迹可以给他在寻找攻击目标方面带来莫名
其妙的运气。我们的作战参谋官迪克·沃格中校曾开玩笑说，就算我们派斯莱德
在珍珠港外巡逻，他也能找到日本人的踪迹。卡特本人其实并不这么认为。他说，
他和艇上的军官以及值班艇员都有一种习惯，那就是坐在潜艇控制室里，想象
着如果自己是一名日本海军护航舰艇指挥官，那么一旦进入已知有美军潜艇活
动的海区，他们会做些什么。那些连海图都看不懂的小伙子也有自己的发言权，

因为他们经常会冒出一些值得思考和探索的想法。斯莱德艇长声称这些即兴的、"无需桌子"的艇上讨论会让每个人都觉得"海马"号不仅仅是一艘属于海军部队或是艇长的潜艇，而是他们每个人自己的潜艇。所以无论采用哪种方法在官兵中集思广益，它都能产生一定的效果。

误击事件发生后，"海马"号潜艇又花了六天时间完成海上飞行员救生任务，随后全艇官兵兴致勃勃地前往布里斯班，在他们看来，当地的啤酒和观光景点比珍珠港和火奴鲁鲁的更迷人。

就在 4 月 30 日和 5 月 1 日米切尔的航母舰载机部队轰炸特鲁克岛时，由迪克·奥凯恩指挥的"刺尾鱼"号潜艇再次用实际行动证明了它的勇气，这艘潜艇创造了一口气营救 22 名落水飞行员的纪录，而且这一纪录一直保持了数月之久。在这几次海上营救行动中，有几次距离海滩很近，敌人的岸防阵地朝"刺尾鱼"号及其官兵猛烈开火，"刺尾鱼"号则用艇上的甲板炮奋力还击。迪克提到，当一些美军飞机飞越"刺尾鱼"号上空时，日军却并没有向他开火，显然是因为他们不想向扫射和轰炸自己阵地的美军飞机暴露自己的位置。而正是这个偶然的发

∧ 美国海军"刺尾鱼"号（SS-306）潜艇。

∧ 战前拍摄到的一张日本海军"夕张"号（Yubari）轻巡洋舰的照片，摄于1924年。

现使迪克·奥凯恩产生了一个想法，他开始联系舰载机和航母，要求他们在潜艇进行海上救援时提供战机进行空中掩护。于是潜艇的海上救援行动开始得到空中作战力量的支援，而且这一模式在接下来的大战期间都得到了充分且有效的实施。

关于"刺尾鱼"号的另一个不同寻常的海上救援经历，得到了从"北卡罗来纳"号战列舰上起飞的"翠鸟"（Kingfisher）水上飞机的支援，当时这架飞机是为了协助营救被击落的美军飞行员。但当飞行员伯恩斯（Burns）上尉驾机在海面上降落实施营救时，由于海况恶劣，因此飞机一度无法起飞。于是伯恩斯在附近海域进行了搜索，先后救起了八名落水飞行员，他把飞行员们安置在机翼上然后送到了"刺尾鱼"号潜艇上。这架"翠鸟"飞机后来因为严重受损，所以被"刺尾鱼"号用甲板炮击沉在了海里。

1944年4月份里的潜艇击沉战绩较低，主要原因与3月份里的情况大致相同。而按照当时的预测，我们原本预计的战绩在100000吨左右。根据JANAC的统计，我们总共击沉了27艘商船，吨位总计91592吨，外加1艘轻巡洋舰、2艘驱逐舰、2艘潜艇、1艘炮艇和1艘布雷舰。其中战绩最高者为卡特少校指挥的"海马"号潜艇，他总共击沉了5艘敌船，吨位共计19375吨。

上面提到的这艘轻巡洋舰就是日本海军"夕张"号，也是同级舰里唯一的一艘。因为这艘轻巡洋舰吨位较小，所以我们时常把它与驱逐舰弄混淆，反之亦然。据报告，它曾多次被我们的舰艇宣称"击沉"，结果实际上是另一艘驱逐舰倒了霉。直到4月27日，由来自华盛顿州西雅图的小埃里克·L.巴尔（Eric L. Barr）少校指挥的"蓝腮鱼"号潜艇才终结了"夕张"号的命运。当时"蓝鳃鱼"号潜艇正在侦察帕劳西南松索罗尔群岛（Sonsorol Islands）海域，这是该艇执行的首次作战巡逻任务，同时是埃里克·巴尔作为艇长指挥潜艇进行的第一次巡逻。"蓝鳃鱼"号最初发现了一艘日军巡洋舰和一艘驱逐舰，但巡洋舰很快消失在一

∧ 航行在罗德岛海域的"蓝鳃鱼"号（SS-242）潜艇。

座岛屿的后方。随后"蓝鳃鱼"号开始接近这艘驱逐舰，但巡洋舰突然再次出现，并且以高速驶来。遭遇战的攻击机会间不容发，巴尔艇长当时只能当机立断快速设置射击参数，指挥潜艇转向进入发射阵位，并一口气齐射了六枚鱼雷。看来他的"海眼"估算能力并不算糟，收回潜望镜后，潜艇在一次爆炸声响过后紧接着又监听到了两次爆炸声。在第一次世界大战时期，巴尔艇长的父亲就在潜艇部队服役。对一名在过往的巡逻经历中取得过荣誉且富有进取心的年轻军官而言，这无疑是一个良好的开端。

当时，金海军上将已经下令将日本海军驱逐舰作为美军潜艇攻击目标的优先权提高到高于商船的位置。有迹象表明，日军驱逐舰的损失已经相当严重，他们已经很难提供足够的海上护航力量来掩护主力战舰和重要的运输船队。这一指令决定了许多日军驱逐舰的厄运，因为在那时之前，这些驱逐舰一直被美军潜艇认为是次要目标。到战争结束时，我们的潜艇击沉了大量的日军驱逐舰，其数量和规模比其他任何类型的日军舰艇都要多。

在珍珠港战役的一段平静期里，我利用法雷尔（R. M. Farrell）少校指挥的"小鲨鱼"号潜艇作为交通工具，在 5 月的第一个星期去了一趟中途岛。当时"小鲨鱼"号艇上正配备有电动鱼雷（位于艇艉鱼雷舱）和蒸汽鱼雷（位于艇艏鱼雷舱），这也让我第一次有机会观察 Mk.18 型电动鱼雷的维护保养情况，要知道这绝非无足轻重。"小鲨鱼"号还首次携带了军械局最终交付我们的新型鱼雷引信装置，我也很想看看它们在实际作战使用中是如何工作的。

我们将在古尼维尔建成潜艇大修及改装的船坞的消息，如中途岛将广为人知一样，是一种值得期待的喜悦，而我就像第一个孩子即将诞生的父亲那般自豪。这座船坞将解决冬季期里为三个中队的潜艇进行大修的问题。当时潜艇供应舰的系泊码头尚未彻底完工，但疏浚工作已全部完成，其中包括在东面为修建 2500 吨级浮式干船坞而挖的一个 40 英尺深的洞，船坞本身则定于 5 月底前修造到位。

来自纽约奥尔巴尼的哈尔芬格（F. J. Harlfinger）少校从"银河鱼"号潜艇上发来的一份电报进一步增加了我的兴致，他报告说一举击沉了四艘商船和一艘驱逐舰。我还收到另外两条由彼得森上校发来的捷报，消息中报告他所指挥的"狼群"艇群击沉了一艘油轮、七艘商船和一艘驱逐舰，另外还击伤了四艘货船。

截至 1944 年 5 月底，我们的潜艇支援力量部署如下：在马朱罗环礁地区部署有隶属太平洋司令部的"斯佩里"号、"布什内尔"号潜艇供应舰和 ARD–18 号浮式干船坞；在中途岛部署的是"霍兰"号、"普罗特斯"号（Proteus）潜艇供应舰以及 ARD–8 号浮式干船坞。第七舰队的潜艇部队在阿德默勒尔蒂群岛地区的西亚德勒港（Seeadler）现在也拥有了新交付的潜艇供应舰"尤瑞艾莉"号（Eurayle），所以如今我们在任何战区都已拥有修理受损潜艇的良好基地及其设施。我们的潜艇供应舰不仅对潜艇进行了修理和改装，而且为海军部队的驱逐舰和其他轻型舰艇执行了大大小小、数以千计的后勤维修工程项目。

然而，我们仍然需要第七舰队和太平洋战区的潜艇基地进一步朝我们最活跃的巡逻区域（日本周边海域以及中国近海海域）推进，这主要是为了掐断日军连接这些地区的长期非生产性运输航线。我希望最终能获得这些理想的基地，也相信这一切都是很有前途的。此外还有其他一些原因，如击沉战绩的显著提升。根据 JANAC 方面的报告，截至 5 月底，太平洋司令部所属的 20 艘潜艇和第七舰队所属的 15 艘潜艇总共击沉了 55 艘商船，吨位共计 236882 吨，此外还击沉了 3 艘驱逐舰、2 艘护卫舰和 1 艘炮艇。这一战绩吨位超过了 1943 年 11 月的最高单月纪录，从而为太平洋潜艇战创造了一个新的里程碑。

第七舰队潜艇部队中由来自康涅狄格州哈姆登（Hamden）的安德鲁斯（C. H. Andrews）少校指挥的"鲂鱼"号潜艇夺得了本月最高吨位战绩，该艇击沉了一艘货船、两艘客货船和一艘大型油轮，而且都是在苏拉威西海海域击沉的，吨位共计 29795 吨。并且前三艘敌船是"鲂鱼"号在一夜之间击沉的。艇长安德鲁斯还报告说该艇发射的两枚鱼雷命中了一艘日本海军轻巡洋舰，但遗憾的是目标并没有沉没。

而第七舰队的由来自缅因州北瓦萨尔伯勒(North Vassalboro)的沃克尔(F. D. Walker)中校指挥的"马鲹"号（Crevalle）潜艇，除了在吕宋岛西北海域击沉两艘大型客运船外，还在卡里马塔海峡（Karimata Strait）实施了一次大胆的过境。这片海峡水深很浅，显然是一个良好的天然水雷场。然而，日军虽然注意到了这里，但很可能还没来得及在这里布设水雷。他们倒是在巴拉巴克海峡（Balabac Strait）布设了水雷，不幸的是当时我们尚不知情，这有可能是卡里马塔海峡暂未设防的原因之一。就在"马鲹"号潜艇顺利通过这片海峡之后，直到大战结束它一直是我们常用的一条航道。

从 3 月起，"玉筋鱼"号潜艇在极地航线展开了它新的巡逻历程，该艇在关岛西北海域击沉了五艘货轮，吨位共计 18328 吨，从而再次刷新了它的战绩记录；身经百战的"南欧鲭鱼"号潜艇艇长巴斯基特（T. S. Baskett）少校同样是位经验老到的指挥官，该艇在北极航线上执行了奇袭行动，击沉了一艘小型货轮和三艘中型客货船，吨位共计 16038 吨；由小柯伊少校指挥的"银河鱼"号潜艇同样延续着自己的卓越战绩，它击沉了六艘敌船，其中三艘是在 5 月 10 号当天斩获的。然而它们吨位较小，总吨位仅为 13150 吨。

日军企图在特鲁克群岛和马里亚纳群岛一线加强战线的努力，在 5 月里肯定遭遇了严重的挫折。我们在该地区集中了 12 艘潜艇，目的是封锁和孤立这些岛屿群，并防止日军的任何增援部队或补给物资抵达。这样一来，我们的两栖登陆作战部队在"征粮者行动"[①] 中必须完成的攻占塞班岛和天宁岛（Tinian）以及重新夺回马里亚纳群岛关岛的任务就会变得更加容易。为此，我们正在完善最后的作战计划。后来从日军俘虏那里得到的证据充分表明，在那次划时代的两栖作战行动中，我们有效地完成了既定任务。

---

① 译注：Operation Forager，1944 年 6 月美国海军舰载机以及海军陆战队对塞班岛实施的突袭作战行动。

第十一章

　　如果我们通过国内造船码头的建造装配线向太平洋战场上积聚足够强大的潜艇规模，并加强我们的"狼群"攻击力量，那么我们不仅能在日本海军和商业船队的身上狠狠地咬上一口，而且能够在太平洋中部地区的岛屿进攻战中成为一支强大的作战力量。

　　为了准备实施"征粮者行动"并征服马里亚纳群岛，我们的"狼群"四面出击，沉重打击着日军的运输船队。4 月份，乔治·彼得森上校组织了一支由"黑

∧ 美国海军"礁蝴蝶鱼"号潜艇正在沿大西洋海岸南下途中，摄于1943年9月。

鲱鱼"号（Bang）、"礁蝴蝶鱼"号（Parche）和"鲦鱼"号潜艇组成的艇群，艇长分别是加拉赫（A. R. Gallaher）少校、拉梅齐（L. P. Ramage）少校和维斯（D. F. Weiss）少校。根据上述潜艇的报告，5 月份里这支艇群击沉、击伤敌船的战绩达到了 10 万吨左右。虽然上述战绩最终并未全部得到 JANAC 方面的承认，但它还是记录下了一个非常有趣的事实，那就是在 5 月 4 日当天，由乔治·彼得森上校指挥的三艘潜艇同时对一支日军护航船队发动了攻击，并一举击沉了其中的五艘日本货船，吨位共计 3 万吨。

我们在南中国海北部海域的水下猎杀竞赛中实际击沉、击伤多少敌船，并没有准确的统计数字。那片巡逻区被迪克·沃格命名为"护航学院"海区，以此纪念约翰·布朗麾下的一所训练"狼群"的学校。那里一直是我们最好的猎场，因为几乎所有的日本海上运输船只都要从那里通过，可想而知那片水域的海底一定铺满了腐朽的日本舰船的残骸。

"黑鲱鱼"号作为一艘新服役的潜艇在 4 月的月末击沉了两艘小型货轮，这使这艘新艇击沉敌船的战绩达到了七艘之多，而且很可能还有同样数量的日本货轮被其击伤。

"黑鲱鱼"号、"礁蝴蝶鱼"号和"鲦鱼"号三艘潜艇在 5 月 4 日参与的战斗是诸多"狼群"艇群中的一个典型战例。三艘潜艇以 10 英里距离为间隔排成一条线，横穿整个预设航道。到了 5 月 3 日中午，"鲦鱼"号发生了第一次目标接触，并通知了其他两艘潜艇，后者立即靠拢集结。当天 22 时 30 分，敌船的桅杆已经进入视野。由彼得森上校坐镇的旗舰"礁蝴蝶鱼"号命令"黑鲱鱼"号潜艇从左舷方向发起攻击，后者随即进行大范围转向以获得理想的攻击阵位。凌晨 2 时 10 分传来的爆炸声表明"黑鲱鱼"号或"鲦鱼"号潜艇已发动攻击并且得手，一艘敌船逐渐停了下来。凌晨 3 时 32 分，两艘货轮和两艘护航舰艇并排经过"黑鲱鱼"号一侧，"黑鲱鱼"号抓住机会用艇艉鱼雷发射管朝目标发射了鱼雷，四发鱼雷中有三枚命中目标，其中两枚击中领头的商船，一枚击中护航舰艇。两艘被鱼雷击中的目标很快就沉没了，其中的这艘商船后来被确认是排水量为 5947 吨的"金岭丸"号（Kinrei）。不过，日军方面并不承认在这一地区损失了一艘驱逐舰，所以这艘护航舰艇一定是活跃在这一海域的百余艘日军小型舰艇中的一艘。这次攻击耗尽了"黑鲱鱼"号艇上已经快要告罄的鱼雷，因此只能被迫返回中途岛基地，而它的同伴在同一天晚上连续击沉了四艘敌船。

另一支名为"布莱尔的咆哮者"的艇群，由克洛斯（R. H. Close）少校指挥的"领航鱼"号（Pilotfish）、"小鸡"克拉雷少校指挥的"大西洋马鲛"号（Pintado），以及布莱克利（E. N. Blakely）中校指挥的"鲨鱼"号潜艇组成。从 6 月 1 日起，该艇群在塞班岛北部和西部的马里亚纳群岛海域与四支不同的日军护航船队展开了一系列遭遇战。

"酋长"布莱尔（L. N. Blair）上校负责指挥该艇群。他奉命从中途岛起航前去摧毁马里亚纳群岛一带的日军海上交通线，在美军空中作战力量和地面部队夺取塞班岛一带的作战主动权后，再前往台湾海峡、吕宋岛和南中国海沿岸

∧ 美国海军"大西洋马鲛"号（SS-387）潜艇。

之间的"护航学院"海区作战。5月31日19时整，"鲨鱼"号潜艇发现目标并立即通知附近潜艇准备进入攻击阵位发起进攻。然而，目标船队采用的大范围Z字形规避航线一度把"布莱尔的咆哮者"艇群阻挡在射程之外。午夜刚过，"大西洋马鲛"号正准备发动潜望镜攻击，但明亮的月光和目标再次实施的大范围规避机动使潜艇迟迟无法抓住攻击机会。与此同时，正在附近海域巡逻的"银河鱼"号潜艇报告发现了另一支护航船队。"领航鱼"号的位置正好适合攻击这支新发现的船队，于是随即开始靠近这一新目标。正在"鲨鱼"号准备对第一支船队展开攻击时，它突然发现"银河鱼"号出现在了目标附近，于是决定暂缓进攻以免造成误击。清晨4时37分，"大西洋马鲛"号终于抓住机会朝目标发射了六枚鱼雷，其中五枚准确命中。

几乎是与此同时，"鲨鱼"号潜艇发现自己的正前方出现了另一支敌护航船队，于是准备下潜发动攻击，但当时的攻击阵位并不理想。不久，"大西洋马鲛"号也与这支船队发生了目标接触。天亮之后，两艘潜艇开始一同追击这支船队。"领航鱼"号和"银河鱼"号则发现了另一支日军护航船队。

于是，海面上接连出现了三场水面上下的攻防态势，而日军飞机的突然出现多次逼迫参与攻击的这几艘美军潜艇紧急下潜，这无疑让整个局面变得更为复杂。结果，在日军护航舰艇和飞机的牵制下，"布莱尔的咆哮者"艇群失去了与前两支日军护航船队的雷达接触，但"领航鱼"号仍对自己锁定的第三支护航船队穷追不舍，当时这支船队处于满载状态正在前往日本本土的途中。

6月2日20点整，三艘美军潜艇同时跟上了第三支日军护航船队。23时许，"鲨鱼"号潜艇率先发动了鱼雷攻击，当即击沉一艘敌船，并击伤一艘。6月3日17时，"大西洋马鲛"号又发现了第四支护航船队，而这支满载状态下的护航船队正在前往塞班岛的航线上。根据布莱尔的命令，各艇放弃了对当前目标的追击，改为攻击这支新发现的目标。第二天下午，还是"鲨鱼"号发射鱼雷击沉了一艘大型船只。自此，日军护航船队遭受的打击接踵而至。"鲨鱼"号和"大西洋马鲛"号连续攻击，接连击沉了七艘日本船只，还有一定数量的目标被其击伤。"领航鱼"号潜艇的运气则稍有不佳，其发起的攻击中有六次因对手的Z字形规避动作而未能成功，结果没能取得战果。

根据在塞班岛俘虏的一名日军军官的日记记载，这支被 JANAC 方面列为货轮护航的船队共载有 10000 名日军士兵，其中 6000 人在美军潜艇的攻击中因船只被击沉、击伤而失踪，同时损失的还有大量武器、弹药和火炮。我们认为，布莱尔指挥的这支艇群为随后占领塞班岛的霍兰·史密斯将军的海军陆战队和陆军地面部队提供了极为有力的支援。

不过，面对这些成功，我们其实也有自己的损失。6 月 7 日，我们怀着沉痛的心情发出报告称，由博宁（R. A. Bonin）少校指挥的"白杨鱼"号潜艇"逾期未返航，据推测已损失"。该艇负责的巡逻区域是北马里亚纳海域，"白杨鱼"号当时接到于 5 月 11 日转战另一片海区巡逻的命令。但这一信息后来并没有得到确认，我们后来接连发送给该艇的其他消息也石沉大海。

而根据日本方面的报道，日军飞机于 4 月 18 日两次成功击中一艘潜艇，导致这艘潜艇拦腰爆炸并泄漏大片燃油。报告中的描述似乎言之凿凿。

在随后的 5 月 12 日，毗邻海区的几艘美军潜艇均报告监听到了 40 次深弹爆炸的声音，其中任何一次都不是针对这些潜艇的。可以想象，很可能是这一系列的深弹攻击击沉了"白杨鱼"号潜艇。在缺乏明确证据的情况下，我们只能说，"白杨鱼"号潜艇的损失原因尚不清楚。

"白杨鱼"号潜艇是执行过 11 次战斗巡逻任务的老艇。在乔·格伦费尔艇长指挥的时期，该艇于 1942 年 1 月击沉了日本海军潜艇伊 –173 号，这使它成为历史上第一艘击沉敌方战斗舰艇的美军潜艇。在比尔·波斯特（Bill Post）艇长接替指挥权后，其战绩更是持续增加，总共击沉 12 艘敌船，总吨位达 71047 吨。"白杨鱼"号潜艇的艇徽也非常出名，其艇徽图案包括一枝三叶草、一只袋鼠、一尊佛像和一句座右铭（"找到他们、追击他们、击沉他们"），而盾章上的佛像取材于艇艏鱼雷舱里鱼雷发射管之间的一块"幸运铜"。

6 月里，我们又损失了一艘潜艇，这次是由"小戴夫"·萨布里斯基（Dave Sabriskie）少校指挥的"鲱鱼"号。当时，敌电台宣布一艘美军潜艇在一场海上炮战中被日军击沉，而根据战后的报告，这可能是实情。日本人提到，停泊在千岛群岛松轮港的两艘船只在美军潜艇的水面攻击中被鱼雷击中沉没，而这艘美军潜艇则被日军岸防炮火击沉，其中有两发炮弹直接命中了指挥塔。"海面上的泡沫覆盖了大约 5 米宽的区域，漂浮的重油则覆盖了大约 15 英里长的海域"，报告中如是说。

"鲱鱼"号是在欧洲水域巡逻的老兵，它在当地击沉了一艘纳粹德国海军潜艇和一艘货船。在它的第八次也是最后一次战斗巡逻任务中，JANAC 方面确认它击沉了一艘日本海军护卫舰、两艘货船和一艘客货船。目前，"征粮者行动"的计划准备工作已进入最后阶段，海军上将哈尔西、斯普鲁恩斯、特纳和霍兰·史密斯将军经常开会，沃格和我则提供了潜艇所拍摄的大量侦察照片作为情报参考。

随着行动第一阶段（攻击塞班岛）日期的临近，我们潜艇的主要部署是为了在攻击发起前清理出属于美军潜艇的区域，以便使第五舰队不必担忧自身的反潜问题。我确信一定会遭遇大量日军潜艇的威胁，因此传统的潜艇救生模式可能会阻碍海军驱逐舰和其他轻型船只的行动。因此，我们命令潜艇向北、西、南方向后撤，以便尽快进入预设阵地，拦截来自菲律宾、台湾海峡或日本本土的敌船。

当"征粮者行动"发起时，已经有大约 48 艘美军潜艇部署在海上。其他还未展开行动的是位于特鲁克群岛、西加罗林群岛、帕劳群岛、苏里高海峡（Surigao）、圣贝马迪诺海峡（San Bemadino）、吕宋海峡、冲绳外海和小笠原群岛（Bonin Islands）附近海域的潜艇。日本内海、东京湾以及日本沿海的各重要出口水道和常见海域都被美军潜艇所覆盖。第七舰队潜艇部队在苏鲁海的塔威—塔威群岛附近海域部署有 3 艘潜艇，我确信那里部署有一支实力强大的日本海军水面舰队作战力量，而棉兰老岛东南一带海域则有 3 艘潜艇驻守。所有的作战部署看上去都极为出色完美，我们只须要静候佳音。

日本人相信我们接下来将在马里亚纳群岛发动下一阶段的进攻，这种不安主要反映在日本海军主力舰队的一部在菲律宾群岛最南端塔威—塔威群岛海域的行动中。萨姆·德雷中校指挥的"鲻鱼"号潜艇在 6 月 10 日这天观察到了这一点。该艇小心地接近日军舰队锚地实施侦察，在 9 时 10 分左右监听到了两艘来自敌驱逐舰的声呐回波，这预示着接下来有可能发现更大的船只。德雷一直待在射程之外耐心地设伏，终于他的耐心在当天下午晚些时候得到了回报。艇上监听到了轻重不一的声呐回波，海平线上更是出现了战斗舰艇的桅杆。包括确信无疑是日本海军"武藏"号超级战列舰在内的三艘战列舰、至少四艘巡洋舰和八至十艘驱逐舰在大约八英里的距离上，正沿着一条鱼雷射程暂时无法达到的航线前行。然而，日军编队采用的 Z 字形规避航线也意味着难得的攻击机会，这是"鲻鱼"号潜艇必须加以利用的。

当时的海面如玻璃一般光滑平静，日军的水上飞机在空中穿梭飞行，所以可以想象的是没过几分钟"鲻鱼"号的潜望镜就被发现了。毫无疑问，一架日军飞机在潜艇附近海面投掷了一枚发烟浮筒，最近处的一艘日军驱逐舰立即开始喷出浓重的黑烟试图为战列舰提供掩护，同时一边投掷三枚深弹一边朝"鲻鱼"号的方向扑来。"鲻鱼"号潜艇上的声呐监听员数了数日军驱逐舰螺旋桨旋转声的拍子，并报告说："距离 35 海里，长官！"萨姆艇长则以他得克萨斯人的冷静方式，认为他们迟早是要迎接深弹攻击的，因此决定暂时不深潜，而是保持潜望镜深度，并给予日军目标一次一剑封喉的攻击。在过去的四天时间里，他已经指挥潜艇击沉了三艘驱逐舰，所以当满载深弹的日军驱逐舰朝"鲻鱼"号的潜望镜径直驶来时，萨姆的冷静一刻也未动摇。

距离进入 1500 码时，德雷下令艇艏鱼雷发射管齐射三枚鱼雷，紧接着命令"全速前进，右满舵，立即深潜！"55 秒钟过后，两枚鱼雷中的第一枚击中目标爆炸，而这次的爆炸规模要比深弹大得多。当时"鲻鱼"号潜艇的下潜深度已经超过水下 80 英尺，而且显然正从日军驱逐舰下方通过，而可怕的一连串爆炸声正是从潜艇头顶上传来的。德雷的巡逻报告提到："这（爆炸）并不是来自日军驱逐舰投掷的深水炸弹，因为如果他们真的扔下了深弹，就不会有这份报告了。这一连串震耳欲聋的嘈杂声，似乎相互交融在一起。无论是这艘驱逐舰上的锅炉，还是他的弹药库，或者两者都发生了爆炸。相当幸运的是，爆炸的方向是向上而不是向下的。"

经历了其后持续两个小时的深弹反潜攻击和空中搜索投弹，日军水面反潜舰艇还是丢失了目标。后来德雷指挥潜艇浮出水面，发出了我们整支太平洋部队一直在等待的目标接触报告，那就是日本海军舰队已经开始行动。

另一份报告来自由俄克拉荷马州埃提乌斯（Aetus）的奥斯汀（M. H. Austin）少校指挥的"红鳍鱼"号（Redfin）潜艇，当时该艇同样在塔威—塔威群岛附近海域巡逻。6 月 13 日零时 16 分，"红鳍鱼"号与日军由六艘航母、四艘战列舰、五艘重巡洋舰、一艘轻巡洋舰和六艘驱逐舰组成的庞大水面编队发生了雷达接触。值得注意的是，这两支大型特遣舰队都伴随有大量危险的护航驱逐舰。要知道截至当时，日本海军已经在美军潜艇手上损失 29 艘驱逐舰和 10 艘护卫舰。"红鳍鱼"号虽然一时无法发动攻击，但还是设法发送了一份目标接触报告，这使斯普鲁恩斯上将深信不疑地认为，这次敌人打算发动一场海上大决战来挑战我们的进一步攻势。

没等多久我们就获知了敌舰队的进一步消息。圣贝马迪诺海峡海域是由来自爱荷华州查理顿（Chariton）的"鲍勃"里泽（R. D. Risser）少校指挥的"飞鱼"号潜艇负责防御的。6 月 15 日该艇发现一支日军特遣舰队进入太平洋海域（这一地区位于菲律宾和马里亚纳群岛之间，后来被命名为菲律宾海）。跟踪期间，"飞鱼"号一直未能接近到 11 英里的距离内，但还是详细报告了观察到的目标，而其中大多数也已经被"红鳍鱼"号发现和跟踪，直到最后失去接触。而这些日军舰艇的航向直指塞班岛地区。

∧ 美国海军"红鳍鱼"号（SS-272）潜艇。

6月15日14时11分，由斯莱德·卡特少校指挥的"海马"号潜艇，在苏力高海峡以东200英里的洋面上，发现了海天线上的烟柱和前主樯。根据其自南而来的航向判断，这明显是"鲻鱼"号潜艇先前发现的那支编队，而且看起来正要和"飞鱼"号发现的那支水面编队在横跨菲律宾海的中间某处水域进行海上集结。

太平洋司令部立即收到了上述目标接触报告，这份重要情报也很快递交到我的手中。总司令立即将报告转发给了已在塞班岛完成登陆作战的斯普鲁恩斯将军。可以想象，上述消息在刚刚结束一场惨烈战斗的当地部队中引起了一定程度的情绪波动，形势迫切需要我们向地面作战部队提供物资和火力的支援。

这次我要感谢我的幸运星，让我有足够的潜艇可以部署到正在遭受日军威胁的海区。于是，麦克莫里斯少将和太平洋司令部的参谋人员作为一方，我与迪克·沃格中校作为另一方举行了一次临时作战会议，会议决定在相关地区部署潜艇为斯普鲁恩斯将军的部队扫清威胁，并对日军的攻势和撤退行动实施袭扰。

在进行上述部署的同时，由弗吉尼亚州朴次茅斯的赫尔曼·J.科斯勒（Herman J. Kossler）少校指挥的首次执行战斗巡逻任务的新艇"棘鳍鱼"号（Cavalla），于6月15日这个重要日子当天的23时30分，与一支由两艘油轮和两艘驱逐舰组成的护航船队发生了接触。"棘鳍鱼"号当时正紧急前往圣贝马迪诺海峡以替换"飞鱼"号潜艇，因为里瑟艇长报告说他的潜艇的燃料已经严重不足。然而，"棘鳍鱼"号同样不能错过这样难得的攻击机会，于是科斯勒指挥潜艇前去占据攻击阵位。6月16日凌晨3时15分，"棘鳍鱼"号潜艇上浮到雷达深度（此时雷达天线刚刚探出水面），正要进行鱼雷发射准备，突然距离最近的一艘日军驱逐舰径直朝它驶来，在这种情况下"棘鳍鱼"号不得不迅速下潜。当潜艇经过水下75英尺深度的时候，日军驱逐舰恰好越过潜艇机舱上方海面，结果既没有声呐波砰击，又没有深弹投下。显然，这艘日军舰艇并没有发现美军潜艇的存在。"棘鳍鱼"号航向的改变对日本人来说是一种幸运，但对科斯勒艇长来说是不情愿的。因为当"棘鳍鱼"号重新返回雷达深度时，目标已经远离到潜艇鱼雷射程之外。

清晨5时45分，科斯勒指挥潜艇浮出水面，向我发送了他的目标接触报告并提到说他正在驰援"飞鱼"号的途中。然而对我们来说，追击那些日本油轮似乎才是更重要的，他们无疑与敌水面舰队有一个燃料补给集结点。考虑到"飞鱼"号潜艇的任务已经完成，如果此时能跟踪追击这支日本船队，那接下来等待我们的很可能是一块大肥肉。因此，我们立即回复了一份电报，告诉科斯勒油轮非常重要，他应该"追踪，攻击并报告"。我们还向附近的三艘美军潜艇通报了相关情况。

不过到了第二天，我们还是指示"棘鳍鱼"号降到正常航速，以免艇上燃料耗尽。6 月 17 日 20 时 15 分，南面的日军特遣舰队超越"棘鳍鱼"号，并将其甩在了身后。这是一个服从命令的原则问题，因为科斯勒的职责是先报告再进攻。他当时并不知道"海马"号潜艇已经向我们报告了这支敌主力舰队正在前往马里亚纳群岛一带的动向。这是一个艰难的决定，但科斯勒隐忍地做到了按兵不动，他几乎眼睁睁地看着这支庞大的日军舰艇编队从眼前一艘艘经过，直到最后一艘离去才浮出水面。他在 22 时 25 分发出的目标接触报告非常重要，这份报告证实了敌编队前进的方向和航速。在收到他的消息后，我们告诉所有潜艇两支日军编队都已被锁定，并且补充了"发现目标可以先斩后奏"的命令。

然而，就像所有美好故事中的情节一样，优点和长处总能赢得属于它的回报。6 月 19 日上午 10 时 12 分，"棘鳍鱼"号潜艇的雷达屏幕上发现了日军飞机的踪迹，于是立即潜入水中规避侦察。10 时 39 分，通过潜望镜可以观察到日军飞机在空中盘旋，还能看到远处一艘舰艇的桅杆。这无疑是个有趣的发现，而且随着距离的不断拉近，目标视野看起来更为清晰。到了 11 时整，科斯勒可以完整地看到一支由四艘舰艇组成的水面编队——日本海军"翔鹤"号（Shokaku）航母、位于前方和左舷的两艘巡洋舰、右舷后方的一艘驱逐舰。由于"棘鳍鱼"号位于目标的右舷前方位置，很明显对艇长而言，这支编队的护航力量处于一个相当危险的位置。

对每位潜艇艇长而言，这都是个梦寐以求的目标，没人愿意错失眼前这个难得的攻击机会！一艘搭载着飞机的航母，这意味着它必须保持一个稳定的航向，且射程会随着时间的缩短而不断缩短，直到巨大的身影填满"棘鳍鱼"号潜艇潜望镜的整个视野。上午 11 时 18 分，科斯勒下令齐射六枚鱼雷，随后立即深潜。最后一次潜望镜观察显示一艘日军驱逐舰正直接朝他驶来，距离约为

∧ 功勋卓著的美国海军"大青花鱼"号（SS-218）潜艇，摄于1942年5月。

1500码。前三枚鱼雷准确命中目标并成功起爆，在首轮鱼雷齐射四分钟后，日军舰艇投掷的深弹开始入水。在接下来的三个小时里，日军舰艇总共朝"棘鳍鱼"号投掷了105枚深弹，其中56枚的爆炸位置已经相当接近潜艇声呐设备和进气管道位置。黄昏时分，科斯勒下令潜艇浮上水面，报告了这次袭击过程以及自身的损管情况，他在报告中说可以处理好维修工作。科斯勒还补充说："相信那个家伙已经沉没。"所谓的"那个家伙"是日本海军"翔鹤"号航母，一个参加过珍珠港袭击行动、珊瑚海海战和其他一系列太平洋战役的老对手，这次确实沉没了。但当时我们还不能肯定，直到战争结束根据日军战俘的口供我们才得知这一事实。

当我们收到关于"棘鳍鱼"号潜艇没能成功攻击日军油轮的目标接触报告后，我们把"长须鲸"号、"黑鲱鱼"号、"黄貂鱼"号（Stingray）和"大青花鱼"号潜艇转移到雅浦群岛以北海域的预设阵地，我们估计那里可能是日本海军的海上加油集结区。结果那里除了许多飞机接触外似乎什么都没有发生，直到6月19日，由布兰查（J. W. Blanchard）中校指挥的"大青花鱼"号潜艇才有了新发现。

当时，正处于水面航行状态的"大青花鱼"号被一架日军飞机所发现，随即紧急下潜。清晨 7 时 50 分，"大青花鱼"号观察到一艘航空母舰、一艘巡洋舰和海天线上几艘舰艇的桅顶。射程进入 1.3 万码时，潜艇几乎就在日军航母的左舷正横方向位置。布兰查艇长下令全速转向朝目标扑去。结果就在潜艇水下机动的过程中，第二支日军水面舰艇编队突然出现，这次包括一艘航母、一艘巡洋舰和几艘驱逐舰，完全不清楚这批舰艇是从哪里冒出来的。最让人满意的是，"大青花鱼"号潜艇恰恰在日军航母的右舷前方 10 度、距离约 1 万码的位置上。

接近目标的过程十分顺利，一艘可能干扰鱼雷攻击路线的巡洋舰缓缓驶过"大青花鱼"号的艇舷，另一艘驱逐舰则巧妙地与潜艇并排航行，一路向前驶去。日军航空母舰当时的航速大约为 27 节，射程大约为 1500 码。布兰查艇长当时可能还不知道，当天是菲律宾海战役揭开序幕的第一天。这艘日军航母是一个极为重要的目标，它所配备的舰载机当时正准备起飞扑向进攻途中的美军第五舰队。布兰查艇长迅速地进行了最后的潜望镜侦察并检查了鱼雷发射数据，在确认一切准备工作无误后，于上午 8 时 08 分下达了命令，"升起潜望镜，一号鱼雷发射管准备！"

就在那时，人们注意到艇上的鱼雷数据计算机出了问题。当目标在近距离上几乎从"大青花鱼"号身边冲过时，布兰查艇长做了他唯一能做的事——齐射所有六具艇艏鱼雷发射管中的鱼雷。潜艇在随后的深潜过程中听到一次鱼雷爆炸声和一次深弹爆炸声，从时间上推断，应该是第六枚鱼雷成功命中目标，而其余鱼雷都没能命中。

当晚，"大青花鱼"号潜艇满怀失落之情发出报告称，目标仅仅被击伤。直到将近一年才有一名日军俘虏承认，刚刚服役不久的新航母"大凤"号（Taiho）在菲律宾海战役中被一艘美军潜艇所发射的鱼雷击沉。而正是这枚绝无仅有的鱼雷引发了日军航母上汽油的剧烈燃烧和爆炸，并最终导了它的沉没。然而让人感到遗憾的是，"大青花鱼"号潜艇的大多数艇员再也没有机会听到这个好消息了，因为该艇在其后的一次战斗巡逻任务中不幸被击沉。

我认为，正是"棘鳍鱼"号和"大青花鱼"号潜艇提供的有力支援，才使第五舰队最终打赢了这场菲律宾海之战。6 月 19 日，这场战役在日本航空母舰编队舰载机和美军飞机之间的战斗中达到了高潮，敌军舰队几乎失去了所有的舰载机和飞行员。第二天，米切尔海军少将发动舰载机实施了远程海上攻击，击沉了"飞鹰"号航母和两艘舰队油船，"隼鹰"号（Junyo）航母和一艘舰队油轮被击伤，剩余的日本舰队舰艇则仓皇回逃。空中大作战结束后，我们还派出潜艇在作战海域进行了搜索，结果只发现并救起六名美军舰载机飞行员，他们正是在那场著名的"马里亚纳猎火鸡大赛"中被击落的。

在即将翻过 6 月份日历的时候，人们普遍对潜艇部队给予水面舰队的支援和击沉敌船吨位的战绩感到满意。直到战争接近尾声，我们才知道潜艇部队的努力取得了多大的回报。按照 JANAC 方面的统计，我们在这个月里总共击沉了 42 艘商船，吨位共计 176550 吨。此外还击沉了 11 艘作战舰艇，其中包括 2 艘航母、1 艘布雷舰、5 艘驱逐舰和 3 艘护卫舰，吨位共计 76570 吨。而上述战绩和荣誉是由 30 艘美军潜艇共同贡献的。我们的水面舰队和潜艇力量在菲律宾海之战的 11 天里进行了完美集结与协同参战，这是我们在以前的作战行动中吸取经验教训的成果，美国海军潜艇部队将永远为此感到自豪。

∨ 被击伤的日本海军"隼鹰"号（IJN Junyo）航母。

本月里战绩最高者当属"大青花鱼"号和"棘鳍鱼"号，二者都击沉了大型日军航母。"鲻鱼"号潜艇也因击沉三艘日军驱逐舰而值得嘉奖。在对敌商船取得的战绩中，迪克·奥凯恩少校拔得头筹，他所指挥的"刺尾鱼"号潜艇在九州西南海域击沉五艘敌船，吨位共计21997吨；由布莱克利少校指挥的"鲨鱼"号潜艇战绩位居第二，该艇在马里亚纳群岛海域击沉四艘敌船，吨位共计21672吨。

在尼米兹海军上将的建议下，第七舰队潜艇部队司令克里斯蒂少将和他的参谋人员，与我和我的参谋人员一同，将安排于7月6日在布里斯班举行一次会议。于是在7月2日中午，我在战略计划官巴德·约曼斯（Bud Yeomans）中校、物资官费罗尔（W. E. Ferrall）中校和部队人事官斯巴基·伍德拉夫（Sparky Woodruff）中校的陪同下，乘飞机前往布里斯班赴会。

抵达当地后，克里斯蒂将军已经在那里等候，我们一起前往布里斯班的司令部向第七舰队司令金凯德海军中将致敬。海军少将范·胡克（C.E.Van Hook）是我当年在赴巴西海军特派团中的老朋友，如今他已经是金凯德将军的参谋长，他手下的其他几个人也都是我的老朋友或熟人。

我们的两支潜艇部队之间还有许多问题须要解决，但在大多数问题上都达成了友好的解决方案。克里斯蒂觉得他的第七舰队应该配备更多的潜艇，要知道我当初着手开展他现在的工作时也是这样想的，但是潜艇的部署和分配是由总司令部决定，所以我对这件事无能为力。随着美军地面部队一路向北推进，我们的两支潜艇部队必然会越来越近，所有海区都会遍布潜艇。一般观点认为，在对日本本土展开攻击之前，必须对其实行严密的海上封锁。在这种情况下，除了海上救生和特别作战任务外，并无其他任务。与此同时，我们两支部队仍有大量的共同目标。我们的兴趣主要集中在加快交付夜视潜望镜、用于抵消敌反潜舰艇和飞机日益增长的威胁的水下欺骗干扰装备以及新型鱼雷这类秘密武器。

根据我们的发现，菲律宾游击队配备有两部无线电台，分别使用着两个不同的频率。而只要有必要，他们就会与位于澳大利亚的无线电报站联系安排补给事宜或与美军第七舰队的"游击线"潜艇接头。我相信太平洋舰队的潜艇如果能与这些当地电台建立联系其实是很有价值的，于是我与负责处理当地游击队接头事务所有细节的"小鸡"帕森斯中校进行了沟通。关于帕森斯身上令人难以置信的冒险经历，我早就有所耳闻，因此我十分期待能有与他会面的机会。当时他正在去群岛地区的途中，其间在布里斯班进行了停留。虽然日本人为了抓捕他悬赏 10 万日元，但在菲律宾，只要他想去似乎就没什么地方是不能去的。帕森斯本人也表示对自己值这么多钱感到受宠若惊。

早在 1943 年年初的时候，帕森斯中校就在日占区组织间谍渗透活动，当时麦克阿瑟将军命他负责联系和组织支援当地美军和菲律宾游击队。这类行动起初由执行特种任务的潜艇执行，后来随着战事的发展，我们的两艘最大的潜艇（"独角鲸"号和"鹦鹉螺"号）也参与其中，而且有时是定期进行的。直到战争结束，根据统计数据，共有 19 艘不同的美军潜艇总计执行了 42 次间谍渗透任务，只损失一艘"海狼"号。

帕森斯当时是美国海军预备役上尉兼巴拿马领事代办，他曾在马尼拉当地不慎被日军俘虏，在老圣地亚哥堡遭到日军严刑折磨，后来作为巴拿马领事身份通过"格里普斯岛"号（Gripsholm）邮轮交换给盟军方面。返回战区后，他又被美国海军部派往澳大利亚协助制订重返菲律宾的作战计划。显然，菲律宾当地的所有抵抗力量并没有都被日军摧毁，因此我们必须确定所有当地游击队组织活动的范围，并建立海岸观测站来及时报告敌船的动向。

在澳大利亚和菲律宾之间，我们动用潜艇运送了数以百吨计的作战物资，往来人员运输规模也达到了数百人，我们还向海岸观察哨和当地其他人员提供了大约 120 台无线电通信设备。就在菲律宾海海战之前，正是圣贝纳迪诺海峡的一位海岸观察人员通过无线电向"飞鱼"号潜艇提供了日本海军特遣舰队的活动情况。

除了武器弹药外，执行间谍渗透任务的美军潜艇运送的物资还包括药品、缝纫设备、雪茄（装在标有"我会回来的"字样的盒子里）、鞋以及大量日元伪钞。潜艇的登陆地点位于菲律宾群岛各地的海岸沿线，甚至曾堂而皇之地伴随着《起锚歌》^①的音乐在菲律宾东南部棉兰老岛的一处码头上靠岸。

---

① 译注：Anchors Aweigh，美国海军军歌。

重返马尼拉后，帕森斯被授予"双星海军十字勋章"，勋章上的每一颗星都代表着他为自己肩负的任务赢得的艰难胜利。布里斯班的会面结束后，我回到了珍珠港，在那里我得知了一个坏消息，那就是由坎贝尔（J. G. Campbell）少校指挥的 S-28 号潜艇在一次训练行动中不幸失踪。7 月 4 日，S-28 号潜艇从圣地亚哥港起航，前去为美军太平洋舰队驱逐舰编队的声呐操作训练提供支援。7 月 3 日和 4 日，该艇与美国海岸警卫队的"信赖"号（Reliance）武装快艇一同在珍珠港训练区执行任务。

S-28 号的最后一次航行是 17 时 30 分开始的，当时潜艇距离"信赖"号不到 4 英里。当时的训练方案是，S-28 号采用常规方法接近"信赖"号并模拟发射鱼雷，而"信赖"号上的水兵们要努力与潜艇的声呐保持联系。S-28 号下潜后朝模拟目标靠近，直到声呐接触距离缩小到大约 1700 码。后来潜艇的方位向后方移动，距离也逐渐增加到 4700 码，直到最终与"信赖"号失去接触，其后再也没有恢复联系。尽管"信赖"号改变航向，并试图用超音装置进行联络，但还是没有收到任何求救或其他信号。究竟是怎样的事故或者艇上伤亡导致 S-28 号潜艇失踪的呢？事情的真相也许将被永远埋藏在 1400 英寻深的水下，而这样的深度基本排除了任何打捞救援的可能。

在前往布里斯班之前，我请求允许将赖特中校指挥的"霍兰"号潜艇供应舰从中途岛派往塞班岛，以作为我们从当地出发巡逻的潜艇的加油和补给基地。"霍兰"号可携带 100 枚甚至更多鱼雷，并能同时为八艘潜艇实施加油。在吕宋岛、台湾海峡和南中国海之间的"护航学院"海区，我们的潜艇发现了大量目标，鱼雷很快就会被用完，然后他们就不得不大老远跑回中途岛去，重新进行弹药补给。太平洋司令部的参谋人员和往常一样，对这一提议持悲观的态度，他们表示港口太过拥挤，已经无法容纳更多大型船只，这一点让我非常失望。于是我得到"大老板"的许可，打算直接写信给斯普鲁恩斯海军上将，并得到他的回复。我确信他会在某个地方为我找到一个合适的地点，因为在战线前沿地区，为作战舰艇配备支援保障船只应该是非常受欢迎的。正如我所预料的那样，斯普鲁恩斯的回复是肯定的，于是就在 7 月 29 日，"霍兰"号终于成功地在塔纳帕格港下锚驻泊。

∧ 美国海军陆战队在关岛抢滩登陆时的情景，摄于1944年7月21日。

　　日军在塞班岛的抵抗相当顽强，日本海军水面舰队亦是如此，再加上恶劣的天气，迫使"征粮者行动"第二阶段（攻取关岛）的计划被迫推迟。然而，这也使得米切尔少将的轰炸机和水面舰艇部队有时间在 7 月 21 日我们的两栖登陆部队实施抢滩行动之前，对当地日军的防御进行进一步削弱。

　　在空中攻击行动展开的最初阶段，由来自伊利诺伊州奥罗拉（Aurora）的小鲁米斯（S. C. Loomis）少校指挥的"黄貂鱼"号潜艇，首创了用潜望镜营救落水飞行员的记录。当时鲁米斯艇长收到一条消息称，一名落水的美军飞行员正在距离潜艇大约 40 英里位置的海面上等待救援，于是鲁米斯立即下令潜艇全速靠近。就在潜艇即将到达救援地点时，附近海岸上的日军岸炮阵地开始向"黄貂鱼"号开火。由于日军的炮弹落得很近，因此潜艇不得不潜入水下，此时飞行员还未出现在潜望镜的视野中。不过没过多久，鲁米斯就观察到一架路过的飞机朝海面上抛下了一艘橡皮艇，然后很快就发现了海面上的飞行员。当时这名落水的飞行员就在距离海岸不到一英里的地方，只见他时不时地潜入水中以躲避身边不停落下的日军炮弹。

为了躲避日军炮火，"黄貂鱼"号先后三次尝试从潜望镜深度靠近落水美军飞行员，在第四次靠近时，艇员们在潜望镜桅杆顶端系上了一条拖曳缆绳。不过由于飞行员的左手严重受伤，因此当潜艇潜望镜桅杆顶部靠近他时，他一直高举着手无法抓住缆绳。以当时的情况，鲁米斯对他的伤无能为力，毕竟日军炮火仍在不停射击。直到一小时后，伴随着炮火的平息，潜艇得以安全浮上水面，飞行员唐纳德·C. 布兰特（Donald C. Brandt）少尉被成功救上潜艇。有人向他简要介绍了这种特殊救援方式的可能性，但显然在14000英尺高空被击落并从12000英尺高的地方跳伞落海的经历已经让他有些神情恍惚。

"黄貂鱼"号的这番壮举同样被记录在了位于关岛的一名被俘日军士兵的日记中。这名日军士兵还断言，这艘美军潜艇后来还潜入了港口，其主要目的是为了避免这次略显尴尬的营救行动被美国国内媒体误导宣传。

不久，悲剧再次发生。7月26日，我无奈地报告克拉克（J. S. Clark）少校指挥的"花糕鲑"号（Golet）潜艇"逾期未返航，据推测已损失"。这是一艘新服役的潜艇，在该艇的第二次战斗巡逻中奉命前往本州东北海岸的整片地区执行任务。根据日本战后的报告，日军舰艇在1944年7月4日发动了一次反潜攻击，攻击过后海面上漂浮着碎木屑、皮筏和厚重的油迹。因此，"花糕鲑"潜艇很可能遭到了厄运。

我们的损失在1944年6月和7月里是相当沉重的，但是日本人在海上航运和部队人员方面也遭受了沉重损失。根据JANAC方面的记录，7月总计有29艘美军潜艇击沉47艘敌商船，其中有6艘是价值无可替代的油轮，吨位共计202433吨，此外还要加上1艘轻巡洋舰、3艘驱逐舰、1艘潜艇、1艘扫雷舰和1艘猎潜艇。

在黄海海域巡逻的"刺尾鱼"号潜艇在7月的前六天里继续着它的惊人战绩——该艇相继击沉了五艘中型船只。7月4日这一天，艇长奥凯恩用传统焰火和艇员们一同庆祝了美国独立日，并以一艘敌船的爆炸作为庆祝仪式的结尾。

那天奥凯恩发现了位于海天线上的一艘船只的樯顶，于是立即大角度转向迎敌。通过观察，奥凯恩认为这是一艘水上飞机母舰。在靠近目标的过程中，"刺尾鱼"号一度驶入浅水区，甚至不得不倒行以避免潜艇搁浅。然而这并没有分散艇长和官兵们的注意力，奥凯恩下令朝目标发射了两枚鱼雷，结果全部准确命中并击沉目标，潜艇随后在一群渔船之间浮出水面。从战后的报告来看，"刺尾鱼"号的战利品应该是排水量为 6932 吨的日本"山冈丸"号（Yamaoka）货轮。

当天下午晚些时候，"刺尾鱼"号在海面上远远地发现了一片烟雾，于是靠近后干净利落地将这艘排水量为 6886 吨的货轮击沉。这场战斗的胜利是"刺尾鱼"号从 6 月 8 日开始的一次战斗巡逻任务的尾声，该艇所有的攻击行动都集中在 13 天内，其间总共击沉了 10 艘敌船，吨位共计 39160 吨，这也成为击沉敌商船吨位数最高的单次巡逻战绩。在这次巡逻中，"刺尾鱼"号潜艇的鱼雷射击效率也不同于寻常，该艇只用了 24 枚鱼雷就击沉了 10 艘敌船，这无疑展现出一流的鱼雷性能和高超的作战技巧。

在"护航学院"海区，由卡特艇长指挥的"海马"号同样延续着自己卓越的战绩。在两天时间里，该艇接连击沉了三艘敌船。加上 6 月里击沉的一艘，"海马"号潜艇在此次战斗巡逻任务中已经取得击沉四艘敌船的战果。

7 月 3 日黄昏时分，当"海马"号浮出水面时，甲板值更官发现西面远处有股烟柱，这证明那很可能是一支护航船队。由于当时日落后月光皎洁明亮，因此潜艇不得不潜入水下发动攻击。根据观察，船队中有六艘护航舰艇和五艘吨位较大的船只，呈两列纵队向前航行。午夜前，"海马"号渗透到两列纵队之间的理想位置。在这种攻击阵位下，卡特指挥潜艇用艇艏和艇艉鱼雷发射管轻松地一次击沉了两艘位于不同纵队上的敌船，但是要想成功地规避大批护航舰艇的反潜攻击就没那么容易了。

结果可想而知，日军舰艇投掷的深弹（艇上官兵们往往称之为"死亡炸弹"）导致了对于潜艇非常重要的 SJ 型雷达装置的损坏，修复工作须要在潜艇浮出水面后花费至少三个小时完成。其间，卡特艇长试图追击船队中的剩余船只，并获知与他同一艇群的同伴"黑鲱鱼"号潜艇正在赶来加入战斗。通过水下监听，能听到极远处传来的深弹爆炸声，但方向不明。凭着某种预感，卡特艇长下令潜艇改航向为西北，试图像日本人那样思考和选择一支南下船队最不可能采用的航线。

事实证明卡特的判断是正确的。7月4日6时30分，"海马"号潜艇再次与日本护航船队发生接触。当时，这支船队剩下的三艘商船旁只有一艘护航舰艇伴随，但还有两架飞机在它们上空盘旋。"海马"号须要再进行一次大范围海上机动才能获得前方迎头攻击的阵位，卡特最终做到了。通过潜望镜观察，卡特决定放弃三艘商船中吨位较小的为首者，毕竟"海马"号艇上剩余的鱼雷只够攻击另两艘吨位较大的商船。就在"海马"号从第一艘船的船艉下方近距离缓缓经过时，几乎能看见船上一些似曾相识的日本兵们把脚悬在船舷外的样子。卡特艇长在他的作战日志中提到，这艘船看上去头重脚轻，似乎还向左舷倾斜10度。也许，这艘船在抵达马尼拉之前会中途倾覆。

然而，"海马"号在进入攻击剩余两艘日本商船的阵位的过程中，由于目标采用了规避航线，因此费了相当大的周折。艇上的声呐操作员罗伊·霍夫曼（Roy Hoffman）是一名无线电声呐高手，他报告说听到了领头一艘船转舵的声音。果不其然，当卡特艇长再次升起潜望镜观察海面时，这艘船已经改变航线，因此潜艇也须要快速改变攻击计划。在"海马"号最后射出的七枚鱼雷中，有五枚击中了这两艘日本商船。但不知何故，如果 JANAC 方面的记录是正确的，那么有一艘商船逃脱了。

由来自马里兰州印第安黑德的"小家伙"沃尔德（N. G. Ward）少校指挥的"守卫鱼"号潜艇，奉命前往在吕宋岛、台湾海峡和中国海南岛之间新建的"护航学院"海区巡逻，其目的是拦截穿越这一瓶颈海域向菲律宾驶去的日军船只。日本人正在拼死加强他们日益崩溃的帝国防线和海上补给线，以对抗我们两栖登陆作战部队即将向他们发动的攻击。

7月16日，正在独自巡逻的"守卫鱼"号潜艇接到另一艘距离约100英里的美军潜艇发来的目标接触报告，于是立即全速前去拦截。11时30分，处于水面航行状态的"守卫鱼"号潜艇在左舷方向上发现了一支由十艘商船和四艘护航舰艇组成的护航船队。潜艇当时的位置非常理想，目标聚集成了一个几乎完全重合在一起的大目标。沃尔德下令用艇艏鱼雷发射管向两个最大的目标齐射了六枚鱼雷，然后全速转向用艇艉对准目标。第一轮鱼雷齐射全部准确命中了距离最近的四艘船只。领头的一艘油船显然满载着汽油，当场就发生了剧烈爆炸，火焰和浓烟腾起数千英尺高；紧随其后的是一艘满载弹药的大型货轮，鱼雷命中船艉后引发的爆炸发出了震耳欲聋的轰鸣；第三艘船也是一艘货轮，被鱼雷击中后炸成了两截，随即迅速沉没；第四艘船则是船舯中弹后大量进水，接着迅速沉入海底。

这轮鱼雷攻击引起了日本护航船队的四散逃窜，沃尔德耐心地下令潜艇重新装填鱼雷，准备再次发动鱼雷攻击。当天晚些时候，他又击沉了一艘船，另一艘则被两枚鱼雷命中，但并没有观察到它的沉没。7 月 17 日破晓时分，"守卫鱼"号潜艇击沉了它的第六个战果，紧接着遭到了随之而来的一连串猛烈的深弹反击，不得不被压制在水下数小时之久。当潜艇终于回到水面时，沃尔德下令潜艇继续追击，于 19 日又击沉了两艘商船。根据沃尔德艇长的估计，"守卫鱼"号在 56 小时内先后击沉了八艘敌船，击伤一艘。

隶属第七舰队的潜艇"松鲷"号（Flasher）在它的第三次战斗巡逻任务中

∧ 美国海军"松鲷"号（SS-249）潜艇。

一举贡献了击沉四艘敌船的战绩，其中一艘是在 6 月击沉的，另一艘则是在 7 月。"松鲷"号潜艇艇长鲁本·惠特克（Reuben T. Whitaker）中校无疑正指挥着这艘潜艇昂首迈向大战的战绩桂冠。在惠特克艇长斩获的敌船中，有一艘是在马尼拉西北方向海域击沉的油轮，但最令他满意的是击沉了一艘日本海军轻巡洋舰（7 月 19 日在南中国海中部海域被"松鲷"号击沉），后来确认这就是排水量为 5700 吨的日军"球磨"级轻巡洋舰"大井"号（Oi）。

在惠特克的第一次攻击中，齐射的四枚鱼雷中有两枚准确命中目标，被击伤的"大井"号失去动力缓缓停了下来。"松鲷"号从这艘轻巡洋舰左舷经过，在舰艉后方位置停了下来进行观察，发现"大井"号并没有明显的沉没迹象。与此同时，日军护航驱逐舰投掷深弹给"松鲷"号带来了不大不小的损伤，然后回到了被击伤的同伴"大井"号身边。潜艇的鱼雷攻击未能完全取得成功，很可能是由于忙于规避反潜攻击因而仓促设置的射击数据有误。然而，惠特克艇长决心干掉他的猎物。两个小时后，当日军驱逐舰的深弹反击出现间歇时，"松鲷"号抓住时机探出潜望镜进行了短暂观察，结果发现这艘轻巡洋舰仍然漂浮在海面上，于是收回潜望镜并重新装载鱼雷。而就在装填鱼雷的过程中，惠特克艇长在一次潜望镜观察中发现"大井"号已经开始下沉，不久就消失在了潜

△ 排水量为5700吨的日军"球磨"级轻巡洋舰"大井"号（Oi），于7月19日在南中国海中部海域被美国海军"松鲷"号潜艇击沉。

望镜的视野里，而日军的护航驱逐舰也匆忙撤离了现场。

　　7 月里我们的战绩中还包括击沉了一艘日本海军潜艇，这是由来自康涅狄格州麦迪逊的班尼斯特（A. B. Banister）少校指挥的"锯盖鱼"号潜艇斩获的。"锯盖鱼"号与"银花鲈鱼"号、"软棘鱼"号（Tilefish）同属一个艇群，支队指挥官沃伦·D. 威尔金（Warren D. Wilkin）上校负责指挥该艇群。不久前太平洋司令部收到一份关于一艘敌方潜艇活动的接触报告，报告显示该潜艇显然正驶往吕宋岛以北的巴林塘海峡（Balintang）海域。西南地区费弗将军麾下的潜艇在首次发现目标后发动过鱼雷攻击，但没能命中。紧接着，我们把这条情报转给了由上述三艘潜艇组成的"维尔基"艇群，后者很快在 7 月 26 日的早晨进入预设阵地并完成海上埋伏。"锯盖鱼"号潜艇最先发现目标，当时这艘日军潜艇正在水面上高速航行，很有可能日本人已经知道附近有一群美军潜艇存在。巴尼斯特艇长当机立断，指挥潜艇朝目标齐射了四枚鱼雷，结果三发命中，要知道能在这样的距离上击中这么小的运动目标，简直堪称完美！

　　当"锯盖鱼"号发射的鱼雷击中目标时，"软棘鱼"号也在靠近目标，而距离最近的"银花鲈鱼"号潜艇观察到了鱼雷爆炸抛起的巨大水柱。我们后来才得知，这艘日军潜艇搭载着从邓尼茨麾下的一艘潜艇上转运而来的纳粹德国雷达装置和技术人员，正计划前往槟城。结果攻击过后没有生还者，可怜的日本人也失去了一次对他们而言意义重大的机会。

　　7 月 31 日，由"红色"拉梅齐中校指挥的"礁蝴蝶鱼"号潜艇在几乎同一海区展开了一场旋风式的战斗。拉梅齐艇长因在"鳟鱼"号潜艇上服役期间表现出色而得到嘉奖，并奉命指挥这艘新潜艇。

　　此时，"礁蝴蝶鱼"号与"虹鳟"号（Steelhead）、"双髻鲨"号（Hammerhead）共同组成一支潜艇群赶赴"护航学院"海区活动，但任务展开 30 天以来，幸运女神始终没有对这支艇群绽放出她的笑容。有一次"礁蝴蝶鱼"号发现了一艘没有护航的航空母舰，但由于目标航速很快因此始终无法接近。到了夜间，"礁蝴蝶鱼"号试图浮上海面发动攻击，但因为忌惮附近有配备雷达的日军巡洋舰和驱逐舰存在所以未敢轻易尝试。在一次远距离的水面接近过程中，"礁蝴蝶鱼"号被一阵急促而准确的火炮射击阻断，迫使它潜入水下放弃攻击。而来自台湾海峡海域的日军飞机一直是美军潜艇的一大威胁，因此当时艇上官兵们的神经开始越来越紧张。

在7月31日当天的暗夜中，"礁蝴蝶鱼"号在一场持续46分钟的战斗中对敌实施了猛烈攻击，这场战斗在整个潜艇战争史上也是非常出色的。当时拉梅齐艇长指挥潜艇以水面航行状态驶入了一个防御严密的大型护航船队中间，然后从那里开始向目标发动了鱼雷攻击。第一轮鱼雷攻击所引发的激烈反应是可以想象的。日军护航舰艇立即发射了照明弹，被鱼雷击中受损的船只也发射了遇袭火箭，每艘日军舰船都在用自己配备的所有枪炮武器朝海面上胡乱射击，有时朝着美军潜艇的方向，有时则在黑暗中互相对射。拉梅齐下令除了自己和军需官之外所有官兵都进入艇内，两人则在舰桥上平静地观察着眼前的这一切。他告诉我，当时他的潜艇一度从敌船身旁经过，而对方的火炮由于无法压低炮口因此无从攻击他们。

在炮火横飞、弹如雨下的那一阵子里，"礁蝴蝶鱼"号潜艇能挺过几分钟都是不可想象的，但它确实奇迹般地做到了。潜艇有两次险些与敌船发生海上碰撞，但拉梅齐仍然指挥潜艇在海面坚持战斗。直到天空看起来有破晓的迹象，拉梅齐艇长才放弃了冒昧采取进一步行动的打算。到那时为止，该艇已经先后发射了19枚鱼雷，击中目标15次。JANAC方面下调了拉梅齐后来声称的击沉战绩，但无论这些日军船只最终是否被击沉，都不能忽视鱼雷爆炸对船上所装载的弹药和食品补给的破坏，以及日军官兵们为了自保而丢弃甲板上堆砌的作战物资所带来的巨大损失。为此，太平洋战区潜艇部队嘉奖委员会推举为"礁蝴蝶鱼"号潜艇及其艇长拉梅齐中校授予"国会荣誉勋章"。

更令我们感到满意的是，这枚荣誉勋章最终是由罗斯福总统亲自颁发的。他于7月26日乘坐美国海军"印第安纳波利斯"号（Indianapolis）重巡洋舰抵达珍珠港。当他坐在舰桥甲板上的一张大椅子上时，各舰队司令都站立在他的面前。不过总统的样子让我很难过，他看上去身体状况不是很好，特别是他的皮肤有一种人在生重病时常看到的灰褐色。

海军上将金是从华盛顿起程而来的，麦克阿瑟将军则从新几内亚飞来接受总统接见。总统先生临时下榻在克里斯·霍姆斯（Chris Holmes）住所，原先住

∧ 采用迷彩涂装的美国海军"印第安纳波利斯"号（CA-35）重巡洋舰，摄于1944年。

在那里的飞行员们临时撤走，而基地维修小组已经进驻那里并工作了一个星期，以将那里恢复到正常的接待状态。连续多日的高层会议占据了总统先生的大部分时间，但他还是设法兼顾了陆军、海军和海军陆战队各军种的战况汇报。考虑到他的健康状况，这无疑并不可取。但对我们而言感到相当荣幸的是，他还乘坐汽车视察了我们的潜艇基地，并对我们的军容面貌表达了赞许。

不管在政治信仰上可能存在着怎样的分歧，美国海军全体官兵将永远对富兰克林·D. 罗斯福（Franklin D.Roosevelt）致以崇高的敬意。罗斯福总统在20世纪30年代初把我们从绝望的泥潭中拉了出来，使我们做好了大战临近前的准备。他在授权海军工程建设项目和基地开发问题上的远见卓识，无疑将整个大战进程缩短了数月，因而挽救了成千上万的美国人的生命。

第十二章

在太平洋战场潜艇攻势作战的早期阶段，鱼雷的短缺情况相当严重，一度让我手下的艇长们十分抓狂。但到了1944年中期，珍珠港的鱼雷供应量已经十分充足，我们甚至可以削减相应的开支。

截至8月1日，我们已储备有200枚电动鱼雷（Mark.18型）和1005枚蒸汽鱼雷（Mark.14和Mark.23型），总体来说每月大致的鱼雷消耗量约为350枚。鱼雷的储备量已经到了鱼雷运输箱在基地鱼雷工厂外堆积如山的地步，因此我的建议是仅仅维持满足必要需求的鱼雷生产量即可，腾出的战争资源可用于新型秘密武器的研制。很明显，随着水面舰队和两栖登陆作战部队的不断推进，我们能发现的海上目标将会逐步减少，而所需的鱼雷数量也会相应降低。

舰船局方面也告诉我，潜艇建造计划的缩减是完全有可能且可行的。乍一看，这似乎对潜艇部队的官兵们而言是一个打击，但对美军武器生产状况的现实核查的结果表明，我们完全可以在不影响日益增加的作战活动的前提下削减军备生产开支。当时在太平洋上作战的美军潜艇大约有140艘，战局主动权也充分掌握在我们自己的手里，此外还有数十艘潜艇的建造进度尚处在远期，因此必须加快完成这些建造任务并将其尽快入役。

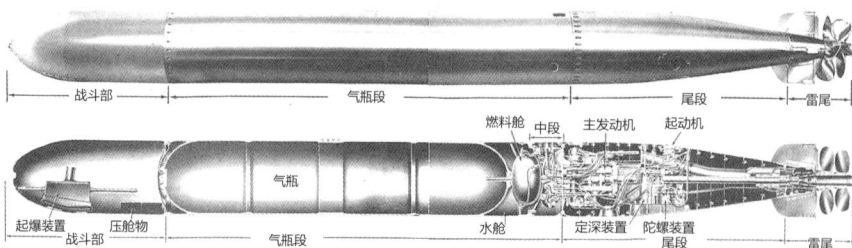

︿ 美国海军Mark.14型鱼雷的内部结构剖面图。

此时，我们期待已久的秘密武器开始现身，训练司令部正在尽一切努力指导潜艇部队官兵操作使用。比方说，首部装有内置式雷达系统的夜间潜望镜已配备安装在"海狐"号潜艇上，但目前尚未交付珍珠港部队服役。我们的两种新型超短波雷达可用于水面目标和空

△ 英国皇家海军XE8号袖珍潜艇。

中来袭飞机的预警，但交付进度仍然有所延迟。对于我要求加快这些新型武器交付进程的请求，我只得到了同情和如出一辙的答复，那就是两栖登陆作战部队在各类作战装备电子系统方面具有最高的优先级。因此，我们将不得不继续耐心等待。

另据我们目前所知，许多美军潜艇是在暂时关闭艇上较为老旧的 SD 型雷达系统后被敌机发现和击沉的，这让舰船局方面大吃一惊。同时有更多的迹象表明，日本飞机可以跟踪从 SD 型雷达设备发出的无线电波束从而定位我们的潜艇，因此大多数艇长只是间歇性地使用这种雷达。显然我们迫切地需要性能更好和使用更加安全的潜艇雷达装备。

金海军上将和他的作战计划参谋[①]于 7 月份造访了珍珠港，他们经常提到我们应该考虑使用袖珍潜艇的问题。其实这是我在大战期间一直存在思想斗争的一个念头。日本人装备有袖珍潜艇，德国人也有，意大利人也有，如今连英国人也使用由四名艇员操纵的 XE 型袖珍潜艇攻击了位于挪威奥顿峡湾（Alten Fjord）的"提尔皮茨"号（Tirpitz）战列舰。因此，我们美国海军似乎也该装备袖珍潜艇才是。

不过经过一番考虑，我坦白地表示并不想参与实施这一计划。首先，这类特种潜艇的生产建造将减少我们标准型潜艇的建造数量和规模，而我们的标准

---

① 原注：此处指库克（C. M. Cooke）海军少将。

型潜艇在追击日本船只方面表现得已经非常出色。在我们把日本船只全部赶回它们的港口后，后者根本无法威胁到我们，我们既可以选择用飞机轰炸将其摧毁，又可以动用潜艇或飞机在海上布雷实施封锁。由于日本本土港口的水深通常很浅，因此我认为在那里活动的袖珍潜艇一定会造成非战斗性损坏。无论谁有多么自告奋勇，我都不想派人去执行自杀任务。我们应该保证每个人都有公平的生存机会，如果就这样轻易地失去那些敢于执行自杀任务的人，那么我们必然会失去更多能在自己的战斗岗位上发挥出更大价值的人。

但库克将军认为，无论我们喜不喜欢，都应该弄几艘英国皇家海军的 XE 型袖珍潜艇到手，并试着去学习如何操纵它们。这种想法和先前的点子倒是有些区别，至少这意味着舰队型潜艇的建造计划不会受到影响。不过，一旦将来有计划提出把这些袖珍潜艇部署到横须贺或其他地方投入战斗，我就一定会设法阻止。我并不知道这个想法的最终结果，但至少我们自始至终没有建造任何袖珍潜艇，也没有从英国人手上接收到任何 XE 型袖珍潜艇。

至于我们迫切需要的潜艇水下欺骗装备，其交付驻珍珠港潜艇部队的进程实在是太慢了。据我获悉，"鲹鱼"号潜艇艇长"丹"达斯皮特中校已被指派为项目执行官，其主要职责就是让这一重要项目的生产交付尽可能迅速推进。另一名军官法根（Fagan）上尉则奉命前往圣地亚哥的加州大学战争研究部协助他们推进研究试验工作。鉴于战时电子系统设备的优先地位，这似乎是尽我所能做到的所有事情了。此外，汉威尔博士主导的团队还成功地弄到了 11 套原本计划用于扫雷艇的调频声呐装置。这些声呐在水面舰艇上的工作性能并不能令军方满意，我对此感到很遗憾，但还是很高兴看到这些设备能为我们所用。

我们在南中国海顶部的"护航学院"海区的作战活动似乎非常活跃。8 月17 日破晓前，由太平洋司令部指挥协调在该地区活动的一支攻击艇群发现了一支正在向南航行的护航船队，但未能抓住机会实施攻击。这支编队中有一艘护航舰艇是日本海军"大鹰"号护航航母，显然敌人已经开始使用护航航母加入护航船队的体制，就像美军在大西洋海域采用的护航体制一样。日军这样做的背后考虑还不清楚，毕竟从台湾海峡、中国大陆或菲律宾的基地向他们的护航船队提供空中掩护似乎才更经济和更安全。这样，护航舰艇就可以腾出来完全用于运载作战物资和作战飞机。然而，他们犯下的错误对我们是极为有利的。

与这艘航空母舰发生接触的"红鱼"号（Redfish）潜艇向它所在海区的同伴报告了目标情况，并通知了第七舰队所属的一支由两艘潜艇组成的艇群，当时第七舰队的潜艇正向南巡逻。该艇群由"查理"亨德森（C. M. Henderson）中校指挥的"蓝鱼"号和"汉克"蒙森（H. G. Munson）中校指挥的"红石鱼"号两艘潜艇组成，由蒙森负责总体指挥。

"红石鱼"号潜艇当时的航向是波甲多角（Cape Bojeador），在大概15000码的距离上首次与目标发生了雷达接触。这支日军编队似乎是由13艘商船和6艘护航舰艇组成的，采用平行纵队航行，护航舰艇则一部分位于船队前方的一条弧形上，一部分尾随在船队后方。在这支日军护航船队通过之前，我们发现日军飞机在这片海区附近的空中活动十分频繁，这充分表明这是一支十分重要的护航船队。蒙森指挥潜艇运动到目标的右舷前方、距离最近的日军护航舰艇仅1500码的位置，瞄准一艘大型油轮发射了两枚鱼雷。结果一枚鱼雷击中目标并引起了一连串骇人的猛烈爆炸，油轮爆炸腾起的火焰至少有1000英尺高，这可能是由船上所装载的航空燃料引发的。

船队遇袭之后，位于右侧的日军护航舰艇随即开始朝四面八方开火还击，然后一面转向一面朝距离"红石鱼"号潜艇大约2英里的海面胡乱投掷深水炸弹。其他船只也相继开火，但其中有两艘船显然是在朝对方开火，还有一些船只草率地打开了他们的航行灯。

蒙森指挥潜艇实施了一次大角度转向机动，在日军船队前方5000码处观察了目标的雷达图像。最后，他找到了解决办法——跟在右舷前方日军护航舰艇的后面。22时11分，他向距离最近的一个较大目标齐射了六枚艇艏鱼雷，然后迅速地转向脱离，并向其后方的一艘大型船只发射了艇艉鱼雷。在这轮鱼雷攻击中，共有八枚鱼雷分别击中了四个不同的目标。于是，混乱（发射求救信号，无目的的四处射击，发动深弹反击）再次在日军船队中爆发，但仍然没人准确找到"红石鱼"号潜艇的位置。海面上，一艘日军船只正在熊熊燃烧，另一艘据信是运输船的较大船只则在两艘护航舰艇的陪同下从编队中缓缓脱离，没过多久便渐渐地从雷达屏幕上消失了。当天晚些时候，"红石鱼"号在这片海域还

〈 美国海军"红石鱼"号
（SS-269）潜艇。

　　能看到海面上救生艇闪烁的白光，这显然意味着目标已经沉没。此外海面上还漂浮着大片重油，这很可能是来自一艘日军油轮。

　　就在这个时候，日军护航船队已分成两队一路向西驶去。"红石鱼"号锲而不舍地追击位于前方的一队。另一队则位于北面约 5 英里的位置，当天晚些时候成为"红鱼"艇群中"白鲳"号追击的目标。不久，"红石鱼"号在目标左舷前方位置进入攻击阵位，在跟踪了几分钟后于 23 时 30 分向领头的目标发射了艇上剩下的四枚艇艉鱼雷。潜艇随即再次进行了一次全速机动，并向第二个目标发射了最后的两枚鱼雷。所有这些鱼雷全部准确命中目标。

　　"白鲳"号在追击战中首先击沉了一艘客货船。到了 8 月 22 日，一艘可能先前已被蒙森指挥的"红石鱼"号击伤的油船被"白鲳"号击沉。"红鱼"号则

∧ 美国海军"鲍鱼"号（SS-246）潜艇。

∧ 日本海军"长良"号轻巡洋舰，摄于战前的1936年。

击沉了一艘货轮。至于"红石鱼"号潜艇，该艇在持续150分钟的第三轮攻击过程中，总共发射的18枚鱼雷中有15枚命中目标，取得击沉一艘护航航母、一艘油轮、一艘运输船和两艘货轮的战果，另外还击伤三艘船只。就这样，在一个致命的夜晚里，日本人接连失去了一艘排水量达2万吨的航空母舰和吨位总计38547吨的商船。

由来自特拉华州威尔明顿（Wilmington）的"杰克"李（J. E. Lee）中校指挥的"鳅鱼"号（Croaker）潜艇在东海海域执行了自己的首次战斗巡逻任务，这次作战可谓旗开得胜，取得了击沉包括日本海军"长良"号（Nagara）轻巡洋舰在内的出色战果。8月7日上午，在长崎南部海域，李遇到了一艘由一艘猎潜艇和一架日军飞机护航的巡洋舰。目标采用了Z字形大范围规避航线，根本没有时间来详细研判目标的航迹，所以李只能进行仓促的射击参数设置并朝目标果断齐射了四枚鱼雷。就在鱼雷入水的瞬间，目标再次进行大范围机动，这种情况很可能足以令所有的鱼雷都错失目标。但出于某种无法解释的原因，这位不幸的日军舰长在美军潜艇发射鱼雷两分钟后，再次做出了同样大角度的规避机动，然后回到了先前的航线上，于是被一枚鱼雷击中舰艉。当时艇长李仍然停留在潜望镜深度，静静地观察着他的猎物在海面上垂死挣扎，同时用彩色胶片拍摄下了记录目标沉没过程的宝贵录像。马里亚纳群岛战役结束后，为了准备下一次大规模的攻势行动，我们奉命出动潜艇对几个指定的岛屿进行侦察拍摄，并派遣登陆小分队对佩莱利乌群岛和雅普群岛的海滩实施侦察。两栖登陆部队急需当地潮汐各阶段珊瑚礁区域的水深、通过珊瑚礁的入口地点等方面的详细资料，用以确定在任何特定地点的海滩上投送"希金斯"（Higgins）车辆 /人员登陆艇、DUKW 型两栖登陆运输车、LSTS 通用登陆艇和 LVT-1 "短吻鳄"（Alligator）式两栖坦克是否可行。当初在塔拉瓦的行动中我们就缺乏这样的详细情报，且已充分证明这是那次攻击行动中的一个几乎致命的缺陷。

　　而获得这类侦察情报的方法只有一种，那就是通过潜艇秘密投送橡皮艇实施登陆渗透。这种行动的危险性自然是很大的，潜艇和登陆的小分队队员必须保证自己不被发现，否则他们要是在某一特定地区的海滩上被发现的话，就等同于通知敌人我们的作战意图。

　　由来自弗吉尼亚邦艾尔（Bon Air）的帕金斯（W. B. Perkins）少校指挥的"刺

〈 塔拉瓦登陆行动中的美军LVT-1 "短吻鳄"两栖坦克。

∧ 滩头上的DUKW两栖输送车和美国海军陆战队的官兵，摄于1943年。

鲀"号潜艇奉命前往帕劳和雅普群岛实施侦察拍摄行动，并将作为两栖作战指挥部实施登陆渗透行动。这个两栖登陆小分队的具体行动由海军后备役部队的柯克帕特里克（C. E. Kirkpatrick）上尉指挥，由一名军官和九名队员组成，他们都接受过划艇和侦察方面的高强度训练。他们后来在佩莱利乌群岛的登陆行动取得了完全的成功，并获取了大量有价值的信息。不过，在附近地区和安佳岛（Angaur）的登陆行动在连续几个晚上的尝试后最终被迫放弃，日军雷达活动的增强意味着靠近这一地区的美军潜艇几乎可以肯定会被发现，从而暴露太平洋司令部的进一步行动计划。

　　后来，"刺鲀"号潜艇转战到了雅普岛海域。8 月 16 日晚，潜艇在岛的南端靠岸实施了登陆。经过实地考察发现，这片海滩适合所有类型的两栖登陆装备。8 月 18 日晚，"刺鲀"号上的登陆小分队又在邻近的加吉尔—托米尔岛（Gagil Tomil）进行了相同的尝试。五名队员乘橡皮艇穿越海浪在礁石区内锚泊好后，其中四个人前去海滩实施了侦察，结果只有一人返回。我们后来了解到，另外三人都被岛上的日军抓获。到了返回潜艇的约定时间，仍然没能等到这三名队员。于是两名队员登上橡皮艇划着桨在距离海滩 100 码的区域反复搜索，但最终仍然无功而返。就这样，抢滩雅普岛的计划被迫放弃，可能主要是因为我们的作战意图已经暴露。但无论如何，放弃那个岛对我来说并不是坏事，它与特鲁克岛的情况一样，并没有多大的战略价值。

由来自宾夕法尼亚州约克的麦克马斯特中校指挥的"臼齿鱼"号（Hardhead）潜艇幸运地在它的首次战斗巡逻任务中击沉了日本海军轻巡洋舰"名取"号（Natori）。8月18日午夜刚过，"臼齿鱼"号潜艇就在苏里高海峡东面通过雷达发现了两个一大一小的点，随即开始向目标靠近。不久，较大的目标已经可以通过潜望镜很好地观察到，这似乎是一艘日军重巡洋舰或战列舰。麦克马斯特显然绝不想让这一高价值目标轻易逃脱，于是迅速用艇艏鱼雷发射管齐射了五枚蒸汽鱼雷，然后调转航向用艇艉鱼雷发射管再次发射了四枚电动鱼雷。幸运的是，虽然第一轮艇艏鱼雷齐射没有任何一枚命中，但是根据正确的估算时间判断，有两枚艇艉鱼雷击中了目标。通过目标爆炸引起的猛烈火势判断，被鱼雷击中的目标应该是一艘日军战列舰。

"臼齿鱼"号潜艇暂时脱离战斗后重新装填了鱼雷发射管，然后回到了攻击阵位，并通过雷达搜索再次发现了目标。麦克马斯特下令朝目标再次发射了六枚鱼雷，这次所有鱼雷都在适当的时间命中起爆，但到了破晓时分，目标仍在海面上漂浮着。麦克马斯特于是指挥潜艇从水下靠近目标，最终这艘日军舰艇在他再次发动鱼雷攻击前就宣告沉没了。

1944年8月份的战绩报告显示，这是一个创纪录的月份。我们估计这一月份的战绩吨位在30万吨。但根据JANAC方面的记录，总共有30艘潜艇共同击沉了41艘商船，其中包括9艘油轮，吨位共计215657吨。此外击沉作战舰艇14艘，吨位共计41089吨。其中包括1艘护航航空母舰、2艘轻巡洋舰、2艘驱逐舰、4艘护卫舰和5艘辅助舰艇。日本南部海岸、中国黄海和东海、"护航学院"海区以及南中国海已成为美军潜艇的最佳猎场。当然，最好的焦点战区还是当属"护航学院"海区，我们的潜艇在那里取得的击沉总吨位数超过了8月份战绩的三分之一。

关岛地区的战局尘埃落定后，海军少将约翰·布朗作为我的副手抵达那里，提出了在当地修建一处潜艇官兵休养营的需求。该基地的地点自然必须是阿普拉

（Apra）港，我们只打算在那里的码头上系泊三或四艘潜艇供应舰，再加上指挥部、我的办公室、或许还需要一间鱼雷工厂。不过，考虑到季风的因素，我们也想在东海岸地区设立疗养中心。我以前两次造访阿普拉港，就像吉卜林先生[1]曾经写过的那样，我知道那里的"林中空地有着遍地的兰花香和蒸腾的寂静"。

当约翰·布朗抵达关岛时，他发现只有乘坐坦克才能到达我们在地图上初步选定出来的地点。最后，他坐飞机从空中俯瞰后选择了一片椰子林，地点大概就在泰勒佛佛河（Talofofo River）以北地区。

不久，尼米兹上将宣布他将把自己的指挥部迁到关岛。消息一出，军务部门的所有分支机构都开始疯狂地抢占那里的地盘。然而，太平洋司令部阻止了这场"淘金热"，并宣布新基地的规模将被限制在仅有的最低限度——在关岛驻留所必要规模。就连在1922年协助策划了关岛潜艇基地建设的我所提出的申请，也被太平洋司令部的参谋人员搁置。为此，我不得不和那些参谋人员进行不懈斗争，就像和日本人打仗一样。结果我如法炮制，直接向"大老板"呼吁，最终我为自己赢得了胜利。于是我从珍珠港飞来敲定了最后的计划，跟我一起前去的是"斯佩里"号潜艇供应舰的舰长乔·修中校，我希望派他到关岛去负责组建新的潜艇部队先遣基地。途中，我在塞班岛塔纳帕格港里的"霍兰"号潜艇供应舰上停留了一晚。当时并排系泊在一起的是七艘正在重新装填鱼雷弹药的潜艇，由它们组成的"狼群"艇群在吕宋海峡战斗巡逻期间的几天之内就把艇上所有的鱼雷都用光了。当天下午，其中三艘潜艇再次起航，第二天早上剩余四艘也开拔重新赶赴战场。我们不需要占卜师都能预测到，即将到来的9月将是我们潜艇部队作战最有成效的月份之一。

我还去塞班岛拜访了海军中将约翰尼·胡佛所在的驱逐舰供应舰"柯蒂斯"号[2]，胡佛当时的职务是美国海军驻马里亚纳海军司令部司令。可以预见的是，他遇到了很多问题，其中一些问题正随着"霍兰"号进驻塞班岛而逐步得到解决。"柯蒂斯"号的左舷停满了潜艇，右舷则靠着四艘轻型水面舰艇，这些舰艇

---

① 译注：Rudyard Kipling，英国记者与短篇小说家。
② 译注：Curtis，应为水上飞机供应舰。

都借助这艘装备精良的支援船得到了修理。正如我所预见的那样，"霍兰"号是这个潜艇先遣基地里最受欢迎的新成员。胡佛将军告诉我，他不久将乘"柯蒂斯"号离开塞班岛前去关岛，因此邀请我带一艘潜艇供应舰进驻这一腾出来的泊位。当然，我也很高兴地向大家透露了我的想法，那就是尽快向关岛地区部署一艘潜艇供应舰，并尽早启动我们的前沿潜艇维修改装基地的开发建设工作。

在关岛，我和美国海军陆战队驻关岛司令亨利·拉尔森（Henry Larsen）将军一起乘吉普车穿越了整座岛，希望能找到某个适合建休养营的地方。我们在车上配备了一名装备"汤普森"冲锋枪的士兵，因为当时附近的丛林里至少隐藏着数百名被击溃的日军士兵。我们最终选择的地点是一片废弃的椰树林，附近地势向下延伸到一片美丽的海滩。稍微加以爆破修整，我们就可以在暗礁区内建造游泳池。岛上东边没有遭受过炮击，因此看起来环境很理想，后来那里成了除马朱罗环礁的米尔纳岛营地之外我们所拥有的最漂亮的一处休养营地。

紧接着，尼米兹上将在我之后抵达了关岛。在与他进行的一次会议上，我申请部署一艘新的潜艇供应舰，并要求马上得到实施。这遭到了他的作战计划官的反对，他坚持说当地的港口已经太过拥挤。我指出，虽然阿普拉港可能有点拥挤，但沿亚洲海岸的海上战斗巡逻区域并没有我们所希望的那样拥挤。通过再增加一艘潜艇供应舰进驻关岛，就可以减少潜艇抵达这些地区的无谓航程消耗，我就可以增加我们潜艇力量的覆盖密度。尼米兹上将最终同意了，并给我后面的安排"开了绿灯"。在征询港口总监贝克尔上校的意见时，我发现他早已计划好了两个可分别用于停泊一艘潜艇和一艘驱逐舰的泊位。而且如果我愿意，还有第三个泊位可供潜艇供应舰系泊。就这样，几个月来我一直关注的前沿潜艇支援基地，如今终于成了现实。

在短暂停留米尔纳岛期间，我有幸将一枚"海军十字勋章"授予彼得森上校。彼得森作为一支战斗力最强的"狼群"的领袖在战斗中的表现非常出色。"秋刀鱼"号潜艇的艇长[1]也因在另一艘潜艇上的出色服役经历而获得一枚"银星勋章"。

---

① 原注：此处指来自加利福尼亚州萨克拉门托的富兰克林·G. 赫斯（Franklin G. Hess）。

随后，我搭乘一架飞机前往珍珠港。在那里，我看到上个月制定的关于潜艇部队参与进攻帕劳的作战计划（Operation Stalemate，即"僵局行动"）正在付诸实施，潜艇正在朝着它们的预设作战阵地进发。由哈尔西指挥的美国海军第三舰队正在西加罗林群岛海域行进，米切尔海军中将的第 38 特遣舰队的飞机正在攻击棉兰老岛和菲律宾南部的日军目标，航母力量则对小笠原群岛（Bonins）和雅普岛上的日军目标进行攻击。

9 月 15 日，哈尔西要求在帕劳西北 400 英里海域部署一条由九艘潜艇组成的侦察线，以便支援进攻佩莱利乌和安佳岛的行动。这支艇群的主要目的是保护第三舰队不受日军袭扰。"海马"号潜艇艇长"维尔利"威尔金斯（C. W. Wilkins）上校负责指挥。与此同时，我们还在帕劳和雅普海域部署了常规的潜艇救生力量。

当帕劳一带地区不再需要美军舰队时，哈尔西于 9 月 21 日和 22 日下令向北朝马尼拉方向推进，并于 9 月 21 日和 22 日袭击了台湾海峡—琉球一线的日军目标。于是，被我们戏称为"动物园"的侦察艇群随之转移到台湾海峡东面，最终被分散到各自的例行巡逻海区，结果各艇都没有机会发动攻击。在我们看来，这个计划根本无利可图，因此后来再也没有实施过。毕竟，构成"动物园"艇群的这些宝贵潜艇本来可以更好地部署在日军水面编队可能出现的港口，或是日军海上贸易航线的港口附近。

击沉日本海军舰艇和商船队的重大任务进展十分迅速。到 9 月份，已经有 400 多万吨的日本船只沉入海底，约占敌人总吨位的三分之二。然而，在实现这一壮举的过程中，我们的损失也并非微不足道。敌人也击沉了我们的 28 艘潜艇，同时各类事故又夺去了 6 艘潜艇的生命。9 月里，我们损失的潜艇的数量又有了进一步的上升。

第七舰队潜艇部队又传来了坏消息。由海军上将哈斯本·E. 基努内尔（Husband E. Kinunel）的儿子金梅尔中校（M. M. Kimmel）指挥的"刺盖鱼"号（Robalo）潜艇"逾期未返航，据推测已损失"，而且目前不知道潜艇失踪的确切原因。但后来我们从菲律宾游击队和一名来自巴拉望岛（Palawan）普林塞萨港（Princessa）监狱营的美国海军战俘那里得到消息，最终得以还原关于"刺盖鱼"

号结局的那些不为人知的事实。

1944 年 8 月 2 日，一名美国士兵捡到了一张从一间关押"刺盖鱼"号潜艇官兵生还者的牢房窗口扔下的纸条，把它交给了另一位名叫霍夫（H. D. Hough）的美军战俘。两天后，霍夫联系上了当地游击队领导人门多萨（Mendosa）博士的妻子特立尼达·门多萨（Trinidad Mendosa）夫人，后者为我们提供了关于"刺盖鱼"号潜艇幸存者的进一步信息。根据这些信息来源，我们收集整理出了以下事实。

1944 年 7 月 26 日，"刺盖鱼"号潜艇在距离巴拉望岛西海岸两英里的海域沉没。艇上官兵中有四人游泳逃生上岸，其中包括一名军官和三名士兵，他们分别是塞缪尔·L. 塔克少尉（Samuel L. Tucker）、一等操舵手弗洛伊德·G. 劳克林（Floyd G. Laughlin）、三等信号兵华莱士·马丁（Wallace K. Martin）以及二等电工梅森·波士顿（Mason C. Poston）。他们穿过丛林来到普林塞萨港西北的一个小镇，在那里被当地的日本军警抓获并关在了监狱里。据说，他们被日军关押的理由只是因为怀疑参与游击活动，而不是作为美军战俘。8 月 15 日，他们被押上了一艘日本海军驱逐舰，后来就不知道他们的目的地或下落了。他们既有可能是被日本人处决了，又或者他们所搭乘的驱逐舰后来被击沉了。无论如何，后来一直没有找到他们，纸条上也没有提到有其他"刺盖鱼"号的生还者。有人怀疑蓄电池爆炸造成了潜艇沉没，也有人推断"刺盖鱼"号潜艇的沉没是一枚日军水雷造成的。

同样来自第七舰队的一艘潜艇[1]于 8 月 13 日在巴拉望群岛以南的巴拉巴克海峡（Balabac Strait）在水面航行状态下沉没，出事地点与"刺盖鱼"号潜艇几乎一致。

几个月后，克劳利中校在途经珍珠港回国的路上给我讲述了这个故事。就在 8 月 13 日当天午夜前不久，潜艇的右舷前方发生了一次可怕的爆炸，舰桥上的几名官兵当场受伤。副艇长里德尔（J. W. Liddell）上尉当时已走到舱口下面去和克劳利艇长谈话，爆炸的瞬间也被震倒在地，艇内的官兵们争相逃生。结果几乎就在 20 或 30 秒内，"日鲈"号就宣告沉没了，潜艇沉没时仍有 15 节的

---

[1] 原注：此处指"日鲈"号（Flier），由来自马萨诸塞州斯普林菲尔德的克劳利（J. D. Crowley）中校指挥。

航速。根据艇长的看法，这次爆炸是由于触碰了水雷。

幸存者们提到，在潜艇沉没后，他们看到下列人员在水中挣扎，其中包括克劳利中校、小里德尔上尉、雅各布森（A. E. Jacobson）少尉、无线电操作员霍威尔（A. G. Howell）和特里梅（D. P. Tremaine）、三等轮机军士长米勒（W. B. Miller）、三等舵手拉索（J. D. Russo）、三等轮机兵鲍姆加特（E. R. Baumgart），以及纳普（P. Knapp）上尉、卡希（J. E. Casey）上尉、雷纳德（W. L. Reynolds）少尉、梅尔（P. S. Mayer）少尉、军士长波普（C. D. Pope）、轮机长哈德森（E. W. Hudson）和海军中士马蒂奥（G. F. Madeo）。落水者们在决定召唤众人聚集在一起时，发现负伤的雷纳德、哈德森和波普三人失踪。负伤的梅尔少尉得到了霍威尔的帮助，但过了大约20分钟后也失去了知觉，后者不得不放弃施救。

当时众人首先决定游到附近的科美兰岛（Comeran）。但对这一问题进行权衡之后，特别是考虑到落入日军手中的可能性，克劳利还是决定向西北方向游出珊瑚礁。与此同时，纳普上尉不知何时与落水官兵们失去了联系，没有任何人再看到或是听到他的消息。在整个逃生过程中，卡希上尉因为双眼被海上的浮油灼伤而无法睁眼，很快便精疲力竭，众人只好被迫放弃他。克劳利艇长意识到，所有人唯一的希望在于以最快的速度向前游，于是告诉大家要尽最大努力向前方的陆地前进。就在陆地的轮廓已经映入眼帘的时候，马蒂奥也开始慢慢落在后面，直到最终消失不见。

13时30分，队伍中的克劳利中校、里德尔上尉、雅各布森少尉、霍威尔和鲍姆加特在海面上发现了一棵漂浮的棕榈树，五人利用这棵树帮助自己在向陆地前进的过程中节省体力并保持漂浮。众人于15时30分在班塔古勒岛（Bantangule）上岸，在那里遇到了也是全程游泳上岸的拉索。到了17时，又在岛上的东端发现了侥幸逃生至此的屈里曼（Tremaine）。众人一起搭建了一个简易棚屋，当天晚上就在海滩上过了夜。

后来，幸存者们搜集海面上漂着的竹子绑在一起做了一只竹筏，然后利用竹筏从一个岛移动到附近的另一个岛，而最终目标便是巴拉望岛。8月19日，他们联系上了当地的一些土著人，后者把"日鲈"号的官兵幸存者们带到了驻巴拉望岛的美国陆军岸哨部队。这支部队为幸存者们提供了通信设施，并安排潜艇帮助他们撤离。8月30日晚上，"日鲈"号潜艇的生还者们分别乘坐两艘小船，于第二天清晨被"红鳍鱼"号潜艇接上了艇。

"日鲈"号潜艇的悲剧故事就这样结束了。它的第一次不走运是在中途岛附近海域不慎搁浅，那次是依靠上帝的恩典才侥幸摆脱困境的。不出所料的是，有了这两次神奇的经历后，身材依旧魁梧的克劳利一个月后在珍珠港与我共进午餐时，似乎已经准备好回家休息和为自己做出一些改变。至于"日鲈"号潜艇，则是在它的第二次战斗巡逻任务期间沉没的。然而这艘潜艇在它短暂的战斗生涯中仍然做出了一定的贡献，其中包括击沉一艘排水量达10380吨的运输船。

我们损失的另一艘潜艇是"鲻鱼"号。9月15日晚，"座头鲸"号潜艇在向第七舰队潜艇司令部发回的无线电报中表达了对"鲻鱼"号潜艇安全的特别关切。随后，第七舰队证实了这一消息，即艇长萨姆·德雷及其指挥的"鲻鱼"号潜艇全体官兵"逾期未返航，据推测已损失"。

由来自印第安纳州曼西的海勒（F. E. Haylor）少校指挥的"无须鳕"号（Hake）潜艇、由来自华盛顿特区的小尼米兹（C. W. Nimitz）少校指挥的"座头鲸"号潜艇以及"鲻鱼"号潜艇奉命组成"狼群"艇群，于8月5日从弗里曼特尔出发执行任务。萨姆·德雷中校是获得过诸多海上战斗胜利的英勇老兵，此次出航也是艇群的指挥官。8月20日下午，正在同一海域巡逻的"虹鱼"号（Ray）潜艇跟踪到了一支驶入菲律宾中部民都洛岛（Mindoro）西北海岸帕鲁安湾（Paluan Bay）的大型护航船队。经过一个小时的水面航行后，"虹鱼"号在海湾外联系上了"鲻鱼"号潜艇，德雷据此制订了一套作战计划，准备在黎明时分指挥"狼群"艇群集中攻击这支藏身于海湾中的至少有16艘船只的大型船队。

天明时，船队开始起航离开港湾。"虹鱼"号潜艇从西北方向靠拢，"座头鲸"号从西面接近，"鲻鱼"号则从西南方向发起进攻。德雷还召唤来了"犁头鳐"号（Guitarro）潜艇，该艇将从卡拉维特角（Cape Calavite）灯塔附近的西北方向海域发起进攻。在随后的战斗中，这支美军艇群总共击沉了四艘船只，吨位共计22000吨。后来我们估计"鲻鱼"号至少击沉了其中的一艘。

第二天，"座头鲸"号和"鲻鱼"号两艘潜艇联手对位于巴丹外海的三艘小型舰只发动了攻击，并将其全部击沉，三艘日军舰只都是海防舰，分别是"松轮"

号、"佐渡"号（Sado）和"日振"号（Hiburi）。

8月23日上午，"座头鲸"号与一艘由驱逐舰护航的油轮发生了接触，在一次一剑封喉的攻击中，"座头鲸"号发射的鱼雷准确命中日军驱逐舰的舰艇。在这次鱼雷攻击中，"座头鲸"号用掉了艇上仅剩的最后一枚鱼雷。为了响应"座头鲸"号潜艇的紧急求援，"无须鳕"号和"鲻鱼"号两艘潜艇奉命与其在海上进行了临时集结。而"座头鲸"号潜艇同样因鱼雷耗尽，在"收到萨姆的祝福"后，离开"狼群"向南撤离。"无须鳕"号与"鲻鱼"号一同讨论了如何了结那艘被击伤的日军驱逐舰，随后便起航前往位于凯曼角（Caiman Point）的下一个作战海域。

第二天清晨，"无须鳕"号潜艇在离凯曼角不远的吕宋岛西海岸赫玛纳（Hermana）主岛约四英里的海面潜入水下，此时"鲻鱼"号正位于"无须鳕"号以南4500码处的可视位置上。"无须鳕"号通过南面传来的声呐回波很快就发现了两艘敌舰，后者分别被确认为三烟囱布局、排水量1035吨的泰国海军驱逐舰"帕銮"号（Phra Ruang）和一艘排水量不到1000吨的扫雷舰。6时47分，海勒艇长观察到了"鲻鱼"号潜艇的潜望镜，位置大约在它前方700码处。为了避免可能发生的水下碰撞，海勒指挥潜艇调头。不久，扫雷舰开始在两艘美军潜艇所在的海面投掷深弹，于是"无须鳕"号被迫向深水区下潜。7时28分，"无须鳕"号监听到了15次深弹爆炸的声音，但距离都较远。当向西撤离时，"无须鳕"号潜艇又听到了两只螺旋桨旋转的声音。到了9点55分，一切都平静了下来。

自此，再也没有人听到关于"鲻鱼"号潜艇的消息。根据日军方面的记录，8月24日，日军舰艇在海勒最后一次看到"鲻鱼"号潜艇的海域进行过一次使用440磅深弹的反潜攻击。日军方面提到，"附近海面发现大量油迹、木屑和软木塞"。据推测，"鲻鱼"号潜艇很可能是在这次深弹攻击中被击沉的。

"鲻鱼"号潜艇由于在前五次战斗巡逻任务中表现出色，因此被授予"总统嘉奖"，德雷艇长也被追授"国会荣誉勋章"，以表彰他在第五次战斗巡逻中做出的杰出贡献。这艘潜艇的座右铭是："再次击沉他们，'鲻鱼'号！"包括10艘敌商船、4艘驱逐舰和2艘护卫舰在内的"鲻鱼"号潜艇的牺牲品们应该都知道，它的战绩是完全配得上这句座右铭的。

从另一个角度来看，9月份是一个充满悲剧意味的月份。它见证了整个太平洋潜艇战历程中最令人心碎的事件，这是由那些人所无法避免的或许只有伟大先知才能避免的各种意外状况造成的。不过，这也为我们正在英勇作战的盟友们奉献了可贵的生命和自由。

9月12日黎明前，一支名为"本的破坏者"的美军"狼群"艇群在所谓的"护航学院"海区与一支由七艘舰艇和九艘商船组成的日军护航船队发生了接触。这支艇群的成员分别是由来自加利福尼亚州洛杉矶的"本"奥克利（T. B. Oakley）中校指挥的"黑鲈"号潜艇、由来自纽约的艾利·雷奇（Eli T. Reich）中校指挥的"海狮"号潜艇以及由来自田纳西州列克星敦的萨默斯（P. E. Summers）少校指挥的"红鲟鳄"号潜艇。

而在这支日军护航船队中，"乐洋丸"号（Rakuyo Maru）运输船奉命将1350名英国和澳大利亚战俘从新加坡运送到日本本土。这些战俘是日本人最初在马来亚俘虏的9万名战俘中的部分幸存者，他们一直在被迫从事从缅甸曼德勒到越南西贡的铁路修建工作，日军计划将他们运往日本本土的工厂和矿山工作。

在其后的攻击行动中，共有四艘日本商船和两艘日军护航舰艇被击沉，另有几艘被击伤，而"乐洋丸"号运输船就是其中之一。"乐洋丸"号被击中后下沉速度较慢，因此给了日本船员和随船的日军官兵们足够的时间借助救生艇逃生，而船上的盟军战俘们则被日军置之不理任其自生自灭。不过当"乐洋丸"号即将沉没的时候，船上的盟军战俘们已经利用身边的材料搭造好了木筏并成功逃离这艘注定要沉入海底的船。日军生还者们随后被多艘护航舰艇救起，而幸存的英国人和澳大利亚人被押解至附近日军控制的港湾内重新关押了起来。

我们的潜艇完全没有意识到发生的上述事情，而是继续追踪护航船队中的残余船只，直到船队进入香港海域后才放弃追击返回预设作战海域。9月15日下午晚些时候，"红鲟鳄"号潜艇在海面上发现了一只几乎已是人满为患的木筏。"红鲟鳄"号靠近后，按照标准流程从木筏上带走几人作为战俘进行审问。结果令人惊愕的是，登艇仔细检查后才发现这些人竟然是全身都被油污遮盖、连黑人白人都已分辨不清的盟军战俘。"红鲟鳄"号立即给"海狮"号发了一条求救信号（当时"黑鲈"号潜艇已经返航），而当报告送至珍珠港指挥部后，我们立即指示位

∧ 处于水面航行状态下的美国海军"鲃鱼"号潜艇（SS-220）。

于附近海域的两艘潜艇[1]前去提供支援。没过多久两艘潜艇就抵达了这一地区，到了 17 日下午，据信所有剩余的盟军幸存者都被现场的美军潜艇成功救起。

救援过程中，由艇上身体强壮的官兵组成的救援队多次游泳下海，把身体虚弱得已经抓不住绳子的落水者们带上潜艇。当他们被带到甲板上时，其他潜艇官兵则帮助他们脱下已经被油污浸透和受虱子感染的衣服，并把他们带到舱内。在那里，潜艇官兵们为他们进一步清洗了身上的油污，并把他们安置在临时搭建的铺位上。所有这一切都必须迅速完成，因为日军空袭的威胁一直存在。而历经长达三年的囚禁和热带疾病的蹂躏，获救的盟军战俘们的境况十分悲惨。在日军船上的所有在押盟军战俘中，4 艘美军潜艇总共救出了 150 人，随后立即全速赶回塞班岛。

"红鲑鳟"号潜艇的艇长萨默斯在他的日记中记录下了这些细节：

> 如何居住是新增的 73 名盟军幸存者和艇上 89 名潜艇官兵遇到的共同问题。但经过仔细规划和监督，局面得到了很好的控制，所有人都得到了妥善的安置。除了 6 名伤势严重的人员之外，登艇的盟军幸存者们都被安置在了艇艉鱼雷舱内。这样的安排须要巧妙地在鱼雷托

---

① 原注：此处指"鲃鱼"号和"皇后鱼"号（Queenfish）。

架和甲板空间中设计铺位，虽然每个铺位中安置进了两人，每个鱼雷托架上安置了三至四人，但大多数人员的居住情况都比想象的要好。在这些登艇的盟军战俘中，多数人都患有不同程度的脚气、坏血病、疟疾和皮肤病，因此必须严格地将他们与艇员们隔离开。我们派了两名艇上军官专门处理这些问题，除了药剂师和两名志愿者（一名艇上厨师和一名水手）外，还有两人负责"保姆"式值班。

首要问题是要让所有人都登上潜艇。他们的身体极度虚弱，且几乎全身都被稠油覆盖，在这种情况下，实际的清洗和健康恢复工作是相当艰巨的。虽然他们中的许多人可以自救自理，但大多数人还是须要我们的帮助才能在潜艇内安置。

下一个问题是怎样清理掉幸存者们身上厚重的油污。当他们还在甲板上的时候，我们就剪掉了他们身上的衣服，然后用柴油海绵浴除去了大部分重质原油。在这一过程中，我们三次遭遇日军飞机，当听到有人大喊"有日本飞机！"时，把这些身体虚弱的人通过舱口转移到潜艇内部可不是一件容易事。进入艇内后的下一步行动就是进行进一步的身体检查，以确定他们的伤势程度和患病情况。水是他们最迫切需求的东西，一开始他们得到了多次少量的饮用水供应，热汤、茶和肉汤紧随其后。很快，他们就在精疲力竭的潜艇官兵中间熟睡起来。

在前往救援海域的途中，由来自华盛顿特区的"吉恩"弗拉基（E. B. Fluckey）中校指挥的"鲃鱼"号潜艇和由来自宾州北威尔士的艾略特·洛克林（C. Elliott Loughlin）中校指挥的"皇后鱼"号潜艇，于9月16日晚发现了一个水面目标。两艘潜艇都是由斯温伯恩（E.R.Swinburne）上校指挥的名为"艾德的除草机"艇群的成员，艇群中的第三艘潜艇是由来自田纳西州塔拉霍马（Tullahoma）的乔治·埃利斯·皮尔斯（George Ellis Pierce）中校指挥的"金枪鱼"号，但当时这艘潜艇有伤在身，正在前往珍珠港的途中。

"皇后鱼"号通知"鲃鱼"号潜艇，它遭遇了一支由六艘护航舰艇和五艘商船组成的护航船队，并且正在发动进攻，到22时54分结束攻击。"鲃鱼"号潜艇则在艇长弗拉基的指挥下以水面航行状态向领头的一艘油轮靠近。当发现船队中吨位最大的目标是一艘航母时，他立即改变了他的首选攻击目标。他小心操纵潜艇，使一艘大型油轮与这艘航母成为眼前几乎重叠的目标，并在一艘 750 码外、位置最近的日军"千鸟"级驱逐舰迅速迫近时用他的艇艏鱼雷发射管果断开火。随后，"鲃鱼"号以满舵转向规避，同时将自己的艇艉鱼雷发射管对准目标。"鲃鱼"号由于担心与日军驱逐舰发生碰撞，因此随即紧急下潜。在下潜的过程中，声呐兵听到了五次鱼雷撞击目标后爆炸的声音，其中三次是在航母上，两次是在油轮上，随后还听到了响亮的船壳破碎的声音。后来我们才知道，"鲃鱼"号击沉的是排水量达 2 万吨的日本海军护航航母"云鹰"号和大型油轮"梓丸"号（Azusa Maru）。

日军护航舰艇随后发动的深弹反击没有取得任何成效。午夜后不久，"鲃鱼"号潜艇便浮出水面继续全速赶赴救援区域，在那里立即展开了营救盟军幸存者的工作。

"鲃鱼"号潜艇艇长弗拉基报告说：

> 到获救为止，他们已经在海水里和小木筏上待了整整五天。从第一眼看见我们到我们缓缓靠近，他们脸上的表情起初是怀疑，然后是惊讶，最后是歇斯底里地感激，那是我们永远不会忘记的表情。
>
> 他们中间有几个人实在太过虚弱，根本抓不住我们扔给他们的绳索。这些人是在麦克尼特（R. W. McNitt）少校、拉尼尔（J. G. Lanier）上尉和跳入水中救人的二等机械师休斯顿（C. S. Houston）等人的英勇努力之下才获救的。艇员们组成一条流水线，首先把获救者带上艇，脱去他们的衣服，然后把他们交给转运组让转运组带他们到下方舱室，在那里被负责清洗油污的"清洁员"接收，然后交给"医生"和"护士"进行治疗，再交给厨师，最后再把他们抬起来并塞到铺位上。
>
> 幸存者的感激之情无以言表。即使是那些还无法说话的人，也会用他们那双饱含油污的眼睛含泪表达自己的感谢。而令我们感到遗憾的是，艇内的空间实在是有限，我们几乎已经利用上潜艇内部每一平方英尺的角落。每个鱼雷托架上都安置了三个人，就这样才在艇内勉

强容纳下百余名盟军幸存者。

后来，参与救援的美军潜艇受到了这些盟军战俘幸存者真诚而诙谐的褒扬。"我会收回我说过的所有关于美国佬的话"，其中一位盟军战俘幸存者这样说。另一位则开玩笑说："要是我能回去，我会马上写信给我的妻子，让他把扬基佬赶出去，我要回家了。"弗拉基还提到有人这样说："三年没喝白兰地了，请再给我一杯！"其中一位获救时还说："吃东西的时候一定要叫醒我。"

在"乐洋丸"号沉没事件中和战争后期其他日军运输船只沉没中丧生的盟军官兵，无疑是令人痛惜和悲哀的，但我们的潜艇当时确实不可能知道敌船上有盟军战俘的存在。如果日本方面愿意，那么我们甚至可以做出外交安排，以人道的名义准许这种战俘的转运。我们的敌人对战俘的生命漠不关心，这一点现在已经是众所周知，因此他们没有做出任何这样的考虑也不足为奇。

刚刚把这些被解放的盟军战俘送回我们的基地，另一个麻烦就随之而来。根据第七舰队潜艇部队发来的无线电报，由来自康涅狄格州米斯蒂克镇（Mystic）的夏普（C. G. Sharp）中校指挥的"鹦鹉螺"号潜艇不慎在菲律宾群岛的宿务外海搁浅。

9月26日晚，"鹦鹉螺"号潜艇趁夜靠近距离宿务海滩600码处的浅水区，奉命把艇上的作战物资转运给当地的菲律宾游击队。但在午夜前驶向较深的水域时，潜艇不慎搁浅在了路易桑浅滩（Luisan Shoal）上，当时的艇艏附近水深甚至只有18英尺。天亮之前潜艇必须摆脱困境，否则它就会成为敌机或巡逻艇的瓮中之鳖。根据估计，当地的潮水在凌晨4点左右还是较高的，但潮水这样的势头无法为潜艇脱离浅滩提供太大帮助。因此，艇长决定先把大约40吨物资送上岸，把艇艏舱室里所有

∧ 被美军潜艇从"乐洋丸"号运输船上救出的部分盟军战俘的合影。

6英寸炮弹弹药都扔掉，再把所有的汽油加上5900加仑的备用柴油从艇上排出来，从而减轻潜艇的负重。与此同时，艇内所有的秘密文件和档案都被烧毁。最后还将潜艇前部的主压载水舱进行了注水以保持一定的配重，防止潮水把潜艇带到位置更高的珊瑚礁区。

到凌晨3时30分时，很明显已经开始退潮。当时的情况很危急："鹦鹉螺"号潜艇要么立即为自己脱困，要么永远不会再有机会了。艇长夏普下令吹除所有的压载水舱，并全速倒退，结果这次他成功了。此时距离日出只有不到三个小时的时间，但问题是为了补偿吹除艇上所有压载水舱的浮力损失，要花上至少5个小时为压缩气舱进行注气以便潜艇正常下潜与上浮。就这样，"鹦鹉螺"号的官兵们完成了一项看似不可能完成的任务，他们的方法是拆除压缩气舱壁上的一个人工孔板，用软管进行辅助注气。6英寸甲板炮弹药也必须从后方弹药舱转移到艇艏鱼雷舱里。在随后的一次下潜过程中，由于严重的误判，因此艇上多注入了45吨的压载水，直接导致艇上潜水官率领官兵进行了一场拼死搏斗，以防止"鹦鹉螺"号直接沉入海底。

当然，我们也收到过令人欣慰的战报，那就是"黑鲈"号潜艇于9月12日午夜时分击沉了日本海军"吹雪"级驱逐舰"敷波"号（Shikinami），这一战例经典地展现了我们的潜艇是如何对付他们的死敌的。当时恰好刚过午夜，在南中国海海南岛以东海域巡逻时，"黑鲈"号潜艇通过雷达发现了一支日军护航船队并向对方靠拢。当艇长本·奥克利中校观察到右舷方向有敌舰迫近时，潜艇正准备向一个吨位较大的目标开火。于是奥克利立即将鱼雷射击目标从商船转移到这艘日军驱逐舰上，并迅速用艇艏鱼雷发射管发射了三枚鱼雷。

鱼雷发射入水后，日军驱逐舰的距离已经不到1150码，而且在迅速迫近。根据声呐回波判断，奥克利艇长下令立即全速满舵转向摆脱。几秒钟后，传来了第一枚鱼雷击中目标的响声，鱼雷击中的可能是这艘驱逐舰的弹药舱，因此爆炸非常猛烈，升腾起的火光和浓烟照亮了整个午夜的天空，连"黑鲈"号的指挥室都被潜望镜里的闪光瞬间照亮。当时，1200码外的一艘日军巡逻艇正在用40毫米炮弹朝潜艇射击，但奥克利最初攻击商船的计划仍然没有中断。奥克利指挥潜艇瞄准这支护航船队中最有价值的两个几乎重叠在一起的较大目标，

∧ 日本海军吹雪级驱逐舰"敷波"号（IJN Shikinami）。

用艇艉鱼雷发射管发射了鱼雷。

虽然"黑鲈"号的官兵们声称亲眼见到目标被击中并沉没，但根据JANAC方面的记录，"黑鲈"号在这次攻击行动中并没有击沉任何日军商船。但很明显，至少有一枚迷途的鱼雷找到了一个更易受攻击的目标——日本海军"平户"号（Hirado）护卫舰确信被击沉。由于许多潜艇被转移到其他作战活动中，因此9月份太平洋战区的潜艇的击沉战绩还是很好的，但并不让人惊喜。JANAC方面认为共计31艘美军潜艇击沉了吨位共计164650吨的商船（41艘）和吨位共计30285吨的作战舰艇。前者包括7艘油轮，后者则包括1艘护航航母、1艘驱逐舰、3艘护卫舰、1艘潜艇和4艘辅助舰只。

第十三章

∧ 位于乌利西环礁附近海域的美国海军水面编队，摄于1944年10月。

　　太平洋战场下一阶段的大规模攻击作战计划[①] 眼下已经酝酿了大约两个月，发起作战的日期被定在 10 月 20 日。在放弃攻占雅普的同时，美军部队攻击了帕劳群岛，兵不血刃地占领了乌利西环礁，接下来就只剩两个大型的两栖登陆目标还未涉足。哈尔西对菲律宾防空部队的轰炸暴露出了美军舰队自身意想不到的弱点，在军方高层看来，发起两栖登陆打击行动的时机似乎已经成熟。在最初的计划中，麦克阿瑟将军原本打算在菲律宾棉兰老岛登陆，但很快就改变了计划，登陆行动的地点最终被聚焦在莱特湾（Leyte Gulf）。

　　根据我们当时的了解，日本海军舰队主要是以新加坡、马来半岛顶端的林加（Lingga）、塔威—塔威以及婆罗洲的文莱湾为基地。在我们看来，由于日本

---

　　① 原注：此处指代号"国王二号行动"的莱特湾战役，也被称作是期待已久的"重返菲律宾计划"。

本土严重缺乏油轮的燃料支援，因此日军不得不对其舰队做出这种分散的部署。显然，我们的潜艇对 73 艘日本油轮船队的去向其实是最为清楚的。

"国王二号行动"完全是一次西南太平洋区域的行动，由海军上将哈尔西率领的第三舰队负责支援。因此，指挥部设在澳大利亚的第七舰队潜艇部队提供了大部分的掩护和侦察支援，驻珍珠港的太平洋潜艇部队则负责日本本土各重要港口和重点海上航线的巡逻覆盖。

当各方就作战计划达成一致后，我搭乘"海狐"号潜艇前往中途岛就行动准备情况进行了一次短暂的海空飞行和视察。由来自加利福尼亚州塞巴斯托波尔（Sebastopol）的克林克（R. C. Klinker）中校指挥的"海狐"号，是第一艘同时配备夜视潜望镜和 ST 型潜望镜雷达的美军潜艇。

当时军方专家对这种新型雷达装置的性能并不满意，于是在潜艇停靠巴拿马期间就把这套新设备拆了下来，准备用改进型号予以替换。然而这让克林克艇长十分失望，因为至少他自己对此是非常满意的。不过，艇上的夜视潜望镜还是得以保留下来，我也很好奇这种新装备到底怎么样。在前往中途岛途中，伴随航行的"里奇菲尔德"号（Litchfield）驱逐舰全程为"海狐"号潜艇的模拟

∧ 美国海军"里奇菲尔德"号（DD-336）驱逐舰。

训练扮演假想目标的角色，而我们主要使用这部头部巨大的夜视潜望镜进行详细评估。从结果来看，其性能其实是相当令人满意的，就连我都能在暗夜中用肉眼轻易分辨出 2500 码外的海面目标。

当抵达中途岛后，我发现这里看起来让人耳目一新，两艘潜艇供应舰和 ARD-8 号浮式干船坞被系泊在潜艇改装码头。由于我们的潜艇大修计划暂时出现缺口，因此相关的工程量并不大，但以潜艇救援船或巡逻艇为假想目标的训练和演习正在如火如荼地进行。

不过，考虑到中途岛处在强烈的东风和东南季风的冲击下，这里仍存在一些对潜艇供应舰和改装基地内的船坞的安全性的担忧，毕竟大浪仍有可能通过锚地的入口扑进泊位。有人甚至建议，在每年冬季天气最恶劣的 4 个月里把所有的潜艇供应舰都转移到珍珠港去。在我看来，这个想法似乎稍显胆怯，这样一来珍珠港里将会堆满潜艇供应舰和等待大修的潜艇。因此，我就舰艇系泊和锚地配置的方案给出了指示，以确保最大的安全性，而且后来我发现这些指示都执行得很好。

不久，我搭乘一架全新的海军型"解放者"（长机鼻、单垂尾的 PB4Y-2 型[①] 巡逻机）飞回了珍珠港。飞行员告诉我说，这还是第一架离开美国本土的该

∧ 美国海军 PB4Y-2"私掠者"式（Privateer）远程海上巡逻机。

∧ 美国海军"谢尔顿"号（DE-407）护航驱逐舰，摄于 1944 年。

---

① 译注：原文误为 PBY4Y2。

∧ 美国海军"罗威尔"号（DE-403）护航驱逐舰。

型号飞机。结果刚一回到办公桌前，我就收到了令人不安的消息。根据第七舰队潜艇部队传来的报告，我们可能失去了"海狼"号潜艇，而原因很可能是我们自己的飞机和水面舰艇的误击。为了弄清真相，我们成立了一个调查委员会，最后公布了少数已知的事实。由邦迪尔（A. L. Bontier）少校指挥的"海狼"号于 9 月 21 日离开布里斯班，开始执行它的第五次战斗巡逻任务，潜艇于 9 月 29 日抵达曼努斯岛（Manus）。就在当天，"海狼"号接到命令将部分当地物资和地面部队人员运送到萨马岛（Samar）东岸地区。

10 月 3 日清晨 7 时 56 分，"海狼"号与"独角鲸"号潜艇在海上交换了雷达识别信号。当天晚些时候，美国海军"谢尔顿"号（Shelton）护航驱逐舰被一艘敌潜艇击沉。由于驱逐舰遭受攻击时，附近海域正有四艘美军潜艇，因此指挥部要求各艇迅速报告方位，其中三艘很快发送了报告，却唯独没有"海狼"号的消息。10 月 4 日，指挥部再次要求"海狼"号潜艇报告自己的位置，但是仍然没有收到回复。

而同样是在"谢尔顿"号遇袭的这片海域，美国海军"罗威尔"号（Rowell）护航驱逐舰和一架飞机攻击了附近的一艘潜艇，当时他们并不知道该地区有任何友军潜艇的存在。因此人们普遍认为，"海狼"号潜艇正是在这一波反潜攻击中被击沉的。

来自"罗威尔"号驱逐舰的报告显示，当时该舰与反潜飞机一起对这艘潜艇发动了一次致命攻击，同时用染料标记出了水下潜艇的位置。"罗威尔"号也用声呐系统对潜艇进行了定位，后者的声呐回波为一系列长长的破折号和点。"罗威尔"号报告说，这些声呐回波信号与现存的敌我识别信号毫无相似之处。在几番"刺猬"深弹火箭攻击之后，人们看到海面上出现了少量碎片和一个巨大的气泡。根据后来的确切消息，10 月 3 日当天击沉"谢尔顿"号驱逐舰的是日本海军潜艇吕-41 号，该艇后来顺利地返回了日本母港。至于"罗威尔"号驱逐舰，其舰长由于没能努力判明受攻击的潜艇的身份因此受到了严厉的谴责。

鉴于以上情况，同时日军的反潜攻击作战报告也并没有记载可能造成"海狼"号沉没的攻击行动，因此看来该艇很可能是于10月3日在新几内亚以北约200英里海域的一次反潜行动中被友军击沉的。当然，它也可能是在一次事故或一次未经记录的攻击行动中失踪的。

"海狼"号潜艇从大战一开始就展开它长期而出色的战斗生涯。在弗雷迪·沃尔德少校的指挥下，它的前七次巡逻充斥着刺激、大胆的战斗经历和惊心动魄的撤退经历。而在后五次巡逻任务中，在罗伊·格罗斯（Roy Gross）少校的指挥下，"海狼"号潜艇一共击沉了12艘敌船，吨位共计5.3万吨。1944年8月，当一些旧型潜艇奉命撤出敌情活跃的巡逻海区时，"海狼"号转而执行秘密渗透登陆任务，被误击沉没的时候该艇正是在执行这样的任务。时任艇长邦德尔（Bonder）少校

△ 美国海军"埃塞克斯"级航母"邦克山"号（CV–17），摄于1945年。

有着丰富的潜艇作战经验，在他的第 14 次战斗巡逻任务中还成功地完成了针对菲律宾的补给任务。

　　为准备在菲律宾实施登陆行动，哈尔西上将和米切尔海军中将的快速航母编队攻击了马库斯岛、冲绳、台湾海峡、澎湖和吕宋北部等一系列地区的日军目标。最终的目标则集中在菲律宾和莱特湾地区。

　　正是在这一系列航母打击战役期间，大量勇敢的潜艇救生行动涌现。10 月 12 日 11 时左右，一架起火燃烧的舰载战斗机在"扳机鱼"号潜艇正前方 300 码的海上迫降。由于海上风高浪急，因此这架从"邦克山"号（Bunker Hill）航母上起飞的战斗机坠海后立即一分为二迅速下沉。已经神志不清的飞行员在海面若隐若现，形势十分危急。艇上来自伊利诺伊州芝加哥的罗伯茨（G J. Roberts）中尉跳入汹涌的大海，游向落水的飞行员进行救援，但大风和巨浪屡次把他们从潜艇甲板边缘卷走。罗伯茨的行为是极为勇敢的，因为当时不仅海况极其险恶而且据信敌机正从附近基地飞来，"扳机鱼"号随时都可能紧急下潜规避，令留在海面的罗伯茨和落水飞行员听天由命。

　　在接下来的几个月里，我们实施了大量这样的潜艇救援行动，艇员们的英勇行为数不胜数。承担救生职责的潜艇临时组建了身体强壮的游泳救生员，跳海帮助那些在水中挣扎的幸存飞行员上艇，后者往往在迫降时受到了惊吓，而且常常是负伤状态。此外，救援小组还经常奉命把一些极不情愿的日军落水人员拖上潜艇。

　　虽然日本海军舰队和海上商船运输一度受到这些美军航母的威胁和打击，但目标继续从东海经台湾海峡和吕宋海峡向南中国海鱼贯而入。日军迫切须要加强菲律宾一带的防御力量，而他们每通过海上运输一吨货物都要付出巨大代价。我们的潜艇在 10 月份里击沉的 68 艘日本船只中有 44 艘都是在"护航学院"海区和南中国海地区击沉的。

　　10 月 14 日，由汤米·沃根（Tommy Wogan）中校指挥的"赤鲷"号（Besugo）潜艇在日本南部海域巡逻时，发现一支由三艘重巡洋舰、一艘轻巡洋舰和几艘驱逐舰组成的日本海军水面编队正向南行驶，估计是企图对哈尔西海军上将的打击行动进行袭扰。第三舰队的作战力量相当强大，"比尔大叔"的飞行员们正摩拳擦掌地想要大干一场。随着日本海军水面舰队开始行动，另一场意义重大的海空大作战正箭在弦上。

　　为了对这次迄今为止最大的太平洋战役进行全方位的准备，克里斯蒂少将命令"镖鲈"号、"鲮鱼"号、"银花鲈鱼"号以及"青鲈"号（Bergall）四艘潜艇前往巴拉望岛水道地区的预设阵地；"黑鳍鱼"号（Blackfin）奉命驻守巴拉望岛北部海域；"鲂鱼"号潜艇部署在婆罗洲重要的石油港口文莱湾附近；"海鲡"号（Cobia）潜艇负责在望加锡海峡的北端巡逻；"蝙蝠鱼"号（Batfish）在苏鲁海一带巡逻苏里高海峡的内侧；"犁头鳐"号和"安康鱼"号潜艇奉命在马尼拉外海巡逻；"铜盆鱼"号（Bream）、"大马鲛"号、"鹦鹉螺"号和"鳕鱼"号（Cod）四艘潜艇则沿吕宋岛的西北海岸活动，准备迎接从日本本土出发途经这里的"不速之客"。上述这些潜艇，再加上太平洋潜艇司令部集中在日本和菲律宾之间的26艘潜艇，构成了被我们认为是无懈可击的海上封锁力量，或许我们也可以说这是某种意义上的"水密式"封锁。

　　麦克阿瑟将军的两栖登陆部队投入莱特湾之后，战事迅速发展到一个高潮。

▽ 美国海军"鲮鱼"号（SS-247）潜艇。

10 月 21 日，由来自密歇根州马奎特（Marquette）的指挥官麦克林托克（D. H. McClintock）中校指挥的"镖鲈"号潜艇，与由来自马里兰州巴尔的摩的克拉盖特（B. D. Claggett）中校指挥的"鲹鱼"号潜艇展开协同，在巴拉望岛以西海域执行战斗巡逻任务。当收到美军部队已在莱特湾登陆的消息后，克拉盖特艇长估计来自新加坡和林加锚地的日军舰队很可能会取道巴拉巴克海峡（Balabac）前往莱特湾，于是改航向为南前去拦截。果然就在当天午夜前几分钟，"鲹鱼"号潜艇与三艘高速航行的大型敌舰发生了雷达接触，"鲹鱼"号随后对其持续跟踪了数小时，并向指挥部发送了接触报告，但一直无法进入攻击位置。

最终在 10 月 22 日白天，克拉盖特艇长放弃了追击，转而寻找下一个拦截点。午夜时分，他联系上了"镖鲈"号潜艇，正当两名艇长通过扩音器隔空讨论下一步的巡逻计划时，"镖鲈"号的雷达操作员发现了一个 3 万码外的水面目标。作为即将到来的一场重大海上行动的决定性因素之一，接下来的这场战斗足以载入美国海军史册。他们发现的这支日本海军特遣舰队正朝东北方向直扑巴拉望水道，而两艘潜艇都赶到了目标编队前方，并且都获得了理想的攻击位置。

10 月 23 日清晨 5 时 17 分，"镖鲈"号从日军重型主力舰艇的西侧纵队前方海面潜入水下，并开始寻找合适的射击阵位。在这次水下机动过程中，目标进行的一次小范围 Z 字形规避动作意外地帮到了它。5 时 32 分，"镖鲈"号接近到与目标只有 980 码的距离，麦克林托克下令向领头的一艘日军巡洋舰齐射了六枚艇艏鱼雷。当最后一枚鱼雷入水后，他立即下令满舵转向，将艇艉朝向第二艘巡洋舰。大约一分钟后，他下令向目标再次齐射了四枚艇艉鱼雷。就在这时，首轮齐射的鱼雷击中了目标，声呐兵连续监听到了五次爆炸声。艇长麦克林托克迅速转动潜望镜，大致查看了一下目标的情况，发现日军巡洋舰艉部的一号炮塔正冒出火焰和浓烟。当他指挥潜艇继续下潜时，第二轮齐射的 4 发鱼雷也全部命中目标。紧接着，日军舰艇投掷的深水炸弹接踵而至，直到 8 时 20 分，"镖鲈"号才敢再次回到潜望镜深度观察海面情况。

与此同时，"鲹鱼"号潜艇也没有闲着。同样是在清晨 5 时 17 分，该艇在日军编队东侧纵队的前方海面转入水下航行状态。但当它听到"镖鲈"号的鱼雷击中目标发出爆炸声时，自己还没有来得及进入射击位置。这时日军特遣舰队开始炸锅，驱逐舰开始四处警戒，连重型舰艇似乎也在高速转向规避。在昏暗的晨光下，克拉盖特艇长辨认出两艘日军巡洋舰正在逼近，而在它们的身后，他发现了一个巨大的身影，相信正是一艘战列舰。

究竟是向巡洋舰迅速发起鱼雷攻击，还是等待所有潜艇都热切期待的目标（敌战列舰）进入射程，当时克拉盖特艇长并没有时间仔细考虑这个问题。随着时间的流逝，目标正朝他飞奔而来，而艇艉鱼雷已经全部用完。当然，他至少可以保证击沉一个目标，但如果按兵不动，耐心等待攻击战列舰的时机到来，谁知道这期间会发生什么意外。

对我们中的大多数人来说，通常没有耐心去等待最大目标的到来。在这种情况下，我们一般会马上朝近在咫尺的巡洋舰发起攻击，但克拉盖特艇长没有这么做。他沉住了气，耐心地等待着这艘相信是"金刚"级（Kongo）的战列舰逐渐靠近。清晨5时54分，克拉盖特艇长下令艇艏六具鱼雷发射管进行齐射，射程为1800码，结果其中四发鱼雷命中目标。清晨6时01分，"鲮鱼"号的声呐兵监听到了两次雷鸣般的猛烈爆炸声，这显示着鱼雷很可能命中了目标弹药舱。不久还听到了嘈杂的船体破裂声。由于声音来源很近，因此克拉盖特下令全面检查潜艇各舱室，发现潜艇自身状态良好，听起来被击中的目标当时恰好位于潜艇上方位置。"我们最好尽快离开这里"，潜水官建议说。艇长克拉盖特接受了这一建议。与"镖鲈"号一样，"鲮鱼"号潜艇其后也受到了日军舰艇近距离而持续的猛烈深弹反击。

艇长克拉盖特很快发现，他击中的目标实际上是日本海军"高雄"级重巡洋舰"摩耶"号（Maya），而不是一艘战列舰，这无疑是一个不大不小的"悲剧"。"镖鲈"号潜艇击中的则是"爱宕"号（Atago）重巡洋舰，并重创了"高雄"号重巡洋舰。"爱宕"号重巡洋舰当时是日本海军第二舰队指挥官栗田健男中将（Takeo Kurita）的旗舰，他和他的指挥部随后被驱逐舰转移到了"大和"号（Yamato）战列舰上。这位栗田将军随后做出的一系列错误判断，显然表明他的这次危险经历已经使他方寸大乱。

就这样，在一场真正的大战爆发的前夕，日本海军舰队总司令同时损失了三大主力舰只。就在同一天，由原"大鲹鱼"号潜艇艇长查普勒中校指挥的"铜

∧ 日本海军"摩耶"号（IJN Maya）重巡洋舰。

∧ 日本海军"青叶"号（IJN Aoba）重巡洋舰。

盆鱼"号潜艇发现了一支由两艘重巡洋舰及其护航舰艇组成的日军水面编队，这就是 10 月 21 日由"镖鲈"号潜艇首次发现并发出目标接触报告的那支编队。查普勒艇长随即下令向第二艘重巡洋舰齐射了六枚鱼雷，取得两次命中，重创了这艘"青叶"号（Aoba）重巡洋舰，造成这艘主力舰无法参加日军后续的作战行动。

　　"镖鲈"号和"鲮鱼"号潜艇的战斗还远未结束。"爱宕"号重巡洋舰被击中后停了下来，由三艘护航驱逐舰掩护着，这个目标必须立即予以终结。深弹

∧ 日本海军"爱宕"号（IJN Atago）重巡洋舰，摄于1932年海试期间。

攻击暂时停歇后，两艘潜艇返回潜望镜深度伺机观察海面的情况。此时日军驱逐舰正处于高度警戒状态，一整天都将两艘美军潜艇拒止在射程之外。到了19时15分，两艘潜艇上浮至海面，麦克林托克艇长指示"鲮鱼"号转向目标南面，而"镖鲈"号采取相应的北面位置。有了这样的布局，无论目标朝哪个方向移动，他们中至少有一艘能够攻击到。麦克林托克原以为日军驱逐舰会拖曳着重巡洋舰前行，但当晚22时整"爱宕"号依靠自身动力以5节左右的速度开始航行。它的航向显然是返回新加坡，但看起来航行状态并不稳定，仿佛是在被迫使用主引擎来实现航向的调整。麦克林托克告诉"鲮鱼"号他正打算从目标的右舷方向进攻，并开始靠近。然而，他很快就发现有两部敌舰雷达正朝自身方位扫描，此时如果"镖鲈"号还保持水面状态，那很快就会被发现。于是麦克林托克决定中止攻击，在完成一次大范围转向后潜入水下。

到了午夜时分，"镖鲈"号距离理想攻击位置只有一个小时的航程，此时的航速为17节。在过去的30个小时里，潜艇没有得到机会去修正航线，而此时通过的这片海域正是世界上最危险的海区之一。几个世纪以来，它的名字在海图上一直被标记为"危险浅滩"，而且理由非常充分。数百块暗礁和浅滩散落在位于南中国海的这片海域，而其中许多暗礁就是以在那里留下残骸的船只命名的。果然午夜刚刚过去不到五分钟，"镖鲈"号潜艇就狠狠地撞上了孟买浅滩

∧ 不慎搁浅在孟买浅滩上的美国海军"镖鲈"号（SS-227）潜艇，摄于1944年10月25日。

（Bombay Shoal），当时的艇艏水深仅仅只有 9 英尺。

　　要指望潮水上涨脱困一时看来是不可能的，而且一艘日军驱逐舰正在 18000 码外持续接近。麦克林托克艇长下令焚烧艇上的所有机密文件，并毁坏机密的火控设备，同时为艇员们分发枪支武器。绝望之下，"镖鲈"号向"鲮鱼"号汇报了自己的困境。雷达显示，敌驱逐舰的距离一度接近至 12000 码，然后突然调头离去。此时大家都长长地松了一口气，不少人还兴奋地跳了起来。接着，艇上官兵们把所有可移动的东西都扔了出去以减轻潜艇的重量。凌晨 1 时 40 分，"鲮鱼"号潜艇也接近了这片礁石区。不久后海上开始涨潮，然而官兵们为了让搁浅的潜艇离开浅滩而做出的努力依然徒劳无功。

　　当时的处境看起来毫无希望可言，"镖鲈"号就像灯塔一样竖立在珊瑚礁上，预计救援工作需要几个星期的疏浚作业和强力的拖船方能完成。及时赶到现场的"鲮鱼"号潜艇转移了艇上的官兵们并在艇内安放了自毁炸药，最后艇长麦克林托克于清晨 4 时 35 分离开了"镖鲈"号。在使用炸药炸毁潜艇的同时，官兵们希望艇内的鱼雷战斗部能一同殉爆，这样自毁会更为彻底，但显然殉爆并未发生。因此，克拉盖特艇长把"鲮鱼"号艇上剩下的几枚鱼雷设定到最小航行深度，试图发射鱼雷彻底击毁"镖鲈"号。

　　然而，就连这个计划也失败了。鱼雷击中了礁石并在"镖鲈"号附近爆炸。"鲮鱼"号只好动用甲板炮，向自己的这艘友艇连续发射了30发4英寸口径炮弹。这时，一架日军飞机突然出现在上空，"鲮鱼"号的甲板上还有25名官兵，看起来一场疯狂的大逃杀在所难免。但所幸的是，这架日军飞机显然误解了海面上的情况，竟然向被困的"镖鲈"号投掷了炸弹，随后扬长而去。经过一天的失败尝试，"鲮鱼"号还把自己艇上的炸药装进"镖鲈"号实施引爆，但仍然未能彻底炸毁这艘潜艇，于是只好放弃，回到了基地。我们从缴获的日军文件中得知，敌人后来确实从这艘不幸的潜艇那里获取了一些价值有限的文件，但这些文件主要是关于潜艇发动机和电机的蓝图图纸，而且他们恐怕需要很多年才能对其进行复制和仿造。

　　虽然所有人都对"镖鲈"号的损失感到遗憾，但考虑到用一艘潜艇换来两艘敌巡洋舰和大量敌军的生命，这样的结果也并不是太糟糕。"镖鲈"号的官兵们后来转移到了在威斯康星州马尼托沃克港建成的新潜艇"油鲱"号（Menhaden）上。

　　上述这些潜艇向位于莱特湾的美军第七舰队传递的情报，乃是敌人正在海上大规模集结以遏制我军部队攻势的第一手具体证据。正是得益于这些情报的及时送达，我们的舰队指挥官才能够实施有效的反制措施，从而给日本帝国海军舰队制造沉重的打击和巨大的灾难。除这些情报之外，"海龙"号潜艇的艇长阿什利（Ashley）中校也于10月21日当天在台湾海峡南端海域发现一艘日军航母、两艘重巡洋舰和六艘驱逐舰正向南行进。

　　双方海军舰队在10月24日、25日和26日进行了交战，也就是后来被称为的"莱特湾战役"。部署在菲律宾海海域的潜艇力量已经完全清除从塞班岛到吕宋海峡的海上通道，以便第三舰队的自由发挥。在三场分别进行的海战中，即在萨马岛、恩加尼奥角（Cape Engano）和苏里高海峡海战期间，我们把正前往"护航学院"海区的两支"狼群"艇群转派到了这条安全水道上，并建立了海上防御阵地，以阻止可能向北撤退的敌舰。我们还在台湾海峡到吕宋岛一线部署了一定数量的潜艇，以攻击途经这里撤退的日军舰艇。

　　名为"罗奇的袭击者"艇群的指挥官"甲壳虫"罗奇（J. L. Roach）中校坐镇"黑

线鳕"号,该艇群还包括"大比目鱼"号（Halibut）和"长鳍金枪鱼"号（Tuna）潜艇。附近还有一支"克拉里的碾碎者"艇群,由"大西洋马鲛"号、"仿石鲈"号（Jallao）和"游鳍叶鲹"号（Atule）三艘潜艇组成,指挥官为"大西洋马鲛"号上的克拉雷中校。当时,米切尔的舰载机部队正在恩加尼奥角附近海域同日军特遣舰队进行战斗,潜艇甚至可以听到远处炸弹的爆炸声,偶尔还能看到因爆炸发出的闪光,这样静静地作壁上观让我们的潜艇小伙子们十分恼火。所以,在尼米兹海军上将的批准下,我向米切尔将军发出了一封紧急电报,问我们的潜艇是否也能参加战斗。米切尔将军一直是我们潜艇部队的好朋友,他很快用无线电回复:"那就来吧。"但不幸的是当时的无线电频段中充斥着紧急作战情报,由于信号阻塞,因此直到几个小时后我们才收到这条批准消息,最好的机会就这样失去了。

然而,由来自伊利诺伊州德斯普兰斯（Des Plaines）的加兰丁（I. J. Galantin）中校指挥的"大比目鱼"号潜艇依然有所作为。它向一艘正在一艘轻巡洋舰和一艘驱逐舰掩护下撤退的日本海军"伊势"级（Ise）战列舰发射了六枚电动鱼雷,射程大约为4000码,随后监听到了五次鱼雷命中,但JANAC方面并没有记录下这一战绩。当天晚上,另一场攻击行动发生在23时01分,是对同样正在撤退的日本海军新型轻巡洋舰"多摩"号（Tama）发动的。这次我们的潜艇表现得更好。由来自西弗吉尼亚州帕克斯堡（Parkersburg）的依肯豪尔（J. B. Icenhower）中校指挥的"仿石鲈"号潜艇向这艘轻巡洋舰发射了三枚鱼雷,但由于目标采取了剧烈的Z字形海上规避动作,因此所有鱼雷都没能击中。艇长依肯豪尔下令潜艇立即转向,使用艇艉鱼雷发射管在700码距离上再次朝"多摩"号发射四枚鱼雷,这次有三枚击中目标,从而终结了这艘日军轻巡洋舰短暂的作战生涯。

在莱特湾海战的激烈战斗期间,"刺尾鱼"号潜艇在台湾海峡的北端展开了另一场史诗般的战斗。"刺尾鱼"号的所有巡逻任务都是在艇长奥凯恩的指挥下完成的,奥凯恩和艇上全体官兵因为在战斗中所展现出来的决心、胆略和高超的鱼雷攻击水平而闻名全军。奥凯恩还在他的第三次巡逻任务中获得JANAC方面认可的单次巡逻最高商船击沉吨位的战绩记录。他在第五次战斗巡逻任务中取得的战绩超过了以往任何一次，但这也是他最后一次。"刺尾鱼"号发射出的第二十四枚鱼雷本应该击中一个相对容易的目标，结果却在海面上盘旋一圈后击中自己的潜艇，导致了"刺尾鱼"号的沉没。

后来，奥凯恩被日军俘虏，根据他战后的报告能够最终简单而生动地还原当时"刺尾鱼"号的巡逻经过。为了使读者更容易理解，我对以下所引用的部分仅做了略微改动：

> 10月23日零时30分，我们对新装备的雷达设备进行了第一次试验。雷达操作员报告说，我们的雷达在14000码距离上发现了一片陆地，但那里本不应该有任何陆地存在。于是我们开始对此进行持续追踪，很快便发现艇艉方向有一个小圆点正在向我们的方向移动，并且正在进行转向，而一支大型护航船队很快也出现在我们的视线中，一个潜艇人梦寐以求的目标就在不远处。显然，最初那艘驱逐舰正在船队前方20英里的海面上进行搜索。护航船队中包括三艘大型现代化油轮，此外右舷有一艘运输船，左舷有一艘货轮，两侧和前后方也都有日军护航舰艇伴随。

奥凯恩选择与船队进行同样的机动动作，并进入油轮纵队和货船之间的区域，小心地选择自己的攻击位置，并特意瞄准油轮的发动机舱和锅炉房位置分别发射了五枚艇艏鱼雷。由于射程只有800码，因此鱼雷在几秒钟之内就击中了目标，随即在黑暗夜空中引发了一系列可怕的爆炸，三艘燃烧的船只开始朝着它们的海底坟墓缓缓下沉。奥凯恩没有时间去关注油轮的下沉，因为一艘运输船近在咫尺，可以利用艇艉鱼雷发射管进行射击。但正当他准备下令开火的时候，曾多次用敏锐的视力协助奥凯恩顺利发动夜间攻击的水手长利伯德（Liebold）指着运输船喊道："它就要撞过来了！"

当时的情况非常危急。由于潜艇四周正被燃烧着的油轮环绕，与运输船的距离又如此之近，几乎没有时间紧急下潜逃离，因此奥凯恩不得不硬着头皮等待已经高高耸立在他们头顶的船头越过"刺尾鱼"号的艇艉。奥凯恩在自己的报告中这样写道：

> 这真是一部惊悚片，我们几乎没有机会完成转向，仅仅在最后几秒钟里用左满舵拯救了"刺尾鱼"号的艇艉。日军运输船开始用大、小口径的武器朝我们射击，在我们意识到这一切都在我们的头顶发生之前，它就越过了潜艇的指挥塔围壳上方海面。通过快速向后扫视发现，为了避免与一旁的货轮相撞，这艘运输船又开始转向。在我们迅速发射四枚艇艉鱼雷后不久，货轮一头撞上了运输船的右舷。就在不到400码的距离上，这场猛烈的撞击加上四次鱼雷命中，引发了令人震惊的爆炸。几乎是在顷刻之间，货轮的船头开始下沉，而运输船的船体也以30度的角度发生了倾斜。

当时，"刺尾鱼"号的右舷方向还有一艘日军驱逐舰，左舷前方和后方各有一艘日军护卫舰，形势仍然十分危急。这艘日军驱逐舰可以说是最危险的对手，所以奥凯恩下令转向让艇艉面对驱逐舰，朝左舷前方那艘较小的护卫舰驶去。然而对方显然看出了"刺尾鱼"号的意图，随即转向摆脱。"刺尾鱼"号见势朝海面上排出大量废气，快速地驶向暗夜之中。伴随着身后的枪炮声和响亮的爆炸声，那艘运输船的船头没入了水下。

这艘日军运输船的航海日志显示，从"刺尾鱼"号潜艇发射第一枚鱼雷到运输船上的最后一次爆炸，时间仅仅过了10分钟。

10月24日，更多目标接连出现。奥凯恩下令潜艇在天黑时浮出水面，"刺尾鱼"号开始向特纳鲍特岛（Turnabout Island）进发，相信能在岛屿近岸水域发现更多猎物。虽然浅水区会使潜艇在那里的行动变得更加危险，但这种担心早已吓不倒我们这位"运输船猎人"。

很快，指挥塔就传来了雷达目标接触报告。随着目标距离的缩短，"刺尾鱼"号的雷达PPI显示屏上布满了光点。此时莱特湾战役才刚刚开始，日军显然正在派遣所有可用的船只来加强对菲律宾地区的防御。在短时间跟踪日军船队以获得它的航向和航速后，奥凯恩下令潜艇迅速靠近。可能是出于怀疑或"恐吓"的目的，日军护航舰艇开始随意地朝海面上开火，但没有一发炮弹落在"刺尾鱼"号附近。奥凯恩谈道：

　　就在我们继续靠近那艘领头船只的时候，日军护航舰艇突然用36英寸探照灯照亮了整支纵队，看来是用它来发送指挥信号。这样一来，我们就完全看清了我们的首选目标——一艘三层甲板、双烟囱布局的运输船。第二个目标是一艘三层甲板、单烟囱运输船。第三艘则是一艘大型现代化油轮。我们分别在1400码和900码距离上朝第一艘运输船和油轮发射了两枚MK.18型鱼雷，而且刻意以缓慢的射速呈扇面进行齐射，结果鱼雷从前两艘船的前桅和主桅下方以及油轮的艉部和烟囱下方通过，没能击中。虽然失的的鱼雷向他们发出了预警讯号，对方也朝海面进行了零星射击，但船队中任何一艘船都没有使用规避战术。我们转而与日军船队同向行驶开始寻找其他攻击目标，这时鱼雷攻击的效果才开始显现。

　　有了10月20日那天攻击日军巡洋舰的失败经历之后，我们对电动鱼雷的喜爱之情再次高涨，因为所有电动鱼雷的射击效果都很好。我们横向越过600码外的另一艘中型货轮，然后转向另一艘油轮，用艇艉鱼雷发射管朝它和它身后的一艘运输船发射了鱼雷。其中一枚鱼雷瞄准了油轮烟囱下方位置，另外两枚则分别瞄准运输船的前桅和主桅位置，射程在600~700码。现在一切平静都被打破，日军的护航舰艇已经放弃他们的警告战术，并向我们全速航行时在海面上留下的浓烟靠拢过来。在向运输船开火后，一艘全副武装的日军驱逐舰一边从舰艉投掷深弹一边朝我们扑来。我们也许永远无法确定接下来的几秒钟会发生什么，但方才那艘日军油轮被我们的鱼雷准确击中并开始沉没，显然这是一艘满载汽油的船只。我们至少还观察到一枚鱼雷击中了运输船，而且没过多久我们就听到近处的这艘日军驱逐舰也发生了爆炸。这很可能是被我们的第三枚鱼雷击中，或者是位于我们两侧的两艘护航舰艇发射的40毫米炮弹在近处爆炸。但无论如何结果都是一样的，因为在刚才发现的所有那些大型水面目标中，眼下留在海面上的只有一艘日军运输船，而且它显然停了下来。

不久，"刺尾鱼"号潜艇从它自己排出的浓烟后方全速驶出，在炮弹横飞的海面上竟然毫发无损。在驶出10000码外后，日军的一切追击都停止了，于是奥凯恩下令停止航行，把已经装进艇艏鱼雷发射管里的最后两枚鱼雷退了出来各进行半个小时的检查。随后在所有准备工作就绪的情况下，潜艇原路倒退返回，去解决那艘未沉的日军运输船。这注定会是一次典型的"刺尾鱼"式战斗巡逻，在为期三到四个星期的任务里充满了刺激和大胆的行动，此时"刺尾鱼"号带着空空如也的鱼雷发射管和沉甸甸的战绩，设定了下一个"航向090"（返回珍珠港的航向）。

"刺尾鱼"号最后一次进入攻击位置的过程非常小心，它谨慎地避开了两艘日军护航舰艇，在900码距离上发射了一枚鱼雷，鱼雷入水后航向和航速完全正常，随后奥凯恩下令发射了艇上第二十四枚也就是最后一枚鱼雷。当鱼雷离开发射管入水时，前方舱内一个声音高喊着："航向090！"但是在舰桥上，奥凯恩艇长看到最后那枚致命的鱼雷突然在海面上发生了横偏，然后向左突然急转。奥凯恩立即发出紧急情况呼叫，并下令全速转舵机动以规避这枚偏航且沿弧线驶来的鱼雷。

然而一切都徒劳无功。鱼雷带着闪烁的磷光在海面上绕了一大圈，载着死神调头朝着"刺尾鱼"号而来。鱼雷击中了潜艇的艇艉鱼雷舱并发生了可怕的爆炸，造成艇上后方三个舱室大量进水，毫无疑问当时舱内的所有官兵都无法幸免于难。紧接着，"刺尾鱼"号的艇艉迅速朝海底下沉，甚至在海水没过指挥塔时都来不及关闭舰桥上的舱盖。在舰桥上落水的九名官兵中，有三人后来靠着彻夜游泳侥幸存活下来，其中从指挥塔围壳里逃出来的萨瓦德金（Savadkin）上尉甚至是用自己的裤子改成的救生圈才挽救了自己。

而在艇内，那些还活着的艇员关闭了连接后方舱室的舱门，朝艇艏方向转移。在控制室里，他们设法把潜艇的姿态调整平衡，于是"刺尾鱼"号就这样平躺在了180英尺深的海底。官兵们没有忘记自己的责任，他们销毁了艇内所有的秘密文件,然后到达艇艏鱼雷舱,他们在那里与鱼雷官詹姆斯·H. 弗拉纳根(James H. Flanagan)上尉和其他几个人成功会合,使幸存者的总数达到了30人。不过,他们身后的水密舱门也被封死了,因为前方舱室里的蓄电池发生了火灾,鱼雷室里已经是浓烟弥漫,但至少他们都拿到了救生衣和“蒙森”水肺。

到了清晨6时整,海面上的日军舰艇停止了深弹攻击。弗拉纳根上尉通过操纵逃生舱,派出第一批的三人沿浮标系缆上升到海面,小皮尔斯(B. C. Pearce)少尉则带领第二批人员出舱逃生。由于一入水就不得不立即承受90磅的海水压力,因此很多人在逃生舱里一度失去知觉,在这一过程中耽误了大量时间。最终有四批人员成功逃离潜艇,弗拉纳根上尉是已知的最后一个率领逃生小组离开潜艇的,据他所说当时艇内舱壁上的油漆正在融化,刺鼻的烟雾从舱盖垫圈中不断渗出,令人呼吸越来越困难。据信,随后发生的蓄电池爆炸炸毁了垫圈,导致剩余的艇员逃生失败。

“当我到达水面时,”弗拉纳根说,“我看到4个人正紧紧抓住浮标,离开逃生舱的所有13人中只看到了我们几个,也许有些人正试图游到5~10英里远的中国海岸。在离浮标500码远处能看到一艘日本货船的船头。我们决定等到潮汐变化后,想办法弄一条船或木筏,在黑暗的掩护下驶向附近的海岸。”

然而这个计划很快就破产了。日军护航舰艇放下一艘小艇,抓获了九名“刺尾鱼”号潜艇的幸存者,包括那些从指挥塔里逃出来的人。战俘们立即遭到了拳打脚踢和棍棒交加的日本式对待,但正如奥凯恩艇长所说,“当我们意识到眼前施加这些暴行的人,不过是刚才战斗中从我们制造的血雨腥风和残肢断臂中幸存下来的人时,我们发现其实可以不必带有那么多的偏见”。

JANAC方面虽然后来降低了“刺尾鱼”号潜艇提出的击沉敌船战果的估测数值,但在该艇的最后一次巡逻任务中,依然认可了潜艇击沉七艘敌船的战绩,这也使得“刺尾鱼”号在短短8个月的战斗生涯里取得了多达24艘船的击沉战绩,总吨位达93284吨。在击沉敌船的数量上,只有击沉26艘的“松鲷”号潜艇能够超越这一水平。

与此同时,由于“在与敌作战时,他展现出了一种英勇无畏的精神,甘愿冒着生命危险履行超出自己职责范围的责任,而且不辱使命”,因此艇长迪克·奥凯恩被授予"国会荣誉勋章"，我很高兴看到杜鲁门总统亲自为他颁发这一荣誉。

另一个勇敢的潜艇战战例发生在 10 月 31 日日本以南约 100 英里海域。在成功攻击一艘大型油轮后，由来自纽约佩尔汉姆庄园（Pelham Manor）的"肯"瑙曼（H. K. Nauman）中校指挥的"鲑鱼"号潜艇遭到了四轮总共约 30 枚深弹的攻击。日军舰艇投掷的深弹就在潜艇上方爆炸，造成潜艇急遽下沉，其深度一度远远超过测试深度，甚至超出艇上深度计的测深范围。"鲑鱼"号的方向舵和艉舵也无法工作，舱内进水的速度已经远超水泵抽排的速度。引擎室和前蓄电池舱的耐压舱壁严重变形，31 英寸主引擎进气管道也几乎被压扁，艇艉鱼雷舱的舱门也被炸开。整艘潜艇最终因为固定在舱口内侧的牢固垫板阻止了舱内的进一步进水才幸免于难。

除了当时航速较快外，深度控制几乎无法维持。艇长瑙曼知道这将是致命的，因为在引擎高速运转的情况下，潜艇的螺旋桨噪声很容易被日军护航舰艇侦听到。除了浮出水面用甲板炮反击外，恐怕别无他法。幸运的是，这时天已经黑了，须要担心的也许只有皎洁的月光。"鲑鱼"号带着严重的倾角浮出水面，艇员们立即操持好轻、重武器，引擎室里的艇员则忙于修理被卡住的排气阀，而艇长负责使潜艇艇身保持稳定。

经过了大约几个小时的等待，"鲑鱼"号的引擎重新启动，准备驶向塞班岛。当时距离最近的敌舰在月光下看着约 7000 码，但它并没有采取任何行动。21 时左右，日军舰艇打开探照灯朝海面上急促射击。21 时 30 分，艇长瑙曼联系上了同一艇群的其他潜艇，然后发出了一些简单的英文无线电报，将自己伪装成其他美军舰只，希望日本人误认为附近美军舰艇的数量在他们之上。

在接下来的三个小时里，距离较近的日军护航舰艇一直在尝试从远距离炮击"鲑鱼"号潜艇。当双方接近到大约 2000 码时，日军驱逐舰又开始转向规避"鲑鱼"号射来的 20 毫米炮弹。就在这时，"鲑鱼"号及时地发现了一个"海上狐狸洞"（一场暴风雨），于是立即迎面而去。日军舰艇则试图从左舷位置追上"鲑鱼"号，而这是瑙曼所希望看到的。瑙曼曾是美国海军学院的中量级拳击手，更是一位近战高手。他指挥潜艇满舵左转直接朝日军驱逐舰撞过去，同时艇上轻、重枪炮一齐开火，连两个可乐瓶都被杀红了眼的艇员扔了出去。然而机警的日军舰长躲开了这次近距离撞击，但上层建筑被"鲑鱼"号潜艇急促扫射出的 4 英寸炮弹和 20 毫米炮弹命中，于是这艘日军驱逐舰随即停了下来并开始燃烧。另一艘驱逐舰也靠拢过来并朝"鲑鱼"号射击，但不仅没能命中，而且被潜艇上 4 英寸口径甲板炮和小口径弹药的近距离射击打得千疮百孔，最终"鲑鱼"号成功地摆脱追击，冲进了那片烟云缭绕的暴风雨中。

当天晚上，"扳机鱼"号、"小体鲟"号（Sterlet）和"银河鱼"号三艘潜艇与"鲑鱼"号进行了会合，随后一同前往塞班岛。我们要求胡佛海军上将为它们提供一些空中掩护，结果途中果然在一架日军轰炸机将要对潜艇展开俯冲攻击时及时击落了它。11 月 3 日，"鲑鱼"号停靠在了我们位于塔纳帕格港的潜艇供应舰旁，立即受到岸上人们的迎接。瑙曼和他的艇员们几乎忘记了自己在战斗中是如何负的伤，我们也许应该在海军学院教授给学员们更多的拳击技巧。这次经历让我感到最高兴的也许是"鲑鱼"号潜艇的官兵们紧密团结在一起的战斗意志。

至于他们的潜艇，则已经失去常规修理的必要。在正常情况下，我们会把他们派到其他潜艇上去。但是"鲑鱼"号的官兵们之间似乎存在着一种牢不可破的友谊纽带，这对他们来说具有非常重要的意义。瑙曼用无线电报请示我们希望把所有原"鲑鱼"号官兵都改派到一艘新的潜艇上。就这样，带着离别的祝福，当伤痕累累的功勋潜艇"鲑鱼"号抵达马雷岛时，我们把艇上的官兵们以及他们所有的物品都转移到了全新的"棘背鱼"号（Stickleback）潜艇上。当大战接近尾声时，艇长肯·瑙曼和他手下的官兵们带着新装备的水雷探测设备，再次出发前往太平洋上日军控制的最后一片水域（日本海），开始寻找更多的目标。

在 1944 年 10 月的潜艇部队伤亡情况统计之前，恐怕还得登记上两起损失。除了"海狼"号、"镖鲈"号和"刺尾鱼"号之外，我们还必须加上"鲨鱼"号和"玉梭鱼"号（Escolar）的名字，这也许是大战期间我们损失最沉重的一个月。

"鲨鱼"号潜艇的沉没与另一场悲剧有关——我们在不知情的情况下击沉一艘载着盟军战俘前往日本本土的日本船只。这次，战俘们和我们鱼雷的受害者都是美国人。由布莱克利（E. N. Blakely）中校指挥的"鲨鱼"号潜艇于 10 月中旬率领"海龙"号和"黑鱼"号两艘潜艇前往吕宋海峡海域进行一次标准的"狼群"巡逻任务。10 月 22 日，"鲨鱼"号报告称发现四艘大型敌舰。当时艇上鱼雷处于满载状态，所以"鲨鱼"号没有急于发动攻击，但也没有向基地发送进一步的消息报告。10 月 24 日，"海龙"号潜艇收到了一条来自"鲨鱼"号潜艇的消息。消息称该艇已经与一艘日本货轮发生雷达接触，并表示它将立即发起攻击。这是"鲨鱼"号潜艇发出的最后一条信息。

然而到了 11 月 13 日，美陆军第 14 航空队海上作战司令部方面声称，一艘从马尼拉驶往日本本土的载有 1800 名美军战俘的日本船只于 10 月 24 日当天被击沉，而对这艘日军船只发动鱼雷攻击的正是一艘美军潜艇。虽然没有其他潜艇报告过有关这次攻击事件的消息，但由于"鲨鱼"号向"海龙"号发出无线电报告的时间恰恰是在这艘日本船只沉没的几个小时前，而且没有后续的无线电联络作为佐证，因此只能假定是"鲨鱼"号潜艇实施了上述攻击行为，并且自己也在这场攻击行动中或是其后因故沉没。

五名美军战俘在这场悲剧中幸存下来，他们随后安全抵达中国。他们后来表示这艘日军船只上的条件之恶劣简直让人难以忍受，以至于有些人甚至祈求有人能用鱼雷或炸弹将他们从苦难中解救出来。由于许多战俘声称自己是被潜艇从水中营救起来的，而且在押送他们的日军船只沉没后，美军潜艇又奉命在所有被击沉的返回日本本土的船只沉没点附近海域搜寻盟军幸存者，因此"鲨鱼"号也极有可能是在试图营救落水的美军战俘时被击沉的。

战争结束后我们收到日军的一份报告，里面记载了"鲨鱼"号潜艇在 10 月 24 日发动的那次攻击行动。该艇遭到了日军护航舰艇投掷的 17 枚深弹的反潜攻击，日军报告说在海面上看到了"泡沫、重油、衣物、软木塞等"。还有几艘美军潜艇报告说当天在这一位置附近海域遭到了攻击，但由于没有人报告说攻击过上述日军护航船队，因此这次攻击被认为是导致"鲨鱼"号最终沉没的直接原因。

值得注意的是，在 JANAC 方面记载下的于 10 月 24 日在"护航学院"海区被美军潜艇击沉的七艘日军船只中，并没有任何一艘归功于"鲨鱼"号，这里也许有"鲨鱼"号无意间夺去了不少美国人生命的因素。JANAC 的记录显示，"鲨鱼"号潜艇总共击沉四艘船只，总吨位为 21672 吨，这些战绩都是在 1944 年 6 月里取得的。

9 月 18 日，由米利肯中校指挥的"玉梭鱼"号潜艇从珍珠港出发，前往中途岛实施燃料补给。在那里，"玉梭鱼"号与"鲵鱼"号、"鲈鱼"号两艘潜艇一同于 9 月 23 日起程离开，在黄海海域进行了一次协同巡逻，这是"玉梭鱼"号的首次巡逻任务，而米利肯中校负责指挥这支被命名

∧ 美国海军"玉梭鱼"号潜艇（SS-294）。

为"米利肯的掠夺者"的艇群。

9 月 30 日，在"玉梭鱼"号预期抵达小笠原群岛以北海域时，指挥部收到了来自这艘潜艇的以下消息："我们用甲板炮攻击了目标，目标船只疑似原为一艘意大利炮艇……"由于当时关于该艇与这艘炮艇交战的联络消息被迫中断，因此后来未收到来自"玉梭鱼"号的任何进一步消息。但"鲵鱼"号潜艇艇长表示，"玉梭鱼"号当时并没有受到任何损伤，后来还多次与"鲵鱼"号和"鲈鱼"号两艘潜艇进行了联系直至 10 月 17 日。

根据"鲈鱼"号潜艇的报告，它在 10 月 17 日当天收到了"玉梭鱼"号发来的一条无线电消息。消息称该艇正在佐世保以西约 60 英里的海域，并且正朝日军位于佐世保的海军基地进发。但无论是"鲵鱼"号还是"鲈鱼"号，此后都再未收到来自"玉梭鱼"号潜艇的无线电联络。战后日军方面的资料中也没有记录关于"玉梭鱼"号潜艇损失的原因。不过，该艇当时活动的海域设有水雷区，"玉梭鱼"号当时应该是清楚这一点的，它有可能是在不知不觉中进入了水雷场，或是无意间触碰了一枚在当时十分常见的漂雷。

米利肯中校是一位潜艇老兵，战争初期我在澳大利亚时就非常了解他，我对他不失冷静的勇气和决心非常钦佩，失去他让我们很难接受。

当 10 月份行将结束时，一个令人震惊的事件突然降临到我们头上。10 月 29 日，一艘日军潜艇在旧金山和夏威夷之间海域击沉了一艘美国商船，并且击沉了一艘救生艇。后一件事并没有让我们感到太过惊讶，因为在印度洋上，日

本潜艇和商船袭击舰犯下了大量这种不人道的野蛮罪行，但在我们至少保持了三年未经袭扰的本土航线水域发生这样的事件，确实令人惊讶。它所引起的人心恐慌，以及由此造成的我们海上交通线一度陷入混乱，都充分表明敌人其实本可以使我们陷入更多类似的尴尬境地。

另一方面，纳粹德国海军潜艇 U–168 号被击沉也给我们的战局增加了些许变化。这艘 U 艇是被格森斯（H. A. W. Gossens）少校指挥的荷兰潜艇"齐瓦德维希"号（Zivaardvisch）击沉的，这也是这艘隶属第七舰队潜艇部队的荷兰潜艇首次执行巡逻任务。那是在 10 月 6 日的清晨，这艘德军潜艇在爪哇海被发现，在与目标接触 13 分钟后，格森斯艇长下令齐射了六枚鱼雷，其中有三枚命中目标，但只有一枚击中 U–168 号艇艏位置的鱼雷顺利起爆，另外两枚则是哑弹。然而，一次成功命中就已经足够，U–168 号潜艇当场就沉入了它的水下墓地。

"齐瓦德维希"号从水下缓缓靠近正沉入水中的 U–168 号，看到水里有六名落水者，但在上浮出水面的过程中，发现又有 21 人加入了他们的行列。当时的海水只有 120 英尺深，德军潜艇上的一些幸存者已经利用配备的类似于我们的"蒙森水肺"的救生装置浮上海面逃生，然而他们中的大多数人其实并没有配备这种装置。后来荷兰人把他们都带上了潜艇，又把 22 名德军战俘转移到槟榔屿当地的一艘渔船上。U–168 号潜艇的艇长、三名军官和一名受伤的艇员则被留在了"齐瓦德维希"号潜艇上，荷兰人自豪地把他们带回了弗里曼特尔港。有意思的是，驻槟榔屿当地的日军部队可能并没有以极大的热情接待他们落难的盟友。后来从当地获救的一名澳大利亚战俘告诉我们，至少在槟榔屿有证据表明德国人和日本人之间存在着某些不大友好的情绪。

1944 年 9 月至 10 月间发生的另一个不同寻常的小故事则不仅仅是一段有趣的注脚，更是一则鼓舞人心的事例。

我关于此事的第一时间消息是"真鲷"号潜艇发回的一条无线电消息，其中报告了一名来自中途岛大修基地的电机机械师[①]的情况，报告中称此人趁他们不备

---

① 原注：此处指汉克·全斯特罗姆（H. H. Quanstrom）。

藏在了"真鲷"号潜艇上，然后随该艇于前一天离开了中途岛前往小笠原群岛海域执行战斗巡逻任务。据悉，全斯特罗姆本人以前在美军 S–31 号潜艇上服役，并且曾随艇在荷兰港外海海域巡逻。在他经历的唯一一次巡逻任务中，这艘和日军艰苦作战的老旧 S 级潜艇运气不佳，被我们自己的一架巡逻机误炸，不过好在没有击中。但慌乱中全斯特罗姆的左臂被艇上的齿轮传送机构严重绞伤，艇长也被一枚提前爆炸的近失火箭弹重伤。

后来经过治疗，除了左手两根手指还顽固地拒绝发挥作用外，全斯特罗姆很快康复出院。后来他被派往美军驻珍珠港海军基地，作为中途岛潜艇大修基地中的一员继续服役。虽然他尽了最大努力申请回到潜艇上出海作战，但一直没有成功。或许他是个闲不住的家伙，又或许认为是自己这次的负伤经历剥夺了他继续在一线作战的资格，在古尼维尔（Gooneyville）待了 7 个月之后，全斯特罗姆再也等不下去了。几乎每天都有潜艇出现在中途岛进行大修或加油，他们在海上冒险和战斗的故事让他热血沸腾，他迫切地希望能再参加一次战斗巡逻，进而为自己赢得一枚垂涎已久的潜艇作战胸针。

于是，在 9 月份的一天晚上，在为"真鲷"号潜艇全体官兵举行的一场告别啤酒派对上，他终于赢得艇上一名机舱水兵的同情。在这名水兵的帮助下，全斯特罗姆在第二天早上带着一大堆个人行李登上了潜艇，然后在机舱舱底坐了下来并且一直待在那里。直到天黑他才钻出来自投罗网。他认为，如果在白天就出来主动"自首"，艇长可能会请求派一架 PBY 水上飞机把他送回中途岛，但如果他等到天黑，到第二天天亮时人们就会发现此时潜艇已经离中途岛很远了，这样的话单单为转移一个人动用军方飞机就太不划算了。

他的小算盘打得不错。艇长沃克尔（W. W. Walker）中校果然只是训斥了他几句，然后不得不打破无线电静默，向基地报告了关于他意外出现在艇上的事实，然后顺水推舟派他担任艇上的瞭望兵，同时要承担为艇员们洗衣的职责，最后则被派到引擎室值班，并且最终得到了艇长的好感。要知道一旦潜艇返回中途岛，"非法登艇"的指控就会对他极为不利。考虑到这一点，沃克尔艇长只是在艇上安排了一场气氛相当温和的临时军事法庭，并且只判处了他为期十天的监禁。看起来这似乎是对战斗精神的一种过度惩罚，但正如全斯特罗姆本人所说："反正我们无论如何都是要回马雷岛大修的，所以我的监禁全程都是在海上完成的！"

时至今日，回到安静的平民生活中的汉克·全斯特罗姆每天都自豪地佩戴着因潜艇巡逻任务而为自己赢得的潜艇作战胸针。当时，"真鲷"号潜艇在太平洋著名地标性地点[①]附近海域击沉了两艘敌船。而在这一地区，我们曾有两艘或是三艘潜艇被击沉，而且全部艇员丧生。

10月里，我们潜艇部队的商船击沉战绩再次创下了新高。据 JANAC 方面的记录，共有 33 艘美军潜艇总共击沉了 50 艘商船，其中 7 艘是油轮，吨位共计 275809 吨。盟军潜艇还击沉了 9 艘作战舰艇，吨位共计 37220 吨。

---

① 原注：即孀妇岩（Lot's Wife）。

第十四章

11 月 3 日，"鲑鱼"号潜艇安全地返回到塞班岛基地。在对这艘已经千疮百孔的潜艇进行拆解之后，我们方才抽出时间舔舐自己的伤口。10 月无疑是一个艰难的月份，我们损失了五艘潜艇，而"鲑鱼"号因受重创而无法修复，"马鲹"号也因一场严重的进水事故而不得不接受临时大修，事故中还有一名军官丧生。更让人难以预料的是，我们在 11 月份里的损失将会更大。

在莱特湾地区，日军困兽式的抵抗仍在继续，而美军第三舰队的舰机一直在为麦克阿瑟将军的部队提供空中掩护。然而，陆军航空队在莱特湾建设简易机场的计划遭到了延误，因此麦凯恩（J. S. McCain）海军中将率领的第 38 特遣舰队的航母只得一刻不停地"监视"菲律宾地区的敌人的空中活动，一有动向便予以坚决打击。

当时，我们的潜艇活动区域远离第三舰队所在海区，在更远的北部和西部海域巡逻。在靠近亚洲海岸的地方，海上"狩猎"行动的成效仍然不错，但这些行动已经变得相当的例行化，太平洋潜艇司令部的大部分时间都花在为下一次重要行动做准备上。斯普鲁恩斯海军上将和他的参谋人员也正在珍珠港为新的行动做准备。

〈 美国海军"三棘鲀"号（SS-404）潜艇。

与此同时，我本人越来越专注于新型作战装备的服役和使用。由来自缅因州波特兰的尼古拉斯（N. J. Nicholas）少校指挥的"三棘鲀"号（Spikefish）潜艇抵达了珍珠港，这艘潜艇配备有首套新型 ST 型潜望镜雷达。我一得知这一消息就迫不及待地跑出办公室，和"三棘鲀"号官兵们一同进行了一次训练航行。海上试验表明，潜望镜和雷达组合在一起的这套新装备性能良好，艇长以及我们这些随艇观察员都对此感到十分兴奋，因为这将使我们能够在夜间有效地攻击那些越来越多的装备雷达的敌护航舰艇，而且这对在白天使用潜望镜接近目标也大有裨益，此外其探测距离也令人非常满意。

作为我办公室工作的另一种放松调剂方式，我到由来自康涅狄格州新伦敦的拉森（R. C. Latham）中校指挥的"鲹鱼"号潜艇上参加了一场我最喜欢的用 FM 声呐系统探测水雷的行动。要知道，进入受大片海上水雷场保护的日本海海域一直是一项让人无法拒绝的挑战，我相信调频声呐正是开启这一紧锁着的海域的钥匙。我没有错过观察这套新装备运行和研究其实战能力的机会。行动当天，"鲹鱼"号潜艇的表现相当出色，虽然我也担心此行会遭受意外损失并且一度思考着如何阻止他们，但最后我还是带着心中高唱的凯旋歌回到了基地。最终，我们成功突破了对马海域的水雷场，完成了对日本海上航运线的扼杀行动，从而迫使敌人最终投降或是坐以待毙，进而拯救了成千上万的美国人的生命。

我们的鱼雷和枪炮官哈里·希尔中校还邀请我观摩了一场新型秘密武器的演示。11 月 15 日当天早些时候，我们搭乘新潜艇"圆鳍鱼"号（Sea Owl）前往训练海域，艇长是来自田纳西州纳什维尔（Nashville）的卡特·L. 本内特（Carter L. Bennett）中校。"圆鳍鱼"号潜艇的建造完成是朴次茅斯海军码头在创纪录的极短周期内建造完成的高性能潜艇的一个典范。那里的指挥官威瑟斯（Withers）上将致信给我说，他们预计将在下一个公历年里建造完成 36 艘新潜艇。对一个在两年内通常只能建造三艘潜艇的海军船厂来说，这无疑是一个巨大的进步。

我们在潜艇上观察了前三次水下鱼雷射击的情况，随后发现只有一枚鱼雷的海面航行状态是正常的，这让我们感到相当沮丧。而另外两枚鱼雷从未出现过，更没有击中目标，显然是迷失了方向。鱼雷问题的诅咒似乎还在紧紧追随着我们。观察团随后转移到了靶船上，再次观看了我们的新型装备试验，结果一次

∧ 美国海军"圆鳍鱼"号（SS-405）潜艇。

也未击中。对我们这些期待新型装备带来奇迹的人来说，这场演示着实令人心碎。根据分析，大多数故障的最深层次原因是大量偷工减料生产出来的劣质电气设备。在这些武器装备被证明性能足够可靠可以供潜艇使用之前，恐怕还需要几个星期进行彻底试验和改进，鱼雷缺陷的历史性一幕似乎注定要重演。

军械局局长乔治·哈西海军少将在观察团的这次任务中全程都和我在一起。我相信他回到华盛顿后，一定会下决心找出究竟是什么原因在秘密武器计划里作祟，以及我们还能做些什么。当然，有些人必须为此事负责。

不久有新消息传来称，第七舰队潜艇部队的一支"狼群"艇群在南中国海海域巡逻期间，对日本海军"熊野"号（Kumano）重巡洋舰丧失战斗力做出了重要贡献。该艇群的主要构成包括：由来自纽约布鲁克林的哈金斯（E. D. Haskins）中校指挥的"犁头鳐"号潜艇、由来自俄亥俄州克利夫兰的"麦克"希尔（W. W. Shea）中校指挥的"马鲛鱼"号潜艇，以及由"月亮"查派中校（"大鲹鱼"号原艇长）指挥的"铜盆鱼"号潜艇。查派奉命担任这支艇群的OTC（战术指挥官）。

∧ 被美军潜艇重创的日本海军"熊野"号（IJN Kumano）重巡洋舰。

　　11月6日7时18分，"犁头鳐"号潜艇在吕宋岛博利瑙角（Cape Bolinao）附近海域巡逻时发现一支由两艘重巡洋舰、七艘货船和几艘护航舰艇组成的护航船队从南部海域驶来。潜艇在46秒的时间内向其中一艘重巡洋舰连续发射了九枚鱼雷，其中六枚鱼雷从艇艏鱼雷发射管齐射，三枚从艇艉鱼雷发射管发射，不久便监听到了三次恰到好处的鱼雷命中声。几分钟后，"铜盆鱼"号潜艇也发现了这支日军护航船队，并向其中一艘重巡洋舰发射了四枚鱼雷，这次则听到两声命中。

　　35分钟后，"马鲅鱼"号潜艇也发现了正在继续前行的这支护航船队，于是立即向其中的"熊野"号重巡洋舰发射了六枚鱼雷，据希尔艇长称其中有三枚命中目标。有惊无险的是，"熊野"号最后一轮发射的鱼雷从附近地区冲进来的"魟鱼"号潜艇旁直接滑过，当时后者正占据攻击阵位准备发起水下进攻，据说鱼雷螺旋桨发出的致命呼啸声在艇内都可以清晰地听到。可见，我们的作战区域真的快被自己的潜艇填满了。

　　9 时 46 分，由来自宾夕法尼亚州维尔克斯巴尔镇（Wilkes–Barre）的指挥官金塞拉（W. T. Kinsella）中校指挥的"魟鱼"号潜艇也向重巡洋舰"熊野"号发射了四枚电动鱼雷。10 时 41 分，金塞拉艇长观察到目标的舰艏部分被鱼雷击中，正在被护航舰艇拖曳到附近的海滩。

　　11 月 18 日，我们从"法官"安德伍德（Underwood）中校指挥的"白鲳"号潜艇那里得到消息，该艇在中国上海东北方向的黄海海域击沉了一艘日军航母。当时，"白鲳"号与"太阳鱼"号、"竹节鲼"号（Peto）潜艇一同奉命前往那片海域执行巡逻任务，由安德伍德艇长担任这支艇群的指挥官。在中国上海长江入海口海域击沉一艘货轮后，"白鲳"号继续向北移动，于 11 月 17 日 14 时 34 分发现东北方向海面上出现了烟柱。很快，接连有 5 根高度、大小截然不同的烟柱出现，随后桅杆也相继进入视野。由于日落时分即将来临，因此安德伍德决定让这支护航船队从潜艇上方经过，然后在夜间实施水面攻击。这样，他就可以用更快的航速从黑暗中撤离战场，而不是坐在这片浅海海底被动地接受深弹爆炸的冲击。于是，"白鲳"号开始下潜并在水下 150 英尺深度低速航行以避免被日军飞机发现（有时日军飞机能发现水下 120 英尺处的潜艇）。不久，船队正好经过"白鲳"号上方，虽然受到了大量护航舰艇发出的声呐波砰击，但潜艇并没有被日军发现。

　　17 时 34 分，安德伍德指挥潜艇回到了潜望镜深度，仔细观察了海面上的目标。眼前有五艘大船，护航舰艇则不可计数，后方还伴随着一艘护航航母。突然，

∧ 美国海军"白鲳"号（SS–411）潜艇。

∧ 美国海军航空兵配备有雷达的PBM-5型水上飞机。

艇上监听到一次爆炸声，接着一艘位于CVE（护航航母）前方的船只冒出滚滚浓烟，紧接着是一连串的深水炸弹攻击。显然，是这支艇群中的另一艘潜艇对该船队率先发动了攻击。

18时34分，"白鲳"号潜艇进入战斗阵位，上浮海面后开始跟踪这支护航船队。这时，两艘日军护航舰艇留在了船队后方刚刚遭到潜艇攻击的区域实施反潜搜索，甚至动用了海面搜索雷达，但安德伍德还是从距离它们10000码的海面经过而没有被发现。"太阳鱼"号潜艇则打破了无线电静默并告诉安德伍德，它正准备攻击一支由八艘船只组成的护航船队，位置大概在"白鲳"号潜艇后方约三小时航程的海域。我们的一架从中国基地起飞的海军飞机报告了这支护航船队的位置和规模，这支包括一艘护航航母在内的护航船队里有五艘驱逐舰护航以及九艘其他船只。很明显，来自中国地区的美国海军航空兵力量的目标接触报告在这个时候已经成为一种标准且非常有用的情报支援。就在几个月前，我们派遣"阔鼻鲈"号潜艇艇长（沃利·艾伯特中校）前去缅甸，担任驻华海军力量指挥官迈尔斯准将的联络官。

21 时 19 分,"白鲳"号潜艇准备向距右舷 4600 码的日军护航航母发起攻击,不料对方突然转向进行规避。于是,安德伍德只得下令潜艇退出攻击位置,从更远的位置重新寻找机会。此时日军船队正在以不超过 14 海里的航速前进,而在这片海况良好的海域进行一次大范围机动并不困难。当安德伍德重新进入攻击阵位时,"太阳鱼"号潜艇发来报告说,该艇也袭击了它的目标船队,并且成功击沉一艘大型货轮。

"白鲳"号再次进入攻击位置,这次它选择从日军护航舰艇的后方进行渗透,结果遇到了相当大的雷达干扰,显然是来自敌护航舰艇上,但所幸的是潜艇一直保持自己未被发现。23 时 03 分,安德伍德下令在 4100 码的射程上向日军护航航母发射了六枚鱼雷,然后满舵转向,用艇艉鱼雷发射管向船队中领头的一艘油轮再次发射了鱼雷。

这次发射的鱼雷中有一枚击中了航母的艉部,接着又有三枚鱼雷相继击中舰体舯部不同位置。这艘日军航母突然爆炸起火,从舰艉部分开始缓慢下沉。"白鲳"号上有人听到从艇艉发射的一枚鱼雷击中了目标,但并没有观察到爆炸,而当时所有人的眼睛都盯着那艘熊熊燃烧的航母。很快,这艘日军航母开始朝右舷严重倾斜,而且可以看到它飞行甲板上停放的飞机纷纷朝舷侧滑落海中,不久便从舰艉开始下沉。最后一次通过潜望镜观察时,其竖立在海面上的舰艏部分仍然在燃烧。

这次,美军潜艇的牺牲品正是日本海军"神鹰"号(Jinyo)护航航空母舰,排水量为 21000 吨。日本海军战时总共建造了五艘护航航母,其中有四艘是被我们的潜艇击沉的。"神鹰"号的同级舰[①]后来也被麦凯恩海军中将指挥的美军航母特遣舰队的舰载机击沉。

伴随着"神鹰"号的沉没,安德伍德艇长准备再次发起进攻。就在 11 月 18 日这天,一艘日军护航驱逐舰发现了"白鲳"号潜艇,随后用舰上的 40 毫米火炮进行射击。安德伍德一边指挥"白鲳"号规避,一边下令清理舰桥。他的本

---

① 原注:此处指隐藏在濑户内海中的"海鹰"号(Kaiyo)航母。

意并不是想紧急下潜，而是让除他自己以外的所有官兵都隐蔽起来。在潜艇达到全速之前，日军驱逐舰已经接近到970码的距离，并开始用20毫米和40毫米曳光弹进行射击，一些更大口径的火炮也朝"白鲴"号开火。而"白鲴"号并没有选择在这片浅海里进行下潜，而是像一只昂起的蛇头一样，全速在海面上曲折行进，并最终摆脱了追击者。随后，日军舰艇只得象征性地投掷一连串深弹，然后掉头而去。

"白鲴"号及其所在的艇群总共在黄海海域活动了22天，这次作战它们取得了巨大的回报。其中有几次宣称的击沉记录后来并未被JANAC方面计入官方"击沉"战绩，而是被列入"击伤"。除了上文已经提到的那些战果外，"白鲴"号还击沉了另外一艘日本货船，因此在这次战斗巡逻任务中该艇的最终战绩为击沉四艘船，吨位共计30421吨。它的同伴由来自俄亥俄州辛辛那提的谢尔比（E.E.Shelby）中校指挥的"太阳鱼"号潜艇击沉一艘货船、一艘客货船和一艘运输船，吨位共计16179吨。由来自佐治亚州亚特兰大的小卡德维尔（R.H. Caldwell）中校指挥的"竹节鲯"号潜艇则取得了击沉三艘货船的战绩，吨位共计12572吨。此番作战该艇群的击沉总战绩超过59000吨，创造了大战期间美军潜艇最出色的战绩之一。

在1944年11月的上半月里，我们潜艇原本的着重打击敌巡逻警戒舰艇的作战职责得到了进一步延展。斯普鲁恩斯海军上将要求我们清理出一片180英里宽的海域，这样美军航母特遣舰队就可以安全通过这一区域，对日本本土进行第一次全面的海空打击行动。我们相信，潜艇歼灭这些日军巡逻舰艇的效果不会像击沉驱逐舰那样引起敌人更多的警惕。伴随着敌警戒力量威胁的消除，我们的航母舰队将有更好的机会来取得意外的战术收获。就在我们制订相关作战计划时，一些从巡逻任务中返航的潜艇奉命在塞班岛集结，预计斯普鲁恩斯上将的攻击行动将会在11月发起。然而，最终的决定是保留第三舰队在莱特岛一带提供空中掩护，这无疑迫使我们不得不暂时放弃这一行动。

在塞班岛部署有潜艇的情况下，将我们的计划分步付诸实施也许看起来会是个好主意，这也可以为以后类似的战场扫荡行动提供经验。一支由"深海鳎"号（Ronquil）、"刺鲀"号、"小体鲟"号、"银河鱼"号（旗舰）、"扳机鱼"号、"鼓鱼"

号和"秋刀鱼"号七艘潜艇组成的艇群从西至东排列在最初的扫荡线上组成了"狼群"。"伯尔特"克拉克林中校 ① 奉命担任这支艇群的指挥官。为了传承他的荣誉，这支艇群被命名为"伯尔特的扫帚"，于 11 月 10 日起程离开塞班岛，奉命在日本东南海域清理出一片约 180 英里宽拥有特定边界的海域。根据命令，他们要做的就是击沉在此期间遇到的任何一艘日军巡逻船，"让这片海域永无宁日"。

"伯尔特的扫帚"艇群的战斗故事则又成了一段传奇。潜艇通常在海况相对平静的时候才会动用甲板炮，而当时作战海域的天气十分恶劣，潜艇露出海面的干舷较低，甲板炮射击准确性严重下降，行动中仅仅击沉四艘日军巡逻警戒船，但是学到了极有价值的一课。原本期待的海上扫荡作战意外地取得了相反的效果：敌人为了支援他们的巡逻警戒作战，在附近派遣了大量可动用的飞机和巡逻艇，而我们在这一海区的扫荡清理行动，实际上将减少我们特遣舰队被日军发现的概率。

在这次海上扫荡行动中，"深海鳛"号潜艇的官兵们在一场短兵相接的炮战中展现了一个鼓舞人心的战例。当时，"深海鳛"号潜艇正在与两艘日军巡逻船进行炮火对射，从耐压壳体到艇艉鱼雷舱一线有两处被炮弹击穿。在副艇长进行检查并确定艇体损坏程度后，首席电机机械师威廉·S. 贝洛斯（William S. Bellows）挺身而出，用焊接设备对破损处进行了应急修理。为了完成修理任务，他必须置身于艇艉海浪不断拍击的甲板上并且直接面对敌舰的持续炮火射击。与此同时，空中威胁也随时存在，而且实际上在"深海鳛"号被炮弹击中后不到一小时就有日军飞机赶到。如果潜艇被迫潜入水中，那么可能就有必要放弃贝洛斯以及和他一同作业的副艇长，然后伺机上浮接回他们。尽管如此，贝洛斯并未中断这项极其重要的工作。在修理过程中，他一度被海浪卷入海中，当人们从水中及时救起他时，他还紧紧抱着自己的设备并且马上重新投入工作，并且最终出色地完成了这项任务。

战斗中，加兰丁中校指挥的"大比目鱼"号几乎给了日军反潜舰艇致命一击。

---

① 原注：他就是前文提到过的著名的"赛马场"传奇中的英雄主角。

作为攻击台湾海峡南端的日军护航船队的美军艇群中的一员，该艇在朝目标齐射四枚艇艏鱼雷后立即遭到了猛烈的反潜攻击，于是加兰丁艇长立即下令紧急下潜。要知道的是，自从得知美军潜艇在遭到反潜攻击时一贯会朝深水区规避后，日军很快就将深弹起爆的深度调整得更低。当时两艘日军护航舰艇正位于"大比目鱼"号的左右舷，他们的声呐探测装置发出的响亮砰击声在整个潜艇上都能听到，显然对方已经确定"大比目鱼"号的大致方位。这时一艘日军护航舰艇保持在潜艇后方位置不断用声呐砰击目标，另一艘则反复地从"大比目鱼"号上方经过。

　　紧接着，可怕的爆炸声接连不断地发生，深弹攻击之密集一度到了无法计数的程度。"大比目鱼"号的左侧指挥塔被爆炸冲击波压变形，一部潜望镜的内部结构发生了破裂，蓄电池舱附近的耐压壳体凹陷，艇内舱室里散落着绝缘软木和碎玻璃。一些深弹的爆炸点离潜艇很近，一度造成潜艇的下潜深度超过自身设计深度。艇艏鱼雷舱附近遭到日军所投掷的一连串深弹的近距离爆炸冲击，每枚携带有 3000 磅炸药的鱼雷在震动下从鱼雷滑轨上偏离了一英尺之多。舱室地板也被炸裂，鱼雷舱里的艇员们有的跌落到了舱底，甚至有人掉在了艇体的最底部位置。几乎所有的海水阀都被炸裂，逃生箱开始漏水，艇体和水舱顶部也都发生变形。而更糟糕的是，艇艏蓄电池舱内的一条高压空气管路发生破裂。从破碎的储气罐中喷出的空气、发油和剃须膏的混合气味，让艇艏蓄电池舱里的艇员们相信这里已经进水，且大量氯气正在产生。由此可想而知当时"大比目鱼"号艇内的混乱状况。艇上的噪声是如此之大，相信任何反潜舰艇都不会听不到它的声音，然而由于某种无法解释的原因，日军的反潜深弹攻击戛然而止。正如艇长加兰丁后来所说的，"由于某种原因，日本人突然离开了。其实他们只要再坚持一会儿，就会得到丰厚的回报"。

　　当"大比目鱼"号潜艇最终返回珍珠港基地的时候，加兰丁向我发誓说，在日军投掷最后一批深弹时，从艇内甚至能听到其中一枚深弹落到潜艇艇艏甲板上的声音。作为证明他还指出，潜艇所配备的 4 英寸口径甲板炮的炮膛盖是由一种厚厚的黄铜铸件制成的，其表面留下了一个孔，而甲板炮的炮膛也被推到左舷一侧。这显然说明当时在距离甲板炮很近的地方发生了强烈的爆炸。参加过多次战斗的"大比目鱼"号潜艇一共取得了击沉 12 艘敌船的记录，吨位共

∧ 第10潜艇中队所属的潜艇供应舰"斯佩里"号（AS-12）。

计45257吨。由于受损严重因此并无维修的必要，该艇不久便退出现役。

就在这时，潜艇部队高层发生了两个意想不到的变化。驻澳大利亚的第七舰队潜艇部队的司令拉尔夫·克里斯蒂少将被吉米·费弗少将接替，海军少将弗里兰·道宾的位置则由新近晋升为将官军衔的海军少将斯泰尔取代。离职者们则很快赶赴各自重要的海上作战地区承担新的指挥任务。

至于我，则又一次从头到脚地感受到了军方调令带来的冷冰冰的寒气。在第二天与尼米兹海军上将讨论这些变化时，我请求他在我有可能被调离当前岗位时，能给我在两栖作战部队安排一个位置。我和他的部下一起打了那么多场仗，我想也许海军上将先生对一直有我在身边也已经感到有些厌倦。然而，这位"大老板"却踩住了我可能感到瘙痒的脚，回答我说他并不想动我，除非我非得要求换个地方。

与此同时，将太平洋司令部总部迁往关岛的计划已经完成，位于关岛中部

∧ 日本海军"金刚"号战列舰，1944年11月21日被美军潜艇击沉。

一片山脊上的"太平洋司令部山"的办公室和宿舍营地的建造工作也已经开始。第10潜艇中队所属的潜艇供应舰"斯佩里"号①从马朱罗环礁基地撤出，并开始在约翰·布朗挑选好的地方建立我们位于关岛的官兵休养中心。我们把它命名为"德雷营"，以纪念英勇的"鲻鱼"号艇长。

另外，我计划把参谋人员连同我自己的办公地点暂时安置在位于阿普拉港的一艘潜艇供应舰上，直到我们的新司令部建成再搬进去。不过，我们的任何一艘潜艇供应舰都没有足够的空间再多容纳三四名人员办公。此外，他们的无线电通信设施也不足以应付我们庞大的通信联络需要。因此，我们决定将暂时未分配给任何潜艇中队的"霍兰"号潜艇供应舰改装成一艘指挥舰，同时不对舰上的机械设备和车间进行任何破坏和改动。因此，"霍兰"将继续为潜艇供应舰执行"航海大修"任务，并协助修理从我们前沿基地蜂拥而至的数十艘小型

---

① 原注：舰长是乔·修中校，该舰是中队指挥官乔治·罗素上校（George Russell）的旗舰。

舰艇。"霍兰"号在塞班岛时由"富尔顿"号接替,因此返回了珍珠港。在那里,该舰的上层建筑上增加了一个全尺寸的无线电"棚屋"。当地的海军建筑工人们对这件事一直持悲观的态度,因为他们对这种附加结构的稳定性产生了严重的怀疑。据我所知,"霍兰"号后来确实一直保持着向右微倾的状态,直至今日。

1944 年 11 月 21 日是一个值得庆祝的日子。因为就在那一天,一艘美军潜艇击沉了排水量达 31000 吨的日本海军战列舰"金刚"号,这也成了美国海军历史上首次由潜艇击沉敌战列舰的战例,而完成这一壮举的是由来自纽约市的艾利·雷奇中校指挥的新"海狮"号。这条消息着实令我们兴奋不已,我们以前多次收到潜艇击沉敌战列舰的报告,结果都被证明是高估了战果,但这次战绩的证据太过确凿,以至于完全无法让人怀疑。之前,"鳐鱼"号潜艇所发射的鱼雷中有两枚命中日本海军超级战列舰"大和"号。"金枪鱼"号也曾两次命中"武藏"号战列舰,但都眼睁睁地看着他们的目标侥幸逃脱。而这一次,"海狮"号的官兵们亲眼见证了这只猎物的沉没。

1941 年 12 月 10 日,艾利·雷奇在首艘"海狮"号潜艇上担任军官,后来该艇在加维特被日军飞机轰炸沉没。"海狮"号艇上四人当场丧生,三人受伤。正停靠在一旁的"海龙"号潜艇上有一名军官也被命中"海狮"号炸弹的弹片击中丧生。复仇的愿望一直埋藏在雷奇的心里,后来他在其他几艘潜艇上成功地进行了几次巡逻任务。最后,就在他晋升中校后不久,一艘新的"海狮"号也即将完工。

他很快找到了我,问他是否可以指挥那艘新潜艇,而我也很高兴能做出这样的安排,要知道艾利恰恰是属于每个人都乐意帮助的那种人。当时,敌人位于中国沿海的海上航运线正运行得如火如荼,他迫不及待地接手了他的新潜艇,很快便赶赴战场。

在他指挥的三次巡逻任务中,"海狮"号总共击沉了九艘敌船,吨位共计59839 吨,而 11 月 21 日这天凌晨将见证他与敌战列舰—巡洋舰编队之间史诗般战斗经历的最高潮。"海狮"号潜艇当时正在台湾海峡西北的中国东海海域巡逻,这时艇上雷达操作员报告说,在 44000 码的超远距离上发生了雷达目标接触。

这充分表明远处是一个非常庞大的目标,要么就是某种雷达"海市蜃楼"

般的存在。这种现象经常发生在附近海域，特别是在黄海地区，根据以往的报道，在 60000 码的超远距离上报告发现的所谓大型目标，实际上不过是一只小舢板。然而，在这次这个特殊的场合，"海狮"号潜艇的雷达展现出了完美而持续稳定的性能。

这一天的夜晚几乎具备完美的水面攻击条件（阴天，天上没有月亮，海面平静，能见度约 1500 码），因此艾利艇长决定尽可能长时间地留在海面。对配备有雷达的海军水面舰艇来说，这一计划可能行不通。然而这次他决定尝试一番，至少这样可以保持潜艇的水面航速和机动性的优势。此时，这一日军目标已被确认为是由四艘战舰组成的纵队，依次是一艘巡洋舰、两艘战列舰和一艘巡洋舰，纵队前方两侧各有一艘驱逐舰，右舷一侧还有一艘驱逐舰伴随。"海狮"号当时的位置则位于敌编队的左舷前方（在当时可能是再好不过的一个攻击阵位）。

敌编队正以 16 海里的航速向东北方向行进，而且没有采用 Z 字形规避航线，这对一艘配备有雷达的潜艇而言确实是一大致命疏漏。随着射程的不断缩短，雷奇艇长把艇艏直接指向一艘距离最近且在当前目标中最小的驱逐舰。但他发现目标距离已经超过理想程度，于是立即转舵选择新的目标。

这次，他选择位于前方的一艘战列舰作为目标，并把艇上的电动鱼雷航行深度设置在水下 8 英尺，以防意外命中吃水较浅的驱逐舰。日军舰艇没有做出任何令人担心的规避动作，只是稳步航行一步步迎接属于他们的灾难。雷奇简直不敢相信眼前这令人无法置信的好运，自 1941 年 12 月那个倒霉的日子起，他就一直梦想着能出现眼前这样的情景。凌晨 2 时 56 分，期待已久的时机终于到来，于是他下令艇艏 6 部鱼雷发射管进行齐射。

按照惯例，艇上官兵们通常会在每枚鱼雷的头部写上一个名字，然后再装填进鱼雷发射管，他们通常会用艇员的妻子或最喜欢的女孩的名字来命名。其中也有一些鱼雷是在沙伦鱼雷工厂制造的，出厂时上面就写着在某一特定时期出售战争债券最多的雇员的名字。不过那天晚上，从"海狮"号的鱼雷发射管中发射入水的鱼雷上，写的是福斯特（Foster）、奥康奈尔（O'Connell）、保罗（Paul）和奥吉尔维（Ogilvie）的名字，这些人是在原"海狮"号潜艇于日军飞机轰炸中丧生的艇员。

首轮鱼雷发射后，雷奇艇长并没有浪费时间，他下令右转舵，把艇艉鱼雷发射管对准了第二艘战列舰。凌晨 2 时 59 分，他下令关闭引擎以免螺旋桨漩涡干扰鱼雷发射，并朝目标发射了三枚艇艉鱼雷。艾利回忆道，首轮鱼雷齐射抵达目标所需的四分钟时间感觉过去得特别慢，其间各种各样的怀疑都使他感到不安。他射击参数设置得正确吗？是否低估了敌人的航速？莫非所有鱼雷都错失了目标？突然，海面上空低矮的云团被三次爆炸的火焰彻底照亮，这三次爆炸分布在战列舰的舷侧一线。一分钟后，突然而猛烈的爆炸和火焰再次点燃了他的第二个目标。这时，"海狮"号开始以最快的速度向西驶去，而日军舰艇一直没能发现它。后来艇上雷达还观察到一艘日军护航舰艇冲向了东面海域，在那里投下了一连串于事无补的深水炸弹。

这次，"海狮"号与距离约 8000 码外的日军编队并排同向航行，同时利用这段时间对艇上的鱼雷发射管重新进行装填。但令人沮丧的是，虽然目标已经遭到攻击，但日军编队的速度反倒提高到了 18 节。显然，先前为鱼雷设置的 8 英尺航行深度是错误的，鱼雷爆炸只是破坏了对方的舰体舷侧装甲板。这意味着下次鱼雷攻击时，雷奇艇长必须按照教科书般的参数设置行事。日军编队航速的提高给"海狮"号的下一步行动带来了更大的困难，因为这时海况已经变得恶劣起来，海上的狂风扑面而来。即使引擎运转过载达到 25%，潜艇也只能勉强达到 17 节的航速。海浪不断拍击着艇舷，也不停地冲击着指挥塔围壳，从舰桥格栅上聚集的海水不断从舱口往下灌涌，而机舱内的官兵正忙于大力抽水，以使舱底进水的水位降下来。艇员们不久之前还是兴高采烈的，而眼下他们的心情已经降到冰点。

清晨 4 时 50 分，情况发生了变化，日军编队一分为二。艇内的 PPI 屏幕显示三艘日军重型舰只保持航向和航速未变，而另一艘先前被"海狮"号攻击过的重型舰艇的航速则减速到了 11 节左右，并在两艘驱逐舰的伴随下落在了后面，第三艘驱逐舰则不见了踪影。这倒没什么特别之处，因为我们现在已经知道，它已经被雷奇认为是击中第二艘战列舰的鱼雷击沉，永远沉没在了东海的海底。

艾利艇长当即决定攻击这支航速缓慢的编队。到了 5 时 12 分，"海狮"号抵达了目标前方的阵位，并且放慢了航速准备第二轮进攻。几分钟后，声呐兵报告说目标已经停下来。5 时 24 分，海面上发生了一次巨大而猛烈的爆炸，天空瞬间被照亮起来。雷奇后来告诉我："当时的情景就像午夜里的夕阳。"慢慢地，目标的斑点从雷达屏幕上消失，这就是"金刚"号战列舰的最后结局，原"海狮"号潜艇的沉没终于得到了复仇。

然而，上述这些作战的胜利并不是在毫无损失的情况下取得的。10 月至 11 月期间，我们一直在为那些出海作战后突然杳无音信的潜艇能够安全返航进行无声的祈祷。我们知道他们一定是出了什么问题，我们的潜艇可能一度处于绝望的困境中，而我们当时什么也做不了，这是一种非常无助的感觉。

就连由里默（H. R. Rimmer）中校指挥的、日军大型航母"大凤"号的终结者"大青花鱼"号潜艇也失踪了，我们相信它是在日本本州岛东北海岸的某片海域沉没的。由于当地浅水区有水雷场存在，因此我们曾警告该艇不要进入 100 英尺深度曲线。根据战后的日军报告，就在 11 月 7 日当天，一艘日军巡逻艇在津轻海峡附近海域观察到了一次可能是水雷造成的爆炸，爆炸发生后，泡沫、大量重油油迹、软木、被褥和食品等物纷纷浮出海面。因此可以假设的是，由于某种不慎和不幸，"大青花鱼"号潜艇误入了一片水雷区，并在其中触雷沉没。

"大青花鱼"号是一艘非常成功的潜艇，在西南太平洋战区和太平洋战区都服役过。它总共击沉了十艘敌船，吨位共计 49861 吨。在击沉敌战斗舰艇的战绩方面，"大青花鱼"号要远高于其他任何一艘潜艇，其战果包括击沉一艘大型航空母舰、一艘轻巡洋舰、两艘驱逐舰、一艘护卫舰和一艘猎潜艇。可以说"大青花鱼"号是带着丰硕的战果进入天堂的。

由奥克利中校指挥的"黑鲈"号潜艇，因原艇长霍华德·吉尔摩为拯救他的潜艇而做出的令人难忘的牺牲壮举而闻名全军，这次也遗憾地宣告这艘潜艇"逾期未返航，推推测已损失"。11 月 8 日，由"黑鲈"号、"无须鳕"号和"臼齿鱼"号三艘潜艇组成的"狼群"艇群在民都洛岛以西海域活动，由奥克利艇长担任艇群指挥官。"无须鳕"号上的雷达设备一直有故障，因此计划稍后与"铜盆鱼"号在海上进行临时集结，以获得一些备件补给。

凌晨时分，"黑鲈"号与一支护航船队发生了雷达目标接触，于是当即指示它的同伴进入相应的攻击阵位，并率先发起攻击。大约一个小时后，"无须鳕"

号听到了两次从远距离传来的爆炸声，"臼齿鱼"号也听到了一次听起来像是鱼雷命中目标的爆炸声。与此同时，目标船队从"黑鲈"号所在位置以Z字形规避航线驶过，此后不久，"臼齿鱼"号听到三次远距离深水炸弹爆炸的声音，随后也展开了攻击。而就在那之后，各艇再也没有收到"黑鲈"号的消息，与"铜盆鱼"号预期的集结也无果而终。虽然来自敌方的报告曾提到在这一海域实施过反潜攻击，但并没有提到在海面上发现过油迹或碎片。那么，"黑鲈"号是像"加拿大白鲑"号和"刺尾鱼"号一样被自己所发射的鱼雷绕了一圈后击中，还是被深弹所击沉？我们永远不会知道，而且艇上无一人幸存。

"黑鲈"号的艇长是一位富有作战经验的优秀海军军官，这是他第三次执行战斗巡逻任务。"黑鲈"号的服役期已超过两年半，总共击沉十艘敌船，吨位共计32607吨。在它所捕获的猎物中，其一是护卫舰，还有两艘是我们最讨厌的驱逐舰。

至于霍林斯沃斯（J. C. Hollingsworth）中校指挥的"阔鼻鲈"号潜艇，我们相信是在11月里的某天失踪的，但我们直到下个月才宣布这一噩耗。"阔鼻鲈"号奉命巡逻的区域是马里亚纳群岛以北的小笠原群岛附近海域，当时我们的部队正控制着这一地区。11月8日，"阔鼻鲈"号奉命改至孀妇岩附近海域执行巡逻任务，孀妇岩是一根孤零零的石柱，位于东京湾以南500英里的海岛上。第二天，"阔鼻鲈"号再次收到无线电消息，被告知在B-29重型轰炸机轰炸小笠原群岛的时候不要靠近，该艇也进行了确认，但这也是人们最后一次收到"阔鼻鲈"号的消息。后来，为了给从塞班岛基地起飞的B-29轰炸机落水飞行员提供营救支援，"阔鼻鲈"号奉命前往东京湾附近水道的一处海上预设阵地，但11月9日之后就再没有收到它任何进一步的消息。

根据日本方面战后的报告，11月11日一架日军巡逻机对海面上的一处油迹实施了轰炸，而那一地点正是"阔鼻鲈"号待命实施救援的预定海域。一艘日本海岸警卫队船只也赶到了现场，并投掷了大约70枚深水炸弹，随后海面上又出现了一大片油迹。报告提及的另外两次攻击行动则发生在11月16日，其中一次发生在上述海域以南约120英里处，另一次发生在孀妇岩附近海域，而后者据说传来了"巨大的爆炸声"。那么，"阔鼻鲈"号潜艇是否就是在承担海上

∧ 美国海军"射水鱼"号潜艇（SS-311）。

救生任务期间被击伤，而随后在往南航行前往塞班岛的途中沉没的呢？我们永远也不会知道。"阔鼻鲈"号的战绩包括击沉五艘敌船，吨位共计 34000 吨，其中一艘是大型潜艇伊 -24 号。

另一场巨大的胜利则为 11 月画上了令人欣喜的句点。"射水鱼"号潜艇的艇长[1]发回报告说，该艇发射六枚鱼雷命中了一艘"隼鹰"级航母，并声称其已经沉没，但几个月后我们都还不能确定这一战果。11 月 29 日，"射水鱼"号潜艇奉命前往东京以南 150 英里的一个小岛[2]附近海域巡逻。由于当地目标稀少，因此它的首要任务还是为从天宁岛起飞前往日本本土上空执行战略轰炸任务的美军 B-29 轰炸机提供海上救生支援。

11 月 28 日清晨，"射水鱼"号接到消息称，当天的战略轰炸任务取消了，因此它可以在当天酌情地自由采取行动。因此，恩赖特指挥潜艇前往本州附近海域，当晚在离东京湾入口 90 英里的小岛[3]发现了一艘大型日军航母。20 时 48 分，

---

① 原注：即来自北达科他州法戈（Fargo）的"乔"恩赖特（J. F. Enright）。

② 原注：即八丈岛（Hachijo Jima）。

③ 原注：即蔺滩波岛（Inamba Shima）附近。

雷达在24700码距离上与一个从北面而来的目标发生了雷达接触。不到一个小时就已经可以确定这艘航母正在朝西南方向行驶，并且采用的是20海里的航速以及Z字形规避航线。当时天空阴云密布，但偶尔露出的明月有时能让能见度达到15000码，而北方的海平线是黑暗的，因此恩赖特艇长选择了从敌舰右舷方向进入他的攻击阵位。到了22时30分，已经能够很清楚地判明，这艘航母总共由四艘护航驱逐舰伴随航行，而当时潜艇距离目标太远，无法通过潜航状态进入攻击位置。因此"射水鱼"号当时别无选择，只能采取与敌舰平行的航向全速航行，并祈求好运的突然降临。

一度以高速航行的日军编队此时慢了下来，但也暂时摆脱了遭受潜艇攻击的危险。艇长恩赖特见状立即发出了一份目标接触报告，提醒附近的潜艇寻找更理想的攻击阵位。因为按照当前的形势，除非日军编队突然改变航线，否则"射水鱼"号很难有机会下手。

然而就在凌晨3时整，期待已久的机会终于到来。日军编队从当前航向突然折回，从而迅速地缩短了与已经处在前方位置的"射水鱼"号潜艇之间的距离，于是后者立即下潜准备发动攻击。

当鱼雷射击准备即将完成时，恩赖特一度担心近处的护航驱逐舰很可能会挡在鱼雷航行的路线上，但幸运的是，对方在潜望镜前方400码处安然驶过。"射水鱼"号当时的位置是相当理想的1400码距离，几乎就在目标的右舷方位上。因此，到了凌晨3时17分，"射水鱼"号将六枚蒸汽鱼雷的航行深度设置到10英尺深并进行了齐射。鱼雷发射入水57秒后，第一发鱼雷击中目标舰艉附近位置，一个火球从目标舷侧迅速腾起。十秒钟后，恩赖特又观察到了第二次命中，随后迅速降下潜望镜准备深潜规避可能遭受的深弹反击。在下潜过程中，他监听到了四次预期中的鱼雷命中声，随后目标舰体响亮的破碎声接踵而至。要知道，总共有两吨半重的鱼雷装药在这艘不幸的日军航母上爆炸，怪不得"乔"艇长会迫不及待、兴高采烈地声称目标已经当场沉没。

战后的报告告诉我们，被"射水鱼"号潜艇击沉的并非是排水量为29000吨的"隼鹰"级航母，而是排水量达59000吨的日本海军巨型航母"信浓"号（Shinano）。"信浓"号设计建造之初乃是"大和"号和"武藏"号战列舰的姊妹舰,后来被改装成一艘超级航母。当天被"射水鱼"号发射的鱼雷命中时,"信浓"号正出海进行海试。中弹数小时后,"信浓"号航母便宣告沉没,恩赖特听到的一连串震耳欲聋的爆炸声正是来自当时爆炸起火的"信浓"号。"射水鱼"号潜艇也因为这次成功战例创造了单次攻击击沉敌舰吨位的世界之最。

"信浓"号航母沉没后,日本方面针对"信浓"号舰长举行了军事法庭审判。庭审材料表明,被击沉时这艘巨舰的水密性根本未达到良好状态。出航时,舰上还有不少码头施工人员仍在进行未完成的修建工作,舰上水密舱壁上的各种开口随处可见。当时,日军护航驱逐舰救出了"信浓"号上的大部分人员,以及随舰供奉的日本天皇照片。

11月里的敌商船击沉战绩总的来说不及10月。来自JANAC方面的数据告诉我们,共有27艘美军潜艇击沉了46艘敌船,其中7艘是油轮,吨位共计211855吨。上述潜艇中的8艘一起贡献了127119吨的战斗舰艇击沉战绩,创造了截至当时单月最佳的战舰击沉战绩。这些战果包括1艘战列舰、1艘护航航母、5艘驱逐舰、1艘护卫舰、1艘潜艇以及7艘其他辅助海军舰艇。

除了上述提到的战绩外,尤其值得一提的是由来自华盛顿的毛瑞尔(J. H. Maurer)中校指挥的"游鳍叶鲹"号(Atule)潜艇,该艇总共击沉了四艘敌船,吨位共计25691吨。此外还包括"大鳞鲆"号(Picuda),艇长是来自纽约州格伦斯福尔斯(Glens Falls)的"泰"谢帕德(E. T. Shepard)中校,该艇击沉了三艘敌船,吨位共计21657吨。

由克拉雷中校指挥的"大西洋马鲛"号潜艇的巡逻经历也很独特,一艘大型航母侥幸从他手上逃脱。11月3日,"大西洋马鲛"号在南中国海海域巡逻时,发现了一艘由驱逐舰护航的航空母舰。潜艇的攻击过程十分顺利,但就在潜艇进行六发鱼雷齐射后,位于目标航母左舷的护航驱逐舰"秋风"号(Akikaze)直接挡在了鱼雷前进的路线上。于是,鱼雷命中了这艘驱逐舰并引发了猛烈的爆炸,当场把"秋风"号炸成了碎片,而这艘航母毫发无伤地趁机逃脱了,很快消失在海天线上。

第十五章

几个月以来，我们配备的防空炮已经开始使用一种新型弹药，这种弹药采用了一种所谓的"近距离引信"，有助于我们扫除空中来袭的日军飞机。新型弹药的作战使用一直保持着高度机密，我们希望敌人无从发现其中的秘密，因而无法对其进行仿制。这种引信的一大重要特征就是采用了一种极为微小的电子装置，可以在目标前方特定距离处引爆炮弹装药，从而对敌机或暴露在外的敌方人员造成致命杀伤。为此，军方已经发布严格的限令，任何情况下不得将其用在敌占领土区域内。

同时，我们也极为迫切地希望能为潜艇上的新型5英寸口径甲板炮配备一些这种新型弹药，因为这将成为有效应对敌方巡逻艇和警戒船上的炮手和舰桥人员的利器。这类小型舰艇通常吃水很浅，很难被鱼雷命中，而当时我们专门为这种作战场景设计开发的新型鱼雷还不够成熟可靠，且数量十分有限。

为此，我向太平洋司令部枪炮官汤姆·希尔上校求助，在我保证不在敌占区使用这种弹药后，他慷慨地答应了我的请求。于是，我们首先为由来自加利福尼亚州圣迭戈的科尔中校指挥的"白鱼"号（Balao）潜艇配备了一批这种新型弹药，然后前往训练海域对固定目标进行试射。

首轮五发炮弹射击完成后，一场枪支俱乐部式的悲剧在我们的眼前上演。其中四发炮弹根本没有爆炸，另一发在距离目标大约一半航程时起爆了。针对海上拖曳目标的第二组十五发炮弹的射击试验则结果较好，其中四发过早起爆，另有一枚是哑弹、三枚未爆，另外七枚炮弹则顺利命中起爆并炸裂成数以百计的碎片，可以说是完全命中了靶标。

从总体上看，我们的潜艇还是适合配备这种新型弹药的，因此我申请军械局为我们配发足够的数量。两周以后，我搭乘由来自华盛顿埃弗雷特（Everett）的博伊尔（F. D. Boyle）中校指挥的"红点鲑"号（Charr）潜艇出海，对该艇向一艘即将报废的小型LCVP登陆艇火炮的射击过程进行了观察。我们用一根缆绳把 9 个假人连成一串，悬挂在登陆艇的 2 支桅杆之间，用以代表假想敌舰上的炮手。起先，炮击效果和弹着点都不太理想，炮弹从目标靶船上空远远飞过，引信装置甚至没能激发。随后，我们的炮手和观察员稍事调整，再次进行了 15 发炮弹快速射击，这次既没有哑弹也没有出现早爆弹。在完成 5000 码距离火炮射击试验后，"红点鲑"号随后开始靠近已有下沉迹象的登陆艇。当接近这艘正在下沉的靶船时，我们可以清楚地看到，其中的 4 个假人身上遍布炮弹破片，其他的假人似乎都被直接击中。这样在不久的将来，在下一场反巡逻艇扫荡行动中，我们的潜艇将有机会对真实的敌目标实弹试射这种新型弹药。

　　如果我要前去中途岛，通常会搭乘某一艘潜艇，但这次因为任务紧迫不得不乘飞机前往。但例行的飞机起降时刻表很难与我的计划时间吻合，因此这次尼米兹上将十分慷慨地把他的"蓝鹅"飞机借给我作为座驾飞往中途岛。克里夫·克劳福德上校（Cliff Crawford）近期接替达齐·威尔上校（Dutch Will）担任中途岛潜艇中队的指挥官，后者则前往位于关岛的全新中队旗舰[①]担任中队指挥官。这次前去中途岛，基地事务成了我最繁忙的事务。我注意到当地有五艘潜艇正在大修，此外正在前往珍珠港途中的由金塞拉中校指挥的"魟鱼"号潜艇当时也在中途岛短暂停留进行燃料补充，该艇参加过前文提到的击伤日军重巡洋舰"熊野"号的战斗。行动中，"魟鱼"号除了击沉一艘货船和一艘护卫舰之外，还在菲律宾的一处游击队秘密集结地营救了两名海军飞行员和两名陆军航空队飞行员。两名海军飞行员是在针对马尼拉湾地区的航母打击行动中被击落而迫降在海上的，后来他们被渔民救起并带到了有当地游击队活动的岸上，最终由"魟鱼"号接收登艇。另两名陆军飞行员是技术军士，是在科雷吉多尔陷落时被日军俘获的。日军将他们扣押下来并送到位

∧ 美国海军"阿波罗"号（AS-25）潜艇供应舰，摄于1944年底。

于马尼拉湾的德鲁姆堡（Fort Drum），命他们操作那里的供电设备。但就在日军看守们粗心大意之际，两名美军俘虏趁机逃脱，并借助漂浮的燃料桶一路游到了马尼拉湾南岸。根据几位获救战俘的描述，日军在吕宋岛一带的防御力量十分薄弱，只在城镇中心地带有一定规模的驻军。

除了对新型武器装备的需求之外，潜艇部队在本土防御作战中发挥的总体作用也是另一个值得注意的问题。在被邀请出席一场由理查德森（J. O. Richardson）将军作为军方高层代表主持的委员会会议时，我获得了表达自己关于此事的个人观点的机会。这是一个由美国陆军和海军方面的代表们组成的委员会，该委员会旨在收集各部门军方高级将领关于重整美国本土防御体系的意见，而新的本土防御体系很可能会在三个或三个以下不同部门共同构建的基础上形成。

当在会议上被问及自己的看法时，我坦率地说，我赞成一个参谋长委员会统管两个部门的新体制，且每个部门应该有自己的空中作战单位。陆军航空队代表乔治少将则对此表示异议。"为什么？"他问道，"你觉得空军部队应该居于附属地位吗？难道就不能赋予空军一个独立于陆军或海军部门的单独战略职责吗？"

"不行！"我干脆地回答。

"但我们的空军粉碎了欧洲大陆上空的纳粹德国空军，关于这一点，大多数人都表示认可。如果没有空军力量，那么诺曼底登陆行动就不可能成功！"他辩解道。

"那么，"我回答说，"我认为这与太平洋上潜艇部队做出的贡献是平行的。这支部队经过两年的战斗，作为整个太平洋战役的重要组成部分，摧毁了敌人的海上补给线，是我们付出尽可能少的代价成功夺取了日军的一个个海外据点。而且，"我补充说，"我们并不想组建一支完全独立的潜艇部队。"

我当时的态度或许确实有点咄咄逼人，且略显莽撞。虽然这些"友军"的飞机时常误炸我们的潜艇，但我对陆军航空队与其他军兵种协同合作的热切渴望却未曾动摇。

与此同时，我们又有两艘潜艇从濒临毁灭的边缘侥幸存活下来。其中一艘是由来自纽约法拉盛的"约翰尼"海德（J. M. Hyde）中校指挥的"青鲈"号，当时这艘潜艇正在横渡暹罗湾（Gulf of Siam）的入口海域，准备执行一项特殊任务。12 月 13 日下午晚些时候，该艇在自己东面 35000 码距离上发现了一个雷达目标，并随即开始跟踪，引擎舱奉命全速前进以争取获得位于目标前方的理想攻击位置。当时目标航速为 15 节，航向为印支海域南端。而这片水域布满暗礁，因此"青鲈"号在接下来的夜间水面雷达攻击中很可能不得不扮演鱼雷艇的角色。至于当时的天气情况，对这一作战计划十分有利，海面像明镜一般波澜不惊，天空也没有月亮。

当双方距离接近到 9000 码时，潜艇已经位于目标前方位置，这时已经可以分辨"青鲈"号正在跟踪的敌方目标乃是一艘作战舰艇。到 6000 码距离时，已经能看出这艘巨舰是一艘体型庞大的日军重巡洋舰，拥有着常被称作是"宝塔"的厚重上层建筑和舰桥，主桅平台后方设计有一座建有探照灯平台的较低矮的烟囱。当时这艘重巡洋舰正由一艘轻巡洋舰或是驱逐舰伴随护航，要知道日军当时的新型驱逐舰排水量达 2100 吨上下，因此常被我们误认为是轻巡洋舰。

"青鲈"号潜艇渐渐地占据了理想的鱼雷发射位置。到了 20 时 37 分，在大约 3500 码的距离上，潜艇开始齐射六枚艇艏鱼雷。就在鱼雷发射入水的瞬间，这艘重巡洋舰和护航舰艇几乎重叠在了一起，从而构成了一个相当完美的攻击目标。

很快，海面上连续发生了两次可怕的爆炸，火焰很快沿整艘敌舰蔓延开来，点亮了数百英尺高的黑暗夜空。"青鲈"号见状迅速地以高航速撤离战场，同时对鱼雷发射管进行再次装填准备进一步追击。不过此时日军目标似乎一分为二，"青鲈"号艇上的雷达显示目标由两个变成了三个，而这艘被炸成两截的重巡洋舰仍在熊熊燃烧。

在海德艇长看来，这艘日军重巡洋舰已经在劫难逃，但此时他仍想进行一次彻底的战斗去解决掉那艘护航舰艇，结果正是这一想法差点赔上了整艘潜艇和他自己的性命。21 时整，正当"青鲈"号潜艇缓缓靠近这艘静静停在海面上的日军护航舰艇时，突然两道炮口闪光划过，紧接着就是两发炮弹朝"青鲈"号呼啸而来。其中一枚炮弹落在了潜艇后方的航行尾迹上，另一发则击中艇艏鱼雷装填口附近位置。海德当即下令转向并加速规避，这时又有两发炮弹分别落在了距离潜艇艇艏右舷 200 码和 300 码的海面上。

　　所幸的是，这艘日军护航舰艇并没有进行追击，因为当时"青鲈"号的艇艏部分已经遭受相当大的损伤（从舰桥上就可以看到鱼雷舱里的火光）。海德艇长也不敢下令全速航行，因为这很可能会造成艇艏鱼雷舱大量进水。事实再一次证明，只要再多一点点坚持敌人就会获得莫大的收益。

　　而在当时，海德艇长所面临的最直接问题就是在天亮前尽量逃离攻击现场，然后要担心的就是如何回到距离最近的基地——2000 英里外的澳大利亚埃克斯茅斯湾。与此同时，艇上还有电气火灾要扑灭，散落的碎片要清除，相关设备要从艇体的弹孔附近挪开，一些必要的修理工作须及时进行。而当务之急就是用床褥填补艇体上破损的漏洞以防止海水继续喷灌。潜艇暂时可以进行下潜，但两个艇艏舱室已经进水，如果情况继续恶化那么很可能无法再次上浮。至于下一步，则是在艇内忙于进行维修的同时，安装部署好所有的机枪武器以击退随时可能出现的日军飞机。结果，"青鲈"号的官兵们用一切可用的材料和手段创造了奇迹。对一艘已经危机四伏的潜艇来说，这场海上应急维修任务所取得的成效即便是岸上海军维修码头的工人们见了也会瞠目结舌。这次任务充分发挥了它的作用，并完美地证明了坚定的信念和决心是不可阻挡的。

　　第二天早上，由来自纽约州水牛城的小比塞尔（H. Bissel）中校指挥的"安康鱼"号潜艇与"青鲈"号建立了联系。当时该艇正计划通过卡里马塔海峡，同时报告称爪哇海航线上有敌机活动，但在重要的龙目海峡（Lombok Strait）海域并没有日军空中巡逻。当天晚上，"安康鱼"号从"青鲈"号上接走了一名军官和 54 名艇员，剩下 8 名军官和 21 名艇员负责继续操纵潜艇前行。通过适当调整航速，潜艇选择利用夜间掩护通过卡里马塔海峡，并在天黑后穿越泗水—巴厘巴板（Balikpapan）航线，经由龙目海峡驶入印度洋。这样一来，海德艇长相信自己有把握安全返回基地。对他来说，要让他凿沉自己的潜艇然后投靠到另一条潜艇上简直是无法想象的，他决心靠自己完成这次胜利的返航。虽然看上去不可思议，但他最终还是成功穿越长达 2000 英里的敌占区航线，并且没有被日军发现。"安康鱼"号潜艇全程实施伴随掩护，一旦遭遇日军空中或水面攻击，海德将随时准备打开潜艇的海底阀让潜艇自沉，然后自己游泳逃生。

〈被"青鲈"号潜艇击伤的日本海军重巡洋舰"妙高"号（Myoko）。

　　至于"青鲈"号先前痛击的那个目标[1]，后来还是设法逃到了新加坡，并在那里大修了相当长的一段时间。"妙高"号的特别之处还在于，它后来成了英国皇家海军 XE 型袖珍潜艇的攻击目标之一。在大战的最后阶段，这些英军袖珍潜艇设法潜入那个港口并发动了攻击。

　　有意思的是，在"青鲈"号潜艇遇险的两天后，北方 4000 英里外千岛群岛的寒冷水域发生了另一个值得一提的故事。12 月 15 日当天上午早些时候，由来自得克萨斯州希尔斯伯勒（Hillsboro）的"杰克"刘易斯（J. H. Lewis）中校指挥的"鲼鱼"号（Dragonet）潜艇正在松轮岛以南 6 英里的海域潜航巡逻。6 月里，我们在那片海域损失了"鲱鱼"号。当时附近空中有日军飞机活动，刘易斯艇长下令从水下 100 英尺深度上浮到潜望镜深度进行了多次海面观察，然后回到 100 英尺深度。而就在途经水下 70 英尺深度时，潜艇感受到了一次轻微的震动，随后深度迅速上升到了水下 58 英尺。官兵们起初还以为这是由一枚日军所投掷的小型炸弹爆炸导致，而且不止一次产生潜艇可能触底的讨论，因为海图显示附近海底的深度只有 70 英寻上下。然而，在试图加大推进功率继续下潜时，潜艇底部剧烈的摩擦和晃动终于证明潜艇触底搁浅了。官兵们一边咒骂着海图的制作者，一边大叫着"艇艏鱼雷舱进水了！"

　　没有过这种经历的人恐怕很难体会那种渗透血管的恐惧感。我至今还清楚

---

① 原注：即日本海军重巡洋舰"妙高"号（Myoko）。

地记得许多年前在巴拿马附近航行的老 R–25 号潜艇上，我的轮机长跑进控制室，双目圆睁着大声喊道："机舱进水了！"我至今无法忘记当时的情景，这是一种让人祈祷永远不要遇上的糟糕处境。

而在当时，刘易斯艇长所有的处置都准确无误，这也是官兵们多年来日复一日艰苦训练得来的最自然、理想的结果。在尽了最大努力的排水工作后，官兵们不得不放弃已经大量进水的鱼雷舱。当时"鲻鱼"号的情况很糟糕，艇长决心让潜艇尽快脱离海底以免艇内更多舱室进水。在他看来，必须设法上浮至海面，然后全速赶往 2400 英里外的中途岛。

艇艏鱼雷舱的危机暂时解除后，"鲻鱼"号迅速排空了所有的压载水舱，成功地上浮到海面进行换气。就像艇长刘易斯说的那样，就像是一种"全身上下都得到解脱的感觉"。艇上的官兵们都感觉到，好像附近松轮岛上的日军一直在注视着他们。经过几天的低能见度作业，这次上浮完全让人眼前一亮，接下来就是设法从这里全身而退了。不过"鲻鱼"号的麻烦还没有结束。到了第二天，海上开始降雨，夜幕降临时则演变为一场暴风雨。迎面而来的海浪很大，风势也很迅猛。"鲻鱼"号不得不放慢航速，同时频繁地改变航向便于潜艇操纵。而艇艏鱼雷舱内数以吨计的海水造成艇体一直剧烈晃动，艇艏蓄电池舱也开始进水。当潜艇在海面的波峰浪谷中颠簸时，疲惫不堪的船员们经历了许多心惊肉跳的时刻，甚至一度无法判断潜艇是在正常航行还是已经倾覆。

12 月 8 日午夜时分，"鲻鱼"号突然猛烈地横摇到 63 度，一度到了几乎无法复原的程度。舱内的艇员们纷纷从床铺上跌落在地，连陀螺仪里的汞都漏了出来无法正常使用。次日一早 8 点，艇上三名军官和两名艇员将自己封闭在艇艏蓄电池舱内，对舱室进行加压以降低鱼雷舱内的水位，然后打开鱼雷舱舱门进行必要的维修工作。

∧ 美国海军"鲻鱼"号（SS–293）潜艇。

∧ 美国海军"红鱼"号（SS-395）潜艇。

　　与此同时，海上的暴风雨开始渐渐减弱并且向西北方向移动。终于在当天下午 4 点迎来了这个世界上最受欢迎的景象：我们从中途岛派出前去接应他们的"绿宝石"号（Beryl）巡逻艇出现在了他们的面前。这无疑是相当糟糕的四天，但通过"鲾鱼"号全体艇员的努力，潜艇终于转危为安。

　　有了这些令人失望的遭遇和濒临死亡的灾难经历，自然也应该有一些胜利作为补偿——由"桑迪"麦克格雷格（L. D. McGregor）中校指挥的"红鱼"号潜艇取得了巨大的战果和荣誉。

　　大战进入当前阶段，这场战争对我们这一方来说可谓进展得相当顺利。莱特岛已在我们的控制之下，地面部队的登陆行动除了遭到日军一定程度的空中袭扰外几乎没有遇到什么大的抵抗。在民都洛岛的圣何塞，我们当时还建立了一定规模的航空设施。12 月中旬，第三舰队所属的战斗机和轰炸机在针对吕宋岛的一系列打击行动中所向披靡，击落、击毁了大约269架日军飞机。因此，日军在南方区域对作战飞机的需求是极为迫切的。

　　12月9日，正在长崎以南的中国东海海域巡逻的"红鱼"号潜艇，与由来自北卡罗来纳州阿什维尔的斯泰尔斯（R. E. Styles）中校指挥的"魔鬼鱼"号（Devilfish）协同作战，一举击伤了日本海军"隼鹰"号航母，造成该舰在大战的剩余时间里再未能投入战斗。除此之外，"红鱼"号的运气可以说是相当糟糕。据报告，由于艇上的鱼雷数据计算机发生故障，因此潜艇在任务中仅仅击沉了一艘排水量为2345吨①的日本运输船"凤山丸"号（Hozan Maru）。但天生带有苏格兰高地血统的桑迪艇长绝对不是一个容易气馁的人。12月15日下午，他所指挥的"红鱼"号通过水下潜望镜进行观察，根据桅杆特征辨认出一艘看似是巡逻艇的敌舰，于是迅速靠近进一步观察。几分钟后，又有一艘敌舰出现在了海天线上。最终，共有四艘敌舰相继进入视野，其中三艘驱逐舰呈倒V字形编队在前航行，一艘航母拖后。这艘距离较远的航母突然偏离原来航向30度进行Z字形机动，朝"红鱼"号方向驶来。16时35分，就在发现这一大型目标仅仅8分钟后，"红鱼"号发射出了储存在艇艏鱼雷发射管里的最后四枚鱼雷。由于鱼雷数据计算机的故障并未排除，因此这次齐射只有一枚鱼雷准确地命中了目标舰部位置，随后这艘航母便停了下来，显然是螺旋桨被鱼雷炸坏。几乎与此同时，位于右舷方向距离1700码的日军护航驱逐舰发现了"红鱼"号露出海面的潜望镜，很快朝潜艇驶来。

桑迪艇长下令艇艉四部鱼雷发射管齐射，但并未击中。不过，当时官兵们听到了连续多次爆炸声，因此战果如何还很难说。无论如何，至少眼前一艘日军驱逐舰突然转向离开，为"红鱼"号潜艇赢得了接下来几分钟的宝贵喘息时间。

∧　"红鱼"号潜艇官兵正在展示他们的战果旗。

---

① 译注：原文疑有误，排水量应为2552吨。

∧ 日本海军"云龙"号（Unryu)航空母舰，1944
年12月19日被美国海军"红鱼"号潜艇发射鱼雷
击沉。

〉从"红鱼"号潜望镜里拍摄到的日军"云龙"
号航母正在下沉的情景。

　　至于那艘被鱼雷击中的日军航母"云龙"号（Unryu），很快就朝右舷倾斜
了20度，艉部开始燃起大火，甲板上停放的舰载机也开始朝一侧滑落。眼前
无疑是一幅美好的景象，但在桑迪看来这还远远不够，他还想凑近看看这只猎
物是怎样一步步沉没的。当时艇上仅剩三枚鱼雷，而这艘航空母舰还在利用右
舷所有的副炮疯狂地射击，日军驱逐舰也在纷纷投掷深弹，但这一切是不会轻
易吓倒桑迪艇长的。最终，鱼雷兵报告鱼雷发射准备完毕，于是艇长在1100
码距离上下令瞄准日军航母舰体舯部靠后方位置发射了鱼雷。这次鱼雷准确命
中目标，随后发生了剧烈的爆炸，航母开始迅速下沉。即使如此，"红鱼"号
也没有急于撤离，相反还拍摄了几张日军航母沉没过程中的照片，并且再次为

鱼雷数据计算机设置了参数，准备朝距离最近的一艘日军驱逐舰发动鱼雷攻击。

然而不幸的是，就在这时这艘日军驱逐舰显然是发现了"红鱼"号潜艇的所在位置，并且一路"破浪"扑来。桑迪艇长下令引擎全速运转，向水下200英尺深度进行深潜，这大概已经是东海这片海域的最大深度。当潜艇到达150英尺深度时，诚如艇长后来所言："当时有一组七枚深水炸弹在艇艏右舷一侧附近位置爆炸，那一瞬间让我们感觉一切都被炸裂开了。"猛烈的爆炸产生的震动几乎把"红鱼"号掀翻，潜艇从左舷开始向下沉，一直到达水下232英尺深度，同时艇内大量设备遭到损坏，例如艇艏鱼雷舱舱壁板上出现裂缝、12个电池箱破裂、艇艏和艇艉舵机失灵，以及陀螺仪偏离正确航向50度等等。损管抢修过程中，一名艇员的耳朵几乎被正在关闭的水密舱门夹断。这还不够，艇艉鱼雷发射管里剩余的两枚鱼雷中有一枚正处于击发状态，随时有爆炸的危险。

在这样的危急关头，麦克格雷格和他的手下难道没有崩溃？他们当然不会。在持续了两个多小时的挣扎后，"红鱼"号终于设法浮出海面准备返航。在遭受一连串沉重打击后，这艘潜艇如今依然屹立在海面上，而它知道自己的对手已经长眠海底，永远也无法再浮出水面了。最重要的是，处于南方地区遭受重创的敌军无法及时得到航母力量的支援。圣诞节当天，"红鱼"号抵达中途岛附近海域，艇长在巡逻日志中写道："艇上所有人都享受了美味的圣诞晚餐，现在开始更放松、自由地呼吸。要知道，自从那艘日军航母遭到我们的攻击以来，我们的每一步处境都很艰难。"

布鲁斯·弗雷瑟爵士（Sir Bruce Fraser）是英国皇家海军远东舰队驻斯里兰卡亭可马里（Trincomalee）的总指挥官，他于12月抵达珍珠港，并将与尼米兹将军一同参加有关部门举行的会议，当时他正准备将所辖部队转移到澳大利亚的东海岸去。1941年我在伦敦的时候，就知道这位第三海务大臣（相当于我们美国海军的舰船局局长）。他幽默感十足，对我们而言也是一个热心的帮手，他把英军在两年的战争历程中积累的经验很好地转授给了我们的舰队和海军部。比方说，我得到许可将52套英国雷达通过海路运回了美国，而这些装备也是英国人急需的，此外还包括一门四联装防空炮、德军潜艇上的一枚蒸汽鱼雷和一枚电动鱼雷。在战后喧嚣不止的争论中，我们其实很容易忽略这些代表着善意与合作的重要例证。

　　我当年的计划是在关岛过圣诞节。每年圣诞节的时候，我都会感到很沮丧：很多人的妻子、母亲，甚至整个家庭都濒临毁灭的边缘，而他们在美利坚合众国的存在是至关重要的。这些悲剧往往发生在假期来临之前，对那些不得不宣布这些事实的人来说，其实是非常令人难受的。我希望通过摆脱这一切来避免自己身处其中，而尼米兹将军也一定有类似的感受，因为我发现他正计划与第三舰队的官兵们一起在乌利西基地度过这个圣诞节。

　　于是在 23 日这天，我与巴德·伊尔曼斯（Bud Yeomans）中校一同抵达了关岛，在阿普拉港我们可以看到"斯佩里"号和"阿波罗"号两艘潜艇供应舰停泊在一起，港口里的情形看起来就像纽约州繁忙的东河一样。两小时后，尼米兹将军也乘他的"蓝鹅"飞机抵达了关岛，随后与胡佛上将、拉尔森将军、希尔塔比德（Hiltabidle）准将以及贝克尔（Becker）上校等将领和军官共同出席了一系列会议。我们也都参加了由尼米兹将军主持的新闻发布会，随后还一同视察了所谓的"港口蓝图"，这一计划是由菲斯克（Fiske）准将和海因斯（Hines）上校共同制订的，主要包括在阿普拉港港口地区进行疏浚以供舰艇停泊维修。这确实是一个令人眼前一亮的计划，建成完工后，这里将会拥有一个面积比珍珠港还要大，而且具备几乎所有海军设施的基地。在海图上，他们为我展示了一个小岛，这座小岛位于港口的西南端，其面积大小正是我们准备安置潜艇供应舰和指挥部所需的，但还须要进行大量的疏浚、填海和道路修建工作。但我以前见过大量类似的工程，毫无疑问，这一计划是完全可以实现的。

　　我们把它命名为"椰岛"，在我们看来这也是最理想的地点了，我也欣然接受了这一叫法。等到那里的修建工程完工后，我们将把需要大修的潜艇与潜艇供应舰一起部署在港口的泊位上。而当时已经有四艘巡逻归来的潜艇停靠在一旁，船员们则在附近的德雷营休整。

　　我和巴德·伊尔曼斯被安排到基地里的消防人员营房住下，里面还能看到消防桶和一张消防帽照片。至于德雷营，与我上一次见到时相比发展很快。活动棚屋就建在一片片椰子林里，一直延伸到海滩上，享受着季风的不断吹拂。珊瑚区有两个游泳池，垒球场、排球场和其他娱乐设施一直保持良好运转。这里的下一个计划就是让通往阿加尼亚（Agana）①的现有乡村道路的通行条件得到进一步改善，并且把道路改建在营地周围而不是从中穿过，从而减少扬尘的影响。总的来说，这处休养营地几乎和米尔纳岛的营地一样漂亮。

到了平安夜那天，我已经太累，没办法和隔壁德雷营里的军官们一起熬夜庆祝。每隔几天我都能听到那里传来的圣诞颂歌和海军老歌，节日的气氛在这个独特的地球一角显得生机勃勃。我发现和在澳大利亚一样，《击沉一切》成了这里最受欢迎的歌。特别是在这里，它已经成为码头上乐队迎接返航潜艇凯旋时吹奏的标准曲目。

圣诞节这天一早，我们受关岛塔洛福福村（Talofofo）行政军官、海军陆战队施瓦茨（Schwartz）上校的邀请与他的官兵们一起庆祝节日的到来。塔洛福福村是当地的一片村民安置区，距离德雷营大约两英里，那里目前约有 500 人居住，当初是按照关岛最高指挥官的指示进行的安置。我们开着几辆吉普车，第一次近距离接触当地的原住民。上校向当地的显要人物一一介绍了我们，并且在一场民俗表演上给我们安排了座位。表演的第一个节目是两个小男孩的"棍子舞"，他们每人拿着一根竹竿，表演了我们曾在一些国家看到的类似"剑舞"的节目，然后是一个新颖的"热豌豆粥"表演。接着，三个来自关岛的年龄在 10 岁或 12 岁的小女孩跳了一段草裙舞。不过，我们不得不在运动会开始前起身离席，但那里给我们留下了非常好的印象，他们都是些很好的人，而且显然很高兴看到我们重返关岛。

后来，我又和巴德·伊尔曼斯一同乘坐飞机去视察了"富尔顿"号潜艇供应舰的改装进展情况。驻当地潜艇中队指挥官彼得森、驻当地第 21 轰炸机司令部指挥官汉塞尔（Hansell）准将在艾斯利（Isley）机场迎接我们。汉塞尔将军还邀请我去视察停在跑道旁边的一架 B-29 轰炸机，我欣然接受了。这是我第一次进入这种"超级空中堡垒"重型轰炸机内部进行观察，我对他们的武器配备和炸弹载荷能力印象非常深刻。不过，虽然我们的潜艇不如轰炸机上有那么多吸引人的

---

① 译注：关岛首府。

新奇装备，但我还是对潜艇情有独钟。就在前天晚上，这座机场被一支小规模的日军编队袭击，当时这批飞机很可能是从硫磺岛起飞一路低空飞过来的，所以能够成功地躲过我们的雷达侦测。结果空袭造成一架 B-29 轰炸机被毁、两架受损，一枚炸弹还落在了基地内的一个军营里，当场炸死 3 人、炸伤 34 人。

近来，我们的海上救生任务开始变得越来越多。而就在这一年即将结束时，我们收到了一份令人心情愉快的报告："海狐"号潜艇上来自内华达州蓝钻的一等军需官克莱德·L. 瑞斯（Clyde L. Reese）勇敢地成功营救了一名落水飞行员。

12 月 27 日，一架美国陆军航空队 B-24 轰炸机结束轰炸任务后返航，当飞行员发现附近地区有潜艇在执行海上救生任务时，很快降低高度并在海面上进行了迫降。由于当时海面波涛汹涌，因此飞机受损严重，飞行员萨克斯（Sachs）在迫降中甚至被抛出了飞机。机组成员立即放下两艘橡皮艇，但飞行员的一只手臂已经折断并被厚重的飞行服所束缚，很快就会有被海浪吞噬的危险。当时，

∧ 驻关岛机场上的美军B-29重型轰炸机机队，摄于1945年初。

正在"海狐"号潜艇舰桥上的瑞斯立即对眼前的情况进行了快速评估，虽然意识到海况恶劣，营救行动将会相当危险，但还是立即跳入海中游到了落水飞行员的身边。虽然一度筋疲力尽，但还是奋力地把他拉上了潜艇甲板。当时飞行员已经失去知觉，好在人工呼吸非常成功，随即就被带到下方舱室进行治疗。瑞斯的果断行为和勇气无疑是成功挽救落水飞行员生命的关键因素，我们也为他值得赞赏的英勇举动申请了嘉奖。

不过，12月里的潜艇击沉战绩比较低，不仅击沉敌方舰船的数量少，而且吨位较小，日本人似乎正在放弃他们的海上生命线。根据JANAZ方面的统计，共有13艘潜艇取得了击沉14艘商船的战绩，吨位共计86611吨。另外还击沉了9艘作战舰艇，吨位共计29387吨。

∧ 1944年7月"海参"号（SS-412）潜艇离开马雷岛海军码头时拍摄的照片。

其中最突出的战果是由第七舰队潜艇部队的"松鲷"号潜艇取得的，艇长是来自弗吉尼亚夏洛茨维尔（Charlottesville）的格莱德（G. W. Grider）中校。12月4日，"松鲷"号在马尼拉西南方向海域攻击了一支重要的日军护航船队，击沉了两艘大型运输船和一艘大型油轮。12月22日，该艇发现了另一支沿印支沿海航行的运输船队，并再次击沉三艘大型运输船。"松鲷"号的商船击沉战绩相当高，吨位达到了38668吨，几乎与"刺尾鱼"号潜艇的记录相当。大战进行到这一阶段，油船和运输船的损失对日本人造成了极为沉重的打击，格莱德的名字也因此载入了潜艇部队荣誉榜上。由斯泰尔斯中校指挥的"魔鬼鱼"号潜艇在中国东海海域击沉了两艘敌船，从而再次增加了16326吨的战绩。在罗伊·达文波特（Roy Davenport）艇长的指挥下，"海参"号（Trepang）潜艇也击沉了三艘敌船，吨位共计13073吨，而且这一战果是在"护航学院"海区一夜之间取得的。

伴随着一种巨大的成就感，我们走到了1944年的终点。这是一个相当成功的年份，根据JANAC方面1944年的作战记录，太平洋潜艇部队与第七舰队潜艇部队在这一年里总共击沉了1艘战列舰、7艘航空母舰（另重创1艘并使其再未投入作战）、2艘重巡洋舰（另重创4艘，同样再未参战）、7艘轻巡洋舰（此外还包括英国皇家海军潜艇击沉的1艘）、30艘驱逐舰和7艘潜艇（另有1艘被英军潜艇击沉，荷兰皇家海军潜艇还击沉了1艘德军潜艇）。此外，这份记录还忽略了那些被击沉的敌辅助船只和小型船只等。

在击沉商船的战绩方面，同年共击沉548艘敌商船，吨位共计2451914吨。其中有72艘是承载着一个国家海军和经济命脉的油船。到最后，曾经主宰太平洋海域运输贸易的日本海上航运力量，一度只敢沿着中韩沿岸浅海海域航行，或是在他们认为相对较安全的日本海水域航行。而我们也正在制订作战计划，这将使那个地区也变得"不安全"。敌人的国内经济和战争机器都极大地依赖于海外物资供应，海上运输生命线就这样被掐断让他们根本无法承受。

然而所有这些胜果并不是在毫无牺牲和损失的情况下获得的，就在这意义重大的一年里，共有19艘美军潜艇及其1500名官兵据报告"逾期未返航，据推测已损失"。

第十六章

1945 年的开局充满了繁忙和喧闹，我们开始为转移到关岛做充分准备。1 月的最后一周，太平洋司令部正在计划转移时间表，我也想在同一时间搬到关岛去。我的想法是只带一个作战参谋部前去那里，而把珍珠港的行政军务工作留给参谋长梅里尔·康姆斯托克（Merrill Comstock）准将。负责指挥我们的训练司令部的约翰·布朗少将已被任命为太平洋舰队潜艇部队副司令，因此我不在的情况下，他对这两项工作都负有最高的统帅责任。

作战官迪克·沃格上校和通信官比尔·埃尔文上校负责在阿普拉港的"霍兰"号上建立太平洋潜艇部队司令部办公室。而除了参谋中尉鲍勃·沃恩（Bob Vaughan）留在珍珠港之外，其他参谋人员都将通过偶尔到关岛做汇报或者与我通信来保持两地之间的联系。在大战的最后阶段里，我们每周都会进行一次无线电话参谋会议。

〈 美军舰队水面舰艇正使用舰炮对硫磺岛上的日军目标进行炮击，摄于1945年2月。

与此同时，我们还制订了几个舰队作战计划，其中有几个须要我们协同配合。而在每一个作战计划中，照相侦察和海上救生任务都被重点提及。我们执行了非常多的潜艇海上战斗巡逻任务，以致敌人可能采取的所有海上航线都被我们覆盖了，还有一些潜艇作为后备力量供海上救援任务之用。按计划，美军在吕宋岛西北的林牙延湾（Lingayen Gulf）登陆的预计时间是 1 月 9 日，针对硫磺岛和冲绳的攻击行动的时间表也已经制定出来，有关这两次作战行动的摄影侦察和探雷任务也已经在计划之中。

至于整个太平洋战场上的潜艇部队，战略形势的不断变化要求我们重新审视自己的重大任务和次要任务，同时要求我们对自己的作战思想进行重新定位。潜艇力量从多少有些独立的作战单位到必须与舰队密切协同作战的这场身份转变已经接近完成。随着美国陆军和海军陆战队的每一次顺利推进，我们的巡逻区域也在不断缩小。而随着日本海军和商船力量的逐渐衰败，我们的击沉战绩也每况愈下，日本人正在他们海上航运的崩溃边缘垂死挣扎。

具体来说，我们在未来五个月里的计划主要是完成三项细分的任务，而这些任务已经列入全局作战计划考虑：

首先，加强我们队伍的教育，训练我们潜艇部队的军官和艇员们，使其学会使用新型秘密武器，这些秘密武器已经开始在珍珠港少量投入使用。我们期待已久的这些新装备的设计目的，主要是为了躲避敌舰深水炸弹的攻击以及有效地摧毁敌反潜舰艇，我想一定能在很大程度上挽救潜艇和船员们的生命。

其次，改善我们海上救生任务的技术和手段，特别是急需改进与轰炸机司令部的密切联络。潜艇和飞机之间良好的通信设施和手段绝对是必要的。我们的潜艇已经在各类任务中挽救了数十名落水飞行员的生命（约有 140 人在 1943 年至 1944 年期间获救），但我们认为被成功营救的人所占比例并不高。随着我们可以预期的改善，我相信这个百分比还会大大增加。

第三，完善我们的海上探雷装备及其使用训练，以便我们能够准确地定位已知的或可疑的水雷场，在我们的进攻部队即将进入的水域搜索水雷，最终突破水雷屏障进入日本海。最后一个想法在许多人的头脑中都是终极目标，那就是彻底粉碎日本人在日本海的抵抗，就像当年西塞罗要求罗马军队彻底灭亡迦太基城一样，结果和这位著名的罗马政治家一样，我们最终达成了我们想要的目标。

在 1945 年的前五个月里，我们集中所有精力奋力达成这些目标，同时对敌人的海上补给线保持着相当程度的钳制和扼杀力度。

此时，"霍兰"号的内部改造工程也终于完成。1 月 14 日，"霍兰"号带着我们大约半数规模的作战办公室文件、所有的私人行李和站成一排在上层甲板上挥手的水兵们，起航出发前往关岛。我们的总事务长、办公室主任以及其他一些办公室文职人员随船一同前往。迪克·沃格急于看到他全新且非常花哨的作战规划图板投入使用。这种竖直安装的海图板背面是用钢板制成的，用来代表舰船位置的标记则是用磁铁做成的，这些宝贵的玩意儿在他出发之前就已经装进包裹里寄出去了。迪克还是很担心这些东西，如果有必要的话，他甚至想推迟起航等着它们的到来。

由来自田纳西州塔拉霍马的乔治·E. 皮尔斯中校指挥的"金枪鱼"号潜艇刚刚完成大修回来，艇上顺道带来了最新型号的 FM 调频声呐设备。这些新装备或多或少是"手工"装配调试完成的，所以我们期望每一款新型号都能比上一次的性能表现更好。但在这件事上我感到很失望，因为当我乘坐"金枪鱼"号潜艇前往珍珠港外海一处模拟水雷场时，这套新型声呐装备却时好时坏，有时我们能成功探测到水雷，有时则到了离水雷很近的地方也没有反应。这又是一次挫折，于是我们通过无线电立刻联系调派了一名来自圣地亚哥海军实验室的代表来此勘察。我告诉皮尔斯艇长，他一到塞班岛，我就会动用潜艇进行更多的试验。相信这套装备会起作用。

在海上巡逻地区，近日来自前线潜艇的报告寥寥无几。太平洋司令部潜艇的大部分目标眼下都位于中国黄海深处或中国沿海海域。吉米·费弗少将手下的潜艇则在爪哇海、暹罗湾和印支海岸一线发现了他们的目标。

在其他作战海域，目标也开始变得越来越稀少。由比尔·波斯特中校指挥的"斑鱼"号（Spot）潜艇从中国海岸的一次战斗巡逻任务中归来，尽管用光了艇上的所有鱼雷，却没有击沉任何敌船。不过他还是设法挽回了一点面子，那就是通过登上敌船缴获了一些新东西。1 月 20 日这天清晨，"斑鱼"号潜艇与一艘排水量约 800 吨的日军辅助巡逻船进行了一场炮战。"斑鱼"号的火力猛烈而

精准，炮弹不断击中目标船舶和船艉，对其造成了非常大的破坏，并迫使其停了下来，船上的少量日军官兵则跳海四散逃窜。虽然受损严重，但这艘巡逻船似乎没有沉没，因此艇长决定派遣一个搜索和爆破小组跳帮登船检查。

小克拉克上尉率领的这支跳帮小组登上这艘日军巡逻船后进行了全面搜查，发现了大量书本、仪表、海图以及其他一些有价值的情报和战利品。当他们进入下层甲板时，上尉发现舱内已经严重进水，巡逻船随时都有沉没的危险，于是他立刻下令停止搜索。但当时船上破损锅炉蒸汽外泄的噪声掩盖了他下达撤离的声音，突然之间这艘巡逻船在毫无征兆的情况下从艉部开始迅速下沉。

跳帮小组中有四名成员当时快速地逃了出来回到了"斑鱼"号潜艇上。就在这艘船沉没的过程中，另外三人也设法逃到上层船舱，并设法浮出了海面。为了获取情报，跳帮小组在搜索的过程中还抓获了一名日军俘虏。

而在种种不幸交织在一起的情况下，我们还在关岛西北部海域损失了舰队救捞船"盗梦者"号，从而给我们再次蒙上了一层阴影。当时这艘救捞船奉命从关岛起航驶入一个联合安全海区，对一艘受损船只进行接应。而就在该船离开港口后不久，命令被取消了，于是又奉命返回港口。然而，这条加密无线电消息并没有被"盗梦者"号正确解读，而"盗梦者"号船长当时又不敢打破无线电静默要求重复一遍，于是只得继续往前航行并期待着能再次收到关于此次任务的消息。与此同时，由来自堪萨斯州史蒂芬斯的D.T.哈蒙德（D. T. Hammond）中校指挥的"守卫鱼"号潜艇完成巡逻任务后，从同一条安全水道返航，就在此时与一个水面目标发生了雷达接触。"守卫鱼"号并不清楚该地区有友军舰艇存在，因此向位于关岛的中队指挥官发送了这次的目标接触信息，并向后者描述了当时的情况。

而太平洋潜艇司令部方面告知，这附近并没有已知的友军潜艇存在。如果这个目标是一艘水面舰艇，那很可能是来自友军部队的。但同时"守卫鱼"号被警告说，目标接触区域处于安全区，位于关岛的中队指挥官必须首先确认目标的敌我身份。于是，在与附近作战部队进行沟通联络后，"守卫鱼"号潜艇被告知附近并没有已知的友军力量存在，并再次收到提醒说潜艇正处在一个联合安全区内。位于关岛的作战行动指挥官当时显然认为，"盗梦者"号早已改变航向并且正在返回阿普拉港的途中。

正是在这种极度缺乏想象力的情况下才搭上了六条性命——"守卫鱼"号潜艇在接下来的行动中恐怕难辞其咎。由于担心日军舰艇偶尔故意利用IFF敌我识别实施欺骗，因此该艇并没有试图再次辨别这一目标的敌我身份。破晓前，"守卫鱼"号进行下潜并掉转头来开始接近目标。黎明时分，借着海面上的微光，"守卫鱼"号把位于艇艏前方位置的"盗梦者"号救捞船误认为是日本海军伊–365级潜艇，并朝目标发射了四枚鱼雷。结果两枚鱼雷准确命中，目标当即从船艉开始下沉，直到船艉从海里高耸出来才证明这并不是一艘潜艇。哈蒙德艇长见状急忙前去实施营救，救起了73名幸存者，但这场悲剧仍然造成了6人失踪。

在我看来，至少有三个人必须为自己的疏忽大意承担责任：首先是"盗梦者"号的船长，他对发给他的一条他没看懂的消息没有采取任何行动；其次是位于关岛的作战行动指挥官，他可能从来没有考虑过他派往该地区的那艘救捞船有可能与"守卫鱼"号潜艇发生接触；最后是"守卫鱼"号潜艇的艇长，因为他没有采取一切可能的手段来确定目标的真实身份。这是我们第一次发生这样的事故，我对此感到非常沮丧。长期以来有很多人错误地攻击了我们的潜艇，但这却是来自我们自己的一次失误。

1月24日，迪克·沃格、比尔·埃尔文、鲍勃·沃恩、司令部参谋官海恩斯（E. L. Hynes）中校和我一同飞到关岛，完成了堆积如山的办公室文案工作。卡特·本内特中校也是这次旅行的乘客之一，他把潜艇"圆鳍鱼"号留在了关岛，然后飞到珍珠港，向我们汇报了用我们最新的秘密武器"咖喱"攻击敌巡逻艇的作战情况。"圆鳍鱼"号是首批配备这种新型武器的潜艇，并且取得了击沉两艘巡逻艇的战果。潜艇作战研究组的主管莱因哈特博士也搭乘这艘潜艇完成了这次探索性的实战巡逻任务，也充分"积累了使用这种新型武器的实战经验"。我们抵达阿普拉港后发现"霍兰"号正在锚地深处的珊瑚礁码头靠泊。对我们而言，能再次上船无疑是一件好事，在那里我们所需要的一切东西（通信设备、食堂、舱位床铺等）都在眼前。

1月里，由K.E.蒙特罗斯（K. E. Montross）中校指挥的"剑鱼"号潜艇在赴冲绳海域执行一项特殊的潜望镜照相侦察任务途中失踪，当时陆军和海军陆战队正计划在冲绳某地选择一处理想的登陆地点。这是一项例行服务，在每次重大攻击行动之前，我们都会为主攻部队提供支援。"剑鱼"号潜艇上载有两名来自太平洋司令部的专业摄影师，利用潜艇上拍摄的拼接照片以及飞机从空中倾斜拍摄的侦察照片，我们就能制作出特定岛屿，特别是计划登陆滩头的比例模型。

1月2日，由于我们的航母力量正在对敌组织进攻，因此我们向蒙特罗斯艇长发出命令，要求他和他的潜艇远离冲绳海域，但到1月9日"剑鱼"号仍在执行任务途中。太平洋潜艇司令部的第一次命令发送出去后，我们收到过来自"剑鱼"号的确认消息，但第二次命令发送出去后没有收到该艇的确认回复。根据估计，"剑鱼"号执行任务大概需要一周左右的时间，其间虽然我们一再试图通过无线电通信联系这艘潜艇，但未收到它的进一步回复。

在关于"剑鱼"号潜艇失踪的报告中提到，当时也在冲绳附近海域巡逻的"斑蝴蝶鱼"号（Kete）潜艇报告说，它在1月12日破晓之前与一艘潜艇发生过雷达接触。据信这艘潜艇正是"剑鱼"号，因为"剑鱼"号当时正处于指定巡逻海区。四个小时后，"斑蝴蝶鱼"号潜艇监听到了来自那个地区的深弹爆炸声，相信这次深弹攻击可能是"剑鱼"号沉没的原因。但日本有关反潜行动的报告中没有任何信息可以证实"剑鱼"号就是这次攻击的牺牲品。

不过后来我们得知，日本人预计会有美军部队展开入侵行动，于是在冲绳附近海域布设了大量水雷，而大部分水雷就是在冲绳近海海域布设的。人们同样认为，"剑鱼"号潜艇在到达执行特殊任务的冲绳地区作战海域之前就被日军舰艇的深弹击沉和触雷沉没的可能性都是相当大的。

早在大战初期，"剑鱼"号就作为第一艘击沉敌舰的美军潜艇而声名远扬，其艇长切特·史密斯（Chet Smith）中校也因成功地指挥这部作战机器给日军造成沉重打击而赢得良好声誉。"剑鱼"号潜艇曾运载 40 吨物资突破日军封锁抵达科雷吉多尔，并将时任菲律宾总统奎松（Quezon）、副总统奥斯米纳（Osmena）、首席大法官桑托斯和其他菲律宾政府官员撤离出来。在该艇的第一、第二和第四次战斗巡逻任务期间，"剑鱼"号被授予"美国海军部队嘉奖"。据 JANAC 方面的统计，"剑鱼"号共击沉 12 艘敌船，吨位共计 47928 吨，此外还击伤 17 艘其他敌船。

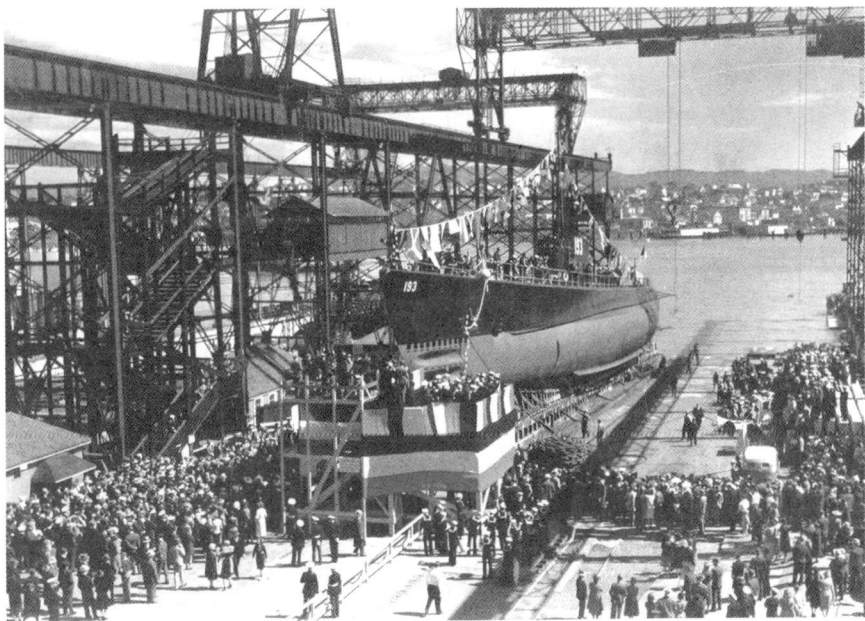

∧ 美国海军"剑鱼"号（SS-193）潜艇下水时的盛况。

∧ 美国海军"鲃鱼"号潜艇，摄于1945年5月。

　　至于 1945 年 1 月份里的潜艇击沉战绩则较少，总共击沉了 18 艘敌商船，其中有 3 艘油轮，吨位共计 84185 吨。我们还击沉了 6 艘作战舰艇，其中包括 1 艘驱逐舰和 2 艘护卫舰，吨位共计 5674 吨。

　　由"吉恩"弗拉基中校指挥的"鲃鱼"号潜艇是当月里的佼佼者，该艇在中国东海和台湾海峡海域取得了击沉四艘敌船的战绩，吨位共计 23246 吨。它还创造了美国海军潜艇史上最激动人心的战例之一。在那次战斗巡逻任务中，第一场胜绩发生在 1 月 8 日晚上。当时在台湾海峡北端进行的一系列攻击行动中，"鲃鱼"号潜艇击沉了一艘货轮、一艘客船和一艘油轮。然而，在取得这一良好开局之后，这场狩猎之旅开始变得乏味起来，似乎日军所有的海上运输船只都在尽量避免通过台湾海峡航线，转而紧贴中国大陆沿海一带行进。

　　根据弗拉基艇长的观察，当时附近海岸上几乎没有任何灯光。这种形势是很危险的，因为如果没有导航灯光的指引，那么在这样的晚上就不会有比舢板更大的船只在附近航行，这意味着这条航线上的日军船只仅仅在昼间沿海岸航线航行，在夜间则停航休整。这一判断得到了来自驻华海军力量指挥官迈尔斯准将直接发给我们潜艇的海岸监视情报信息的证实。同样是从这些情报中，吉恩艇长获知当时正有一支日军护航船队沿中国沿岸航线行进，于是决心找到这一目标。

　　他的计划是靠近海岸，并设法混进岸边中国渔民的船只中。有这些渔船作为掩护，他就可以靠近观察他所要寻找的日军护航船队的通过情况，并预判它们将会在哪里停泊过夜。这意味着"鲃鱼"号潜艇要在 10 英寻等深线的浅海水域里持续航行约 10 英里，对一艘失去一定深度海水掩护的潜艇而言，一旦在这里受到攻击就将是致命的。

结果就在这一有利位置上，吉恩艇长发现了海面上由三至四艘船只释放出的烟雾，而且目标正沿着海岸列队移动。"鲃鱼"号潜艇对此进行了持续跟踪，并估计这些船只将在当晚停泊在中国温州港。根据这一情况，1 月 23 日凌晨 3 时整，"鲃鱼"号将艇艏浮出海面，使用雷达探测到这支目标船队的位置正位于南关港（Namkwan）的锚地内，于是进一步放慢航速对形势进行了进一步探查和准备。吉恩艇长甚至考虑到了它与目标之间的海面上可能存在水雷场的情况。与此同时，艇上雷达探测结果表明，附近的三艘日军巡逻艇上也配备有雷达。

艇上的海图显示，附近北面有一大片水域标着"未探明"字样，其间可能有大量的"礁石"和"位置不明的暗礁"，足以让任何一艘疑心重重的巡逻艇在夜间穿越这片水域前三思。在弗拉基艇长看来，这正是一条最理想的退路，因为附近大量的民间渔船也会起到阻碍追击者的作用。就他自己而言，他必须依靠艇上的雷达和回声探测仪了。由于"鲃鱼"号潜艇已经在 20 英寻等深线的水深里前行 19 英里，而它至少须要全速航行一个小时才能到达可以下潜的深水区，因此沿途必须利用一切可能对追击者造成阻碍的因素，同时行动迅速、一击致命和全速撤退更是这场战斗成功的关键。

在充分考虑所有这些因素后，吉恩艇长估计当前的局面让"鲃鱼"处于绝对有利的地位。于是他下令所有人员进入战斗岗位，自己则在指挥塔围壳内负责指挥，同时派另一名军官代替自己前往舰桥上指挥，并下令潜艇接近目标。

让艇长置身于潜艇指挥塔围壳内指挥的做法，让我回想起不知何时这种新作战指挥方式开始时兴起来，也许是从斯莱德·卡特或是达斯蒂·多明（Dusty Domin）艇长开始的。按照惯例，一艘舰艇的舰长或是艇长通常应该坐镇舰桥上指挥。因此当听到有潜艇艇长声称自己在指挥夜间水面攻击过程中是在指挥塔围壳内完成的时候，我就会好奇这位艇长采取这种背离传统标准作战程序的目的到底是什么。

"是的，"基恩艇长回答，"我发现如果我待在舰桥上的话，远处黑暗中的那些敌船看起来距离会特别近，这往往让我感觉紧张、害怕，进而让我容易在很远的距离上就开火。但如果我在指挥塔围壳内，目标的方位和距离完全根据雷达 PPI 显示屏反映出真实的数据，那么我会等到目标进入最理想的射程和方位时再决定是否发动攻击。"

显然，这次弗拉基艇长采用了同样的方法。在"鲃鱼"号潜艇不断靠近目标的过程中，正如后来作战报告中提到的那样："艇员们都如临大敌般穿好了救生衣，整艘潜艇内的气氛如同凝固了一般。他们比我见过的任何时候都紧张，除了偶尔会有来自 6 英寻的水下声呐波砰击的声音外，控制室里异常安静，以至于大头针落地的声音听起来都像一枚深弹入水，每个人的内心都如同翻江倒海般难以平静。"

在这里我引用一段他的战斗经历：

距离 6000 码，所有鱼雷发射管已准备完毕。目标船队已抛锚驻泊，大约在 500 码外呈三列停靠，另有几艘分散开的船只停泊在更远的近岸锚地。坦白地说，这肯定是大战期间最令人惊喜的情景。船队排列的长度约为 4200 码，吃水较深，即使是性能不稳定的鱼雷也不会错失目标。雷达官根据探测结果判明一共 12 艘目标船只，但估计至少有 30 艘船存在。我们最应该做的是防止太多鱼雷击中同一艘船。为此，我们选择了其中一艘靠近纵队中间偏左位置的大型船只作为主攻目标，然后 1 号到 4 号鱼雷发射管依次发射了鱼雷，射程为 3225 码。随后，潜艇立即右满舵转向，引擎标准功率推进，水深 5 英寻。下一个目标是距离较近纵队中偏右位置的船只，然后 7 号至 10 号鱼雷发射管发射，射程 3020 码。

本次攻击的最终战果如下：

第一列船队中的主要攻击目标（一艘大型货轮）被 2 号和 3 号鱼雷击中，可以确切地观测到目标当场沉没；第二列船队中一艘身份不明的船只被第一枚鱼雷击中，但仅仅被击伤；第三列中的一艘大型货运船被第四枚鱼雷击中，鱼雷命中爆炸后不久船只就着火了，很可能也已经沉没；6号鱼雷命中的则是第一列中的一艘船，据信是击中了攻击瞄准目标或靠近这一目标的船只，根据观察还无法确定鱼雷对该目标的损伤程度；第一列船队中鱼雷攻击瞄准目标右侧的一艘大型货轮被8号鱼雷击中受损；第二列中还有一艘身份不明的船只被5号鱼雷命中沉没；第三列中的一艘大型弹药船被7号鱼雷击中，当场爆炸沉没。

弗拉基艇长在最后一次使用潜望镜环顾海面四周时，可以看见日军船只被鱼雷击中着火后冒起的滚滚浓烟，浓烟几乎遮盖了所有的目标船只，因此对目标损伤的进一步观察难以进行。弗拉基接着继续讲述了自己的故事：

> 现在，"鲃鱼"号潜艇要在20英寻等深线中以21.6节的航速借助附近渔船的掩护撤离到更深的水域。随着雷达朝艇艏两侧各30度范围内的快速扫掠，潜艇不得不同时进行剧烈地水面规避机动以躲避附近归航的渔船。而在身后，日军船只发射的炮弹中有一些甚至落在了这些无辜的渔船上。

就这样，"鲃鱼"号如同暗夜幽灵般跨越了位于中国沿海的这片20英寻等深线海域，这无疑是"鲃鱼"号官兵们以前从来都没有意识到的极浅水域。不过，"生命从四十岁开始，所以要坚持下去"[1]。

按照JANAC方面的评估，吉恩艇长指挥的这场战斗的战果统计有所下调，但这仍然是一次漂亮的攻击行动，它在计划、胆略和执行方面都非常出色。中国的无线电台也报道说，南关港内发生了一场打击日军的重大战斗！美军太平洋潜艇司令部嘉奖委员会推荐踌躇满志的吉恩·弗拉基艇长获得"国会荣誉勋

---

[1] 译注：源自1935年的一部美国影片名。

章"，而他所指挥的潜艇获得了"总统嘉奖"。

在接下来的几个月里，时间以惊人的速度飞逝而过。人们在关岛往往感到自己距离战争很近，因此能感受到自己的行为对战争进程发挥着巨大的作用，内部建设工作第一次占据了我们大部分的时间。在这里，通信设施方面的问题非常突出。在阿普拉港东面停泊的"霍兰"号上，有一条电话电缆从它的锚地浮标上沿海底一直牵引延伸到岸上最近的一处接驳点。线缆从那里开始埋设在一个浅沟里，然后延伸到内陆地面上并接入主线路中去。在我看来，几乎每周都会有一些登陆艇经过这条电缆上方海面靠岸停泊，然后起锚时它们很容易把缆绳扯断，另外还有一些鲁莽的推土机把海滩上埋设的线缆挖断。

与此同时，我与柯蒂斯·勒·梅（Curtis Le May）少将进行了联络，他当时正负责指挥驻关岛的美军第 21 轰炸机司令部。他最近刚从中国重庆前来这里，对我们潜艇执行的海上救生行动的情况十分了解。从 1944 年 6 月他的轰炸机部队首次轰炸日本九州时起，我们就为他的行动部署了海上救生支援力量。他的参谋人员包括一名非常活泼的年轻海军后备役上尉麦吉（Wm. H. McGhee），此人对我们工作的各个方面都进行了极大协助。

当时，海上救援行动引起了我们相当多的关注和努力。从 1944 年 11 月起，美军航母打击部队对部署在作战目标"附近"的潜艇救生支援的需求就在不断增加。在从马里亚纳群岛起飞的 B-29 重型轰炸机首次对日本内陆目标展开战略轰炸期间，美军第 20 轰炸机司令部的代表就专程拜访过我，请求我们的潜艇协助展开海空救援行动。为此，我们把四艘潜艇部署在了 B-29 轰炸机编队的出击和返航路线上。从此以后，我们始终保持着四艘或以上数量的潜艇组成所谓的"救生联队"参与相关的联合行动。

就在"救生联队"组建后不久，我造访了柯蒂斯·勒·梅将军，我们打算举行一次参谋会议，讨论如何解决潜艇部队与 B-29 轰炸机部队之间的通信联络和协同行动困难的问题。由于无线电频率问题，就连我们负责海上救援的海军水上飞机与海上救援潜艇之间的通信联络都存在着极大的障碍。我们迫切地须要在潜艇上配备一种专用通信设备，通过发射无线电信号可以与那些在海上受损迫降的飞机保持联络。

〈 美军B-29重型轰炸
机群朝日本本土目标
投弹时的情景。

　　要说"救生联队"马上就能发挥立竿见影的作用是不符合事实的。首先，我们在其他陆基轰炸机飞行员身上遇到了同样的困难，那就是必须充分告知飞行员对被潜艇救援的可能性要有所准备。对陆军航空兵的飞行员们来说，潜艇是一个未知和不确定的因素，也是个他们并无多大信心的因素。一名 B-29 轰炸机飞行员通常会尽一切可能把受损的飞机开回家，而不是在原地坐等这些通体灰色的小型舰艇出现在面前施以援手。

　　此外，实施潜艇海上救援行动并不意味着落水飞行员能完全脱离危险。潜艇在展开巡逻任务的一开始就会接到类似的救援命令，而获救的飞行员往往要随同潜艇一起到战斗巡逻目标海域，从而置身于更大的危险中。1945 年 6 月 2 日，"鲦鱼"号潜艇在前往巡逻海域途中在九州以南海域从一架坠毁的 B-29 轰炸机上救起了 10 名机组成员。当艇长告诉这些生还者，他还要指挥潜艇穿越日本海对马海峡海域的水雷场继续执行战斗巡逻任务时，他们一致希望爬回自己的橡皮艇等待另一艘潜艇的到来。这种安排其实毫无必要，因此后来我们做出部署让"鲦

〈 美国海军"黄蜂"号（ＣＶ-18）航空母舰。

鱼"号将飞行员们移交给当时正位于附近海域的"叉尾带鱼"号（Scabbardfish）潜艇，由后者将他们送回关岛。

在美国海军"黄蜂"号（Wasp）航空母舰上作为舰载机飞行员的杰克·海尔斯（Jack. Heath）中尉曾在"魟鱼"号潜艇上待过，他本人的经历就能充分说明被战斗巡逻任务期间的潜艇救起，与被专门执行海上救生任务的潜艇救起，其结果会有多大的不同。1944 年 9 月 21 日，在马尼拉湾执行的一次针对日军船只的攻击行动中，海尔斯驾驶的飞机被日军击伤。他尝试驾驶受损飞机迫降在位于苏比克湾附近的海上救生潜艇附近，但没能成功，只得迫降在离菲律宾加维特海岸很近的水面上。在附近渔夫和当地游击队员的帮助下，他一路向南穿越吕宋岛，最终在到达民都洛岛后被"魟鱼"号潜艇成功营救。

关于这段经历，海尔斯中尉回忆道：

　　夜幕降临后，我们预计将和"魟鱼"号潜艇在海上会合。当时我们正在一艘摩托艇上，很快就发现了上浮至海面的"魟鱼"号。于是我们启动马达停靠到它身边，然后登上了艇，这时我想我算是获救了。之所以说我以为自己获救了，是因为没过多久我就对此产生了怀疑。艇长金塞拉中校把我安置在艇内，随后一路经历了敌机轰炸和深弹攻击，在艇上的 34 天时间里几乎体验了一名潜艇艇员能经历的一切。最后我被送到中途岛，然后从那里乘飞机返回了珍珠港。

在艇上生活期间，我们还在林牙延湾执行海上救生任务，在那里成功营救了另一名来自考彭斯（Cowpens）的美国战斗机飞行员——詹姆斯·布莱斯（James Brice）中尉。他被击落后在海里挣扎了大约两天，我们发现了他并把他救上潜艇，这样我就有个同伴可以对付这些潜艇兵了。最终我们都成功获救回国，而在艇上的这段日子里，我们和这些潜艇兵相比几乎没什么区别。

我和迪克·沃格上校前往乌利西环礁基地与斯普鲁恩斯将军会面，并于 2 月 5 日返回驻地，这次他打算配合针对东京实施的大规模航母打击行动组织一次潜艇扫荡行动，计划将于 2 月 16 日发起行动。这份计划将派遣由配备新型鱼雷的“小体鲟”号、“鲳鱼”号（Pomfret）、“海参”号、“弓鳍鱼”号以及麦克马洪（B. C. McMahon）中校的旗舰“下鱵鱼”号（Piper）五艘潜艇组成的“麦克的拖把”艇群，在第五舰队水面编队前方海域活动，我们相信用这种新型鱼雷武器实施水下攻击可以在敌警戒巡逻舰艇发出警报之前就击沉他们，这样主力舰队就可以得到极大的战术上的惊喜和成功。

与此同时，利用“伯尔特的扫帚”艇群在前一次扫荡行动中引发的日军的反应，我们打算派遣由“鲟鱼”号（Sunnet）、“黑线鳕”号以及来自爱荷华州伯灵顿（Burlington）的拉塔中校的旗舰“合齿鱼”号（Lagarto）三艘潜艇组成的名为“拉塔的枪骑兵”艇群一路向西，用甲板炮打击沿途遇到的日军巡逻艇，整个计划都是为 2 月 19 日的硫磺岛攻击行动进行的初步准备。而从 12 月初开始，位于小笠原群岛的硫磺岛、父岛（Chichi Jima）和母岛（HaHa Jima）上的日军目标就一直处于美军飞机和水面舰队的经常性打击之下，因此我们的巡逻艇群不得不避开这一地区，很少在孀妇岩以南海域活动。

我们的飞机降落在了法拉洛普岛（Falalop）。法拉洛普岛是位于关岛东南约400英里的乌利西环礁泻湖地区的几个岛屿之一。在那里，我们的老朋友"好斗"的凯辛（Kessing）上校负责指挥这一基地。迪克和我在斯普鲁恩斯上将的旗舰"印第安纳波利斯"号①上与他和他的参谋长卡尔·摩尔（Carl Moore）上校一起迅速地完成了我们的计划。与斯普鲁恩斯海军上将和他的团队处理公务总是一件愉快的事，他总能把自己冷静而谦逊的精神注入工作中，所以无论他的主张是什么，他都不会训诫我们，这让我们感到遵照执行他的意愿乃是我们的荣幸。在塞班岛，我们的潜艇正在集结准备赶赴各自的巡逻海区。大约一天后，迪克·沃格和我一起飞到了塞班岛，向他们简要介绍了各自的任务。

第五舰队此后不久就拔锚起航朝马里亚纳群岛以东洋面绕行，希望以此欺骗任何企图窥探究竟的日军飞机或潜艇。借助海上恶劣的天气，可帮助我们达成完全的战术突袭效果，同时令日军飞机无法升空作战。斯普鲁恩斯上将随后告诉我，当第38特遣舰队的舰载机飞临东京地区上空时，甚至能看见地面上的敌人正在他们的阅兵场地进行早操训练。

我们的"麦克的拖把"艇群和第五舰队并未发现任何日军警戒舰艇，但一路向西的"拉塔的枪骑兵"艇群遭遇了一系列激烈的水面炮战，显然他们已经吸引了整个地区的日军的注意。这些潜艇都经过专门的改装，每艘潜艇都配备有两门5英寸口径甲板炮和两门40毫米口径炮。其中一些5英寸炮已经配备近炸引信弹药，一种改进型的语音无线电通信装置也已经配备在部分潜艇上，算得上是"武装到了牙齿"。

"拉塔的枪骑兵"的海上扫荡行动开始于2月11日白天，但起初一无所获，即使是日军的警戒舰艇似乎也变得越来越稀少。后来，一架美军B-29轰炸机从附近飞过，通过无线电向他们发送了一份关于几艘小型日军舰艇的目标接触报告。艇群指挥官据此制订了昼间进攻计划，并通过无线电通知了艇群各成员。"黑线鳕"号潜艇率先发现目标并开火射击，当时该艇的艇长是原"鹦鹉螺"号

---

① 原注：由小麦克维（C. B. McVay）上校指挥。

艇长比尔·布罗克曼（Bill Brockman），紧随其后发动攻击的是由拉塔艇长指挥的"合齿鱼"号和由来自宾州奥克蒙特（Oakmont）的乔治·E. 伯特（George E. Porter）中校指挥的"鲊鱼"号潜艇。经过一场激烈的炮火互射，两艘日军警戒船被击沉。战斗中，近炸引信弹药在歼灭敌舰炮手方面的性能表现非常好。就在同一天晚上，"黑线鳕"号又发现了两艘日军警戒船，但到了第二天早上，两艘潜艇都已经耗尽弹药，"黑线鳕"号朝目标发射的鱼雷也没能命中目标，所以这艘大惊失色的日军警戒船才得以侥幸逃跑。

还有两项岸上工程是我们非常关心的项目。其中一个是防空训练中心，由来自加利福尼亚州圣马特奥（San Mateo）的美国海军预备役部队的"迪克"沃克尔（R. H. Walker）少校负责指挥管理。在那里，我们的潜艇官兵们可以练习5英寸火炮、40毫米炮和20毫米炮的操纵使用。美国海军预备役部队少校柯克帕特里克负责指挥位于珍珠港附近的一个类似的靶场，他们的射击训练组织得相当出色。因此，我们在关岛也需要更多这样的设施。

至于另一个项目则是建造一座舰队休养中心。这样，无权入住德雷营的那些潜艇供应舰的官兵和维修人员就可以在那里游泳、打垒球、在海滩上放松和享用啤酒。由于关岛的港内长期挤满了各式舰艇，因此数以千计的官兵们迫切需要这类休闲设施。

关岛上还有两处已建成的岸上设施，但其浴室等设施的修建进度极为缓慢，于是我们的一艘潜艇供应舰以一种非常值得称道的进取精神为官兵们建造了一座极具吸引力又造价便宜的小屋。这时，马里亚纳司令部突然宣布禁止修建私人性质的岸上俱乐部，并封存了我们已经建好的相关设施，这一举措引起的愤慨是可想而知的。我努力促使各方能更公正地看待这一情况，因为我认为应该鼓励而不是惩罚海军官兵们的主动性。不过，我们最终还是输掉了这场"战争"，但我们的斗争所吸引的公众关注，充分暴露了那些本应得到更好执行的项目其实缺乏推动和进展，最终促成了相关建设项目得到它们迫切须要的推动和支持。

2月13日，德雷营发生了一场完全不必要的悲剧。"海狐"号潜艇的七名艇员和一名查莫罗（Chamorro）治安警察在距营地仅1英里的丛林小径上遭到伏击。结果六人当场丧生，剩下的两名伤者设法爬回了德雷营。

关岛丛林地区以藏匿着许多逃亡的日本人而闻名。事实上，就在几天前海军陆战队还在一次驱赶行动中击杀了47人，抓获8人。虽然有严格的指示禁止任何人进入丛林地区，但这些在德雷营休养的小伙子不知何故认识了当地治安警察部队中的一名成员，于是他们一起进入了丛林地区。据侥幸逃回的两人说，大约有30名日本人伏击了他们，而且每个人都是在枪声一响起就中了弹。当这两名"海狐"号艇员爬出丛林时，敌人仍在向匍匐在地上的他们射击。

伤者一回到营地，一支武装小分队就立即出发前去丛林地区把死者遗体运了出来。根据火药烧伤处判断，有些人在受伤倒地时仍然遭到了枪击，而查莫罗人的喉咙都被割断了。他们所有人的鞋子和衣服都被洗劫一空。被激怒的营地官兵打算自行组织一支两三百人的清剿部队前去追赶日本人，但那无疑是愚蠢的举动，关岛司令部方面当然会禁止这场"远征行动"。把没有经验的人送进丛林作战，必然会招致更大的灾难。相反，我们后来加强了巡逻和哨兵的部署并加强了条令管制措施。第二天，我们把遇难士兵的遗体埋在了阿加特（Agat）海滩后面的海军陆战队墓地里的一片白色十字架中。从此以后，只要是沿着相对僻静的道路通行，我们连同司机一起都会随身携带轻型武器。

不久，从费弗将军那里传来消息说一支由两艘战列舰、一艘装甲巡洋舰和一艘驱逐舰组成的日本海军水面编队正从新加坡方向驶来，显然是在脱逃途中。显然，由于当地海域天气恶劣，因而他们躲过了巡逻潜艇的监视。迪克·沃格和我连忙在中国海岸地区部署了11艘潜艇，以为这支日军编队一定会通过这片海域。然而日军编队在中国马鞍列岛一带躲藏了一段时间，同时采用了我们难以预料的航线，因此他们最终毫发无伤地成功返回了日本本土。

连日来，战绩不佳令潜艇官兵们士气低落，直到由来自纽约州塞内卡瀑布的法依夫（J. K. Fyfe）中校指挥的"蝙蝠鱼"号潜艇传来捷报才挽救了我们糟糕的情绪，这次它的目标没能逃脱。"蝙蝠鱼"号是我们部署在菲律宾吕宋岛北端的阿帕里（Aparri）和台湾海峡南端的高雄之间的三艘潜艇之一。麦克阿瑟将军的部队正逐步追使日军败退至吕宋岛北部的山区，同时由于他们的海空通信已经被掐断，因此我们有理由怀疑日军会利用夜间掩护实施增援或趁夜撤离飞行员和其他已经无关战局的人员。日军在瓜达尔卡纳尔和莱特湾都组织过类似的

〈 "蝙蝠鱼"号潜艇官兵在完成第六次战斗巡逻任务后展示自己的战果。

活动，而这一次我们必须有所准备。

当时，"蝙蝠鱼"号潜艇的位置离阿帕里最近。2月9日，即进入作战位置的第一个晚上，该艇在雷达搜索指示器上发现了一个正向北驶去的敌舰发出的无线电信号。"蝙蝠鱼"号悄无声息地缓缓靠近目标，这才发现这是一艘通体黑色的日本海军潜艇。根据雷达反射信号的强度和特征可以判明其正在使用日军频率。法依夫艇长因此确信这就是他要找寻的目标。由于我们潜艇的轮廓与日军和德军潜艇有很大差别，因此他确信这绝不会是一艘美军潜艇。

在接近到1850码的距离时，法依夫下令潜艇齐射了四枚鱼雷，结果全都没能击中。"蝙蝠鱼"号只得暂时退出阵地重新装填鱼雷发射管并检查火控数据，看看到底哪里出了错。当时的夜色很黑，云层也很低，海面上没有月光，因此第二轮攻击前，法依夫指挥潜艇靠近到距离目标900码的地方，这次同样未被目标发现。于是他再次发射了三枚鱼雷，其中一枚准确击中目标。伴随着响亮的艇壳破碎声，这艘日军潜艇当场爆炸沉没。

第二天晚上，就在他遇到第一艘日军潜艇的地方以北几英里处，法依夫艇

长再次发现了一个日军舰艇的雷达
信号，并再次靠近目标。在 1300
码的距离上，一艘被确认为敌军身
份的潜艇身影清晰可见。但就在他
即将发起攻击时，目标潜入了水
下。法依夫中校这时感到有些不
安，或许此时已经失去了最佳的攻
击机会。于是"蝙蝠鱼"号暂时脱
离了现场以免遭到日军潜艇的鱼雷
攻击。

∧ "蝙蝠鱼"号潜艇执行巡逻任务途中从指挥塔围壳上
拍摄到的照片。

　　究竟这艘日军潜艇是发现了
"蝙蝠鱼"号潜艇的存在，还是仅仅进行了一次例行的下潜操作，我们不得而知。
但就在一个半小时后，声呐操作员突然报告说："艇长，我听到了排空压载水舱
的声音！"随后，雷达操作员也从雷达接收机上捕获到了敌舰发出的信号。于是"蝙
蝠鱼"号立即下潜接近目标，在距离仅 880 码处时发射了四枚艇艏鱼雷。结果第
一枚鱼雷准确命中目标，当即将目标炸成两截。而后两枚鱼雷显然是击中水中的
艇体碎片后发生了爆炸。在这艘日军潜艇沉没过程中又发生了两次响亮的爆炸，
相信是它自己艇上的鱼雷发生了殉爆。

　　次日凌晨 2 时 30 分，"蝙蝠鱼"号在大概相同的位置上再次发现了已经非
常熟悉的日军潜艇雷达信号。这一次的攻击过程就没那么容易了。不知何故，这
艘日军潜艇在"蝙蝠鱼"号接近到 7000 码时就潜入了水下。法依夫艇长则不慌
不忙地根据这艘潜艇先前的航向和航速进行预估，对其进行跟踪。就在半个小
时后，他的耐心终于得到了回报，"蝙蝠鱼"号再次接收到了来自这艘潜艇的雷
达信号，于是立即下潜并继续向目标靠近。结果,毫无觉察的日军潜艇当场被"蝙
蝠鱼"号所发射的一枚鱼雷命中爆炸。在浮出水面寻找日军幸存者时，"蝙蝠鱼"
号只找到大量艇体残骸，其中还有一本一名日军候补军官的航海日志。这本日
志上的记载表明，这个特别的候补军官学员显然不是个积极好学的潜艇人，因
为日志上最新的一条记录还是在大约两个月前写下的。

∧ 美国海军"长颌须鱼"号（SS-316）潜艇上的官兵正在展示他们的战绩。

就这样，在不到 76 个小时的时间里，"蝙蝠鱼"号接连斩获了伊 -141 号[①]、吕 -112 号和吕 -113 号三艘日军潜艇。毫无疑问，这些潜艇上都运载了日军急需的大量补给品。

2 月里，来自第七舰队的一艘美军潜艇——由拉盖特（C. L. Raguet）中校指挥的"长颌须鱼"号（Barbel）潜艇——在弗里曼特尔附近海域巡逻时失踪。当时这艘潜艇奉命前往婆罗洲北端的巴拉巴克海峡以西的水道与其他潜艇会合并展开战斗巡逻任务。2 月 3 日，"长颌须鱼"号潜艇向"长鳍金枪鱼"号、"黑鳍鱼"号和"牛鼻鲼"号（Gabilan）潜艇发送了一条无线电消息，报告说每天都能发

[①] 译注：原文有误，日军并无编号为伊 -141 的潜水艇。美军艇长约翰 . 法耶夫（John K. Fyfe）回忆称，他记得在敌潜艇指挥塔上看到有"55"这个编号数字，此处有可能击沉的是日军吕 -55 号潜水艇。

现大量日军飞机。"长颌须鱼"号报告自己曾三次被日军飞机袭击，并受到深弹攻击，报告还提到将于"第二天晚间"再发送新的无线电信息，这也是来自该艇的最后一句话。2月6日，"长鳍金枪鱼"号报告说，它已经超过48小时无法与"长颌须鱼"号潜艇取得联系，并曾通知"长颌须鱼"号于2月7日在婆罗洲亚庇哲斯顿（Jesselton）以西海面会合。结果这次会合没能完成，"长鳍金枪鱼"号的搜寻也无果而终。

来自日本方面的记录显示，2月4日一架日军飞机袭击了哲斯顿以北海域的一艘潜艇，在投掷的两枚炸弹中，有一枚直接命中潜艇舰桥附近。几乎可以肯定的是，正是这次袭击击沉了"长颌须鱼"号。根据JANAC方面的统计，"长颌须鱼"号潜艇取得了击沉六艘敌船、吨位共计15263吨的战绩，此外据信还击伤了四艘。当被击中沉没时，"长颌须鱼"号正在执行它的第四次战斗巡逻任务。

就在硫磺岛战役攻击行动之前，美国海军部部长詹姆斯·福莱斯特出现在了关岛。他看上去可能有点紧张，但在其他方面体现出了巨大的责任感。我在尼米兹上将的住处用餐时见过他，在那里他和我聊了一些关于公共关系的话题。

我简要地给他讲述了关于"鲃鱼"号和"蝙蝠鱼"号潜艇近期战绩的故事。我认为，"鲃鱼"号的战斗故事经过审慎的编辑，可以在不影响潜艇部队安全的情况下进行公开宣传，但"蝙蝠鱼"号连续击沉三艘敌方潜艇的故事则涉及过多的机密信息，因此无法公开。事实上，随着大战接近尾声，我希望在安全许可的前提下尽可能多地对潜艇作战进行宣传。我觉得，那些表现出色的小伙子理应不时地得到一些认可。否则，这个国家的公众通过阅读报章新闻可能会留下这样的印象，那就是飞行员才是这场战争赢得胜利的主力。

在当时的太平洋战场上，有许多盟军部队正在战斗，他们都是极为出色的作战队伍，我不希望看到任何人单独摆出"战争胜利者"的姿态。第一次世界大战是以一种不体面的混乱结束的，而这一次我们应该像成年人一样更明智地处理这种情况。

2月份潜艇部队击沉敌船的战绩可能仅仅是我们以往战绩的零头。共有19艘美军潜艇取得击沉14艘敌商船和14艘敌作战舰艇的战绩，击沉商船总吨位为54761吨，其余各类舰船11397吨。值得注意的是，击沉的目标还包括4艘油轮、

5 艘护卫舰、1 艘驱逐舰和 4 艘潜艇。在这方面，由来自加利福尼亚州格伦代尔（Glendale）的拉尔夫·H. 洛克伍德（Ralph H. Lockwood）中校指挥的"瓜维那塘鳢"号（Guavina）潜艇贡献最大，该艇在印支海岸附近海域击沉了一艘日本货船和一艘油轮，总吨位达 15565 吨。

2 月底还发生了一些不寻常的事情。由来自弗吉尼亚诺福克的迈尔斯·P. 雷福（Miles P. Refo）中校指挥的"油角鲨"号（Hoe）潜艇和由来自新泽西州里奇菲尔德公园（Ridgefield Park）的史蒂文斯（J. E. Stevens）中校指挥的"比目鱼"号（Flounder）潜艇在印支海岸附近发生了海上碰撞。它们巡逻的海域彼此毗邻，由于对当时海流情况的误判，因而其中一艘越界进入了另一艘的巡逻区域。"油角鲨"号航向向北，在 60 英尺的水下潜航，而"比目鱼"号在东航行，深度为水下 65 英尺。

结果"油角鲨"号上的官兵突然间感觉到了轻微的颠簸，同时感到潜艇正被向上抬起，而"比目鱼"号也像打了个寒颤一般被迫朝下改道。实际上，"油角鲨"号潜艇刚好从"比目鱼"号潜艇的潜望镜桅杆剪刀架（指挥塔围壳上方延伸出来的支撑物）前方擦过，好在只造成了艇体表面的损伤。据我们所知，这是大战期间发生的第一次也是唯一一次潜艇水下碰撞事故。

∧ 美国海军"瓜维那塘鳢"号（SS-362）潜艇载着从海上成功营救的美军第五轰炸机大队的落水飞行员返航靠岸。

第十七章

1945 年 3 月，我们对配备 FM 声呐装备的潜艇进行了几乎持续不间断的海上探雷训练。日军布设在对马海峡海域的水雷屏障堵住了日本海的出入口，我们加强训练的主要目的就是为这场突破水雷场封锁的战役做准备。

3 月 2 日，我飞到塞班岛专程为"石斑鱼"号潜艇的巡逻任务做简报，并前往塔纳帕格港西部继续视察由乔治·皮尔斯中校指挥的"金枪鱼"号潜艇的训练情况。在那里，一艘扫雷艇专门为我们在海上布设了三枚训练用的哑雷。由于当地海水太深，无法固定这些哑雷，因此我们设法把它们悬挂在浮标上，由浮标把它们固定在距离水面约 42 英尺深的地方。然后让我们的潜艇从这些水雷下方驶过，借此训练艇上官兵们的操作。

"金枪鱼"号潜艇的首日训练经历是最令人沮丧的。声呐装备的表现喜怒无常，偶尔会对假水雷目标发出回音，但更多的情况则不然。圣地亚哥海军实验室方面的马尔科姆·亨德森教授（Malcolm Henderson）协助我们进行了所有这些测试科目，甚至连他也对此感到气馁。当天晚上我们回到港口的时候，我几乎打算放弃"金枪鱼"号的秘密任务。我们较早前给该艇下达了一道书面密令，令其在离开港口后方可阅读，然后穿过一个据信有两道水雷屏障存在的海区。现在看来，它是根本无法承担这次任务的。

亨德森教授整晚都坐着听声呐的反应，第二天的表现则要好得多。和大多数的海军电气设备一样，这种声呐系统的工作极大地依赖于冷凝器、继电器和其他电气设备的调节，而马尔科姆·亨德森教授和他的电气工程师助手们最熟悉的就是如何调教这些小玩意儿。

训练演习回来后，我发了一份报告给太平洋司令部，告诉他们新装备的测试完成情况令人满意（我曾和"大老板"尼米兹将军讨论过整个提议），并请求批准我随同"金枪鱼"号潜艇进入中国东海海域，实战化检验它的新装备能否有效应付疑似敌水雷区，为此我还承诺 10~12 天后就会返航。结果司令部值班人员连夜打电话给我，并给我留言说："对不起长官，答复是'不行'。"我对自己的提议遭到这样的拒绝感到很难过，毕竟这种新装备的性能表现依旧是喜怒无常，我只是想在首次使用 FM 调频声呐执行实战任务时给官兵们提供一种精神上的支持。其次，也是出于自私的考虑，我想成为第一艘渗透敌方水雷区的美军潜艇官兵中的一员。这一否定的答复并不是尼米兹海军上将本人发出的，他当时正临时起程前往华盛顿。我相信他会理解我在这件事上的立场，并最终同意我的请求。

第二天早上，我和"金枪鱼"号潜艇一起出海训练了半天，中午便与皮尔斯和他的"部队"告别，这种感觉比早上还要糟。"金枪鱼"号上的新装备这次运行得很好，但如果它没能安全返航，那么谁来承担责任呢？

我收到消息说，英国皇家海军潜艇部队司令乔治·克雷西（George Creasy）少将和他的参谋长菲利普斯（G. G. Phillips）上校以及少校参谋温菲尔德（M. R. G. Wingfield）正在视察所有的英军潜艇基地，而且即将抵达关岛与我举行会议，同时与尼米兹上将会面。我很高兴听到这个消息，因为我是在伦敦的英国海军部结识当时还是上校军衔的克雷西的，他当时是英军反潜部队的负责人，承担着相当重要的工作，但他并不是潜艇部队军官。因此，让他指挥所有的英国皇家海军潜艇的决定是相当令人惊讶的，但我知道他用不了很长时间"学习和训练"就能完全胜任。

克雷西将军和他的部下是于 3 月 10 日晚上抵达关岛的，随行竟然只带了一件行李。原来，他的少校参谋把他们的行李托付给了位于夸贾林环礁的其他英军参谋人员，而海军上将本人与当地指挥部的军官们共进了午餐。结果不知哪里出了差错，这批行李没能赶上美国海军运输部飞往关岛的飞机。海军上将自己只拿着一个装着剃须刀的皮包，剩下的人则两手空空地来到了关岛。在接下来的几天里，他们不得不勉为其难地暂时穿上美军的制服，直到最终取回自己的行李。这倒也并不难，因为在尼米兹上将的带领下，为表尊重我们都脱下了自己的制服外套，改为身着卡其色短袖衬衫、短卡其裤、袜子和野战鞋。

当我们在 1 月份第一次到达关岛时，马里亚纳海军司令部下令全体官兵必须穿戴全套制服。当时我们的许多潜艇官兵因为未穿制服而被岸上巡逻队遣送回他们的艇上。随着"大老板"的到来，他只在重要仪式上穿着全套制服，这令我们倍感满意和舒适。然而，关岛司令拉尔森将军从来不穿短裤，而且对那些穿短裤的人不屑一顾。有一天上午，在一场太平洋司令部会议开始之前，我看到拉尔森将军手里拿着两根军官轻便手杖（我后来听说，其中一根是他要献给尼米兹上将的）。

"嘿，亨利，"我说道，"我总是看到你拿着一根军官手杖，但从来没有用过两根。如果一个海军陆战队将军在手无任何军官手杖的情况下被抓到，那他会怎样？"

"这我不知道，查理，"他一边说一边看了看我瘦削的膝盖，"也许他们会同意他穿短裤的。"

后来，我们向来访的英国皇家海军潜艇部队代表团展示了我们这里的一切，并概述了我们未来的计划。他们能够帮助我们开发一种有效的海上探雷器，因为他们已经有类似的设备，那就是一种叫"ASDIC"的超声波回波测距装置。在我们的两栖登陆部队抢滩登陆作战之前，英军潜艇用它来探测定位西西里岛附近海域的意大利水雷区。海军少将吉米·霍尔（Jimmy Hall）曾在地中海地区指挥过一支部队，他是第一个告诉我有关这些小玩意儿情况的人，从那时起我就一直想弄到这种新型装备。在我看来，它们或许并不如我们的 FM 调频声呐性能好，因为前者其实是可以被敌人监听到的，而且只能在声呐显示屏上显示一个亮点，而这可能是海水中的任何东西，从一艘船到一根漂浮的圆木都有可能。而当我们在 FM 调频声呐上探测到一枚水雷时，我们丝毫不会怀疑它的身份。

与此同时，在弗里曼特尔的费弗将军司令部派驻几个月的英军潜艇组成编队，由"梅德斯通"号（Maidstone）潜艇供应舰提供支援，将于 4 月份前往位于苏比克湾的新基地。另一支英军 XE 袖珍潜艇编队则被装载在他们的潜艇供应舰"博纳温彻"号（Bonaventure）上，从珍珠港起航向西驶去。英国皇家海军的标准型潜艇比我们的要小，因此他们的潜艇官兵的海上战斗生活比我们更艰苦，巡逻周期也更短。1941 年我在英格兰服役时就见过很多这样的英军潜艇官兵，我非常尊重他们的能力和胆识，而我们两军潜艇部队之间的关系确实也很融洽。3 月 13 日，克雷西将军和他的参谋人员乘飞机离开关岛前往珍珠港，临行前向

∧ 英国皇家海军"梅德斯通"号（HMS Maidstone）潜艇供应舰。

我们致以了良好祝愿并表达了同志般的情谊。

考虑到任务的重要性，就在同一天下午，我和格梅沙豪森（W. J. Germershausen）中校指挥的"白鲴"号潜艇一同开始了训练。我曾登上这艘潜艇进行水雷装备测试，当时这艘潜艇还是"法官"安德伍德负责指挥，我只是想确定艇上的相关设备是否仍能正常工作。结果这次经历和"金枪鱼"号的故事差不多。14 号和 15 号两天充满着失望、反复调整和咒骂，但到了 16 号这天，在波涛汹涌的海面上，当声呐工作条件处于极为不利的环境时，我们却得到了很好的试验效果，实际上也是我们迄今为止所得到的最好结果。

在完成了"白鲴"号潜艇的测试科目后，我和亨德森教授立即转到了由拉森中校指挥的"鲦鱼"号潜艇上，17 号一整天我们都在艇上一起做准备工作，这次艇上声呐设备的设置和调整情况更好，到 12 时 35 分"鲦鱼"号已经做好出航准备。

在这一系列试验期间，"金枪鱼"号潜艇发来一条消息说，它成功地进入了秘密命令所指定的作战地区，并在当地海域绘制标记出了 222 枚水雷。这确实是个好消息，对我们的精神也是极大的鼓舞。后来，当"金枪鱼"号潜艇回到港口时，通过检查他们绘制的水雷位置图我们可以确信，它所发现的一些所谓的水雷根本不是水雷，而是散落在东海海底沉没货轮上的一些油桶。然而，我们正在苦苦寻找的一颗颗水雷肯定也在那里，就在冲绳被美军占领之后，扫雷部队已经从那里清理出了数百枚水雷。

由于成功突破并且顺利确定了雷场的位置，"金枪鱼"号潜艇艇长乔治·皮尔斯大受鼓舞，不过在此期间我们也损失了至少一艘潜艇。尼米兹海军上将向他转达了祝贺，我也立刻接到了让皮尔斯返回位于圣地亚哥的海军声学实验室的命令，他将在那里向他们传达作战成功的消息，并进行一次鼓舞士气的讲话，对更多即将交付的新装备表示期待。

由于我们的探雷训练科目进行的频次非常高，已经占用我相当多的时间，我决定返回关岛，以避免前往塞班岛，弥补我长期缺席司令部工作的状况。在离阿普拉港入口约 10 英里处，我们在海里安放了悬浮于水中的水雷，并于 3 月 27 日搭乘由来自长岛洛克威尔森特（Rockville Center）的"斯坦尼"斯坦梅茨（E. H. Steinmetz）中校指挥的"马鲹"号潜艇出海训练，该艇早前就被安排到珍珠港东南企鹅滩海域的模拟水雷场执行过训练任务。当地的水声条件非常理想，因为那里的海水是等温的，水深大约 1600 英尺。我们在加大设备功率时，偶尔会发现一些巨大的回波，它们的声调和运动速度明显是来自水下的鱼群甚至是鲸。

潜艇在航行期间多次进入水下 100 英尺和 150 英尺深度，以模拟通过布设于深水区的水雷场，这类水雷场常被各国海军用于诱捕敌潜艇。"马鲹"号潜艇的装备显然有些力不从心，经过一天的折腾后我们回到了港口，且自信心有点被摧毁的意味。这是一次典型的 FM 调频声呐作业训练——某一天里我们会陷入绝望的泥潭，而第二天的情绪又往往会达到高潮。

大概就在此时，"南欧鲭鱼"号和"丁鲷"号潜艇的原艇长巴尔尼·西格拉夫以助理作战官的身份来到了太平洋潜艇司令部的参谋部。然而，我们随即做出了一次快速调整，让他负责 FM 调频声呐的训练任务以减轻我的负担，并有效地组织作战训练。这是一个令人愉快的选择，因为巴尔尼很快就让局面有了极大的改观。每当我们手上有大批潜艇可以投入训练时，亨德森教授都会出海组织装备试验训练，他的两名助理也一直随同工作。随着我们信心的增强，配备 FM 调频声呐的潜艇开始变得靠谱了。

穿越水雷区其实并不是一个新特技。早在第一次世界大战中，英国潜艇已经做了相当多这样的尝试，尤其是曾突破达达尼尔海峡的水雷屏障。但是他们当时的航行是盲目的，很多潜艇的两侧艇体都曾经刮到过水雷的锚链。而我们希望的是自己的潜艇能够及时发现附近的水雷，并且能主动避开它们的锚索。为了更好地确保这一点，我们在潜艇的艇艏、艇艉水平舵以及螺旋桨等位置安装上了所谓的"线缆保护器"，这样它们就不会被水雷的锚索绊住。这些用钢丝制成的绳索护栏起初不太令人满意，甚至其中几个在汹涌的洋流中被冲掉了。3 月 26 日，"海马"号潜艇上安装的这些线缆中有一条缠上了艇艏水平舵，严重妨碍了后者的运转，结果官兵们不得不在波涛汹涌的海面上进行极其危险的紧急维修工作。

1945年的3月里充满了惊险刺激的战斗和千钧一发的撤退经历。3月18日，由来自马萨诸塞州沃拉斯顿（Wollaston）的基廷（R. A. Keating）中校指挥的"银花鲈鱼"号潜艇正通过爪哇海，一路向西朝卡里马塔海峡进发。午夜时分，正在指挥塔围壳内休息的艇长被一次来自艇艉方向的撞击声吵醒了。艇艉鱼雷舱报告说，艇艉附近海中有某个沉重的物体击中了艇体。当时的那一声巨响还伴随着一种物体旋转的声音，就跟鱼雷的螺旋桨发出的声音一样。返航后通过在干船坞上进行维修检查发现，"银花鲈鱼"号当时险些被一枚鱼雷击中，这枚鱼雷紧擦着潜艇艇体划过，而且幸运的是这竟是一枚哑弹，就如同我们的艇长发射鱼雷后经常遭遇的哑弹一样。

本月最值得一提的脱险经历当属由来自马里兰州巴尔的摩的小曼恩（S. S. Mann）中校指挥的"魔鬼鱼"号，当时这艘潜艇正在前往日本近海海域巡逻途中。当潜艇航行至硫磺岛以西海域时，甲板官发现一架日军飞机从5英里外的云层中向他们俯冲而来，于是潜艇紧急下潜。当"魔鬼鱼"号经过水下50英尺深度、潜望镜桅杆的顶部刚刚没入水下时，潜艇感觉到了一次剧烈的震动，就像一枚深弹在近距离上爆炸了一样，海水立即从雷达桅杆的底部涌入艇内，雷达接收机当即进水。情况顷刻之间变得相当严峻，直到通过水泵奋力工作勉强控制住艇内的进水。由于潜望镜和雷达系统都已经失灵，因此曼恩艇长直到天黑才下令潜艇浮出水面。在舰桥上，官兵们发现了一些飞机残骸和一个铭牌，这充分表明当时一架日军"神风"自杀飞机撞上了潜艇。而据我们所知，这是美军潜艇第一次遭遇日军"神风"敢死队特攻机的直接攻击，也是最后一次。

∧ 美国海军"魔鬼鱼"号（SS-292）上的官兵。

在圣帕特里克节（St. Patrick's Day）这一天的早晨，由比尔·波斯特中校指挥的"斑鱼"号潜艇在中国沿海海域经历了一段糟糕的时光。不知是不是因为比尔曾在"白杨鱼"号潜艇的盾徽上放爱尔兰三叶草的标志，这位受人尊敬的圣帕特里克似乎就在那天暗中帮了比尔一把。就在前一天夜间，"斑鱼"号潜艇趁夜靠近海岸寻找敌船，其间实施了几次攻击，并且用光了艇上所有的鱼雷。到天亮时，"斑鱼"号在回到深水区的过程中发现自己正被一艘巡逻艇追击。波斯特艇长决定放弃前往塞班岛重新装载鱼雷的打算，同时坚决不能被这艘日本巡逻艇压制在浅水区，因为在那里成功规避深水炸弹攻击的可能性几乎为零。因此他决定尽快撤离，并用装在艇艉的 5 英寸口径火炮回击敌人。

实际上，这是一艘日本海军新型布雷艇，当时该艇率先朝"斑鱼"号潜艇开火，比尔艇长当即予以还击，先是用他的 40 毫米炮，然后是 5 英寸甲板炮。就在第一发 5 英寸炮弹射出后，汹涌的海浪击倒了甲板上的炮手们，但所有人都立即爬回他们的战斗位置，并在连续多轮炮击后，终于击中了日军布雷艇的艇艉炮塔，从而消除了敌主炮火力对自己的威胁。但很快，又一波巨浪把"斑鱼"号的甲板炮炮手们拍得东倒西歪。当时暴露在艇外的炮手们危险太大，因此比尔艇长决定放弃甲板炮射击，改为使用舰桥后方的 40 毫米炮继续射击。汹涌的海浪甚至涌上了潜艇的雪茄形甲板，还一度影响了火炮装填装置的工作。很快，双方距离接近到了 2100 码左右，但危机仍未解除。

比尔艇长接下来指挥潜艇向右方机动从而创造了一个良好的机会，这样他艇艉方向的 40 毫米炮就可以发挥作用了。一连串炮弹持续倾泻在日军布雷艇上，而射程也正以惊人的速度缩短，对方显然是有意进行撞击。突然，40 毫米炮射击指挥员的腿部中弹受了重伤，艇长下令停止射击，所有艇员进入艇内准备下潜。而随着双方距离接近至 350 码，一连串机枪子弹击中了潜艇的指挥塔围壳，波斯特艇长一只手发出下潜警报，另一只手拉响了碰撞警报。幸运的是，就在那个千钧一发的时刻，"斑鱼"号在距离日军布雷艇不到 100 码时从对方右侧潜入了水下，在下潜之前甚至能清楚地看到对手在遭到潜艇炮击后受损的情况，而"斑鱼"号自身只遭到了些许弹片擦伤。也许比尔应该感到庆幸自己及时地击毁了对手的主炮并拉响了下潜警报，这才使潜艇在仅仅 30 英寻的深度下还能保证自身的安全。

　　说到我们的下一步行动，乃是将驻扎在冲绳的查理·M.亨德森中校任命为约翰·戴尔·普莱斯海军少将的参谋长，以便将我们的海上救生行动与正从冲绳对日本九州发起作战的海军和陆军部队的行动进行有效协同。在那里，亨德森中校的任务并不简单，普莱斯将军也算是帮了大忙，但陆军航空兵司令显然认为我们从海上营救飞行员的部署可有可无。由于他们的航空兵部队没有得到必要的通报，因而就在不久之后，一艘负责海上救生任务的潜艇在九州以南海域被一架美军 B-25 型飞机误炸。很自然地，我立即就此事向尼米兹上将进行了投诉，他也再次向冲绳的指挥官提出了抗议。太平洋司令部发出的消息从来没有收到过任何确认，我们这位亨德森中校的意见也从来无法获得这位空军独裁者的倾听。我第一时间产生过某种冲动，那就是立即召回那艘负责海上救生任务的潜艇。然而更多的思考使我马上意识到，这个孤立而无礼的误击案例并不意味着我有权撤回对飞行员的救援和保护措施，连飞行员也不会认同他们指挥官的这种自我满足的态度。

　　两个月后，我们临时性委派"卡迪"阿德金斯（J. A. Adkins）中校负责指挥位于硫磺岛附近海域海空救援部队的行动，以便直接向所谓的"国民联队"（当时，先前的"救生联队"已被分成驻冲绳的"得克萨斯联队"和驻硫磺岛的"国民联队"）的潜艇提供相关情报。

　　当巴尼·贾尔斯中将就任太平洋战区陆军航空兵司令并把总部设在关岛后，我立即与他进行了联系，以促进海上救生行动的开展。我们安排了一系列由贾尔斯将军和我共同参加的圆桌会议，我们的参谋人员和一批刚刚完成海上救生任务返航的潜艇艇长一同出席。有一次，"赛虎鲨"号（Tigrone）潜艇艇长希拉姆·卡塞迪（Hiram Cassedy）中校在一次巡逻任务中总共营救了 31 名陆军航空兵飞行员，从而一举打破了之前的所有潜艇救生记录。上述这一系列会议为改进我们的救援行动方法和交流提出了许多非常好的想法，同时在我们之间产生了一种同志般的精神，对我们之间的日常关系也奇迹般地产生了促进作用。在执行了一系列轰炸作战任务后，一批 B-29 轰炸机机组人员受邀来到我们的德雷营地下榻。飞行员被带上潜艇观摩下潜训练，而我们的潜艇官兵在 B-29 的训练飞行任务中被安排登机随同体验。然而就是这最后一次飞行任务意外地让几个年轻的胆小鬼艇员参与了针对日本东京的轰炸。当然，我必须及时叫停这一阶段的"训练"，因为它涉及给我们本来就不足的作战人员带来不必要的风险。

吉米·费弗将军的司令部也在做出同样积极的努力，对被击落的美军空中作战人员进行一切可能的海上营救。不过，他所指挥的潜艇营救飞行员生命的机会相对较少，但他手下的艇长们所表现出的机智和胆识依然无可挑剔。

令我们的潜艇部队感到非常自豪的是，在第二次世界大战期间，总共有86艘潜艇成功营救出了504名美国陆军、海军和英军部队的飞行员。承担救生任务的潜艇的价值不能单单从拯救飞行员生命的角度来衡量，尽管这个因素非常重要。事实上，它对空中作战部队的士气的影响要大得多。即使是最勇敢的飞行员，也绝不会喜欢有来无回的"单程"飞行。一旦被击落，很可能就会被野蛮的敌人折磨或杀害，或者充当海里鲨鱼和梭子鱼的饵料，这对飞行员来说不可能不造成心理上的负担，而且可以想象的是，这也很可能会影响到他的战斗意志。海空救援和潜艇救生行动不仅能够激励飞行人员的信心，而且无疑对我们这支英勇的海军部队的战斗精神产生了巨大而深远的有益影响。

以下是潜艇部队收到的关于海上救援行动的无线电报中的一些典型摘要，它们充分说明了各方对于潜艇海上救援行动的反响：

发件人：麦克阿瑟将军

收件人："鲂鮄"号（Sea Robin）潜艇及其官兵

我衷心地感谢你为营救阿尔弗雷德·N. 罗亚尔（Alfred N. Royal）中尉所付出的努力。潜艇的存在大大提高了远东空军作战人员的士气，并提升了我们作战行动的效力。

发件人：第93特遣部队司令兼第20陆军航空队副司令

收件人：潜艇部队全体官兵

潜艇海上救援行动的勇气、协同和不懈的努力，极大地提高了战斗人员的士气，也为我们在日本本土上空的"超级空中堡垒"轰炸机和"野马"战斗机作战行动的成功做出了不可估量的贡献。做得很好！

祝我们接下来的行动一切顺利！

值得一提的是，有两艘潜艇——一艘是正在执行第二次战斗巡逻任务的新艇"斑蝴蝶鱼"号，一艘是利用自己第十二次战斗巡逻任务进行作战试验的"扳机鱼"号——在3月份里相继因故沉没。而连续的两次潜艇损失，我们都无法查明原因。

3月1日，由爱德华·阿克曼（Edward Ackerman）少校指挥"斑蝴蝶鱼"号潜艇起航离开关岛，前往日本西南诸岛海域巡逻。作为额外的任务，该艇还进行了特定区域的气象预报供我们的飞行员参考，并提供海上救生支援。3月10日晚，"斑蝴蝶鱼"号报告说自己在前一天晚上击沉了三艘中等吨位的货轮。3月14日晚，该艇再次报告说在一次攻击行动中发射了四枚鱼雷，但没能击中一艘日军小型电缆敷设船，而且艇上只剩下三枚鱼雷。鉴于鱼雷所剩无几，"斑蝴蝶鱼"号奉命撤离该区域，并前往珍珠港进行大修，途中在中途岛停留补充燃料。3月19日，该艇还发送了收到上述命令的确认消息。第二天，"斑蝴蝶鱼"号从西南诸岛岛链以东海域发出了一份天气预报，这也是它最后一次发出无线电消息。按照正常的巡航速度，这艘潜艇本应该在3月31日左右抵达中途岛，而我们在那里一直守望着，直到希望最终破灭。

第二艘损失的潜艇则是"扳机鱼"号，艇长是康诺尔中校（D. R. Connole）。这艘潜艇奉命于3月11日离开关岛前往西南诸岛海域巡逻，其任务与"斑蝴蝶鱼"号类似，要负责发送天气预报和实施海上救生。在向该艇发送了几次例行无线电指令后，"扳机鱼"号于3月18日回复报告了它的第一次作战行动情况。报告中提到，"扳机鱼"号针对之前报告过的一支敌护航船队进行了长达七个小时的机动跟踪，并伺机发动了攻击。结果击沉了一艘货轮，击伤另一艘。

3月26日，"扳机鱼"号被告知前往九州东南海域，与"海狗"号（Sea dog，艇群指挥艇）以及"马友鱼"号（Threadfin）潜艇会合。这条无线电命令消息是须要确认的，但从未收到来自"扳机鱼"号的确认消息。不过就在同一天，"扳机鱼"号确实发送了一次特别的天气报告。两天后，"海狗"号到达了艇群预定的集结点，却迟迟无法联系上"扳机鱼"号。此后，人们曾多次试图通过

∧ 从空中拍摄到的美国海军"鲂鲱"号（SS-407）潜艇。

∧ "白鱼"号（SS-285）潜艇上的军官们在舰桥上的合影。

无线电联系这艘潜艇，但都没能成功。3 月 28 日下午，日军飞机和舰艇在九州以南海域进行了持续两个小时的深弹攻击，位于附近海域的其他四艘美军潜艇确信侦听到了这一系列反潜攻击。因此有理由相信，"扳机鱼"号潜艇很可能就是在这次攻击中被击沉的。

在第二次世界大战中，"扳机鱼"号潜艇经历了漫长而辉煌的战斗生涯，曾两次被授予"总统嘉奖"。"扳机鱼"号对日本海军"日高"号航母的攻击行动是一连串事件的导火索，正是这次行动促成了我们鱼雷问题的最终解决。根据 JANAC 方面的统计，该艇总共击沉了 18 艘敌船，吨位共计 86552 吨。此外还击伤约 22 艘。"扳机鱼"号于 3 月 27 日击沉日本海军维修船"大馆"号（Odatey）[①]，而这正是"扳机鱼"号沉没的前一天。

我们在 3 月份的战果仅略好于 2 月份。共有 18 艘潜艇击沉了 24 艘敌商船（其中包括 6 艘油轮），吨位共计 59755 吨。此外还击沉了 5 艘作战舰艇（其中包括 2 艘护卫舰），吨位共计 5456 吨。

由来自宾州奥克蒙特的沃辛顿（R. K. Worthington）中校指挥的"白鱼"号

---

① 译注：原文有误，此处应为初岛级电缆敷设艇"大立"号（Odate），1785 吨。

潜艇在黄海海域击沉了一艘日军运输船和一艘货轮，贡献了最多的吨位战绩，共计11293吨。而费弗将军麾下的"鲂鮄"号潜艇在来自加利福尼亚州圣莫尼卡的史汀森（P. C. Stimson）中校的指挥下也取得了突出战绩，于爪哇海一举击沉了三艘货轮和一艘改装炮艇。在大战的最后三分之一阶段中，我们发现有不少原为作战舰艇的战果被列为商船，这一点是很值得注意的。由于需要更大吨位的舰船来将食品和战争原材料运回日本本土，因此日本海军将许多战斗舰艇进行了相应的改装。

4月伊始诞生了美国海军潜艇作战史上最大的错误，而这很有可能引起严重的后果和遭到报复。由来自宾州北威尔士的艾略特·洛克林中校指挥的全新潜艇"皇后鱼"号发生了严重失误，用鱼雷击沉了载着国际红十字会官员和日本沉船幸存者的日本船只"阿波丸"号（Awa Maru）。当时这艘船已通过国际授权获得安全通航的许可，而美国方面对此也已表示认同。

洛克林中校指挥"皇后鱼"号潜艇于1944年8月和9月间完成了大胆进取而极为成功的首次战斗巡逻任务，而在11月里又进行了一次更有成效的巡逻任务。正是由于这些出色的作战表现，因而该艇被授予"总统嘉奖"。在第一次巡

∨ 美国海军"皇后鱼"号（SS-393）潜艇，摄于1944年4月29日。

∧ 被美国海军"皇后鱼"号（SS-393）潜艇救起的18名幸存者中的两名盟军战俘，摄于1944年9月。

逻任务期间，"皇后鱼"号创造了在同一天里被敌方潜艇三次攻击的独特经历。而每次鱼雷来袭，艇上的甲板官都能及时发现并采取有效的规避机动，这很好地证明了这艘潜艇上的瞭望哨和甲板官拥有显著的训练成效和极高的警觉性。

　　洛克林中校是一名经验丰富的艇长，在大西洋上指挥旧 S-14 号潜艇执行过四次战斗巡逻任务。1921 年，我在康涅狄格州布里奇波特主持了这艘潜艇的服役仪式，并将其派往菲律宾驻扎。洛克林不仅是一名优秀的海军军官，而且几年来一直是潜艇部队在舰队网球锦标赛上的运动员代表。人们一直记得当"海狮"号潜艇击沉一艘载有盟军战俘的敌船后，"皇后鱼"号曾率先赶赴现场并奋力救出了其中的 18 名生还者。

参谋部值班员在 4 月 2 日的清晨时分打电话给我，在电话中向我报告了“皇后鱼”号潜艇击沉“阿波丸”号运输船，并且在现场仅仅救起一名生还者的情况。于是我们立即命令正在附近海域巡逻的“海狐”号潜艇协助“皇后鱼”号抢救所有可能的幸存者。对于我们这种明显违反道义和信誉击沉一艘受到豁免的日本船只的做法，我十分担心会引起各界（包括日本方面）的强烈反弹，也对此深表关切。作为艇长，洛克林中校显然犯下了致命的错误。不过，我最为担心的还是日本人可能会因此进行野蛮报复，特别是以后可能会对被俘虏的美军潜艇官兵施以报复。

毫无疑问，击沉“阿波丸”号是个错误，这起事件与当时海上大雾和通信不畅有很大关系，特别是后者，我必须承担责任。

4 月 1 日 22 时左右，“皇后鱼”号潜艇在台湾海峡北端的中国沿海海域巡逻时，与一艘距离 17000 码外的船只发生了雷达接触。洛克林艇长在他的巡逻报告中写道：

先前的所有雷达接触特征表明，这次雷达接触目标从大小上看应该是来自一艘驱逐舰，于是它开始小心谨慎地靠近目标。我们的判断来自以下方面的考虑：

1. 目标在一片大雾中以 16~18 节的高航速航行；

2. 所在位置与“海狐”号潜艇 9 个小时前发起攻击的位置不远；

3. 目标采用的是日军运输船在中国沿海海域航行的唯一航线。

不久，双方距离接近到 3600 码，潜艇航速减慢到 4 节，然后右转向，艇艉鱼雷发射管朝目标右舷瞄准，鱼雷射程为 1200 码。夜间海上有大雾，而且阴云密布，月亮时有时无，海面能见度减小到了 200 码左右。虽然海况不佳，但我们还是决定采用 3 英尺水深的鱼雷定深设置并以小扇面齐射的方式完成射击前的检查。

23 时整，鱼雷射程 1200 码，艇长通过在舰桥观察再次确认了目标，经过雷达测距测向后，下令以一定的时间间隔相继发射四枚艇艉鱼雷。所有鱼雷都在预计时间内命中目标并引起猛烈爆炸，目标很快就从海上消失。

23 时 03 分，引擎加速并重新转向，改为艇艏面向目标的攻击位置。

但潜艇还没来得及完成转向，目标光点就已经从雷达屏幕上消失。

　　当时在现场至少发现了 15~20 名落水者正抓着"阿波丸"号的残骸漂浮在海面上，但最终只有其中一人被救上了"皇后鱼"号潜艇。根据后来对这名战俘的审讯才发现，这艘被击沉的船只正是"阿波丸"号。

　　从第二天一早开始，"皇后鱼"号潜艇就对现场幸存者进行了密集的搜索，行动一直持续到 4 月 3 日中午。"海狐"号也于 4 月 2 日当天下午闻讯赶来加入了搜索行动，但由于一名伤员伤势严重而提前离开了现场，"皇后鱼"号潜艇则留下继续搜寻直到当天夜间。两艘潜艇都报告说发现约 2000 包橡胶在海面上漂浮，此外还有很多装有不明颗粒状物质的铁罐。后来，"皇后鱼"号的官兵们捞起了 4 包橡胶和 2 个铁罐，但没有发现其他幸存者。

　　返航后，"皇后鱼"号潜艇的指挥官受到了普通法院军事法庭的审判，并被裁定在执行命令时存在明显疏忽，在判明一艘目标船只时没有采取适当的谨慎态度，因此导致了"阿波丸"号遭到攻击和沉没。事实证明，在这次战斗巡逻任务中，"皇后鱼"号潜艇总共收到了三条关于"阿波丸"号的电令。第一条是 3 月初从美国海军舰队总司令那里收到的，其中提到"阿波丸"号将从北九州起航，将装载着配给给美军战俘的救济物资返航，而且美国政府对这次航行的安全进行了担保，消息中还对这艘船的特征和行程进行了描述；第二条电令则对该船的航线及航行日期进行了修正，同样是在 3 月初从舰队总司令那里收到的；第三条消息是在 3 月 30 日左右收到的，来自太平洋潜艇司令部，其中提到"阿波丸"号将在 1945 年 3 月 30 日至 4 月 4 日期间穿过"皇后鱼"号的巡逻海区，该船将在夜间亮灯航行，船身上涂有白色十字架，并指示该艇"允许其安全通过"。

　　然而恰恰是这第三条电令产生了错误，这是我应该承担责任的，因为它是针对"所有潜艇"发出的，而有关"阿波丸"号的部分其实只涉及在位于它将通过的海区巡逻的美军潜艇。军事法庭的一名庭审员后来告诉我，对洛克林中校进行审理时，通过证据材料得出了结论，那就是潜艇的通信官并没有向他的指挥官用通俗易懂的行文通报电令内容，因此洛克林对这最后一条电令的特别意义并不是很清楚。艇长的忠诚感和使命感是不允许他"推卸责任"给他的下属的。我们为洛克林艇长请来了海军陆战队的优秀军官切斯特·布鲁顿（Chester Bruton）上校和科夫曼（Coffman）中校作为他的法律顾问，他们都受过海军军事法律方面的训练。我知道在审判期间自己将离开美国参加一次电子行业会议，于是我向太平洋司令部发出了一份官方信函，指出这起悲剧有一部分是源自我的错误，并要求承担同样的责任。4月份抵达华盛顿的时候，我又向海军部部长福莱斯特和舰队司令金上将解释了情况，并请求给予洛克林中校一切可能的理解和宽恕。虽然我们尽了全力，但洛克林后来还是受到了海军部部长的斥责和惩戒。而当时在得知"皇后鱼"号击沉了"阿波丸"号的消息后，我们第一时间想到的是如何对洛克林艇长进行嘉奖而非惩处。

情报人士告诉我们，"阿波丸"号在南下航行途中，除了代表国际道义运送给盟军战俘红十字物资外，还携带了500吨弹药、大约2000枚炸弹和20架在西贡卸货的飞机装箱部件。遗憾的是，在此期间却没有任何潜艇发现并击沉它。船上11磅重的包裹那么一点红十字物资对战俘们而言可谓是杯水车薪，而其他那些武器弹药和装备却是完全可以夺去数以千计的盟军士兵生命的。

根据"阿波丸"号上的这名幸存者的证词，4月1日22时整他正在甲板上散步，当时这艘船的船体上涂有七个白色的十字架，而他从来没有收到过船上发出的大雾预警信号。如果"阿波丸"号按照国际法的要求及时发出大雾预警信号，那么"皇后鱼"号很可能会收到这一信号，毫无疑问"阿波丸"号的命运就会因此改变。"阿波丸"号沉没的时候，船上正装载着一批橡胶、铅、锡和糖，而船上的1700名商船水手、80名头等舱乘客以及先前沉没船只的幸存者，正由该船从新加坡运往日本。头等舱里的乘客包括船长、总工程师和负责管理红十字会物资的外交部门官员。在"阿波丸"号沉没的时候，这位幸存者提到船上并没有红十字物资，因为他们之前已经将其卸货。

这一误击事件带来的危险是日本方面可能实施的报复行为。在大战的早些时候，轴心国方面曾指控美军潜艇违反《日内瓦公约》，向已经经过登记注册和适当标示身份的医疗救助船只开火并将其击沉，但这些指控完全是不真实的。因为有一次一艘医院船被潜艇当作敌方攻击目标发射鱼雷进行了攻击，但这起事件当时是发生在一场海上暴雨中，潜艇只能模糊地看到目标的些许轮廓。幸运的是，鱼雷没有击中目标，而当能见度改善且发现这艘所谓的"敌舰"其实是一艘医院船后，潜艇并没有对其进行进一步的跟踪和攻击。

1942年，美军"鲣鱼"号潜艇向一艘配备有武器并采用Z字形规避航线航行的运输船开火攻击，当时这艘船的艉楼两侧挂有红十字标志，所幸的是鱼雷没有击中目标。另一艘同样带有红十字标记但配备有武器的运输船当时也在一旁航行，该船甚至用船舶的火炮朝潜艇所在方向持续射击了大约15分钟。

1943年7月，日本方面抗议说，美军舰艇在帕劳附近海域攻击了一艘排水量为2500吨的医院船。而在上述时间里，只有"鲂鱼"号潜艇袭击了一支从巴伯尔图阿普港（Babelthaup）起航的护航船队，并向其中的一艘航空母舰发射了鱼雷。艇长甚至根本没有看到所谓的"医院船"，但这艘船一定是护航船队中的一员，而且它还拦截了一枚射向日军航母的鱼雷。日本方面还声称，一艘美军潜艇在香港附近海域击沉了一艘医院船。然而，这艘船肯定是我们沿着中国海岸海域布设的水雷的牺牲品，因为当时附近根本没有美军潜艇存在。

其实，潜艇指挥官也经常请求指挥部方面允许他们拦截和搜查在海上遇到的一些医院船，因为这些船上通常都载有可疑的甲板货物。我记得海军上将哈尔西也向太平洋司令部提出过类似的建议，但这些要求都没有得到批准。到大战接近尾声时，一艘前往威克岛的医院船在接近该岛和离开该岛时都遭到一艘美军驱逐舰的拦截和搜查，但并未发现它存在违令行为。其实当时船上的大多数人既没有受伤又没有生病，显然只是在挨饿。在大量的日本医院船中，约有25艘看上去十分可疑。根据我们的潜艇从南中国海海域救出的盟军战俘提供的消息，他们曾被迫充当日军的码头劳工，而且经常从这类医院船只上卸下武器弹药等作战物资。

很自然地，日本方面对"阿波丸"号的沉没事件提出了强烈的抗议，但后来并没有实施报复。对我来说，我真诚地希望查尔斯·艾略特·洛克林这位优秀的潜艇指挥官的作战生涯不会因为这个不幸的错误事件而受到负面影响。虽然我们确实违反了"阿波丸"号享有的豁免权，但我的悲痛感在某种程度上也因这艘船最终得到了它应有的报应而减轻。

4月的上半段，美军第七舰队潜艇部队的行政指挥权转交给了太平洋潜艇司令部，但这并没有影响我们实际作战行动的开展。我和吉米·费弗将军一直在进行非常密切的协同，而这一变化的目的只是为了在当时水面舰队正向日本本土方向推进的过程中，便于处理我们略显重叠的指挥问题。当时吉米已经结束了在布里斯班和密奥斯温地岛（Mios Woendi）的潜艇活动，并正在关闭他在珀斯、弗里曼特尔、埃克斯茅斯湾和达尔文的指挥部以及维修、燃料和弹药补给设施。他所指挥的包括英国皇家海军舰艇在内的一切力量，都集中在苏比克湾的新潜艇基地。他所指挥的潜艇和海军少将瓦格纳（F. D. Wagner）的飞机在菲律宾外围密切配合，已经完成扼杀日军沿印度支那海岸的海上交通线的任务，只是偶尔在新加坡和西贡之间，或者在荷属东印度群岛的其他由日本控制的港口之间会发现一些目标。

而曾经我们目标丰厚的"护航学院"海区，如今已基本没有敌船存在，这里主要被用于对从吕宋岛起飞攻击香港和台湾海峡目标的美军飞机提供潜艇海上救生支援。我们把这片海区重新分配给了费弗，以简化对他的潜艇海上救生力量的部署。

4月6日，根据在日本本土上空作战的美军轰炸机发回的报告，有迹象表明日本海军舰队的残余势力即将采取一系列新行动。冲绳战役的战斗就发生在日本的家门口，这是可以预料的，日军会利用手中剩余不多的作战舰艇发起某种形式的特攻作战，以支持其空中作战力量对我们的水面舰队发动的全面攻击。我们的潜艇部署就是基于这种可能性做出的，而且会在日本本土水域的每一个出入口进行大量巡逻。我们就此通知了所有的潜艇，而就在同一天午夜前，我被一条消息惊醒：由来自纽约布鲁克林的福迪（J. J. Foote）中校指挥的"马友鱼"号潜艇在日本海西南出口的丰后水道（Bungo Suido）发现了一支日军水面编队。据该艇报告，这支水面编队阵容包括两艘战列舰和八艘驱逐舰。

这第一艘战列舰便是日本海军超级战列舰"大和"号，另一艘是轻巡洋舰"矢矧"号（Yahagi）。当时福迪的位置相当不错，但他舍弃了攻击敌战列舰并置身潜艇指挥官名人堂的绝佳机会，坚决地执行了先报告再攻击的命令。由来自伊利诺伊州温内特卡（Winnetka）的简尼（F. E. Janney）中校指挥的"淡水鲨"号

（Hackleback）潜艇也发现了这一目标，但由于敌舰航速较快因此无法及时到达攻击位置。我们试图派出第三艘潜艇前去支援，但这支日军编队已趁机向西南方向逃窜。

不过，"马友鱼"号做出的牺牲并非徒劳无功，因为它所发出的所有目标接触报告以及那些来自"淡水鲨"号潜艇的报告，都被转交给了第五舰队司令斯普鲁恩斯上将。第二天早上，米切尔中将麾下的战斗机、俯冲轰炸机和鱼雷机蜂拥而至，在九州西南的东海海域拦截了这支日军编队。"大和"号、"矢矧"号和四艘驱逐舰相继被鱼雷命中爆炸沉没。1943 年圣诞节那天，"鳐鱼"号潜艇用两枚鱼雷击中了"大和"号战列舰，但这还远远不够。根据飞行员的说法，当时是八至十枚鱼雷加上更多的航空炸弹命中，才最终把这艘巨舰送上天，从而将日本帝国海军进一步推向末路。

潜艇在这场近期的战斗中对附近水域进行了搜索，"鬼蝠"号（Sea devil）潜艇从海里成功救起了"埃塞克斯"号上的三名海军舰载机飞行员。米切尔将军在他的一次典型的简短电令中表达了他的感激之情："也许这对你们来说是例行公事，但你们对我们海军陆战队的营救行动在全军部队中都非常出色。"

菲律宾解放后，日本在荷属东印度群岛的许多地方的驻军都被分割孤立了起来。为了支援和巩固这些分散部队的防御，日军不得不动用任何可用的航运

∧ 被美军潜艇击沉的日本海军"五十铃"号（Isuzu）轻巡洋舰，摄于1944年。

∧ 日本海军 "球磨" 号（Kuma）轻巡洋舰，后被英军潜艇击沉。

力量。战斗舰艇由于速度快、反潜能力强因而经常被迫执行这类海上运输任务。4 月初，一支由米勒（H. E. Miller）中校指挥的 "赤鲷"号、由帕哈姆（W. B. Parham）中校指挥的 "牛鼻鳐" 号以及由博伊尔中校指挥的 "红点鲑" 号潜艇组成的艇群起航，在艇群指挥官博伊尔的指挥下前往爪哇海地区潘特诺斯特（Paternoster）和波斯蒂约永（Postiljon）群岛附近海域执行战斗巡逻任务。

4 月 4 日上午，正执行海上运输任务的日本轻巡洋舰 "五十铃" 号（Isuzu）被该艇群发现。经过一整夜穿越危险的萨佩海峡（Sape Strait）后，"赤鲷" 号潜艇成功地击沉一艘承担护航任务的扫雷艇。4 月 6 日下午，"红点鲑" 号发现这艘轻巡洋舰驶入了比玛湾（Bima Bay），并将这一消息发送给了 "牛鼻鳐" 号，由后者发起攻击并将其击伤。这次攻击结束后，"五十铃" 号轻巡洋舰的航速降到了 10 节，"红点鲑" 号得以轻易接近至理想攻击阵位，于清晨 7 时 24 分发射了六枚艇艏鱼雷，其中三枚准确命中目标并击沉了这艘日军轻巡洋舰。这是美军潜艇击沉的九艘日本海军轻巡洋舰中的最后一艘。"球磨" 号（Kuma）则是在槟城附近被一艘英国皇家海军潜艇击沉的，盟军潜艇在这类较困难的攻击目标中也取得了斩获十艘的出色战绩。

此外，我们还取得了另两个击沉敌潜艇的战果。由卡特·本内特中校指挥的 "圆鳍鱼" 号潜艇接到命令返回珍珠港，途中对威克岛一带展开侦察。"圆鳍鱼" 号在那里发现了一艘不明潜艇的潜望镜，因此决定继续在那里巡逻。在和他的对手玩了几天的捉迷藏游戏后，这艘日军潜艇显然以为美国人已经走了，于是在一天晚间上浮抛锚，还示意附近岸上的日本船只起锚行动。卡特艇长一直耐心地等到了最理想的侧面攻击位置，然后用一枚鱼雷一举击中了目标，从而击沉了这艘日本海军吕 –56 号潜艇。由第七舰队潜艇部队的米勒中校指挥的 "赤

鲷"号潜艇击沉的则是纳粹德国海军
U–183 号潜艇。根据情报，德国人正
利用潜艇通过海上货运航线秘密运送
物资到槟城，然后由日本海军潜艇转
运回日本本土。这次 U–183 号再也没
机会抵达预定的海上集结点了，米勒
指挥"赤鲷"号将其击沉后俘虏了艇
上的导航员，通过审问证实了 U–183
号的身份。

　　4月份里，我们只损失了一艘潜艇。
由沃林（J. F. Walling）中校指挥的"锯
盖鱼"号潜艇作为艇群指挥艇，与"刺
鲀"号、"黑鲱鱼"号一同于 3 月 25
日离开关岛，而这支艇群指定的巡逻
区域是"护航学院"海区。后来，另
两艘潜艇奉命执行海上救生任务，"锯

∧　"赛虎鲨"号（SS–419）潜艇在海上营救美国陆军航空兵飞行员时的情景。

盖鱼"号则与希拉姆·卡塞迪中校指挥的"赛虎鲨"号潜艇会合。当"赛虎鲨"
号结束巡逻返航后，卡塞迪艇长告诉我，4 月 8 日当天他所指挥的潜艇被一艘看
不见的敌潜艇攻击，并且侥幸地躲开了对方所发射的两枚鱼雷。起初，他怀疑
是"锯盖鱼"号发射鱼雷进行了误击，但那天晚上通过无线电联系时，"锯盖鱼"
号说它并没有发射鱼雷。希拉姆艇长随后警告沃林要提防向"赛虎鲨"号开火
的日军潜艇。第二天，卡塞迪便联系不上"锯盖鱼"号了。4 月 12 日，指挥部
下达命令要求"锯盖鱼"号潜艇前往独岛①海域的海上救生集结点，与英军航空
母舰舰载机中队协同行动，但并未收到该艇的确认消息，后来也再未收到"锯
盖鱼"号的任何消息。

---

　①　译注：日本称竹岛。

∧1944年"尖额带鱼"号潜艇进行首航时的情景。

日本方面关于反潜攻击的报道无助于解释"锯盖鱼"号潜艇沉没的原因，而且海上不慎触雷的可能性似乎也不是很大。因此，它很可能还是被一艘敌方潜艇击沉的，而这艘潜艇也被"击沉"了。根据 JANAC 方面的统计，"锯盖鱼"号总共击沉了 17 艘船只，吨位共计 75473 吨，据估计还击伤了另外 15 艘船只。

4 月份里的击沉战绩并不比前一个月好多少。JANAC 的统计数据显示，共 19 艘美军潜艇击沉了 18 艘商船，吨位共计 66352 吨，同时击沉了 10 艘作战舰艇，吨位共计 13651 吨，其中包括 1 艘轻巡洋舰、2 艘护卫舰和 2 艘潜艇，其中 1 艘潜艇是纳粹德国海军潜艇。由来自宾州沙伦的里德（J. W. Reed）中校指挥的"太阳鱼"号潜艇，与"尖额带鱼"号（Tirante）打了个平手，2 艘潜艇各取得击沉 4 艘敌船的战绩，而倒霉的"皇后鱼"号潜艇击沉的单艘吨位数最大——排水量达 11600 吨的"阿波丸"号运输船。由来自弗吉尼亚州里士满的乔治·L. 斯崔特三世（George L. Street）指挥的"尖额带鱼"号潜艇，在 3 月展开的巡逻任务中击沉了 2 艘敌船，加上 4 月里击沉的 4 艘，可算是取得了大战末期令人极为瞩目的丰厚战果。

斯崔特少校在指挥自己的新艇执行首次战斗巡逻任务期间，按照泰克斯·麦克莱恩上校的话来说，斯崔特少校把他的目标"从灌木丛中揪出来"进行了痛击。由于缺乏理想的鱼雷攻击目标，因此我们的潜艇不得不在极其危险的水域（黄海海域的浅水区、中国东北部海岸、朝鲜半岛海岸以及日军的港口附近水域）游猎。"尖额带鱼"号潜艇的首次巡逻经历也是一位勇敢、睿智的潜艇指挥官的传奇作战经历，而他的身后是一大群极富作战技巧和献身精神的潜艇官兵。

"尖额带鱼"号负责的巡逻海区位于中国东海和黄海，那里都是浅海区。在通往既定作战海域的途中，斯崔特艇长对航向和在这片海域巡逻过的潜艇的目标接触报告进行了仔细研究。他的结论是，敌人的运输船队常常紧贴着近岸水域行进，而潜艇在这片浅海区是很难实施水下作战的，因此他决定先对敌运输船队进行跟踪，再伺机攻击。

在执行巡逻任务的前半段时间，斯崔特指挥潜艇穿透敌船队浅海区中建立的强大护航屏障，实施了四次鱼雷攻击。在这一系列攻击行动中，他声称击沉了两艘货轮、一艘油轮和一艘满载日军部队的运兵船。而根据 JANAC 方面的统计报告，该艇只击沉三艘敌船，而另一艘货船仅仅被击伤。

在对日军运输船发动攻击后，"尖额带鱼"号立即遭到了猛烈的反潜攻击，其中一些深弹的爆炸位置非常近，斯崔特艇长试图将潜艇坐沉海底躲避深弹攻击，结果徒劳无益，最后孤注一掷的斯崔特下令潜艇上浮到潜望镜深度，并在一次巧妙的鱼雷攻击中击沉了一艘正对他进行攻击的日军护航舰艇。

尽管截至当时"尖额带鱼"号潜艇已经取得令人称道的战绩，而且完全有机会转移到危险程度较低的深水水域进行休整，但在对敌人造成最大程度打击之前，斯崔特是不会考虑撤离的。很快，他注意到有一支编队逐渐驶出了鱼雷攻击射程，航向直指济州岛海域。而正是这片被誉为"黄海直布罗陀"的海域，将很可能为我们的潜艇带来更大的收获。

报告表明，这片位于朝鲜半岛南端、拥有大片高耸岩礁的岛屿被日军重兵把守着，而太平洋司令部的决策者们已经将其作为"奥林匹克行动"（攻击日本本土）的目标之一。长期以来，这里一直是美军潜艇的兴趣所在，因为位于这里的日军航空基地有令人生厌的巡逻机起降执行任务。据报告，日军在这里建有巨大的地下机库，从海上就可以看到入口。按照我们的预计，这里将是美军两栖登陆部队难以攻克的难题。济州岛有两个锚地，但西北边的一个似乎使用得更多，那里有一个偏僻的小岛可以为停泊在它后面的舰艇和船只提供一个良好的避风港。毫无疑问，为了保护这里的港口，日军已经在附近海域布设水雷。根据我们俘虏的日军船员的口供，济州岛以北的一大片区域已被列为航行"禁区"。而斯崔特艇长认为从东北方日本本土的方向接近可以绕开水雷场进入这片锚地。当时"尖额带鱼"号潜艇上还剩五枚鱼雷，斯崔特决心把它们全部派上用场。

按照这一计划，"尖额带鱼"号在夜色掩护下从海面上靠近港口，艇上枪炮手全部在各自的战斗位置上严阵以待。由于海水太浅，潜艇无法下潜，因此一旦被日军发现就必须立刻撤退。斯崔特艇长做出的这次夜间突袭的决定，就像当年南关港外吉恩·弗拉基艇长做出的决定一样，带有强烈的鲁莽主义色彩，但这种鲁莽源自他们对其潜艇、艇员、武器装备以及自己的信任。

当悄悄溜进位于济州岛的锚地时，"尖额带鱼"号很快探测到了几个来自岸上雷达以及至少两艘配备雷达的日军巡逻艇的信号。斯崔特艇长指挥潜艇尽量沿着悬崖下的海岸行进，这样从潜艇上反射出的雷达回波很可能会在杂乱的海岸背景中消失不见。刚进入内港，水流的力量突然间就消失了，斯崔特当即下令瞄准附近的一艘油轮快速设定射击参数，并发射了两枚鱼雷。随后不久，鱼雷命中目标并引发了可怕的爆炸和火焰，近距离爆炸产生的冲击波几乎把潜艇甲板上的艇员推倒。在这艘熊熊燃烧的船只所产生的火光的映照下，"尖额带鱼"号潜艇很快被两艘日本海军新型"御藏"级（Mikura）护卫舰发现，后者立即直扑而来。斯崔特艇长瞄准其中一艘射出了两枚艇艏鱼雷，然后全速转向，从艇艉鱼雷发射管发射了艇上的最后一枚鱼雷，两艘日军护卫舰在随后的鱼雷爆炸中当场解体。最终"尖额带鱼"号从海面驶出港口，就像先前的"鲅鱼"号潜艇那样，全身而退。

乔治·斯崔特艇长的胆略、进取心和指挥才能，再加上其卓越的判断力和作战技巧，给"尖额带鱼"号全体官兵注入了极大的斗志。回到关岛后，斯崔特受到了英雄般的欢迎，并被推荐颁发"国会荣誉勋章"。至于"尖额带鱼"号潜艇，我们也申请为其颁发"总统嘉奖"。最终这两项荣誉都被准许授予。

第十八章

突破对马海峡雷障进入日本海的行动已经迫在眉睫。几个月来，我们一直在对这个大胆而危险的作战计划进行准备，其中包括在圣地亚哥海军实验室对三种类型的海上探雷设备进行一系列比较试验，然后尽快投入量产。

与此同时，我们计划验证一系列秘密武器的性能和使用情况，并在负责设计这类装备的军官和科学家之间举行相关会议，随后做出的决策将直接提交华盛顿方面供各军方有关部门和办公室予以确认，以便加快新装备的部署工作。以前在马雷岛和猎人角举行的这类会议非常成功，而且跨越了许多繁文缛节并取得明显成效，我希望这些我们期待已久的秘密武器装备能取得类似成果。

如今我们迫切需要的是两种正处于明显延误状态的新型超短波雷达项目，我们必须赶在敌人动用新的雷达对抗措施，并配备给反潜飞机以追踪潜艇之前将其投入使用。加速其生产和部署的另一个重要原因在于，斯普鲁恩斯将军为了减轻冲绳附近负责警戒的轻型舰艇的压力，提议用潜艇接管这类工作。在对我们的驱逐舰、护航驱逐舰和其他较小作战舰艇提供掩护的过程中，一些负责警戒的小型舰艇在日军轰炸机和"神风"特攻自杀飞机的打击下，承受了相当沉重的损失。通过在海上警戒线上部署潜艇，可以利用雷达对敌机进行远程探测，潜艇上配备的战斗机引导官可以及时向空中战斗巡逻力量（CAP）发出敌机靠近的预警信息并引导其进入作战位置。如果敌机突破了空中防御，那么潜艇下潜即可。这一计划看上去非常完善，我们希望在11月1日攻击日本九州的"奥林匹克行动"展开之前，装备和训练24艘执行这类任务的潜艇。

在推迟一段时间之后，圣地亚哥方面的一系列试验和会议被定在4月23日至27日举行，因此我交代约翰·布朗暂时处理关岛的工作，然后我就动身了。19号抵达珍珠港后，我利用这个机会观察了一次用于潜艇对抗敌舰艇反潜措施的秘密诱饵装置的试验，"鳐鱼"号潜艇和"惠特曼"号（Whitman）护航驱逐舰参加了这次试验，而配备了这种新对抗装置的潜艇多次成功规避护航驱逐舰的反潜追击。1944年8月，我在一个内陆淡水水库里看到了这套装置的试验情况，从那时起我们就一直在为它祈祷，希望它能早日得到部署使用。这种新型装备在敌方水域的使用，完全可能挽救数百名潜艇官兵的生命和价值数百万美元的宝贵潜艇。

∧ 美国海军"惠特曼"号（DE-24）护航驱逐舰正在马雷岛海军码头外航行，摄于1944年4月。

第二天一早，我就随"鳐鱼"号潜艇一同出海了，在一片模拟水雷场中见证了艇上FM声呐系统的非凡表现。当天下午，"鳐鱼"号又以一艘登陆艇为靶标，相继发射试验了几枚最新型的秘密鱼雷武器模拟弹，当时我作为观察员之一就在这艘登陆艇上。结果虽然难称完美，但有望得到进一步改善。

在新装备不断试验改进的同时，我们的太平洋潜艇部队军方代表团于21日起程前往圣地亚哥。代表团成员包括巴德·约曼斯中校（负责太平洋潜艇部队的战略计划和新装备的发展）、比尔·埃尔文上校（太平洋潜艇部队通信官）、乔治·皮尔斯中校（"金枪鱼"号潜艇艇长）以及埃迪·法希（Eddie Fahy）中校（太平洋潜艇部队训练指挥部的电子装备官）。我们在圣地亚哥会见了美国海军作战部部长以及舰船局、军械局和圣地亚哥海军研究实验室的代表们，大西洋潜艇部队司令斯泰尔将军和他的几名参谋也参加了会议。我们在圣地亚哥外海的深水区和浅水区都布设了模拟雷场，由"鲍勃"里瑟（R. D. Risser）中校指挥的"飞鱼"号潜艇和由来自宾州威廉斯波特（Williamsport）的米勒（C. K. Miller）中校指挥的"红鳍鱼"号潜艇则在港口准备对三种类型的水雷探测器进行试验。

接下来是我经历过的最有趣的四天。我们的团队集中了水雷探测领域中所有的顶尖人才，乔治·皮尔斯艇长还通过真实穿越敌水雷区并绘制水雷方位图进行了最高水平的实战试验。我们花了整整两天的时间让"飞鱼"号和"红鳍鱼"号两艘潜艇在模拟水雷区里穿行，实际上并不能指望那里的声呐工作条件太好，但是几乎无一例外的是，试验的结果都非常不错。试验过程中仅仅受到海底的

∧ 配备了新型雷达装备的"红鳍鱼"号潜艇。

海藻和海带的干扰，同时通过判断可准确无误地确定一些声呐回波是来自洛马点（Point Loma）海域的类似海底沉船的铁质残骸。

在我当时参与的一次运用 FM 声呐进行的试验中，我们收到了一个来自极远距离的古怪的声呐回波，我当时便认为这是一颗水雷。然而，技术专家们却认为这个声呐回波的声音有些"刺耳"，目标一定是一小团海带。于是我们操纵潜艇前行并穿过这片"海带"。结果当我们浮出水面时，艇艏左舷的水平舵上却赫然挂着一颗模拟哑雷。在这次有趣的事例中，我们的技术专家们多少会觉得有些尴尬。

在这一系列试验进行期间，我们还掌握了一种海水水文状况，科学家们称之为"热垫层"——一片被寒冷海水包裹着的温水区，会产生显著的声呐回波。这一现象对我们来说是全新的发现，于是我立即用无线电把这个消息传回关岛。为了打趣，我还在无线电报中增加了"进行热垫层模拟"的想法。想象一下，当回到关岛时，我惊讶地发现巴尔尼·西格拉夫和他的手下竟然真的对这种热垫层进行了仿真。他们用信号管在海水里制造了一大团气泡，看起来就像苏打水泡腾片一样，然后围绕其进行了试验。结果回波探测装置可以获得长达数分钟的良好声呐回波，后来这成了潜艇巡逻期间一种验证水雷探测器性能的标准试验手段。

每种类型的水雷探测器都有它的支持者，但对我来说，FM 调频声呐无疑是最适合我们的。这是最不可能被敌人窃听到的一种探测装备，因为它的工作频率要远远高于敌人的常用频率。当我们渗透敌人的水雷场，或是在预定的抢滩登陆点附近搜索水雷时，这将是一个非常重要的特点。而在这样的时刻，一旦被敌人窃听，其结果可能是致命的。同样，我更青睐于在调频信号中产生的那种非常容易辨认的来自水雷的特有回声，而其他类型的水雷探测器在探测到任何类型的水下目标时，都只会在显示屏上显现出一个没有回声信号的小斑点。我发现自己在这件事上倾注了相当大的感情，这种所谓的"老学院派"式的初心连我自己都感到有些好笑。只是我们感兴趣的是最终的结果，而不是民间大学之间的那种学术竞争。

这一系列试验之后，在华盛顿举行的会议的成果令人非常满意。而且在联合陆军—海军优先级委员会成员的面前，我成功说服他们在 9 月份前为我们交付 24 套用于空中探测的超短波雷达（SV 型）和 25 套 FM 调频声呐。通过仅仅几分钟的谈话，我们便扭转了几个月以来的失败的书面申请经历。

5 月 18 日，我回到了位于阿普拉港的"霍兰"号上，而我的心情也在这次重返圣地亚哥和华盛顿的经历中得到了极大的恢复。我发现我不在的时候这里的各项事务都进展得很好，海军少将约翰·布朗已被派往阿留申群岛的一个巡洋舰分队，威尔和迪克·沃格上校则继续履行着自己的职责。关于巡逻海区潜艇击沉战果的报告还是很少，但针对落水飞行员的潜艇海上救援任务正以每月近百人的水平进行着。以巴尼·西格拉夫的名字命名的"巴尔尼行动"由其本人亲自制订了其中大部分细节，这一突入日本海的作战行动计划目前也取得了重大进展。

我不在时还发生了两件特别鼓舞人心的事。第一个是"鳕鱼"号潜艇艇长、来自华盛顿特区的阿德金斯中校的报告。4 月 26 日晚，阿德金斯指挥"鳕鱼"号在中国东海浅海海域巡逻。当前潜艇的所在位置离岸上日军机场相当近，以至于巡逻途中随时都有紧急下潜的可能，这时艇内突然传来报告说，艇艉鱼雷舱里发生了火灾，其中一枚电动鱼雷的短路引发了一场大火，导致舱内不仅充满了令人窒息的烟雾，而且可能引发鱼雷战斗部的殉爆。来自加利福尼亚州旧金山的美国海军预备役上尉肯尼斯·F.贝克曼（Kenneth F. Beckman）、来自肯塔基州路易斯维尔（Louisville）的二等鱼雷军士亨利·克鲁森克劳斯（Henry Krusenklaus）和来自明尼苏达州德卢斯（Duluth）的三等鱼雷军士约翰·A.格伦纳（John A. Granner）等人挺身而出，多次进入炽热、充满浓烟、一片黑暗的鱼雷舱中，最终成功地扑灭了舱内的大火。

尽管使用了救生呼吸器，但在他们最终成功地将滚烫的鱼雷装进鱼雷发射管并发射出去之前，烟雾几乎吞没了他们的身影，而他们的英勇行为无疑拯救了他们的潜艇和战友们的生命。在灭火的过程中，来自新泽西州纽瓦克（Newark）的二等军需官劳伦斯·E.福雷（Lawrence E. Foley）请求艇长允许他们登上甲板打开艇艉鱼雷舱口，为充满烟雾的鱼雷舱通风。福雷穿过甲板上汹涌的海浪成功地完成了这个危险的任务，但当他还在甲板上作业的时候，一个巨浪把他和一个没来得及穿救生衣的艇员一起卷进了海里。结果"鳕鱼"号全体官兵在漆黑的海面上搜寻了整整八个小时才最终找到他们。而在这段时间里，福雷和他的战友一直相互扶持着漂浮在海面上，直到最终获救。

另一起事件发生在珍珠港潜艇基地的码头，一艘新服役的潜艇[①]险些在自己的锚地上沉没。由于一系列几乎无法预料的因素，潜艇的液压系统出现压力失灵的故障，使得艇艉鱼雷发射管的外部舱门无法正常关闭。当时鱼雷发射管里正有两枚鱼雷，外部舱门打开后，海水瞬间大量涌入鱼雷发射管，一枚3000磅重的鱼雷被海水顶回鱼雷舱，差一点击中舱内正在装填鱼雷的鱼雷兵们。当时鱼雷舱连通操纵室的水密门是打开的，两个甲板舱口也是打开的，艇艉鱼雷舱里有四名艇员，分别是一等鱼雷军士小皮奇（R. H. Peach）、马克兰（Wm. C. Markland）、二等鱼

---

① 原注：即"若鮋杜父鱼"号（Cabezon）。

雷军士布罗尼·W. 西吉尔（Brownie
W. Szczygiel）以及特别技师卡尔·C.
弗罗伦斯（Carl. C. Florence）。"若
鲉杜父鱼"号潜艇是起死回生还是
就此沉入海底，完全取决于这几个
人的行动速度和头脑反应。

　　这些潜艇艇员的勇气、智慧和
训练素质就在此刻淋漓尽致地展现

︿ 停靠在码头上的美国海军"若鲉杜父鱼"号（SS-
334）潜艇。

了出来，这四人在紧迫的时间、巨大的危险和可怕的涌水中，克服了看似不可
逾越的障碍，及时关闭了水密舱门和两个甲板舱门，防止了整艘潜艇因被海水
灌入而沉没。他们的艇长这样写道："面对巨大的危险，他们的当机立断和妥当
的举动无疑挽救了我们的生命，并且阻止了可能带来数十万美元损失的潜艇沉
没灾难。正是由于关键时刻他们表现出的勇气和技巧，因而潜艇仅仅用了一个
星期的排水、修理以及更换一个舱室部分设备的工作就完成了维修。"

　　"尖额带鱼"号潜艇艇长乔治·斯崔特中校在他指挥的首次战斗巡逻任务中
为自己赢得了一枚"国会荣誉勋章"，此番他再次出航前往中国东海和黄海海域
寻找目标。通过沿用先前的成功战术，斯崔特艇长沿着九州海岸线航行，于 6
月 11 日上午在长崎入海口西南 7 英里的一处小岛码头附近发现了一艘中型货轮。
在与导航官紧急商议后，他决定以水下潜航方式潜入这一港口。在这片水域里，
渔船和中小型商船同处其中，因此很明显这里没有水雷存在，但日军似乎还是
在这里部署了很多岸上防御火力。尽管如此，在攻击行动过后和高速撤离过程
中潜艇还是要浮出水面，因为在浅水海域潜航的潜艇在敌反潜攻击中生存下来
的可能性最小。

　　然而，"尖额带鱼"号的官兵们从来没有动摇过他们的决心。既然目标就在
那里，接下来要做的就是靠近它并发动攻击。斯崔特艇长利用艇上的 SESE 系统
（超声波定向探测器）小心翼翼地驶进港口，目标此刻正在码头装载煤炭，同时
可以看到甲板炮的炮兵们正在他们的 4.7 英寸火炮护盾上懒洋洋地躺着。11 时
15 分，在距离约 1000 码的距离上，"尖额带鱼"号瞄准目标艏部发射了一枚鱼雷，

结果鱼雷准确命中目标并撕开了船舷一侧。斯崔特艇长原本计划攻击完成后立即浮上水面，但货轮上的日军炮兵们正迅速地向潜艇潜望镜所在方向开火射击，此时贸然上浮是不可能的。于是艇长下令发射了第二枚鱼雷，结果却没有等来爆炸声，可能是鱼雷击中了浅水区松软的海床并把自己埋了起来。斯崔特艇长随即下令发射了第三枚鱼雷，定深改为 2 英尺，这次的鱼雷攻击取得了成功。通过潜望镜可以观察到，虽然目标的甲板炮还在那里，但炮手们已经消失不见。

随后，"尖额带鱼"号又向港口入口方向行驶了一小段距离，同时在空中搜寻可能出现的日军飞机，然后浮出了海面，以它的最高水面航速撤离。海滩和悬崖上的岸炮开始朝潜艇的方向开火射击，尽管有些弹着点距离潜艇不远，但这种漫无目的的仓促射击无疑是徒劳无功的。而在这个枪林弹雨的危险时刻，艇长在整个撤离过程中还通过潜望镜和舰桥拍摄了一些彩色影片。

随着我们攻击日本海的作战计划筹备工作接近尾声，纳粹德国也宣告投降，因此国际形势发生了巨大变化，大多数人似乎渴望苏联方面卷入东方战场。而我则被告知，就在德国投降 3 个月后，苏联在波茨坦会议上同意对日本宣战。后来我接到一份太平洋司令部的指示，要我提交一份关于在日本海地区划分苏联与美国海军活动范围的计划。我并不喜欢这个主意，毕竟日本海的整个区域并不大，我们其实可以很容易地在没有外部势力帮助的情况下掌控战局，而引进外国海军潜艇进入这片狭小的空间，可能会造成敌我识别方面的致命失误。如果我们不能有效地为自己的水面舰艇和飞机灌输如何识别美军潜艇的知识，那我们又怎能指望能让那些苏联人理解呢？其实我们仅仅希望能从这位北方盟友那里得到允许让可能遇到麻烦的任何美军潜艇在符拉迪沃斯托克避难，这样就够了。

国际舞台的这一变化为我们的"巴尔尼行动"带来了更多的紧迫性，我们想要完成的任务便是在无须他人支援的情况下击沉浮在海面上、飘扬着日本国旗的任何东西。此时此刻，我们已经部署九艘配备 FM 调频声呐的潜艇，并下令其在 5 月的最后一周前去关岛集合，以完成位于对马海峡的战斗巡逻任务。潜艇作战训练在这段时间里的每天上午都会进行，每天早上 6 点都能看到巴尔尼和我一同登上某一艘潜艇开往训练区。"飞鱼"号、"白鲳"号、"骨鱼"号、"金枪鱼"号、"鳐鱼"号和"弓鳍鱼"号潜艇都进行了出航前的最后一轮详细检查。

由来自宾州上达尔比（Upper Darby）的小格里尔（H. H. Greer）中校指挥的"海马"号潜艇上的有关装备，也被快速地转移到了由来自俄亥俄州皮奎（Piqua）的厄尔·T. 海德曼（Earl T. Hydeman）中校指挥的"海狗"号潜艇上。"海马"号潜艇在先前位于东海海域的战斗中遭受了长达 16 小时的深弹攻击，望远镜、无线电和雷达设备遭到严重损坏，并造成艇内大量进水，幸运的是潜艇最终安全返航。无法出航深入日本海执行这次任务，让这位"海马"号艇长同时也是 FM 调频声呐的坚定支持者感到非常失望。"海马"号艇上的探雷设备也被拆下安装在了"海狗"号上，值得注意的是，此时这种装备的表现比以前更好。

　　至于"鳐鱼"号和"金枪鱼"号潜艇上的探雷设备，直到出航前的最后一刻都

∧ 美国海军"海狗"号（SS-401）潜艇。

处在反复无常的调试过程中。由于这种新型装备还设计有不少临时应急装置，因此戴伊（Dye）少尉和首席雷达技师尼格里特（Nigrete）几乎日夜不停地对探雷系统进行着维修和调试。5 月 26 日，我和巴尔尼一同与这些负责收尾工作的技术人员进行了最后一次检查和训练。到了次日，各艇都已做好组成第一梯队起航执行战斗任务的准备。为了确保潜艇在航行中不会无意中触碰到水雷的锚链，我们在潜艇的艇艏水平舵、艇艉水平舵和螺旋桨前方位置都安装了防撞缆。

　　作为最后的一项准备工作，我与所有艇长、副艇长和艇上通信官举行了一次会议。我们在会上专门放映了一部由圣地亚哥海军研究实验室制作的关于如何使用探雷设备的教学片，同时讨论了作战各个阶段的细节。会上所有的讨论和问题都充分表明大家对相关问题进行了深入研究，而这些小伙子的决心、踏实、冷静和勇气溢于言表，人人都期待着在"巴尔尼行动"中大干一场。

巴尔尼·西格拉夫本人很想亲自参与这次行动，巴布·沃尔德少校和我们的英军联络官巴克利·拉金（Barklie Lakin）少校同样如此。对于前两人，我不得不予以拒绝，但我准许拉金少校搭乘"马鲹"号潜艇一同执行任务。我曾请求尼米兹海军上将允许我参与这次行动，以便在实战条件下验证我所信任的这些新装备的使用情况。这一次，"大老板"再次向我保证，在大战结束之前他一定会让我参与一次巡逻任务，我知道这其实是他永远也无法兑现的承诺。

"地狱猫"艇群，即我们此番派遣参战的九艘潜艇，在海德曼中校坐镇的"海狗"号潜艇的指挥下，分为三支小艇群踏上了征程。由海德曼直接指挥的"重奏"艇群包括"海狗"号、由来自长岛洛克威尔森特的"斯坦尼"斯坦梅茨指挥的"马鲹"号以及由来自马里兰州巴尔的摩的格梅沙豪森中校指挥的"白鲳"号。由皮尔斯指挥的"臭鼬"艇群包括他的老兵"金枪鱼"号、由来自佐治亚州亚特兰大的"拉里"艾吉中校指挥的"骨鱼"号以及由来自阿拉巴马州西特罗内尔（Citronelle）

△ 洛克伍德海军中将在"弓鳍鱼"号完成第九次战斗巡逻任务返航后前往码头迎接，摄于1945年7月。

的"奥奇"林奇中校指挥的"鳐鱼"号。第三支艇群是"山猫"艇群，由坐镇"飞鱼"号的鲍勃·里泽中校负责指挥，包括"飞鱼"号、由来自弗吉尼亚州丹维尔的"阿历克斯"泰里中校指挥的"弓鳍鱼"号以及由拉森中校指挥的"鲹鱼"号。

作为第一梯队的"重奏"艇群计划于 5 月 27 日下午起程出发，以便给小伙子们一个良好的饯行机会。我们邀请"地狱猫"艇群的所有艇长在"霍兰"号上的舱室里举行了一场午餐会，会上还邀请了红十字会的几个女孩和来自第 18 海军基地医院的两三个女护士，从而为这场午餐会增色不少。受邀者之一、当地红十字会的负责人凯利小姐以前在德雷营里举办过一个深受官兵们欢迎和赞赏的"白帽子俱乐部"，而第 18 海军基地医院的护士长菲尔德（Fielder）上尉也受邀前来，在她的许可下，六至八名非当班的女护士加入了我们的舞会活动。后来，当我们在那里为尼米兹海军上将举行告别晚宴时，她还给手下 18 位漂亮的年轻女护士签发了通行证，并允许她们在夜里 23 点前返回即可——要知道在当地的宵禁规定中，这可是闻所未闻。

在我看来，这次午餐会相当成功，对这些即将迎来大战中最危险任务的小伙子来说，他们的紧张感因此得到了极大的缓解。然而，厄尔·海德曼和他的"地狱猫"艇群成员的起航出征，还是给我和参谋人员带来了极大的焦虑感。我们位于珍珠港指挥部的智囊团对"巴尔尼行动"的情况做出了悲观的估计，当然他们之前并没有对我们的海上探雷训练进行密切关注，也没有充分认识到新装备和战术的潜力。后来作战行动取得成功后，我把智囊团的这份评估报告退了回去，问他们是否愿意修改。至于其他梯队的艇群，则以 24 小时为间隔先后拔锚起程，接下来就是接连 11 天让我们焦急等待的日子，直到 6 月 9 日日落时分战斗打响的那一刻。

与此同时，太平洋潜艇司令部的参谋部发生了两次较大的变动。梅里尔·科斯托克准将接替海军上将约翰·布朗作为太平洋潜艇部队训练指挥部的指挥官，而刚刚在费城安定下来的克里夫·克劳福德准将在我的紧急要求下，也回到这里接手参谋长的职务。克里夫具有多年的潜艇战指挥经验，曾在英国皇家海军潜艇上执行战斗巡逻任务。也许我们在许多情况下都无法保证彼此意见完全相投，但这种决策搭配至少保证了我们不会做出仓促和草率的决定。

5 月份很少有关于潜艇击沉战绩的报告，看来敌方也没有多少目标可供我们攻击了。不过，仍有包括 2 艘油轮在内的 15 艘商船被美军潜艇送入海底，吨位共计 30194 吨。此外还击沉了包括 2 艘护卫舰在内的 5 艘敌作战舰艇，为这个已经相当难得的战果额外贡献了 4484 吨的击沉吨位，共有 13 艘美军潜艇参与了上述这些攻击行动。"马鲅鱼"号潜艇在它的老艇长迈克·谢伊（Mike Shea）的指挥下在黄海海域击沉了 3 艘货船，取得了当月击沉敌船数量的最佳战绩。由来自肯塔基州丹维尔的史密斯（F. M. Smith）中校指挥的"双髻鲨"号在暹罗湾海域击沉了 1 艘油轮和 1 艘客货船，夺得了击沉吨位数的当月最佳——6823 吨。

5 月 29 日，在我照例翻看作战简报时，我发现"蓝腮鱼"号潜艇艇长埃里克·巴尔（Eric Barr）中校的报告独具幽默感和敏锐的主动性。巴尔是费弗将军手下的一名艇长，他的报告提到自己已在两支澳大利亚突击队的支援下，占领了东沙礁（Pratas Reef），并且把它改名为"蓝腮鱼岛"，然后按照仪式在岛上升起了美国国旗。这个与中国大陆海岸相距 150 英里的孤岛位于南中国海北面海域，在我们占领菲律宾之后，这里曾经设有日军气象站和广播电台，但后来被遗弃。巴尔艇长在这份报告中还申请为他的登陆队员们颁发"入侵"行动勋章。

在作战成功的背后，一艘潜艇却为此付出了代价。由经验丰富的拉塔（F. D. Latta）艇长指挥的"合齿鱼"号潜艇在第二次巡逻任务期间失踪。人们相信该艇是于 5 月 3 日前后在暹罗湾外围海域沉没的。当"合齿鱼"号和"巴亚喙鲈"号（Baya）潜艇在暹罗湾协同行动时，后者发现了一支由一艘油轮、一艘海军辅助舰艇和两艘护卫舰组成的日军护航船队，"合齿鱼"号很快也开始跟踪这一目标。

5 月 3 日清晨，两艘潜艇在会合点相遇，并同意"合齿鱼"号于 14 时率先发起进攻，而"巴亚喙鲈"号在 10 英里外待命。午夜时分，"巴亚喙鲈"号进行了一次长时间但不甚成功的攻击，并被配备雷达的日军护航舰艇驱离，后来再未与"合齿鱼"号潜艇进行过任何形式的进一步联系。根据日军方面的报告，两艘日本海军护卫舰于 5 月 3 日在 30 英尺深的海水中，用深水炸弹袭击了一艘美军潜艇。在这种浅水环境中，反潜舰艇的优势是显而易见的，很可能就是这次攻击导致了"合齿鱼"号潜艇的沉没。

我们拖延已久的潜艇水下诱饵和秘密鱼雷武器可能再次拯救了 1 艘潜艇和

它的 86 名艇员。经过近四年的战争历程，我们的潜艇依然没有配备有效的水下对抗武器，而德国人在 1942 年至 1943 年间就已经成功开发这些武器，并将其用于对付我们的大西洋护航舰艇。当我们面临一场新的战争时，如果我们的潜艇水下对抗武器和反潜装备已经准备好，那么我们还用得着再经历一次这样的艰难战斗历程吗？

在关岛司令部里经过一阵几乎没完没了的焦急等待后，海德曼的"地狱猫"艇群终于在既定的时间点展开了日本海之战。零星的战绩报告也陆续送达我们手中，而敌方无线电通信量的增加从侧面反映出当时这片日本后院海域里的恐慌和混乱局面。

当时，所有潜艇都安全通过了水雷区，但有两艘潜艇报告曾被水雷锚链剐蹭。可想而知，在他们最终安全通过水雷场之前，艇上的官兵们一定持续着一种胆战心惊的感觉。我问其中一位艇长迪克·拉森，当水雷的锚链剐蹭到潜艇一侧时，它的响声到底是怎样的。他回答说："说实话，我并不知道，当时我在自己的床上睡着了。"而艇上的探雷器可以说是表现得变化无常，所以潜艇只能航行到一个被认为是没有水雷存在的深度，并相信自己的防撞缆可以清除掉这些水雷锚链。

就我了解到的这次突袭行动的一些细节，正如官方报告中所显示的那样，整个战斗故事非常精彩，因为它是前所未有的。历史上从来没有过一片敌方布设的水雷区被一支潜艇部队全面渗透，或许也从来没有比这更让敌人大吃一惊的行动。日本人对自己后院海域遭到水下渗透感到非常震惊，东京广播电台还言之凿凿地宣布，这些美军潜艇是通过 B-29 轰炸机以空投方式"走私"进来的。不幸的是，对我们这些"入侵者"来说，日本海海域的敌船密度并不像预期的那么大，但当美军艇群于 17 天后撤离时，我们还是将 28 艘商船和 16 艘小型船只送入了海底，此外还击伤了 5 艘商船和 3 艘小型船只。

6 月 9 日，"地狱猫"艇群在赶赴指定作战区域的途中，就在等待日落的时候，海面上出现了能见度良好的目标，这些水面目标正在所谓的"安全水域"上沿着平稳的航线航行。当时眼前的情景极为诱人，以至于一些艇长后来承认他们很难让自己的手指从鱼雷发射按钮上移开。

由艇群指挥官海德曼中校指挥的"海狗"号潜艇在指定的最后期限后不久，

用一枚鱼雷击沉了排水量为 1186 吨的"佐川丸"号（Sagawa Maru），从而揭开了这场战斗的序幕。这艘船几乎在 60 秒内便宣告沉没，几乎和潜艇下潜的速度一样快。在当天午夜之前的一次水面攻击中，"海狗"号还将排水量为 2211 吨的"昭阳丸"号（Shoyo Maru）货轮收入囊中。在既定的集结和撤退日期之前，海德曼还指挥潜艇在 6 月 24 日发起了七次鱼雷攻击，并击沉四艘敌船，吨位共计 7186 吨。这些船只并非客轮，而是正在灭亡中的日本商船队的残余力量，但它们对日军来说极具价值，因为它们要将食物和武器弹药运回日本本土。

在"海狗"号实施的一次水面攻击中，海德曼中校甚至希望他所指挥的是一艘所谓的"两栖潜艇"。在对三艘中等吨位的货船进行攻击时，突然出现的一架日军飞机迫使他紧急下潜。不幸的是，由于他错误地判断了与海滩的距离，因此潜艇意外触底，但所幸的是艇体并未受到损坏并且潜艇得以及时撤离浅滩。

在本州岛西北海岸海域，"马鲹"号潜艇使用鱼雷击沉了三艘日本货船（排水量为 6643 吨），并使用甲板炮击沉了两艘吨位较小的船只。斯坦梅茨艇长提到，有一次当他向一艘小型货轮发射三枚鱼雷时，因前两枚鱼雷已经完全摧毁目标，致使第三枚鱼雷直接穿过目标残骸而没能起爆。"马鲹"号随后受到了持续七个小时的猛烈深弹攻击，但情况并未变得更糟。事实上，这次冒险的作战经历还让当时正在艇上的英军联络官拉金少校深有感触，他还挥笔写下了一首豪迈的诗歌。

首艘安装水雷探测装置的潜艇"白鲳"号奉命前往从本州岛西北海岸一直延伸到北海道的一片巡逻区域。该艇在那里发现了日军大量的海上运输活动，在 9 次鱼雷攻击和 3 次甲板炮攻击行动中，有 10 艘敌船被其击沉。JANAC 方面对"白鲳"号的最终战绩统计并没有这么高，但艇长比尔·格梅沙豪森中校仍然取得了极为突出的战绩，本次作战期间的击沉总吨位数达 8578 吨。比尔艇长对通过潜望镜拍摄目标下沉过程的照片很感兴趣，他还抱怨道："它们沉得太快了，我的摄影师根本来不及操纵他的相机进行拍摄。"当时，比尔艇长通过观察发现了一艘停泊在真冈港（Maoka）的日本货船。他准备好照相机一路靠近，抓住机会发射了两枚鱼雷并击沉了目标。比尔说："那里的市民一定也能拍到一些好照片。"

由乔治·皮尔斯指挥的"臭鼬"艇群在日本海的遭遇可谓是好坏参半。这场战役里的唯一一场悲剧就发生在这支艇群中，那就是由拉里·艾吉中校指挥的"骨鱼"号潜艇被击沉，艇上全体官兵阵亡。由奥齐·林奇中校指挥的"鳐鱼"号潜艇则在能登半岛（Noto Peninsula）附近海域发现了大量目标。6月10日上午，林奇艇长在潜航巡逻过程中发现了一艘日本海军潜艇——伊–122号。当时这艘日军潜艇正以高航速朝港口方向行进，并不时地采用 Z 字形规避航线。显然，一度被称作是"天皇的浴缸"的日本海已经不再是日本人自以为安全的后院海域。对这艘不幸的日军潜艇来说，它的最后一次转向动作将自己恰巧横在了"鳐鱼"号潜艇的正前方位置，而且距离仅 800 码。林奇当即下令以扇面齐射四枚鱼雷，结果两枚命中目标，从而结束了这艘日军潜艇的战斗生涯。

"鳐鱼"号在巡逻过程中还发现了另外两艘日军潜艇，但针对这两艘潜艇发动的鱼雷攻击都没能击中目标。不过林奇艇长在 6 月 12 日又发现了三艘日本船只，它们当时正停泊在一个浅海海湾内，很可能是在那里避风待命，直到有足

∧ 美国海军"骨鱼"号潜艇（SS–223）上艇员的居住舱。

够的护航船只提供掩护才拔锚起航。这种局面对林奇艇长而言并不存在什么特别的问题，他指挥潜艇大胆地驻停在距离海面仅 2 英寻深的水下，依次击沉了"阳山丸"号（Yazan Maru）、"谦让丸"号（Kenjo Maru）和"瑞兴丸"号（Zuiko Maru）三艘日本货船，而对方的火炮和深弹反击都对这位水下的入侵者无可奈何。

第二天，"鳐鱼"号又击沉了另一艘日本货船，还俘获了三名幸存者作为战绩证据，但这次目标的吨位肯定在 500 吨以下，因此 JANAC 方面并没有对此战绩进行登记。奥齐艇长报告说，他还发现了一艘看起来像是日俄战争时期的使用燃煤动力的老旧日军驱逐舰。当时该舰正全速航行，试图跟上护航船队的步伐。显然，此时敌人护航力量的家底都快亮光了。

"金枪鱼"号潜艇负责巡逻的海域位于马关海峡附近，我们希望在那里拦截朝鲜半岛至濑户内海一线的日本海上运输力量，但美军的空中轰炸和布雷行动可能已经导致这条运输线被日本方面所放弃，因为这一带并没有发现有价值的目标。皮尔斯中校指挥潜艇一路向北行进并在海岸线一带搜索，途中潜入了两个港口，如他所言"试图把猎物赶出灌木丛"，但没有什么收获。后来，"金枪鱼"号按预定的时间及时到达了与"骨鱼"号潜艇集结的地点，还用扩音器与那艘后来遭遇不幸的潜艇进行了通话。

"金枪鱼"号潜艇此次巡逻行动经历的亮点，乃是与两艘日本海军驱逐舰之间进行的持续炮战，这两艘驱逐舰竟然在 7000 码远的距离上投掷了一些仅能起到"惊吓"作用的深水炸弹，连皮尔斯艇长也被日军的举动给逗笑了——乔治中校很想问问到底是谁害怕了，是这些日本人还是"金枪鱼"号。

由鲍勃·里瑟指挥的"山猫"艇群分配到的巡逻海区是日本海位于朝鲜半岛一侧的海域。事实证明这里是一片贫瘠的猎场，不仅目标稀少，而且海上的天气也一直是雾蒙蒙的。在能见度极低的情况下，海面上的数百艘渔船对潜艇来说构成了真正的威胁。尽管如此，由里瑟艇长指挥的"飞鱼"号潜艇还是击沉了"多贺丸"号（Taga Maru）和"明星丸"号（Meisei Maru）这两艘货轮，吨位共计 4113 吨。此外，还击伤了两艘小型拖轮，并用甲板炮击沉了十艘装满砖石的驳船。当天在朝鲜清津港（Seishin）防波堤外的水下，里瑟艇长观察到一艘小拖轮正拖着两艘载满卵石的驳船。"飞鱼"号停在那里等着他们从近处经过，但当拖船几乎停在潜艇的正上方海面时，艇长出于担心升起潜望镜迅速地进行了观察，结果发现驳船上的船员正准备卸货，显然船上的货物将会被用来筑造新的防波堤。在战斗巡逻过程中，"飞鱼"号潜艇还在朝鲜罗津港（Rashin harbor）外一艘被击沉的货船上抓获了一名俘虏，经过审问才发现这是一名曾参与入侵菲律宾行动的日军士兵。

由亚历克·泰瑞（Alec Tyree）中校指挥的"弓鳍鱼"号潜艇奉命在苏联边境附近海域巡逻，因此他必须小心地识别目标身份。在这片海域同样很少发现日军船只，但尽管有75%面积的海域被大雾笼罩，海面上还是时常有成群的渔船经过。亚历克艇长成功地发现并击沉了"第三信洋丸"（Shinyo Maru No.3）和"明浦丸"号（Akiura Maru）两艘货轮，从而取得2785吨的击沉战绩，此外他还使用甲板炮击沉了一艘排水量为20吨的纵帆船。当地的渔民对这艘美军大型潜艇非常友好，当潜艇就在他们身旁击沉一艘日本小型货船时，他们对此漠不关心。一名渔夫在金策港（Joshin）外给"弓鳍鱼"号的官兵们赠送了一堆上好的渔获，而他得到的回报是一堆令人垂涎的美国香烟。

"鲦鱼"号潜艇在指挥官迪克·拉森中校的指挥下，奉命在朝鲜海岸线南段巡逻。迪克艇长发现那里的渔船和渔网对潜艇行动造成了很大的阻碍，但他的运气在寻找目标方面可谓是出奇的好。四艘日本货轮被"鲦鱼"号所发射的鱼雷击沉，其中一艘在历史悠久的对马岛附近海域遭受了三次鱼雷命中，35秒内便宣告沉没。另一艘货轮按估计排水量达到了4000吨，被鱼雷击伤后侥幸逃脱。在一次针对日军"海上卡车"运输船队的水面机动炮击战中，海面能见度极低，"鲦鱼"号潜艇发现自己正位于靠近海滩的浅海区域，从而极易成为日军海岸炮和从附近起飞的飞机的攻击目标，但拉森艇长的上述攻击行动并未受到干扰。最终，"鲦鱼"号潜艇在此次战斗巡逻任务中的击沉战绩为6701吨。

在该地区的作战活动展开17天后的6月24日，所有美军潜艇奉命在宗谷海峡以南海域集结。但"骨鱼"号潜艇并未赶到，"金枪鱼"号成了该艇最后的目击者。24日这天，所有的潜艇进入作战位置，于深夜时分上浮至海面，以两列纵队队形通过海峡水域。尽管海上有雾，但各艇仍以16节的航速向宗谷海峡进发。通常情况下，大雾对在狭窄水域航行的海员来说是一种诅咒，但在当时的情况下，由于艇上配备的导航雷达消除了雾气给航行带来的危险，因此人们反倒要感谢大雾为潜艇行动提供的掩护。

我们相信，宗谷海峡水域已被日军布设了水雷场，但情报表明这里的水雷布设深度很深，显然这主要是为了捕获盟军的潜艇，同时允许前往苏联的中立国船只和日军反潜巡逻队从这里通行。呈纵队编队通过海峡海域将减少水雷对除领航艇外其他潜艇的威胁，而且我预计两列纵队之间会有寒冷的海流经过。为首的潜艇甚至发来报告说，他们一生中从未以如此整齐的纵队编队航行过。结果就在穿越海峡的关键时刻，"海狗"号潜艇上的雷达系统发生了故障，迫使其将艇群指挥权移交给了可能并不情愿承担此重要职责的"马鲹"号。

就在午夜前，艇群与一艘水面船只发生了雷达目标接触。几分钟后，在一片能见度较高的海域，一艘灯火通明的苏联船只赫然出现在不远处。这艘苏联船只可能对正在黑暗中急速航行的美军潜艇编队感到大为震惊，甚至打开了船上的探照灯进行查看。如果当时附近有日军巡逻艇的话，那么这可能对我们不利，于是各艇全速前进，顺利地冲入了鄂霍次克海的深海区。6月25日凌晨2时50分，艇群就地解散，各艇分别设置了返回珍珠港的航线。美国海军史上最伟大的一次行动（"巴尔尼

∧ 完成"巴尔尼行动"后返航的"地狱猫"艇群中的四艘潜艇，摄于1945年夏威夷珍珠港。

行动"）就此宣告结束。

在进入鄂霍次克海的途中，海德曼中校报告了"骨鱼"号潜艇失踪的情况。"金枪鱼"号则在宗谷海峡外海停留了两天，试图用无线电与"骨鱼"号进行联系。我们在关岛和瓦胡岛的无线电站也在尝试与其取得联络，但一直没有来自"骨鱼"号潜艇的消息。

根据"金枪鱼"号潜艇的报告，6 月 18 日早上该艇在与"骨鱼"号进行无线电联系时，艾吉艇长请求允许"骨鱼"号前往本州岛以西海域中部的富山湾（Toyama Wan）进行一次昼间水下巡逻，并且在接到确认消息后就离开了。当时我们并没有限制美军潜艇在日本海内的巡逻行动，只是将某些特定的区域分配给个别潜艇。"金枪鱼"号潜艇是"臭鼬"艇群的指挥艇，由于在自己的巡逻区域里没能发现有价值目标，所以来到了"骨鱼"号所在的海区。艾吉艇长请求进入富山湾海域的举动其实只是一种形式，目的仅仅是让他的上级指挥官知道他的去向，而且所请求巡逻的区域也在他自己的作战海域内。

富山湾是一个面积很大的海湾，其入口宽约 40 英里。它的长度约为 50 英里，海水深度约为 600 英寻，而深水区距离海湾相当远。附近的所有美军潜艇都被警告不要进入本州海岸西南半区不到 50 英寻深的浅水水域，因为 B-29 轰炸机在那里空投过磁性水雷。我之所以在这里提供这些细节，是因为战后有人批评艾吉艇长指挥自己的潜艇开进了这片"危险水域"。其实富山湾并不比日本海的其他海区更危险，而"骨鱼"号的行动性质也并不比"地狱猫"艇群的其他八艘潜艇更冒险。

后来，我们从日本方面的报告中得知，6 月 18 日，一艘日本海军巡逻艇在富山湾入口处发动了一次反潜攻击，在此期间投掷了大量的深水炸弹，随后在海面上发现了木屑和大量的油迹——这无疑足以解释"骨鱼"号潜艇的失踪。

"骨鱼"号是在经历了一系列出色的战斗生涯之后，在它的第八次战斗巡逻任务中失踪的。根据 JANAC 方面的统计，该艇一共击沉了 12 艘敌船，其中包括 1 艘驱逐舰和 2 艘油轮，吨位共计 61345 吨。而它拿下的两个最有价值的目标正是在其最后一次巡逻任务中击沉的。"骨鱼"号是一艘行动高效、运转良好的潜艇，其艇长还是一位电子作战装备方面的专家。如果"骨鱼"号能顺利完成最后一次巡逻任务，那么按计划他会被调到潜艇训练司令部负责训练新艇。

在欢庆日本海海域终于被成功突破之余，"骨鱼"号潜艇的损失也给我们的士气造成了一定的打击。但事实是该艇在沉没前已经安全地通过了对马海峡，这充分证明我们已经拥有强大的新武器装备，而这种新装备完全改写了日本海作为日本"私属湖泊"的历史。

潜艇部队6月份的击沉战绩是5月份的三倍，但仍未达到大战中期的高标准。除了少数例外，击沉的目标吨位都非常小。据JANAC方面的记录，共有25艘潜艇（其中一艘是英军潜艇）取得了共计81302吨的击沉吨位战绩，这一战绩

▽ 美国海军"蓝背鱼"号(SS-326)潜艇。

∧ 一支日本海军"神风"级（Kamikaze）驱逐舰中队，注意其全部涂有"29"的舷号，其目的主要是为了迷惑盟军。

分布在 46 艘敌商船中，其中包括 2 艘油轮，外加共计 14442 吨的战斗舰艇（共 7 艘舰艇，其中包括 1 艘重巡洋舰、1 艘护卫舰和 1 艘潜艇）。在本月的战绩中，有 27 艘商船（吨位共计 53642 吨）和 1 艘潜艇（吨位 1142 吨）是被我们配备 FM 调频声呐装备的"地狱猫"艇群在日本海海域击沉的。

上述战果中提到的英军潜艇的表现同样很出色，此次取得的战绩还是二战期间由潜艇击沉的最后一艘大吨位敌船。在爪哇海巡逻期间，由英国皇家海军赫兹利特（A. R. Hezlett）中校指挥的"锐利"号（HMS Trenchant）潜艇收到了一份来自美军潜艇"蓝背鱼"号（Blueback）和"鲢鱼"号（Chub）的目标接触报告，报告称一艘日本海军"妙高"级重巡洋舰"足柄"号（Ashigara）已进入巴达维亚（Batavia）港。赫兹利特艇长当时正奉命将自己的驻地从爪哇海转移到马来海岸，由于预计这艘日军重巡洋舰不久将返回新加坡，因此他获准在苏门答腊海附近巡逻，并选择班卡海峡（Banka Strait）的北端作为他的预定作战位置。

∧ 英国皇家海军"锐利"号（H.M.S. Trenchant）潜艇。

"锐利"号还联系了英军潜艇"幽暗"号（HMS Stygian），后者随即前往班卡海峡以北的一处海域待命。

6月8日天亮前，"锐利"号在海峡内巡逻时收到了"蓝背鱼"号潜艇发来的目标接触报告，报告称发现一艘日军重型巡洋舰和一艘驱逐舰正向北驶去。不久，这艘"神风"级（Kamikaze）驱逐舰进入视线，但附近并没有任何巡洋舰存在。在接近至500码的距离时，日军驱逐舰也发现了英军潜艇并迅速开火射击，迫使赫兹利特艇长不得不迅速规避。他向这艘日军驱逐舰发射了一枚鱼雷，但没能击中。赫兹利特艇长认为这次意外遭遇战将会令这艘日军重巡洋舰紧贴苏门答腊海岸行进，于是他指挥潜艇改变航向，一直靠近到距离海岸只有两英里的海域。

大约中午时分，透过"锐利"号的潜望镜，赫兹利特艇长发现那艘日军重巡洋舰正在没有护航的情况下从南方驶来。而更令他感到惊讶的是，"足柄"号正朝着一个固定的航向行驶。根据判断，"足柄"号将会向右转向以避让左舷的礁石，如果不是这样的话，那么潜艇想要攻击这艘重巡洋舰就像在水桶里打鱼一样简单。因此，赫兹利特艇长没有急于靠近目标，而是保持一个位于目标后方30度的不甚理想的攻击位置，进入4700码的鱼雷射程。

"锐利"号潜艇所属的英国皇家海军T级潜艇配备有两部艇艏甲板鱼雷发射管，此外在耐压壳体内部还布置有六部鱼雷发射管。这次，赫兹利特艇长选择的是朝"足柄"号齐射所有八枚艇艏鱼雷。鱼雷入水后，日军舰员很快发现了海面上鱼雷航行的泡沫尾迹，舰长当即下令朝鱼雷来袭方向转向以尽可能规避鱼雷，但为时已晚。由于潜艇本身已经处于"足柄"号偏后位置，因此这一规避机动动作其实是错误的决定，而向另一侧转向逃离又会让巡洋舰搁浅。对"足柄"号舰桥上的日军官兵而言，那一刻一定惊恐万分，"足柄"号拼命地想要进行一次120度转向，但来袭的致命鱼雷已经近在眼前。

日军重巡洋舰的甲板上挤满了身穿卡其布制服的官兵，看起来可能是从地面战场的前线撤下来的日军部队，而当时他们只能眼睁睁地看着对他们大多数人来说意味着生死攸关的鱼雷逐渐迫近。顷刻之间，第一枚鱼雷在"足柄"号的 4 号炮塔一侧命中舰体并发生了可怕的爆炸，几秒钟后又发生了两次，然后是最后两次爆炸。英军潜艇在 4700 码距离上射出的八枚鱼雷中，有五枚准确命中目标。"足柄"号很快被浓烟和大火笼罩，而舰上的防空炮仍在向"锐利"号的望远镜方向执着地倾泻火力，艇员们则通过短促升起的潜望镜观看着海面上这只垂死的猎物做何挣扎。不久，这艘重巡洋舰的右舷开始明显倾斜，舰上的大火还在猛烈燃烧，舰员们纷纷开始弃船跳海。在被鱼雷击中大约半小时后，"足柄"号慢慢地倾覆下沉，消失在了海面上的一大片蒸汽、浓烟和泡沫之中。

与此同时，英国皇家海军太平洋舰队总司令、海军上将布鲁斯·弗雷瑟爵士造访了我们在关岛的潜艇基地，他对当地潜艇的作战活动非常感兴趣。在德雷营，他还为我们的官兵颁发了荣誉——把几枚荣誉勋章挂在了在场的潜艇军官和士兵身上。

弗雷瑟上将是搭乘他的旗舰"约克公爵"号（Duke of York）来到关岛的，

∧ 日本海军"妙高"级重巡洋舰"足柄"号（IJN Ashigara）于1937年在德国拍摄的照片。

他与美军太平洋司令部举行了会议,还为舰队司令尼米兹将军授予了"巴斯勋章"（Order of the Bath）,并册封他为"巴斯勋章骑士"。这场令人印象深刻的授勋仪式是在这艘老战列舰的前甲板上举行的。而"锐利"号潜艇的战斗壮举,掀起了英美两军潜艇在太平洋海域近两年协同作战的高潮,更恰如其分地为弗雷瑟上将的来访增添了独特的色彩。

第十九章

美国海军第三舰队计划于 1945 年 7 月对日本本土展开海空打击和轰炸行动，为此，我与哈尔西海军上将的参谋人员一同讨论了相关作战需求。我发现我们关于海面探雷能力的新动向给了他们一些新的想法，他们希望我们的潜艇能靠近战列舰和巡洋舰展开炮击行动的海域进行搜索。从我们的作战经验和训练水平来看，做到这点并不难，因为只须要确定水雷场的大概位置即可，而无须进行水下冒险渗透。

不过，这一请求的提出还是让我们感到有些措手不及。毕竟日本海上可供使用的配备调频声呐装备的潜艇并不多，而"红鳍鱼"号潜艇正在关岛，由本尼·巴斯艇长指挥的"军曹鱼"号则正在珍珠港安装调频声呐设备。

第三舰队计划在本州岛东北海岸的两处海上阵地对附近岸上的日本工业目标实施打击，因此"军曹鱼"号不得不加紧安装声呐设备并预计部署到上述地点。由于我们相继在附近海域一两处地点发现水雷，因此我们迅速地将这一情况通知了第三舰队方面。配备了 OL 和 MATD 两种稍有不同的水雷定位设备的"红鳍鱼"号潜艇率先被派往北海道沿岸海域，"比尔大叔"希望打击的是当地的两处目标，其中一个是位于北海道室兰（Muroran）的钢铁厂，几天后再前往本州岛以南海岸实施打击行动。

为了确保第三舰队向日本本土推进的作战行动顺利进行，哈尔西海军上将希望像我们为第五舰队所提供的支援那样，从水下扫荡日军的近海警戒舰艇，并在沿岸海域部署海上救生潜艇力量。这些要求不存在什么特别的问题，因此立即列入到了我们的作战计划中。一支由"下鱲鱼"号潜艇艇长 ① 指挥的由七艘潜艇组成的艇群，奉命出航执行上述扫荡任务，并且按计划承担海上救生任务。

① 原注：即来自俄亥俄州雷克伍德（Lakewood）的麦克马洪中校。

∧　"弓鳍鱼"号潜艇艇长约翰·科布斯（John Corbus）中校接受尼米兹将军颁发总统部队嘉奖时的情景，摄于1944年7月。

结果行动过程中并未发现任何日军警戒巡逻舰艇，不过倒是救起了几名被击落坠海的美军飞行员。

在美军第三舰队袭扰日本主岛两周后，我们收到了一份电报，内容如下：

> 根据第38特遣舰队司令（麦凯恩中将）的转述，再次向太平洋潜艇司令部全体官兵转达来自第38特遣舰队的衷心感谢！特别要对潜艇救生联盟的出色服役以及"军曹鱼"号、"红鳍鱼"号潜艇的出色表现表示感谢。
>
> ——哈尔西

7月2日，海军少将考夫曼（Kauffman）和范·胡克乘坐一架飞往珍珠港的专机从菲律宾起飞途经关岛，我顺势搭乘上了这架飞机打算去见见即将返航的"地狱猫"艇群的官兵们。在"独立日"这天的早晨，我目视着他们从海峡处缓缓进入潜艇基地码头停靠，岸上的基地人员则欢欣鼓舞地迎接着他们的凯旋，景象真是令人感动！而报社的记者和摄影师们早已经搭乘一艘驱逐舰出海去迎接他们。摄影记者们拍摄制作的一张五艘挂满旗的潜艇相继进港的合影照片，无疑成了一部辉煌的历史"文献"。我和我的参谋人员也按照惯例登上每艘并排停靠的潜艇进行迎接和慰问。现场军乐队鼓乐齐鸣，军乐团的所有乐手都神采奕奕、容光焕发。是他们突破了日本海！用鲜血缔造这个"独立日"的先驱者们一定会为这些勇敢的小伙子感到骄傲。

刚从海岸海域返航的巴尔尼·西格拉夫中校对于越来越多的调频声呐装备得到交付使用感到十分欣慰。两天后，他安排了一场关于"巴尔尼行动"的战斗经验总结会，以便所有潜艇官兵都能了解"地狱猫"艇群是如何完成这次作

△ 英国皇家海军"博纳文彻"号（Bonaventure）潜艇供应舰。

战任务的。位于珍珠港的太平洋司令部也安排了一场潜艇部队新闻发布会，这在大战中还是第一次，而刚刚结束的这场重要战役中的那些不为人知的经过也将就此大白于天下。我和其他人一样，都深信已经走到毁灭边缘的日本人将无法从中获得任何有用的信息。

7月10日，当回到关岛指挥部时，我发现我们的老战友（作战官迪克·沃格上校）正在收拾自己的行李。随着大战行将结束，一个真正的潜艇人是时候开始整理他所收集的历史数据和资料，以便传承给下一代的潜艇官兵了。考虑到这一点，我任命曾担任"鲱鱼"号、"座头鲸"号和"弓鳍鱼"号潜艇艇长的约翰·科布斯（John Corbus）中校接替迪克身上的重任，而大量的战斗数据和数以百计的巡逻报告正在珍珠港等着迪克去整理，没有人比他更有资格从大战造成的一片混乱中恢复部队的原有秩序。他曾拟订太平洋司令部发布的大部分潜艇作战命令，而他即将把他自己的工作成果记录在案。

　　我对费弗将军司令部的拜访计划经过长时间的拖延后，终于在 7 月 20 日午夜前成行。我搭乘一架 PBM 水上飞机从塞班岛起程，司令秘书埃德·海恩斯（Ed Hynes）少校与我一同前往。我们途中经过卡维特和马尼拉，从空中看上去景象十分凄惨。这些曾经风景如画、拥有大量西班牙殖民时期建筑的城市如今已被战火夷为平地，港口里的沉船桅杆在海面上林立。在苏比克湾北岸 60 英里处，我发现吉米·费弗海军少将在丛林中修建了一处潜艇基地和休养营，我们曾经在那里猎杀野猪和鹿。这里的设施条件一切都还显得相当的粗糙和简陋，包括活动棚屋、框架式建筑、临时道路、地面管道和泥坑等等。但我相信随着时间的推移，这里一定会成为一片美丽的所在。此外，两个由木桩建造的简易码头延伸到了海湾内，两艘美国和两艘英国的供应舰正与潜艇并排停靠在稍远的锚地。而官兵们在这里除了放映电影和进行海滩运动之外，没有别的娱乐活动。

　　吉米和我总能在一些小问题上达成一致意见，所以剩下的事就让我们的参谋们去争论吧。吉米的参谋长是曾任"鲟鱼"号潜艇艇长的布尔·赖特（Bull Wright）上校（一位老海军），他和费弗将军最近都患上了疟疾，因此两人都随身带着阿塔布林（Atabrin）药片。我也如临大敌般地领到了属于我的预防药片，但我希望我不会在此停留太长的时间，否则就会和费弗以及他的参谋人员一样。

　　在靠近基地一侧停泊的"安塞登"号（Anthedon）供应舰上，我遇到了迪克·霍斯（Dick Hawes）中校，他是我在美国海军早期潜艇时代的一位老朋友。迪克几乎在美国海军各型潜艇上都服过役，而且几乎干过艇上所有岗位的工作。无论被指派到哪里，他都能成为那里的"火花塞"式的人物。然而，即使是作为这艘全新供应舰的舰长也不足以使迪克充分发挥他的精力，所以他组织人手打捞起了一艘小型日本货轮，并把它停泊在供应舰旁边。维修人员在甲板上和机舱里肩并肩地工作，准备把这里改造成从莱特湾舰队基地运来的部队口粮和物资

△ 英国皇家海军"迈德斯通"号（Maidstone）潜艇供应舰。

的中转站。船艉则写着一排大字——"迪克·霍斯丸"。

那天下午，我还登上了英国皇家海军"博纳文彻"号（Bonaventure）潜艇供应舰。费尔（Fell）舰长是以该舰为指挥部的英军潜艇舰队的指挥官，一艘XE型袖珍潜艇也部署在这里。在这里接受训练的英军袖珍潜艇部队计划潜入新加坡港实施布雷，并对在那里避战不出的日本海军重巡洋舰"妙高"号和"高雄"号实施爆破破坏，当时二者已被美军潜艇"青鲈"号和"镖鲈"号重创。英军袖珍潜艇还打算切断位于西贡海岸的香港—新加坡一线的日军海底电缆。第一次的冒险计划非常大胆，两艘XE型袖珍潜艇将被吨位较大的潜艇拖曳到新加坡港入口处，然后自行潜入港内，必要时切断渔网并在日军重巡洋舰舰体下方放置炸药，然后设置足够长的延迟引爆时间，最终撤离，而护航潜艇将在海上既定会合处等候他们。在我看来，这无疑是一次自杀任务，但最终他们成功地实现了自己的作战计划，并且幸存到了能亲自讲述这个冒险故事的年代。

在另一艘名为"迈德斯通"号（Maidstone）的英国皇家海军潜艇供应舰上，我遇到了英军舰队指挥官沙德威尔（L.M.Shawell）上校和因潜艇出色服役经历而获得过"维多利亚十字勋章"的托尼·迈尔斯（Tony Miers）中校。我在那里还遇到了曾在我的参谋部里担任英军联络官的赫兹利特少校。他是个为人谦逊的小伙子，在击沉日军"足柄"号重巡洋舰的战斗过程中做出过出色贡献。

抵达关岛后，尼米兹海军上将派人来接我，并再次提醒我要在8月15日前处理好与苏联方面划分日本海势力范围的问题。为此，我已经提交了一份计划，并要求提供一套实现美苏双方相互识别所需的程序和信号，我们甚至提供了一位志愿指挥官比尔·波斯特，他本人也希望能成为驻符拉迪沃斯托克的美军联络官。但我对即将到来的形势仍持悲观的态度，我们已经把日本海闯了个遍，如今那里除了打捞落水飞行员、支援突击队员和特工登陆之外，基本没什么任务可做。一位来自美国战略情报局（OSS）的军官向我提出了一项建议，即把特工派到朝鲜西海岸的岸上。支援登陆行动和为特工提供补给并不须要特别准备什么，因为我们早有大量的潜艇在附近这些水域巡逻。

由"小个子"林奇中校指挥的"座头鲸"号潜艇在6月至7月间的一次战斗巡逻任务中，与两艘日本海军护卫舰玩了一场危险的捉迷藏游戏，并且用我

∧ 美国海军"鲆鱼"号（SS-408）潜艇。

们最新装备的特殊武器击沉了其中之一。"小个子"这一绰号恐怕与林奇艇长6.4英尺的身高和魁梧的身形相去甚远。7月1日，"座头鲸"号正在接近朝鲜半岛西海岸的一片浓雾中巡逻。林奇艇长对海上的大雾并不介意，因为雾能很好地掩盖潜艇在浅水海域的活动，那里水深太浅，一旦被发现将很难成功躲避深弹攻击，而且他相信艇上配备的静音测深仪和雷达装备能使他的潜艇在远离海滩的水域航行。当天中午过后不久，一支直奔潜艇方向而来的日本护航船队出现在雷达屏幕上，船队似乎有五艘船呈纵队航行，左舷侧翼有护航舰艇伴随。有鉴于此，"座头鲸"号向西转向，计划从右舷方向发起进攻。

　　当"座头鲸"号进入发射阵地后，林奇艇长下令向最大的雷达目标光点瞄准射击，并将八枚鱼雷分配给了四艘为首的日本船只。就在关键时刻，一艘先前被误认为是"渔船"的全副武装的日军护卫舰突然从大雾中穿出，朝"座头鲸"号开火射击。当时，这艘日军护卫舰正和"座头鲸"号方向相反，二者很快就要高速遭遇，从这一点上看对方的炮火很可能是漫无目的的。随着双方距离缩短到800码，这艘日军护卫舰似乎正打算一头撞上潜艇，林奇命令道："准备下潜，全速前进，左满舵！"当这一系列命令得到执行后，林奇艇长下令："下潜！"然而，机智的甲板官纳森（J. H. M. Nason）上尉发现日军护卫舰突然掉头而去，于是高喊道："不，不要下潜！它掉头了！"于是很快就有了新的命令："停止下潜，右满舵！"

　　这样一来，两艘舰艇成了平行而相反的航向，距离则不到 500 码。这艘日军护卫舰"进行了一场完整的失败战例演示"，正如林奇艇长所言，它奇迹般地令"座头鲸"号转危为安。这艘日军护卫舰就这样转身跟在了"座头鲸"号后方，这时潜艇的航速已经提高到 20 节，一面在身后释放大量烟幕，一面向深水区下潜。而日军船队左翼身处大雾中的护航舰艇也加入到追击"座头鲸"号的行列中。

　　与此同时，先前发射的所有八枚鱼雷全都被监听到击中目标，通过潜望镜观察到，海面上腾起了蘑菇云般的浓烟，碎片则在烟雾中飞散。鱼雷攻击的效果很好，但最近的一艘日军护卫舰就在 1300 码外，而且正枪炮齐鸣，"座头鲸"号所面临的局面还远未得到很好的控制，看起来日军的 4.7 英寸炮弹迟早会击中潜艇。

∧ 美国海军"托罗鱼"号（SS-422）潜艇。

∧ 美国海军驱逐舰"科拉汉"号（DD-658）。

　　此时林奇艇长的手中只剩下两枚鱼雷，而且两枚都是在艇艉鱼雷发射管里，其中一枚是我们期待交付已久的新型静音鱼雷武器，眼下似乎是一个检验其有效性的极好机会。在快速设置射击参数后，鱼雷随即发射入水。然而几分钟过去了，什么也没发生。潜艇正在最近的追击者前方高速航行，炮弹在四周海面上落下并溅起水柱。林奇艇长打算放弃浅水区聊胜于无的掩护背水一战，这时一次巨大的爆炸声响突然从身后的浓雾中传来，紧接着是四次深弹爆炸声，没有一个占卜师能猜到当时发生了什么事。其实，鱼雷未能击中第一个目标，但是却击中了第二个。当这艘日军护卫舰沉没时，所有准备用于攻击"座头鲸"号的深水炸弹都被引爆，舰上无一人幸存。

　　距离最近的一艘日军护卫舰见状立刻转身去帮助它的同伴，但它发现已经没什么须要它提供帮助。"座头鲸"号潜艇已经穿出浓雾，离它一万码远了。当这位仅存的追击者从大雾中穿出时，林奇已指挥潜艇潜入水中。于是这艘日军护卫舰只得掉头返回其护航船队中去。根据我们的估计，林奇用鱼雷攻击的前四个目标都沉没了，但 JANAC 方面认为"座头鲸"号在这场为时仅十五分钟的战斗中只击沉了两艘货轮和一艘护卫舰。

与此同时，计划前往日本海海域作战的配备探雷装备的美军潜艇陆续抵达码头。由于负责调频声呐装备上艇部署的巴尔尼·西格拉夫接到返回美国本土的命令，因此我不得不紧急寻求他的继任者。"鲊鱼"号（Sennet）、"油鲱"号、"紫身笛鲷"号（Pargo）和"仿石鲈"号潜艇都在进行装备的全面检查并将很快就位，每个人都渴望在这场大赛结束前进入自己的位置。最新的探雷设备比旧型号有了很大的改进，我们还掌握了避免海上漂浮物造成干扰的方法。甚至当遇到海上成群结队的海豚时，调频声呐捕获到的它们所发出的尖叫声在整艘艇上都能听到。

7月18日晚，在第三舰队沿日本海岸实施的一次打击行动中，由来自阿拉巴马州伯明翰（Birmingham）的"比尔"帕哈姆（W. B. Parham）中校指挥的"牛鼻鲼"号潜艇侥幸逃过一劫，其惊险的经历与当时"鹦鹉螺"号潜艇在塔拉瓦附近的遭遇如出一辙。当时哈尔西决定派遣一支巡洋舰特遣队近距离搜寻日本运输船只，而"牛鼻鲼"号正在距离东京湾入口40英里的海面上执行海上救生任务。

于是，我们立即用无线电通知"牛鼻鲼"号潜艇，命令其清理这一海域，并提醒第三舰队潜艇所在的位置，但是根据迪克·爱德华兹（Dick Edwards）将军的说法，"总有一些人不知道这个消息"。当晚，美军特遣舰队的两艘驱逐舰在雷达屏幕上发现了正执行救生任务的"牛鼻鲼"号并立即开火。帕哈姆说，他所指挥的潜艇在波涛汹涌的海面上经历了多次规避躲闪，眼看要坠入万劫不复的境地时终于成功下潜。当时的"牛鼻鲼"号潜艇上正携带着15名获救的美军飞行员，这种让人难以置信的误击事件无疑令我们的内心受到了严重的伤害。

7月24日晚，又一艘执行救生任务的潜艇再次从我们横冲直撞的第三舰队"盟友"的炮火下侥幸逃脱。由来自加利福尼亚州圣地亚哥的 J.D. 格兰特（J. D. Grant）艇长指挥的"托罗鱼"号（Toro）在距离四国海岸很近的海域巡逻，但在一次毫无结果的营救落水飞行员的搜索行动后，潜艇奉命离开了指定的海上救生地点。傍晚18时，空中掩护力量奉命撤离，留下"托罗鱼"号在这片美军特遣舰队即将经过的航线上待命。19时整，格兰特艇长打开他的无线电报告了他当前的困境。太平洋潜艇司令部立即打开相应的无线电频段，全力将这艘美军潜艇的位置通知有关作战单位。然而那天晚上，美国海军驱逐舰"科拉汉"号（Colahan）还是在 18000 码的距离上发现了"托罗鱼"号潜艇，并迅速前往靠近观察。"科拉汉"号试图通过无线电语音和敌我识别信号来确定这艘潜艇的身份，但出于某种原因，"托罗鱼"号当时并没有打开它艇上的敌我识别器。

尽管"托罗鱼"号确实曾试图用探照灯与美军驱逐舰进行沟通，但在低能见度的情况下，它的灯光很难被看见。最后在 7400 码远的距离上，"科拉汉"号驱逐舰果断地用舰炮朝"托罗鱼"号开了火。当然，格兰特艇长一看到对方舰炮的火光就立即下令紧急下潜，因而所幸的是潜艇没有被击中。这艘驱逐舰显然以为它击沉了一艘日军水面舰艇，因为接下来该舰并没有投掷深水炸弹。"托罗鱼"号潜艇上由声呐发出的识别信号也没有得到回应，因为在 28 节航速下，"科拉汉"号驱逐舰无法使用它的回波测距装置。就这样，"托罗鱼"号潜艇从这场乌龙遭遇战中得以全身而退。

1945 年 7 月份的潜艇击沉战绩可以看作是前几个月战绩逐渐衰退的延续。据 JANAC 方面称，共有 14 艘潜艇击沉了 13 艘敌商船，吨位共计 28452 吨；其中 9 艘是作战舰艇，吨位共计 6505 吨。前者中有 3 艘是小型油轮，后者则包括 1 艘旧驱逐舰、2 艘护卫舰和 1 艘潜艇。由来自纽约州普拉茨堡（Plattsburg）的克拉克中校指挥的"鲥鱼"号潜艇所击沉敌船的数量和吨位战绩都很高。在日本海海域，该艇击沉了 1 艘油轮、1 艘客船和 2 艘货船，吨位共计 13105 吨。那片海域的"热度"确实在降低，虽然我们在那里部署有四五艘潜艇，但仅仅击沉 5 艘敌船。而黄海、暹罗湾和爪哇海海域贡献了当月里的绝大多数战绩。

就算是一贯的得分手（在宗谷海峡外鄂霍次克海巡逻的"鲃鱼"号潜艇）也几乎找不到什么有价值的目标。7 月上旬，在该艇击沉一艘小型货船和一艘护卫舰之后，敌舰的后备力量看起来已经耗尽。当"鲃鱼"号潜艇在靠近库页岛^①海岸线附近巡逻时，艇上人员反倒被一列沿着海岸行驶的火车引起了兴趣。火

---

① 译注：1905 年，日本通过《朴茨茅斯条约》获得库页岛北纬 50° 以南区域。1905 年和 1918 年—1925 年间，库页岛全境被日本统治。1945 年，苏联发动"八月风暴"行动，占领库页岛全境，并于 1947 年建立萨哈林州管理库页岛。1951 年，日本在《旧金山和约》放弃南桦太主权，但并未移交，所以日本地图中该岛南部（北纬 50° 以南）仍为空白区域。库页岛全境由俄罗斯控制。

车上无疑运送了数百吨来自敌方的物资，但他们怎样才能"击沉"这列火车呢？

不久，吉恩·弗拉基和他的战友们想出了一个看似难以实现的计划蓝本，那就是设法上岸炸掉路过的日军列车。一旦计划成功将不仅扰乱岸上的铁路交通，还能摧毁一些运送物资的铁路车辆，并可能迫使日本转而从海上运送物资。他们选定了一处靠近海滩的铁路线作为行动地点，由"鲃鱼"号上的官兵对附近地形进行望远镜远距离测量。艇上当时有 2 艘能载 8 个人的橡皮艇供使用，1 包 55 磅的 TNT 炸药将被用来在紧急情况下炸毁潜艇，或者用于破坏火车和铁路轨道。这次行动完全由志愿人员参加，结果许多人都积极响应，最后如何选择参与行动的人员变成了一个抽签决定的问题，那些胜出的幸运者的酬劳高达 200 美元，而每个人都想赢得首次登陆日本国土的荣誉。

最后，"鲃鱼"号潜艇在一个阴沉无月的夜晚迎来了最佳时机，该艇靠近到离海滩大约 1000 码的地方，破坏小组乘橡皮艇准备登陆，后来被戏称为"噗噗"①的沃克上尉负责指挥这支小分队。为了便于识别，队员之间的联络暗号设定为夜莺叫声，而"最后的莫希干人"是应答语。不幸的是，由于潜艇的导航定位有些偏离，登陆小分队选定的地标又被海上的薄雾笼罩，因此他们实际登陆的地点几乎撞上了当地某个日本人的家门口，幸运的是当时没有"狗"出现。

经过短暂的侦察，小分队主力离开了橡皮艇，绕过岸上的房屋小心翼翼地向内陆地区进发。这时，原先从海上远看似乎是草的地区，原来都是齐腰高的芦苇丛，从此经过一举一动都会"嘎吱"作响，而小分队经过的所有地方都会留下明显的人为痕迹。

在深入岸上内陆大约 200 码处有一条高速公路。经过又一次聚成一团的小心侦察后，小分队确认了四周的安全。这时沃克上尉站起身来率先冲过马路。"跟我来！"他兴奋地低声喊道，随后便一头栽进了一条排水沟！

又向前行进了一百码，他们顺利到达了铁道线旁，小分队进行侦察并挑选了他们的埋伏地点，挖掘工作立即展开。结果夜空中立即回荡起镐和铲子清脆

---

① 译注：意指火车头发出的声音。

的响声，因此这些工具不得不被搁置一边，改为徒手挖掘。这时，有人在铁轨尽头远处发现了若明若暗的灯光，所有人立即俯身贴在铁轨上聆听，但并没有听到什么声音，于是众人又继续挖掘起来。

然而没过多久，一列火车突然从 75~100 码的距离上出现并呼啸而来，整个小分队立即就地寻找最近的掩护，试图躲在 6 英寸高 2 英寸宽的灌木丛后面。火车呼啸而过的时候，车上的工程师从驾驶室里探出身来，诧异的目光扫过了灌木丛后的每个队员。火车安全通过后，挖掘工程继续匆匆进行，后来就再没有发生不愉快的意外事情。线路检查、炸药接驳、挖掘伪装等工序一气呵成，黑暗中时不时传来联络暗号的夜莺叫声。后来在返回潜艇的途中，队员们在释放橡皮艇时遇到了意外的困难，大浪把每个队员都拍得透湿。在走了大约三分之二的返途路程后，他们终于等来了期待中的火车，然后彻底地享受着他们的

∧ 在冲绳外海用火箭弹朝岸上日军目标猛烈开火的美军登陆舰艇。

劳动成果转变成一场剧烈爆炸的快乐。

　　哇喔！多么壮丽的景象！爆炸引发的火势要比队员们想象的大得多，火车头的锅炉顷刻间发生了爆炸，列车残骸碎片在火光和浓烟的映照下在空中腾起了200英尺高，扭曲的车厢残骸堆积如山，从轨道上纷纷滚落。几天后，一名被俘的日军战俘提到说，当地的日本报纸报道称这次列车爆炸是由一架飞机所投掷的炸弹造成的——我们的"沉默杀手"再次未能获得应有的荣誉。

　　"鲃鱼"号潜艇的官兵们其实并不满足于执行战略情报局指派的作战任务，他们的下一个计划是占领鄂霍次克海上的一个小岛，日本政府在那里拥有一个海豹饲养场。我想，他们每个人都想送给自己的女孩一件海豹皮大衣，而这次行动的酬劳高达三百美元。不过，通过对这一新目标的初步潜望镜侦察发现，那里显然有很好的防御力量，附近有多处机枪阵地、一个3英寸口径野战炮阵地和几个混凝土工事。有人听到一个大失所望的登陆小分队成员喃喃自语地说，他会以五分钱的价格转让他的这次参与机会。

　　很明显，单凭潜艇上的八人登陆小分队的力量是远不足以应付这种局面的。因此"鲃鱼"号不得不在700码的距离上对目标进行炮击，借此摧毁了一些仓库和营房，还打掉了野战炮上的一个轮子，并压制了日本守军所有的还击火力。作为临别的纪念，在"鲃鱼"号的巡逻任务接近尾声的时候，官兵们决定尝试一下安装在前甲板上的5英寸火箭发射器，于是在北海道和库页岛海岸地区对岸上目标进行了四次打击行动。

　　在这一系列不同的作战活动中，"鲃鱼"号相继抓获了四名日军战俘。艇员们的战斗热情竟然具有了非凡的感染力，以至于其中一名绰号"神风"的日军战俘请求参加艇员们计划中的一些岸上破坏任务。带他一起去似乎并不可取，但官兵们还是利用了一些他所提供的关于日军在海滩地区巡逻的组织方式和惯例的宝贵情报。

　　8月1日，在由来自密苏里州萨凡纳（Savannah）的B.E. 卢埃林（B. E. Lewellen）中校指挥的"大西洋鳕鱼"号（Torsk）潜艇准备前往日本海作战前，我随艇一同出海前往关岛附近海域检查了艇上的调频声呐装备。当时，我们已经探明日军在对马海峡海域布设了大片水雷区，但仍有必要采取最大限度的谨慎措施，以免他们用新的水雷区来对付我们。事实证明"大西洋鳕鱼"号的探雷设备运转情况非常好，它的极限探测距离达到了1700码。来自加利福尼亚州帕罗奥图（Palo Alto）的比奇（E. L. Beach）中校是参加过多次战斗巡逻任务的老兵，这次他将首次担任"下鲼鱼"号潜艇的艇长在"大西洋鳕鱼"号之后参与此次行动。第三艘出海的潜艇是"棘鱼"号（Stickleback），艇长是瑙曼中校，艇员们则是来自

∧ 为美军轰炸机提供护航的陆军航空队P-51"野马"战机。

原"鲑鱼"号潜艇的艇员，大家都摩拳擦掌地想要为自己的潜艇在1944年10月里的惨痛经历复仇。他们以各种可能的方式匆忙地完成了出航前的准备工作，但不幸的是他们抵达得太晚，注定无法取得更多击沉敌船的战绩。

随着太平洋司令部完成对冲绳地区的行动和接管，我们必须放弃我们的老"霍兰"号，转到那里的海军基地。起程日期被定在9月15日，这意味我们必须尽快将通信和生活设施转移到我们在椰子岛的小基地去。围绕着这艘旧供应舰，我们的潜艇早已适应了这里的战斗生活，因此突然间要与"霍兰"号分别还真是件痛苦的事。可以说几代潜艇官兵都是在它身边长大的，而且都曾经把他们的潜艇停泊在其一旁。"霍兰"号本身也曾在许多海域服役。从太平洋地区阿拉斯加的荷兰港到西澳大利亚的奥尔巴尼，它都留下了服役的足迹。

在"霍兰"号的高级军官舱里，曾经入住过许多著名的潜艇指挥官，如哈特将军、尼米兹将军和爱德华兹将军。它的维修车间也培养了大批的海军工程师和维修人员，而他们在自己的专业领域也同样出名。把这艘船交给管理螺母、螺栓和杂货配件的部门，简直就像是把一匹忠实的家养良马卖给了一家胶水厂。

一条来自"潜艇救生联盟"的消息让人眼前一亮，据报告，由来自印第安纳州克林顿的小阿什利（J. H. Ashley）中校指挥的"金吉鲈"号（Aspro）潜艇

∧ 一场训练演习中的美国海军"鲶鱼"号（SS-339）潜艇上的官兵们，摄于1945年。

在光天化日之下救出了一名陆军航空兵飞行员，地点就在相模湾中心海域，距离镰仓著名的大佛只有8英里。"金吉鲈"号当时奉命在东京湾以南执行海上救生任务，两架B-17轰炸机和两架战斗机为其提供空中掩护。大约11时整，阿什利艇长通过无线电得知一名美军飞行员跳伞坠入了相模湾，于是立即通知一架B-17轰炸机前去进行侦察。几分钟后，飞行员报告说他把一艘木制救生艇扔到了被击落的飞行员附近海面，并正在后者周围上空盘旋。报告给出的位置大概在海湾内20英里处，距离潜艇的所在位置大约40英里。尽管此时完全可以抽身而去，但阿什利艇长还是指挥潜艇全速前往，这样预计两个小时后就能抵达飞行员所在的位置。

不久，两架 B-24"私掠者"（Privateer）巡逻轰炸机赶到，替换了燃料即将告罄、只能逗留数小时的 B-17 轰炸机和"野马"战斗机。中午过后不久，就在"金吉鲈"号潜艇进入相模湾时，几架日军"零"式战斗机突然出现并对美军"野马"战斗机展开了攻击。在双方随后的空中缠斗中，其中一架日军战斗机被击落，地点距离潜艇约 2000 码，但坠机后海上并没有发现飞行员的踪迹。B-24 随后攻击并赶走了日军"零"式战机，剩下的美军战斗机也返回了基地。

到了下午 1 时，载着落水美军飞行员的救生艇就在"金吉鲈"号眼前，人们可以看到"零"式战机正在向它扫射。阿什利艇长立即通过无线电通知 B-24 前来，后者立即赶到并驱离了日军飞机。随后，"私掠者"巡逻机开始在潜艇周围上空低空盘旋。这时一架日军轰炸机突然从右舷方向出现并试图攻击"金吉鲈"号，但是空中掩护再次成功地将敌机驱离。13 时 18 分，潜艇成功到达被击落的美军飞行员身旁，但那架日军轰炸机仍然一边抵挡着 B-24 对它的攻击，一边执着地试图攻击海面上的美军潜艇。"金吉鲈"号不得不用它的 20 毫米口径防空炮对空反击，并数次击中日军飞机左翼。正当飞行员试图爬上潜艇甲板的时候，日军轰炸机也正打算实施一次俯冲攻击，于是"金吉鲈"号被迫紧急下潜，在下潜的过程中还挨了日军轰炸机所投下的两枚近失弹。后来通过潜望镜观察，"金吉鲈"号官兵们发现这架日军轰炸机终于中弹起火，在一英里外坠毁并化为了一片浓烟和火焰。

"金吉鲈"号浮出水面，正当落水飞行员的小艇拼命地试图靠帮时，潜艇再次被突然赶到的日军轰炸机压制，两枚炸弹落在了距离潜艇很近的海面上。这时的局势看起来相当严峻，连艇长自己都对是否应该再试一次心存疑问，让他的潜艇和艇上全体官兵冒着巨大的风险去救一个人看上去是一场不大值得的赌博，上帝知道这片海湾周围有多少日军的飞机场。然而，当他眼看着空中的 B-24 正与日军飞机奋战时，阿什利艇长决心再试一次。这次的空中掩护到目前为止确实发挥得非常出色，他也不能让他们失望。当时"金吉鲈"号上的无线电天线还在海面上，艇长于是通过无线电询问 B-24 机组海面上是否安全，很快得到了回复："我想我们刚刚又击落了一架日军飞机。"

这一次，当"金吉鲈"号潜艇再次冲向水面时，艇长和两名艇员一起从舱门里跳了出来，把被击落的飞行员迅速带上了潜艇，然后指示 B-24 飞机返回基地。眼下已经无须他们继续支援，他们要做的仅仅是迅速撤离。两分钟后，艇上雷达发现 6 英里外有一架敌机正在接近，"金吉鲈"号随即开始下潜。

获救的飞行员乃是美国陆军航空队的麦克斯（E. H. Mikes）上尉，其身体状况良好，仅仅被一颗子弹擦伤了左臂。他的橡皮艇和救生圈因日军飞机的扫射而被严重划破，但子弹却奇迹般地避开了这位已经束手无策的飞行员。阿什利艇长对这场救援行动的记录是以"为幸存者擦拭了一些医用酒精"这句话告一段落的。我认为艇长本人算得上是一名"红十字"医务人员了。

美军的作战行动进展迅速。8 月 7 日，第 38 特遣舰队计划攻击九州地区，而我们的救生潜艇要在前一天夜幕降临之前进入九州沿岸海域的指定作战位置。8 月 6 日下午 6 点左右，有人给我的办公室发了一条无线电报，说是打击行动被取消了。这倒算不得是什么不寻常的事情，但电报的结尾部分指示所有潜艇撤回

∧ 驻马里亚纳群岛天宁机场的美军 B-29 战略轰炸机群，摄于 1945 年。

到距九州海岸不少于100英里的位置，这一点让我们感到有些困惑。晚饭后，我告诉值班参谋官巴布·沃尔德（Bub Ward）中校让他立即跳上一艘小艇，去太平洋司令部办公室看看能否找到最后一条规定的真正原因，以及它将持续生效多久。

当时，我们还在对由来自堪萨斯州独立市的奥弗顿（W. A. Overton）中校指挥的"鲶鱼"号（Catfish）潜艇以及由本尼·巴斯中校指挥的"军曹鱼"号潜艇进行训练，因为这两艘潜艇不久后将在九州东南和西南海岸搜寻日军所布设的水雷区。这次大规模入侵行动（"奥林匹克行动"）的计划作战方案已经下发给各参战部队指挥官，而我们的任务之一就是找出所有的水雷场，以便扫雷舰可以立即展开作业。

过了很长一段时间之后，巴布中校回来了，他向我报告说除了这条消息本身的文字之外，没有人知道得更多。他显然觉得是司令部的人在瞒着他，他补充道："我认为至少是海军中将级别的军官才清楚这件事的原委。"我在我的小黑本里夹了一张便条，打算第二天一早就把这件事告诉"大老板"，但那其实是不必要的——大概就在午夜时分，一颗原子弹被投放在了日本广岛。

毫无疑问，太平洋司令部里肯定有人知道这颗原子弹的存在，但对包括我在内的"低层"军内人士来说，这完全是一个意料之外的事件。就在距离原子弹爆炸现场200英里外的中国东海海域，我们的一艘潜艇发出无线电信号报告说看到了原子弹爆炸产生的火光，并关切地询问无线电通信活动可能对它正在巡航的水域造成哪些有害影响。

战后的许多文献把广岛原子弹爆炸这一事件看作是战争结束的标志并赋予其非凡的意义，但我并不认可这一点。我们只相信这样一个事实：摧毁这个对日本陆军来说最重要的基地乃是进一步孤立九州的一个重要步骤。几个月来，B-29轰炸机一直试图摧毁连接本州岛和九州岛的马关海峡底部的通道。如果有下一颗原子弹存在，那么我想目标一定是那里。

结果，第二颗原子弹摧毁了九州最重要的城市之一——长崎——的大部分地区，但它错过了这一目标的重要部分，即港口区和造船厂，不过长崎与日本本土其他地区的通信也因此瘫痪了。我们认为这也是"奥林匹克行动"的一部分，并直接向日本海陆续派出大批潜艇（此时，我们已经在那片水雷场找到一条并

∧ 一名正在执行海上救生搜索任务的美军潜艇艇员。

然有序的安全通道）；在鄂霍次克海，我们陆续击沉了曾经强盛的日本商船队的残余力量；我们还营救了大批被困在海上的落水飞行员，并在九州岛水域搜寻水雷；在珍珠港，两艘潜艇已经整装完毕，准备出海承担雷达警戒和战斗机指挥的职责。来自美国本土的一位母亲给我写信说，她听说潜艇战已经结束，因此希望儿子能早点回家。我回答说，其实情况并非如此，我们还有一些最艰难的任务要完成，但我们一定会送她的儿子回家休假。

计划在 1946 年 3 月发起的"冠冕行动"（Operation Coronet，即攻占东京平原）的初步作战方案介绍会议，在麦克阿瑟将军的参谋人员的参与下，被安排在太平洋司令部举行。当然，我们当时并没有想到日本人会在没有进行最后一战的情况下拱手交出他们的家园。

8 月 9 日清晨 6 时整，值班参谋官打电话给我进行紧急汇报，说苏联方面已经向日本宣战。要么是关于苏联将于 8 月 15 日参战的消息弄错了，要么是苏联人看到了馅饼店墙上"馅饼即将售空"的消息，想在馅饼售空前分得一块馅饼。而战后的历史充分证明，事实乃是后者。

得知这一消息后，我立即给太平洋司令部参谋长打了个电话，结果发现他和我一样对此感到惊讶，因为他也是刚刚知晓这条消息。我随即询问最新的敌我识别码，但发现根本没有人收到过（其实也从未收到过）。在日本海，分配给苏联人的海域里还有两艘美军潜艇正在活动，我们随即将这两艘潜艇转移到了属于美军活动范围的一侧，后来又从本州岛北部水域撤出另一艘潜艇。当时已有一艘苏联海军潜艇出现在那里，显然对方对波茨坦会议上已经划定的美苏军事分界线置之不理。这名苏联艇长显然是在进行一场私人战争，因为在正式停

∧ 英国皇家海军"泰勒马丘斯"号（HMS Telemachus）潜艇在澳大利亚期间拍摄的照片。

战后，日本人还抱怨有两艘船在其所在海域被击沉。

几天后各类消息层出不穷，有消息说日本方面表示只要确保天皇不下台，日军就会考虑投降。我永远也无法理解我们为什么要同意这一点，因为我和美军战斗部队中的每一个人都肯定地认为，这位天皇与希特勒、墨索里尼并肩作战，并且为自己赢得了一席之地。我知道美军空中力量接到命令不得轰炸天皇宫邸，但我认为这只是为了确保他能最终受到审判并被绞死。然而，美国国务院里那些曾批准"阿波丸"号通行协议的政客又一次如愿以偿，8月14日23时04分，"大老板"向美国海军太平洋司令部发出通电，战争结束了。消息内容如下：

> "停止针对日军部队的进攻行动。继续搜索和巡逻行动，保持最高级别的防御和内部安全措施，并警惕来自敌军部队和个人的变节或最后一刻的攻击行动。"

当"停火"的号令响起时，我们在太平洋上共有 169 艘舰队型潜艇，以及 13 艘为驱逐舰和其他反潜舰艇提供假想敌训练支援的 S 型潜艇。其中，有 22 艘舰队型潜艇专门从事海上救生任务，其余潜艇则在巡逻、在本土维修或者在我们的各个前沿基地进行改装。要知道上述规模的潜艇作战力量是从战争爆发之初我们仅有的 51 艘潜艇发展壮大而来的。

大战结束前最后半个月的战绩报告也开始逐渐送达。当然，在此期间的战绩并不高，因为日本当时的海上航运几乎陷入停滞，但这足以表明，在停战哨声响起之前，我们潜艇部队的小伙子一直都坚守在各自的战斗岗位上。共有七艘潜艇击沉五艘日本商船，吨位达 15433 吨，其中四艘为作战舰艇，吨位共计 4060 吨。除了其中三艘外，其余都是在日本海海域击沉的。

由来自俄勒冈州波特兰的马纳汉（R. R. Managhan）中校指挥的"三棘鲀"号潜艇击沉了这场大战中的最后一艘敌方潜艇。8 月 13 日晚间，该艇通过雷达发现了一个海面目标，并在近距离内辨认出目标是一艘大型日本海军潜艇。然而，对方显然也发现了我们的潜艇，因为目标随即潜入了水中。马纳汉艇长认为，如果他是日军艇长，那么他一定会改变航向。于是他指挥"三棘鲀"号减慢航速，以估测敌艇的水下航速和前行方位。果然，就在午夜过后几分钟内，目标再次浮上了海面。

与此同时，马纳汉艇长用无线电将敌情通报了太平洋潜艇司令部，并获知在该地区并没有任何友军潜艇活动。尽管如此，他还是决定等待天亮，并加倍小心确认目标身份避免误击事件的发生。就在黎明来临之前，"三棘鲀"号潜入水下，通过再次观察确认它的目标必是日军潜艇无误，于是朝目标齐射了六枚鱼雷。后来，通过对这艘日军潜艇唯一的幸存者进行审问，得知这一牺牲品乃是日本海军伊 –373 号潜艇。这场战斗的胜利也使盟军在整个太平洋和邻近地区击沉敌方潜艇的总数达到了 30 艘，其具体分布如下：

> 美国海军：23 艘日军潜艇，2 艘德军潜艇；
>
> 荷兰皇家海军：1 艘德军潜艇；
>
> 英国皇家海军：2 艘日军潜艇，2 艘德军潜艇。

∧ 美国海军"非洲鳚鱼"号（SS-336）潜艇。

其中被英军击沉的两艘德军 U 艇是在马六甲海峡海域被"塔利霍"号和"锐利"号击沉的，而被英军击沉的两艘日军潜艇则是被"金牛座"号（Taurus）和"泰勒马丘斯"号（Telemachus）在同一片海域击沉的，实际上并不在太平洋地区。然而，这些敌艇的沉没地点就在距离我们所在战区 200 英里的范围内，我在这里列出它们仅仅是为了充实我们这片战区的战绩统计，因为我并没有发现德军或日军潜艇在印度洋地区被盟军潜艇击沉的其他记录。

在内德·比奇（Ned Beach）中校的指挥下，"下鱵鱼"号潜艇奉命在日本海海域继续搜寻目标。该艇有着海上抓捕俘虏的经验，这也是整个战争期间许多潜艇类似经验中的典型。8 月 14 日，也就是停火前的最后一天，"下鱵鱼"号遇到了一艘沉船的两名幸存者。官兵们多次试图让他们登艇，但他们并不情愿登上这艘美军潜艇，宁愿紧紧抓住一块木板不放，每当潜艇试图靠近时他们都迅速划开。来自俄勒冈州波特兰的鲍曼上尉和来自新罕布什尔州曼彻斯特的勒克莱尔（LeClair）上尉请求批准强行将他们带上潜艇，他们脱光衣服跳下海朝这两名"滑水者"游去，两人嘴里还各自咬着一把匕首，以防万一。

勒克莱尔靠近的那个日本人很快屈服，任由自己被拖到潜艇舷侧。而鲍曼

∧ 美国海军"牛头鱼"号（SS-332）潜艇上的官兵正在装填武器弹药，摄于1945年8月6日该艇沉没前夕。

的俘虏经过一番挣扎后不得不被一把锤子制服，并被拖到艇艏一旁。在那里，两人又发生了一场打斗，但抓他的人已经没有心情再容忍他进一步的愚蠢举动。不过，后来这两名日本俘虏并没有被关在艇内（如果弹药库空着的话，那么倒是可以当成一个禁闭室）。

这时官兵们突然发现海上漂来了一条救生筏，上面有四个人。这次对方没有抵抗，抓住了一根扔给他们的绳子，然后被拖到了潜艇边。其中三人自愿上船，但第四个人突然跳入海里，瞬间游出了几英尺远，然后转过身来，猛然露出自己胸膛，似乎是想等着被枪毙。这次勒克莱尔又跳进了海里，经过一场短暂的打斗之后，一边喘着气一边带着他的俘虏回到艇上。当时，我们已经向太平洋潜艇司令部的官兵们发出警告，不要向敌军俘虏表示友好，因为这些狂热的敌人无疑会利用任何我们放松警惕的机会，损害我们的舰艇或是人员的生命，甚至不惜以他们自己的生命为代价。然而，我们的艇员总是爱把他们的俘虏当作吉祥物，很快就让他们在艇上担任厨师的下手或是在甲板上工作。

1945 年 8 月份，由埃森豪尔（Icenhower）中校指挥的"仿石鲈"号潜艇取得了最高的击沉吨位数，该艇在日本海击沉了一艘排水量为 5795 吨的客货船。至于卢埃林中校指挥的"大西洋鳕鱼"号潜艇，因在日本海海域击沉一艘货船和两艘日本海军护卫舰而赢得了属于自己的殊荣。8 月 14 日当天，该艇通过击沉这两艘护卫舰赢得了第二次世界大战期间从美国军舰上发射最后一枚鱼雷的荣誉。

当时，"大西洋鳕鱼"号潜艇配备的鱼雷上已经安装我们最新型号的磁性引信，我希望得到一些关于这种新装备性能的有价值的信息。不过，卢埃林艇长很清楚我们关于鱼雷引信问题的历史，他意识到在这个阶段找到合适的攻击目标已经很难，所以并不打算冒一些暴露意外故障和缺陷的风险，因此他当时将鱼雷瞄准目标船体射击，而不是水线下方位置。我不能因为他表现得缺乏信心而责怪他，而且他成功命中并击沉了他的目标。直到战后，通过向报废的靶船进行鱼雷射击，我们才最终得到了想要确认的信息和数据。

卢埃林艇长的最后一次攻击结束了近四年来美、日两军潜艇和反潜舰艇之间激烈而残酷的战斗，最终的结果则是我们大获全胜。这些满载深水炸弹的水面舰艇和潜艇的天敌不仅未能充分保护他们的护航船队，而且击沉 23 艘美国海军潜艇使他们付出了极其沉重的代价。据 JANAC 方面的估计，日本海军共有108.5 艘反潜舰艇（38.5 艘驱逐舰、9 艘旧驱逐舰、42 艘护卫舰和 19 艘猎潜艇）被美军潜艇击沉，其中有一半数量的舰艇是在潜艇和舰载飞机共同参与的战斗中被击沉的。双方损失交换比几乎是 5:1，潜艇的优势极为明显，这一数字应该是值得关注和思考的，对于我们构建未来的反潜防御体系极为重要，因为我们将来的对手可能装备更精良、训练更有素、行为更大胆。

在大战结束前的最后一个月里，只有一艘潜艇为我们最终的胜利付出了代价。由小霍尔特（E. R. Holt）中校指挥的"牛头鱼"号（Bullhead）潜艇于 7 月31 日起航离开弗里曼特尔港，前往爪哇海海域巡逻。该艇将与"非洲鲫鱼"号

（Capitaine）、"河豚"号以及英国皇家海军的"缄默"号（Taciturn）和"彻底"号（Thorough）潜艇一同展开战斗巡逻任务。8月12日，负责艇群行动指挥的"非洲鲹鱼"号命令"牛头鱼"号前出进入侦察阵位，但没有得到后者的确认消息，也没能通过无线电或雷达联系到"牛头鱼"号。

根据日本方面战后的资料，日军于8月上旬在爪哇海海域开展了多次反潜攻击活动。不过，一个被认为最有可能解释"牛头鱼"号潜艇损失的事件发生在巴厘岛北部海域，一架日军飞机声称在当地海域两次直接命中一艘潜艇。此后十分钟发现大量油迹和气泡涌出海面。根据这一说法，由于报告给出的位置就在巴厘岛海岸附近，而且估计附近岸上山峰的遮挡缩短了"牛头鱼"号上雷达的探测与接收距离，使其无法及时收到关于敌机靠近的雷达告警信号。

JANAC方面并没有记录下任何"牛头鱼"号潜艇的击沉战绩，但据了解，该艇确实击沉了几艘小型船只，每艘排水量可能不到500吨。此外，该艇还炮击了东沙礁上的日军目标，并在南中国海海域的一艘渔船上救起了三名被击落的美军B-29飞行员。

"牛头鱼"号潜艇的损失使我们大战期间的潜艇损失总数达到52艘。根据最充分的证据（加上我自己的一些推断），损失的原因可能分布如下：

> 敌水面舰艇攻击：17~23艘；
>
> 敌飞机攻击：5~11艘（取决于是否将6次海空联合攻击计算在内）；
>
> 敌潜艇：2艘；
>
> 己方水面舰艇：1艘；
>
> 己方飞机：1艘；
>
> 敌水雷：7艘；
>
> 己方鱼雷：2艘；
>
> 任务期间事故：3艘；
>
> 搁浅：4艘；
>
> 不明原因：4艘。

到敌我双方作战行动结束时，日本方面为我们提供的竟然是高达 468 艘美军潜艇沉没或可能沉没的信息。这种对我方损失的严重高估对它们的评估委员会的工作并没有多大帮助，反倒会促进我们的潜艇部队设施建设。与敌人的潜艇部队损失相比，我们的损失是很低的——纳粹德国海军战时损失了 781 艘潜艇，日军损失了 130 艘，意大利损失了 85 艘。

虽然我们的总体损失很小，但在所有执行过战斗巡逻的美军潜艇中，损失率达到了 18%，总共有 374 名潜艇军官和 3131 名艇员丧生。在这样一支编制紧密的作战部队中，即使是在规模达到巅峰的时期，也只有不超过 4000 名潜艇军官和 46000 名艇员（实际上只有约 16000 名士兵在前线潜艇上服役）。这些损失给我们的部队和我们的内心造成了沉重的打击，因为很多曾与我们在同一艘潜艇上作战的战友最终"失踪"。

我们关于击沉敌舰及其吨位的记录是由潜艇艇长和潜艇部队的评估委员会准备和提供的，与 JANAC 方面战后的报告相比，我们的数据似乎显示出相当程度的高估，其中的差异主要在于我们所估测的个别船只的吨位战绩。我们声称已被送进"戴维·琼斯的海底箱子"的敌方船只的数量，即使是在相当困难的情况下，也必须得到确认才行。相比较而言，如果 JANAC 方面不像我们潜艇部队声称的那样认为这是一次击沉记录，那么将该船列为被击伤似乎是相对安全的。不过，"击毁"这一类别是没有官方数字记录的。下面给出的最终击沉记录是根据 JANAC 的报告汇编的，关于击伤船只的数据则是我自己根据总体战斗巡逻报告编制的。最终潜艇战绩汇总如下：

击沉敌海军作战舰艇：214 艘，吨位共计 577626 吨；

击沉敌商船：1178 艘，吨位共计 5053491 吨（其中有 116 艘是对于敌海上运输线尤其重要的油船）；

击伤敌船：约 1200 艘，吨位共计约 520000 吨。

根据日本方面的数据统计，仅商船人员就有 7 万人在美军潜艇的袭击中丧生或受伤，而承担运输任务的日本海军人员和相关部队人员的损失肯定要大得多。

美军潜艇部队造成的这些损失，在其高峰时期也只占美国海军总体数字的1.6%，这一点所反映出来的潜艇作战潜力值得海军和国防部战略规划者仔细研究。

我由衷地感谢这场战争的结束，或者说是一场旷日持久的"屠杀行动"的结束。我更应该感激的是我再也不必向即将出航的艇长们简要介绍他们的作战任务，每当此时我都不知道这是否意味着把他们和官兵们送上一条不归路。在收到太平洋司令部的"停火"命令后，我向自己的部队以及太平洋上所有的潜艇官兵发出了一份电报，其内容如下：

> 期待已久的这一天已经到来，停火的声音已经响起。作为部队指挥官，我谨贺潜艇部队的每一位军官和每一位艇员出色地完成了你们的任务！我对你们的勇气、能力、主动性、决心和忠诚的钦佩无法用言语充分表达。你们无论是在敌方水域作战，还是在基地或供应舰上整日汗流浃背，都为今天取得的成就做出了贡献，你们理应享有我们大家都希望的为子孙后代赢得的持久和平。我还要衷心感谢第七舰队潜艇部队、英国皇家海军太平洋舰队潜艇部队、荷兰皇家海军潜艇部队以及大西洋司令部潜艇部队的兄弟们，感谢你们的高效协同与合作！愿上帝让那些失踪之人的英勇灵魂永远安息！

第二十章

∧ 美国海军"绿莺雀"号（ASR-10）潜艇救捞船。

随着战争的结束，大量的复员和遣散工作随之而来。太平洋司令部需要一艘潜艇供应舰和相关空余人员来接管位于日本横须贺海军基地的日军潜艇。于是，由"普罗特斯"号潜艇供应舰和"绿莺雀"号（Greenlet）潜艇救捞船组成编队，由刘·帕克斯（Lew Parks）上校担任指挥官，奉命前去加入哈尔西驻扎在日本本土的舰队。位于吴港和佐世堡的美军也希望部署类似的接管力量，于是由"斯佩里"号和"鸦鹃"号（Coucal）潜艇救捞船组成编队，由斯坦·莫斯利（Stan Moseley）上校担任指挥官，奉命承担那项职责。7月30日，"印第安纳波利斯"号重巡洋舰被一艘日军潜艇击沉并造成大量人员伤亡，我被任命为

∧ 美国海军"鸦鹛"号（ASR-8）潜艇救捞船。

军事调查法庭庭长，以调查这次损失事件的经过。

最重要的是，美国海军作战部部长希望我们就哪些潜艇和潜艇基地应保留在战斗序列中继续服役提出建议。大西洋潜艇部队司令部请求在华盛顿召开一次会议来处理这最后一件事，但当时我还无法离开太平洋战区。因此，我请第七舰队潜艇部队司令费弗少将和大西洋潜艇部队司令斯泰尔海军少将到关岛来。就这样，经过为期三天的会议，我们准备好了关于复员遣散和重新部署的计划和建议，由大西洋潜艇部队司令作为我们的代表飞往华盛顿参会。在战后的这场政治争夺战中，他们在兑现"在圣诞节前送孩子们回家"的承诺时没能做到充分坚持，在经济波动的因素影响下更是如此，当然其他人更做不到。

与此同时，来自后备役部队的关于退役复员的请求如雪片一般飞至我们的办公室，这让办公室看起来就像某个好莱坞明星的粉丝信件收发部，每个人都想戴上自己的常礼帽退伍回家。但就在 8 月 23 日这天，在一片忙乱之中，我们收到了一封令人非常欣慰的信，在此我引述如下：

第 20 航空军司令官办公室

敬爱的洛克伍德将军：

　　我愿借此机会向您和您的司令部表达我个人和官方的感谢之情！感谢你为第 21 轰炸机司令部和第 20 航空军做出的出色海空救援工作。从行动开展以来，您对潜艇海上救生任务的兴趣和热情，以及您为所涉及的作战程序和装备的改进做出的不懈努力，给我们留下了深刻印象。在我看来，您的贡献已经远远超出任何例行职责的范围。

　　据我所知，你们的潜艇成功地营救出我们 22 架 B-29 轰炸机中的 131 名机组人员，你们还为此部署了 490 个不同的海上救生点。我深信，这些潜艇海上救援行动将为这场战争的历史添上一段最鼓舞人心的篇章！但即使是这个令人印象深刻的获救人员总数，也不能说明救援行动的完整情况。当我们的机组人员知道你们的潜艇正在他们经过的航线和目标附近守候时，对于他们士气的提升作用是无法估量的。

　　您的参谋人员一直在反映您个人对海空救援任务的兴趣，我想向他们表达我的谢意！我要特别赞扬沃格上校、埃夫林上校、沃尔德中校、莱恩（R. W. Laing）中校、卡西迪（Cassidy）中校和阿德金斯中校。这些人从 1944 年 11 月 24 日在塞班岛海域的行动开始，到 1945 年 8 月 14 日我们执行最后一次任务，期间一直毫无保留地

△ 美国空军总参谋长特维宁（N. F. Twining）中将。

投入他们的时间和精力，并在解决共同问题方面表现出最大的协同与合作。

谨此致以最诚挚的感谢！

特维宁（N. F. Twining）中将

美国陆军司令部

对此，我由衷地感到高兴。正是我们官兵的不懈努力，才使我们的"潜艇救生联盟"取得极大成功，也营救出了大量被击落的美军飞行员。这并不是因为他们隶属某些特定的军兵种，而是因为他们隶属伟大的太平洋战区部队！正如我之前所说的，我并没有觉得我们与太平洋战区的陆军和陆军航空部队的关

△ 美国第20航空军驻冲绳地区基地的B-29战略轰炸机队。

系有多糟糕，直到战后我回到华盛顿，那些坐在五角大楼和海军部的转椅上的先生才告诉我关于他们的情况。

与此同时，美国海军第三舰队奉命在东京湾外驻守，日本方面派出使节飞往马尼拉与麦克阿瑟将军进行谈判，驻日占领军的各式行动命令则在空中往来频繁。

由来自印第安纳州西拉法耶特（West Lafayette）的"灵巧"约翰逊（S. L. Johnson）中校指挥的"赛贡多鱼"号（Segundo）潜艇在前往东京湾的途中，遇到了悬挂着代表投降的黑旗的日本海军伊－14号潜艇，并派出一支由艇员组成的捕获小组登艇检查；另有两艘伊－400级大型潜艇向美军驱逐舰投降；驻罗塔岛（Rota）、威克岛、马库斯岛和帕劳群岛的日军残余力量都表示愿意投降。虽

∧ 停靠在"普罗特斯"号潜艇供应舰一旁的日军伊－400号和伊－14号潜艇。

△ 日本海军伊-400号大型潜艇舰桥部分的特写照片。

然有传言说残余日军还会组织大规模的自杀式"神风"攻击，但看起来战争似乎真的已经结束。

在一天上午的晨会上，尼米兹将军宣布了举行日本投降仪式的计划，并邀请我乘坐他的飞机飞往东京湾。他经过一番考虑后认为，美军潜艇部队理应派出代表参加日本投降仪式，因为我们在实现这一最终目标的过程中发挥了重要作用。这是来自"大老板"的一个非常值得赞赏的荣誉，因为我们的潜艇部队官兵在长达45个月的艰苦前线战斗中为海军和国家做出了贡献。

我整理好了自己的行李，并批准12艘当时位置最近的潜艇作为所有美军潜艇（包括那些不幸沉没的和仍然在役的潜艇）的代表进入东京湾。当等待已久的起程前往东京的那一天到来时，参加日本投降仪式的关岛代表团已经增长到相当大的规模，于是大家不得不分乘两架水上飞机从塞班的塔纳帕格港起飞。

五星上将尼米兹和他的参谋先行起程，同机人员包括凯利·特纳将军、美国海军陆战队的罗伊·盖革（Roy Geiger）中将、美国陆军的费尔德曼（Feldman）准将。我和其他十几名高级军官则乘坐第二架飞机，副官鲍勃·考夫曼少校与我一同前往。每个人都如同度假一般兴高采烈。殊不知我们马上要涉身其中的将是一场陆军和海军将领之间的角力，事实上这也是迄今为止陆军和海军将领之间规模最大和最重要的一场较量，也是关系到太平洋两大洲未来命运的一场赌注。

当盖革和特纳将军两人争相轮流驾驶飞机时，我们这些"水手"或是地面部队的军官只能装出一副漠不关心的样子。然而当我们在整齐而荒凉的硫磺岛上空环游飞行时，正由特纳将军驾驶的飞机的左翼差点蹭上了摺钵山（Surabachi）的山顶，对此我不得不表达口头抗议。"见鬼，"曾指挥两栖登陆部队参加硫磺岛战役的凯利将军说，"我为什么不趁势把这座山给削下来一片呢？毕竟我已经对这个岛有一半的兴趣了！"

当我们沿着通往日本本土的岛链飞行时，青之岛（Aoga Shima）、八丈岛和奄美大岛（O Shima）依次从我们的机翼下方掠过，这些岛屿都是我在潜艇的战

∧ 东京湾内规模庞大的美国海军舰队和飞机，摄于1945年9月。

斗巡逻报告中读过无数遍的名字，它们在阳光的映照下看上去十分安静、祥和。很遗憾，我们错过了嫦妇岩，那根石头柱在整个战争期间都是途经此处前往中国海作战的美军潜艇参照的重要地标。

当我们接近日本本土上空的时候，六架美国海军护航战斗机出现在我们运输机的上方。那天天气很好，空中到处都是斑斑的积云，白色的海浪在我们机翼下方的海面上翻滚，从远处看蓝色背景下的富士山蔚为壮观。早在 1918 年 8 月 18 日，我就骑着马外加徒步爬上了它的顶峰，当时我还在东京大使馆工作。当时正是一战结束之时，日本还是我们的盟友，首相后藤和许多身居高位的日本人断言日本站在了错误的一边参加了大战。是的，他们最终努力地加入了和我们对立的阵营并卷入到战争中去，恐怕到头来能得到的只会是满腹牢骚。

飞行途中我们还经过了一支由一艘护航航母、三艘运输船和大约十艘护航驱逐舰组成的美军护航船队的上空，看起来哈尔西将军绝对不会给试图发动自杀攻击的日军潜艇任何机会。当接近东京湾时，一层薄雾正笼罩着这片土地，日本看起来还像以前一样满目绿色，到处都遍布着稻田。这时，正在横滨港靠泊的美军舰队突然映入眼帘。天哪！这幅壮丽的景象看起来相当漂亮！

我们在横须贺海军基地附近的海面上降落，然后滑向"南达科他"号（South Dakota）战列舰，哈尔西将军的旗帜正在它的主桅杆上高高飘扬。我负责升起将旗的"普罗特斯"号潜艇供应舰当时还没有到达，但是可以看到它正在海湾里朝它的锚地方向系泊。于是我登上"南达科他"号战列舰向第三舰队的这位司令致敬，将军则在他的军官室里接待了我们一行人。他看起来有些疲惫，但精力并没有什么问题。在他的房间里我看到了装在木架上的漂亮马鞍，不是一个，而是两个！他曾经许下诺言要在东京的街道上骑着"白雪"散步，而这些马鞍都是美国的朋友们送他到那时候骑的。然而，给予日本天皇的豁免权已经让那个玩笑难以实现，但我不相信这位总是咄咄逼人的"老海狗"会把这事当作一个玩笑，他可是非常认真的。

当"普罗特斯"号潜艇供应舰缓缓靠港时，我们可以看到它身后是两艘投降的日本潜艇——体型巨大的伊 –400 号（排水量为 5000 吨）和伊 –14 号（排水量为 3000 吨）。每艘潜艇上都设计有一个巨大的圆柱形机库和一个水上飞机

∧ 尼米兹将军乘坐的PB2Y-5R水上飞机降落在东京湾海面上时的情景，摄于1945年8月29日。

弹射器。是为容纳四架水上飞机设计的，而另一艘能携带两架。

　　我立刻和刘·帕克斯上校一起登上了那艘"大个子"——伊-400号潜艇。巴尔尼·西格拉夫中校已经在艇上，他是我们派给"普罗特斯"号的一名预备艇长，也是舰上捕获小组的指挥官。除了艇长和在下方舱室里值班的人员外，20名日本军官和179名艇员在甲板上排成一排，正由身穿粗棉布作战服、手持汤普森冲锋枪的美军士兵看守着。

　　日军艇长获准把他的潜艇靠泊在"普罗特斯"号一旁，我方至少有六个人正用警惕的眼神盯着他，看他是否有反叛的迹象。这艘潜艇很容易就启动了所有的引擎全速前进，然后慢慢地停靠到潜艇供应舰一侧，当伊-400号的艇艏缓缓地转过来与"普罗特斯"号平齐时，我才松了一口气。

　　巴尔尼告诉我，这艘伊-400号潜艇是在去特鲁克岛执行补给任务途中投降的，当时艇上正装载着杂货。据这名日军艇长所说，他没有击沉过任何一艘美国船只，而且他也从未见到过。他怎么可能在没有看到任何目标的情况下从我们的眼皮子底下跑到关岛和菲律宾一带去？这恐怕是我无法想象的。连我们自

∧ 美国海军"普罗特斯"号(AS-19)潜艇供应舰。

∧ 伊-14号、伊-400号和伊-401号等日军潜艇并排停靠在东京湾里，注意甲板上的日军官兵，摄于1945年9月。

∧ 美军官兵检查伊–400号潜艇上巨大的水上飞机机库时的场景一。

∧ 美军官兵检查伊–400号潜艇上巨大的水上飞机机库时的场景二。

己的潜艇有时都会潜入水中数小时，以免己方的运输船和货轮受到惊吓。

我对这些敌军的污秽形象（恐怕没有别的更合适的词）感到非常意外。通常日本人都是爱干净的，但是这些人的衣服和身上都肮脏不堪。巴尔尼一直在努力清理这艘潜艇的下方舱室，并把大约 400 瓶用稻草覆盖着的清酒罐锁在机库里。伊 –400 号的甲板下方舱室里铺满了罐头食品，上面则铺着木板走道，空罐被扔到最近的角落里，艇员们的"便器"（厕所）传来的臭味令人十分恶心。

这艘潜艇确实很大。它所采用的是一个双圆柱形横截面设计，就像数字 8 中间被去掉了三分之一后的形状。伊 –400 级潜艇设计有一个上下两层的艇艏鱼雷舱，各安装有四具鱼雷发射管。双层甲板内的艇员生活舱并不大，并不能很好地容纳艇内众多的艇员，而机舱看起来就像一艘远洋班轮。

该型潜艇（已建成两艘，另有一艘仍在建造中）的首要进攻手段要仰赖于它配备的水上飞机，据我们所知每架水上飞机可携带 1500 磅炸弹。其作战计划是利用这些伊 –400 级大型潜艇和一部分伊 –14 级潜艇对巴拿马运河船闸进行轰炸。不过，即使他们能集结起 20 架携带 1500 磅炸弹的水上飞机和载机潜艇，对运河也不会造成实质性的威胁。

这些大型潜艇是日本海军潜艇部队在战略上摇摆不定、误入歧途的典型例子。日军潜艇有十几种不同的型号：单独执行载货任务的潜艇（由日本陆军管理）、具备水下高航速的潜艇（从未真正参战）、至少四种型号的袖珍潜艇，以及人操鱼雷特攻潜艇。他们浪费了宝贵的舰艇建造设施和钢铁原材料去摆弄这些偏门的玩意儿，而不是建造那些远航程、高航速、具备 50~75 天海上自持力的作战潜艇以袭扰和破坏我们的补给线。显然，这些潜艇对他们而言没有任何用处。

在我看来，最有价值的潜艇类型是那种可以打击我们的海上生命线，并且能在我们的水面舰艇和飞机无法抵达的海域攻击我们水面作战力量的艇型。这类潜艇完全可以让经验丰富的艇员采用轮换制执行更多的战斗巡逻任务，而不是把他们的生命拿去参与被严重误导的自杀式袭击任务。培养熟练且受过良好训练的艇员非常困难，根本无须把他们的勇气无谓地消耗在自杀任务中。我觉得在这场战争里，我们拥有最好的潜艇，也最大限度地利用了它们。最后，我要把所有的功劳都归于尼米兹上将，因为他对我们潜艇部队的战略任务和概念非常清楚，并且给了我们极大的空间去自由发挥。

∨战后停泊在横须贺港内的日本海军战列舰"长门"号（IJN Nagato）。

△ 日本海军AM型潜艇伊－14号，摄于战后。

第二天，"普罗特斯"号进入横须贺海军基地的防波堤，停泊在那里唯一幸存的日本海军战列舰"长门"号（Nagato）附近。"长门"号的上层建筑已被烧毁，主桅杆和烟囱也不知去向。我1917年在长崎港见过刚刚下水后不久的"长门"号，很难想象眼前的它曾是世界上最强大的战舰之一。

当天，伊－401号潜艇与我们的12艘潜艇一起停泊在"普罗特斯"号的旁边。这又是一艘5000吨级的大型潜艇，当初向我们投降时表示拒绝进入东京湾。他们想去的是本州岛北部的青森港（Aomori），那里是他们的母港基地和艇上许多官兵的家人居住的地方。但最后他们还是被我们"说服"，改为前往东京湾向我们报到。

向由斯利克·约翰逊（Slick Johnson）中校指挥的"赛贡多鱼"号潜艇投降的日本海军伊－14号潜艇，则一度出现了某些小麻烦。当时"赛贡多鱼"号组织了一个捕获小组登上伊－14号潜艇，监视其前往东京湾。然而，这艘敌潜艇上的官兵几乎没有顺从，伊－14号上的美军捕获小组的指挥官也觉得艇上的局面并没有得到完全掌控。有鉴于此，"赛贡多鱼"号在伊－14号艇上保留了一个正在运转的鱼雷跟踪装置，准备在出现发生麻烦的迹象时立即用鱼雷击沉它。正如我们后来所了解到的，艇上当时搭乘有伊－14号潜艇所在潜艇中队的一名日军指挥官，而他本人反对向美军投降。显然，是他向负责指挥横须贺海军基地的日本海军上将发出了一份电报，威胁他说自己将会有所行动。而这名老派而识时务的海军上将向美国海军当局及时报告了这一情况，于是一个来自"普罗特斯"号的全副武装的捕获小组立即出发登上了这艘日军潜艇。就这样，问题得到了解决，事后一切也都进行得很顺利，而后来这名中队指挥官切腹自尽了。

我与帕克斯上校以及其他几名潜艇艇长一起在横须贺港上了岸，参观了当地的日本海军码头和潜艇基地。我本以为会面对的是一个现代化、装备精良的海军

∧ 美军缴获的日本海军"回天"（Kaiten）人操鱼雷。

码头，毕竟这里是日本最好的海军码头之一，但以我们的标准来看，我发现这里显然只能是三等货色。这里的建筑的设计方式和风格完全是为了建造袖珍潜艇，几十艘"回天"（Kaiten）人操鱼雷沿着码头墙壁成堆地码放着。后者直径约5英尺，长约30英尺，形状就像是一枚鱼雷。每艘"回天"人操鱼雷都在其艇体外沿的舱底龙骨处携带挂载了两枚鱼雷，每个鱼雷都设计有一个巨大的战斗部，可用来撞击其最终目标。不用说，操纵者绝对无法从攻击行动中安全返航。这些"回天"人操鱼雷有些是用小型煤油发动机驱动的，还有一些是由空气涡轮驱动，其本身就相当于一枚鱼雷。每艘"回天"都配备了一个漂亮的小潜望镜，大约5英尺长。这些袖珍潜艇由一艘大型潜艇在甲板上固定和运载，而在当时日本人几乎已经没有任何机会来实际部署这些"回天"人操鱼雷投入作战。

　　在码头岸上的一处建筑物里，我发现了一个钢制的保存完好的箭头。我询问了负责守卫这片码头区域的美国海军陆战队和英军部队，这个零部件是否来自他们所配备的某型武器装备的一部分，但对方都笑着予以否认。于是我猜想，这个部件也许来自日军的某个秘密武器。不过，在位于东京的盟军战争罪军事法庭近期的审判中，据战犯透露一名美国被俘飞行员曾被一名日本军官折磨致死，后者就是使用这样一支箭头拿美军俘虏当作他的射箭靶标。这支在我手上

∧ 日本海军91式鱼雷。

看起来好像是无辜的箭头，完全不是我先前所想象的那样无害的武器。

　　在码头上，还储存着近 200 枚日军鱼雷，显然这些鱼雷并没有被列入普通的战利品类别。我找到了日本海军技术研究部门（一个隶属美国海军的技术团队）的代表，如我在前文中提到的那样，他们曾经深入研究过日本海军所配备的由柴油机驱动的 24 英寸鱼雷。结果发现这些鱼雷采用氧气和煤油为燃料，航速可达 50 节，射程达 16000 码。其实我们的海军部队也早该配备使用这种鱼雷。

　　我们发现潜艇基地乃是整个横须贺港码头上最孤立的部分。它只有一个防波堤，旁边停靠的是三艘没有鱼雷发射管却配备有方形货运舱口的 HA（波）型潜艇，潜艇甲板上则安装着一门小型 6 磅炮。这些潜艇归属日本陆军管辖，主要用来为那些分散的日军岛屿基地提供补给。另一艘潜艇（仅设计有两具鱼雷发射管的伊 -369 号潜艇）也被用于货物运输。老式的"吕"级潜艇代表了日本海军保守式潜艇的中坚力量。附近的小海湾里还靠泊着无数的袖珍潜艇，其中一些已经沉没。岸上维修车间和常见的布局一样，但附属设备很少，主码头上的情况也是如此。我们发现，造成这种装备看起来极为短缺的主要原因在于大量的机械设备被搬进了在附近陡峭山丘中挖掘的洞穴，这些山丘支撑着港口周边狭窄的水平区域，而这些洞穴的顶部并没有设计防护层，所以渗水就这样直接滴落在这些机械设备上，因此其保养和运行状况可想而知。

海军码头几乎没有受到美军轰炸的影响，只是留下了几个弹坑，有些地方还有.50口径或20毫米枪弹的命中痕迹。但总的来说，海军站缺乏基本的维护保养，后来我在视察九州西部的佐世保海军造船厂时，也发现了很多类似的情况。在那里，城镇中心区域已经因轰炸而严重损毁，但海军码头的破败状况却是多年的疏于维护所致。

在过去的两天里这里一直在下雨，但就在9月2日的早晨（美国本土时间的9月1日），天一亮，天空突然放晴。我们接到通知必须在清晨8时15分之前登上"密苏里"号战列舰参加仪式，所以我们很早就离开了"普罗特斯"号，因为还有10英里的慢速摩托艇的水上航程要走。投降仪式期间，我下令在清晨8时整将我个人的将旗转移到伊–400号潜艇上。

∧ 横须贺海军码头上被遗弃的日本海军"海龙"级（Kairyu）潜艇，摄于1945年9月。

∨ 位于横须贺港内的日本海军Ha-101号、伊-369号和吕-58号潜艇，摄于1945年9月。

∨ 战后被美军俘虏的日本海军HA型潜艇——Ha-101号、Ha-102号和Ha-104号，摄于1945年。

也许这对于我们的敌人有点幸灾乐祸的意味，但有一件事我还清楚地记得并且至今依然让我感到不满，那就是山本五十六曾吹嘘说，他将在白宫与美国人拟定和平条约，结果却是他很早就被召唤到了他的祖先那里。在这一行动中，美军战斗机发挥了主导作用。遗憾的是他没能活着看到我们这里将要发生的事情。我们并没有考虑应以怎样的礼节向甲板上的军官们致礼，而是以应有的一

〈 盟军在美国海军"密苏里"号（USS Missouri）战列舰上举行日本投降仪式时人山人海的情景，摄于1945年9月2日。

副盛气凌人的架势登上了这艘绰号"大莫"（Mighty Mo）的"密苏里"号战列舰参加日本投降仪式。舰上的过道梯看上去就像高峰时段的地铁入口，到处都是不同军阶和国籍的军官。

　　那一天，"密苏里"号上的水手长估计忙得够呛，英国、苏联、澳大利亚、新西兰、中国、法国等几乎所有同盟国的陆军、海军和空军部队的军官都出席了仪式。老爷舰"密苏里"号几乎成了一座通天塔。而在大战的第一阶段担任过我的参谋长的穆雷上校，以他一贯的高效、得体和冷静的作风，负责统筹掌控舰上的局面。

　　我看到的第一张熟悉的面孔是约翰·柯林斯准将，他曾是我在珀斯委任的第二个指挥官。他之前在菲律宾战役中身受重伤，这次他负责指挥参加投降仪式的澳大利亚海军舰艇。舰队医务官乔尔·布恩（Joel Boone）海军少将也在舰上往来忙碌着。他和原为哈尔西海军上将部下的明尼苏达州前州长哈罗德·J. 斯塔森（Harold J. Stassen）中校一起负责战俘的解放工作，两人已经走访了东京湾附近大部分关押过盟军战俘的日军监狱。两人都对他们在那里发现的盟军战俘的处境感到极为不满，而我们的运输机正在尽快安排运送他们回国。令我惊讶的是，迪克·奥凯恩中校还活着，不过病情很重，而且身体很虚弱。就在几个月前，我还以为我们已经永远失去迪克。科雷吉多尔的指挥官温赖特将军从中国东北飞来后就一直在舰上，他瘦得可怜，看上去一副饿得要命的样子。

一些被释放的美军战俘被带到"密苏里"号上见证了日本投降仪式，在他们之中我找到了来自"长尾鳕鱼"号（Grenadier）潜艇的一等轮机军士长肖（L. C. Shaw），他给我讲述了潜艇损失的经过。他说，所有的被俘官兵都无缘无故地受到了日军的棍棒殴打和饥饿虐待，艇长菲茨杰拉德（Fitzgerald）中校甚至被拷打了几个星期，日军试图从他那里获得关于我们潜艇部队的机密信息。

海军陆战队的小菲尔德·哈里斯（Field Harris）上尉也在舰上。他是在巴丹被俘的，并且从"巴丹岛死亡行军"中幸存下来。他的眼神里流露出一种猎物的可怜神情，鉴于他被关押在日本镰仓期间所受到的残暴对待，这一点也就不足为奇了。作为对他所谓罪行的惩罚之一，他在其他囚犯面前被日军看守五花大绑，然后被棍棒打到昏迷不醒。我还在"密苏里"号上遇到了马厄（A. L. Maher）中校，他曾在不幸的"休斯敦"号（Houston）巡洋舰上服役。他告诉我"休斯敦"号的舰长哈罗德·鲁克斯（Harold Rooks）上校（早期我在潜艇部队服役时的朋友）在巡洋舰沉没时被日军的一枚炮弹炸死。

我与舰上的数百名盟军官兵一起目睹了日本投降仪式的全过程，这是在场的每一个人只要他还活着都将铭刻于记忆中的一幕。最后，正如一位歌曲创作者两年前向我们承诺的那样，"美利坚合众国的旗帜在东京上空飘扬"。

投降仪式结束后，麦凯恩中将和我一起回到了"普罗特斯"号潜艇供应舰上。在舰长室里，我们和他的儿子杰克一起共进了午餐。杰克是一名经验丰富的潜艇艇长，如今他正手握着伊-14号潜艇的指挥权。这是一顿非常愉快的大餐，因为麦凯恩父子已经有好几个月没有见面了，席间我们还你来我往地开了许多诸如飞行员和潜艇部队官兵之间轶事的善意玩笑。

被调离航母特遣舰队指挥岗位的麦凯恩将军，午饭结束后就匆忙搭乘一架飞机赶回了美国。虽然他的工作总是非常紧张，身材也很瘦弱，但显然他的健康状况还不错，而且可以肯定的是他在任务完成后回家的途中心情一定很好。因此，几天后他在科罗拉多的家中突然去世的消息对我们大家来说是一个巨大的打击，一位勇敢而经验丰富的军队领袖就这样与世长辞了。他是战争结束后的前几年去世的众多美军军官之一，此外还包括皮特·米切尔将军、罗伊·盖革中将、迪克·沃格少将，他们作为部队指挥官在大战期间承担了巨大而重要的职责。尽管这对他们的身体而言并没有明显的不良影响，但是当紧张局势得到缓和时，他们却付出了曾经让自己过度紧张的代价。

在为麦凯恩将军送行之后，一名预备役翻译官（帕克斯上尉）和我共乘一辆吉普车前往东京。这个时候强调速度是必要的，因为我的运输工具已经定于第二天一早起程前往关岛。在不得不掉头返回之前，我们已经到了横滨，但就我个人而言已经看得足够多了。这座城市已经被夷为平地，只剩几座混凝土结构的建筑物。由于缺乏维修，因此道路上到处都是坑坑洼洼的，路人看起来衣衫褴褛、闷闷不乐，但并没有营养不良的迹象。回想起那天早上在"密苏里"号上见到的我们那些得到解放的战俘的模样，我对这些误入歧途妄想征服世界的虐待狂没有任何同情之心。

随着夜色渐近，我们赶回了横须贺港。在当地的日本军官俱乐部里，我们参加了一场军官啤酒聚会，活动进行得如火如荼、热闹非凡。"普罗特斯"号上的克拉克上校和副官鲍勃·考夫曼邀请了所有不当班的军官，并搬出了无数箱啤酒和大盘大盘的三明治，前门上还钉着一个醒目的标牌"日本横须贺潜艇基地"。在天黑之前，我们还在它下面拍了一张大幅照片。这是一个并不喧闹而井然有序的聚会，我想我们也许还没有完全意识到战争已经结束，没有像希特勒在巴黎做过的那样大跳吉格舞。那么，正在旧金山的东条英机又会做些什么呢？

我刚刚回到关岛，就有一批被解放的美军战俘开始到达这里。这些身体已经恢复健康、正兴奋于马上就能回家的人，和我们待在一起的时间十分短暂，很快他们便得到了运输方面的安排和各自的任务。而另外一部分人在医生的建议下须要住院，直到痢疾、黄疸和营养不良等问题得到治疗。至于最后那一部分人，医生允许我们把他们交给潜艇部队下属的德雷营里的医生照管，直到他们调整好自己的身体状况，让他们的胃重新习惯白人的饮食，同时身上能多长一点肉。

而迪克·奥凯恩到达这里时，却不想立即回家。他可能觉得自己的状况会让家人震惊，因为当时的他简直是皮包骨头。他的胳膊和腿看上去并不比一个普通人的手腕更粗，眼睛也因得了黄疸而变黄（据我所知，这是因为吃了被老鼠污染的米饭），他所患的痢疾如果得不到及时治疗会在几周内要了他的命。迪克的病情可以说是我看到过的最坏的，但其他人的状况也很不好。一看到这些几乎已经成为人体残骸的战友从一个所谓的文明国家的战俘营返回这里，并将他们与我在美国本土、珍珠港和关岛见到的那些大腹便便、傲慢无礼的纳粹德国和日本战俘两相比较，我就会感到异常愤怒。我们组织了一批军官和速记员定期采访每个人并记录他们的故事。我尽可能多地安排与他们之间的交谈，并吃惊地不断观察到他们游移不定、猎物一般可怜的眼神和许多人恍惚失神的状态。

令我担心的是，他们中有些人也许再也不会恢复正常了。我们在这里收集到的所有数据和信息都被送到海军情报局，希望能将之用于战犯的审判工作。萨瓦金（L. Savadkin）上尉是从"刺尾鱼"号潜艇的指挥塔围壳里逃出来的，他是战后最先到达关岛的人之一。当时被日军俘房后，他先是被带到了中国台湾，后来又被带到了位于镰仓的日军审讯营。由于距离东京很近，因此日本情报部（相当于日本的联邦调查局）的特工可以方便地对盟军战俘进行审讯，以摧毁他们的精神和意志，让他们泄露军事情报或海军军事机密。盟军战俘们被告知他们"仍处于参战状态，只是没有武器"，所有人都未被登记为战俘，直到转移到其他一些较为正规的战俘营，例如位于东京湾一个岛屿上的大森战俘营。因此，负责处理战俘事务的瑞士大使馆和国际红十字会组织对此根本一无所知。至于那些在日本镰仓的盟军战俘营里遭虐待而死的盟军战俘，外界根本对其一无所知。萨瓦金上尉告诉我，他们的艇长奥凯恩中校就受到了日军看守尤其野蛮而粗暴的对待，但他从未被击倒。

9月6日晚，"鲈鱼"号潜艇的艇长"戴夫"·赫尔特（Dave Hurt）中校和工程官小乔治·E. 布朗（George E. Brown）中尉（"大头鱼"号潜艇上唯一幸存的军官）出现在了我的办公室，希望得到命令并安排他们回家。他们两人又瘦又白，身上还有那种惊魂未定的气息。要知道，"戴夫"·赫尔特中校在战俘营里待了足足41个月。

布朗上尉为我讲述了"大头鱼"号潜艇沉没的经过，就像我在前面的章节中所提到的那样。他说，"大头鱼"号上的幸存者们在特鲁克岛被日军集中审问，在一名日本少将的批准下，他因拒绝回答《日内瓦公约》所规定的一些敌方无权审问的问题而遭到日军毒打。在镰仓期间，他受到了所谓的"例行待遇"，即在没有被审讯的情况下被单独监禁，并因拒绝充分和准确地回答问题而受到死亡的威胁，饮食供应也相应减少并时常遭到殴打。在大森战俘营的待遇则相对较好，但那里纪律严明，日军警卫可以凭借自己的权力肆无忌惮地对盟军战俘哪怕是最轻微的不顺从处以体罚。

现引述从另三名"大头鱼"号潜艇艇员的速记记录中取得的陈述内容，以帮助读者全面了解我们的官兵在野蛮的敌人手中所遭受的痛苦：

在接到"弃艇"的命令后，有人打开了通风口，甲板上方所有人都从艇上跳了下来，其中一些人就是在外面当场丧生的。我们跳下海后，日军用机枪朝我们扫射。我一路游向日军驱逐舰，和其他 41 名艇员一起被他们救起。一名艇员被直接抛下了船，因为据说他受了重伤，而日本人根本不想给他治疗。

在镰仓时，一名日本海军少校说过，只有奇迹才能在这场大战中拯救日本。这给我的印象是，日本陆军普遍对赢得战争很有信心，而海军官兵却并非如此。

1944 年 7 月 10 日，除一名军官外，所有"大头鱼"号潜艇的被俘人员都被转移到了大森充当劳工。当天我们被登记为战俘，尽管我们是在 1943 年 11 月 19 日（8 个月前）被俘的。

——保罗·A. 托德（Paul A. Todd，一等药剂师）

战斗上浮命令下达后，日本海军驱逐舰"横滨"号（Yokohama）①立即用5英寸火炮和机枪向我们开火，打死了甲板上的一些人。"大头鱼"号则用 3 英寸口径甲板炮还击，但没什么效果。敌军后来共救起了我

----

① 译注：日本海军并无叫"Yokohama"的驱逐舰，此处疑为战俘的回忆有误。

们中的 42 人，其中一人因为手臂和胸部严重受伤，被他们扔回海里任由其死亡。由于当时"横滨"号的舰长就在现场，因此据推测这是他下达的命令。与此同时，罗尔克（Rourke）因为吞咽了大量海水而感到恶心和呕吐，日本人正要将他以同样的方式抛下海去，但好在他奋力挣扎最终被留在了舰上。

——赫伯特·J. 托马斯（Herbert J. Thomas，一等机械师）

他们把所有的舱口都打开，然后准备弃艇。艇长（克伦威尔，Cromwell）本人却并不打算弃艇。我记得有人说，费德勒（Fiedler）少尉估计潜艇保不住了，于是抓起一副扑克牌，返回到居住舱里玩纸牌，后来他和潜艇一起沉入了海底。日军在朝我们这些落水的美国人射击并且当场射杀一些人后，最终把我们拉上了"横滨"号驱逐舰。一名艇员本来是可以得救的，但因为手臂和眼睛上方受了伤，所以被日本人扔下了海；罗尔克也正要被扔下去，就在这时，他跑到我们身边，并设法与我们紧紧挨在一起；二等机械师皮策（Pitzer）被日军的弹片击伤了手臂，但直到被俘的时候还在坚持用 20 毫米口径机枪射击，日本人在没有麻醉剂的情况下将他的手臂从肩部进行了截肢，按我们的药剂师的话说，他的手臂其实是很容易保住的；艾略特（Elliott）的手掌被日军击中，但他的手指还能动，我们的药剂师说这没问题，但后来在特鲁克岛，日本人还是将他的手掌从手腕处进行了截肢。

——爱德华·F. 里基茨（Edward F. Ricketts，二等电机机械师）

克利福德·W. 库伊肯德尔（Clifford W. Kuykendall，二等炮手）是"湖白鲑"号（Tullibee）潜艇的唯一幸存者，该艇于 1944 年 3 月 26 日晚在帕劳海域沉没，他也遭受到了尤其残酷的待遇。为了避免在复述中忽略相关的内容，我在这里会逐字引用他的报告，这是关于他在"湖白鲑"号沉没后的上午 10 点左右在海上漂浮时，被一艘路过的日军巡逻艇救起和后来的遭遇。当时，这艘巡逻艇开始绕着他转，然后……

　　所有的左舷机枪一齐开火，随着这艘巡逻艇在我周围绕了一整圈，机枪射击一直在继续，好在子弹对我造成的伤害只是在五个不同的地方留下了一些皮肉伤。

　　在海面上绕了一整圈之后，日军巡逻艇靠近到我身边，把我捞上了船。上船后的第一件事就是被一名会说英语的日军军官用一根大棍子击中了我脑袋的一侧，我被当场打昏。当我恢复知觉后，这个会说英语的日军军官和另一个同样会说英语的军官开始审问我。他们想知道的信息是艇长的名字、潜艇的名字、我们计划前去的作战区域、艇员的名字、潜艇的长度、外形尺寸、枪炮类型以及关于这艘潜艇的所有其他细节。审讯持续了一整天，但我坚持引用国际法并且只告诉了他们我的名字、军衔和服役编号。这两名军官一怒之下又毒打了我一顿，并且用酷刑对待我。他们用棍棒、生皮鞭、步枪枪托殴打我，还用手枪敲击我的脑袋。他们还说要用军刀砍下我的头，并且用它在我的头顶上挥舞了几下，但后来改变了主意，又把军刀放回了鞘里。

　　"鲈鱼"号潜艇上的肯尼斯·G. 沙赫特（Kenneth G. Schacht）上尉与他的艇长和艇员们一样，被日军监禁了41个月之久，所有这些美军战俘的现状都清楚地反映出日本法西斯恐怖主义的影响。有素描天赋的沙赫特说，他一直在试着描绘以记录下被监禁期间他们日常生活中所发生的事情，从而让自己保持清醒。日军卫兵们对他的素描很感兴趣，特别是当有日军士兵形象的素描草稿出现的时候。很自然地，他受到的对待相对来说要好一些。

　　他提到刚到大森的时候，日军告诉所有人他们并没有被当作战俘，他们仍然是参战状态，只是没有武器。盟军战俘之间不得交谈，只能用日语与看守交谈。根据沙赫特的报告，战俘们被殴打的原因往往是一些最轻微的所谓"违反战俘营条例"的行为。日军看守们殴打战俘时所使用的木棍各不相同，最小的木棍其形状和大小与日本武士剑大致相当。

　　针对战俘们的惩罚主要分为两类。首先，通常也最重的是，当战俘们拒绝回答问题、被怀疑撒谎、不尊重提问者或犯有一些轻微的所谓"违反战俘营条例"的行为如坐在毯子上、对同伴低声说话或把餐盘打翻时遭到的殴打。后者其实仅仅是战俘们忽略了某些战俘营条例而遭到残酷殴打。第二类惩罚则是当场实施的，主要是针对一些小问题进行的处罚，如用英语与日军看守进行了交谈、对看守不尊重、从看守那里索要食物、列队迟到、用日语报数不当等等。对这些行为的惩罚是用张开或紧握的拳头殴打战俘们的面部，用棍子击打他们身体的某些部分，长时间进行体操或长时间地罚站等。

所有这类公开的惩罚似乎都在日本的战俘营里有着某种连锁式的反应。比方说在专门的场合下殴打战俘，强令战俘高强度劳作，或是随意地把任何一名战俘从队伍中拉出来然后实施殴打。

"鲈鱼"号潜艇上的小范德格里夫特（J. J. Vandergrift）中尉曾提到说，在镰仓战俘营的时候，从东京来的审讯官有时会把他们单独叫到一个小房间里进行审讯。问题主要涉及美军的通信和潜艇声响设备，而他们正打算寻找一个能描述美军潜艇声响装置技术细节的人。战俘们被殴打主要是因为拒绝回答问题，但"我不知道"的回答最终还是被日本人无奈地接受了。范德格里夫特说，在他的经历里，他对所有问题的无可奉告最终导致一名日本海军军官气急败坏地高呼："你是你们国家的耻辱！"后来他就再也没被审问过。

"老人星"号潜艇供应舰上的二等水手长杰夫里斯（W. F. Jeffries）是在巴丹陷落后被日军俘虏，并在"巴丹岛死亡行军"中幸存下来。他对在菲律宾监狱的生活经历的一些回忆和看法如下：

> 我们被日军从巴丹带到了甲万那端（Cabanatuan），然后又被带到了马尼拉。我们被关进了比尔彼得（Bilibid）监狱。在甲万那端的战俘营里，四名盟军战俘试图逃跑，但被日军抓获，他们随即遭到了毒打，在没有水喝的烈日下被绑着曝晒了整整48个小时。他们最终被日军枪杀处决的过程是在众目睽睽之下进行的，他们还说自己很乐意能这样死去。

1945 年春，日本医院的一名医务兵要求战俘营里的一名美军军医把我们的红十字会包裹里的巧克力送给他，结果被这名美军军医拒绝了。于是日本人对他实施了残酷的殴打，一直打到我们甚至都辨认不出他的容貌。

1943 年 4 月 23 日凌晨，运气欠佳的"长尾鳕鱼"号潜艇在缅甸槟城附近海域被日军飞机所投掷的炸弹重创，艇长菲茨杰拉德少校情急之下将自己的潜艇凿沉。于是，他在被俘后受到了比被日军俘虏的其他任何美军潜艇军官都更残酷的对待。他和他的艇员被一艘小型日本商船运送到槟城，他们的旅途充斥着毒打、水刑、双手紧贴脑后罚站或者连续屈膝下跪数小时之久。直到第四天结束时，菲茨杰拉德少校才得到了他的第一份食物：一小杯米汤和一些淡茶。

同时在刑讯室里，日本兵用棍棒殴打、在手指间插入铅笔、从指甲下面插入笔刀和刀片以及使用水刑等方式来让战俘们开口招供。给菲茨杰拉德少校施加的水刑则是把他脸朝上绑在一张长凳上，头垂在末端。然后抬高他的脚，水从茶壶倒进他的鼻孔。日军看守用一只手捂住他的嘴，迫使他吞下水，等到灌够了水，看守们就会用棍子殴打他。到每次惨无人道的折磨的最后，他几乎都会失去知觉，然后日军看守们又会迫使他苏醒过来，并再次进行审讯。而当日本人发现这一切都无法奏效的时候，又会继续对他进行殴打。奇迹是他最终活了下来，并且保守住了自己的秘密。

"长尾鳕鱼"号潜艇上的首席无线电技师克努特森（J. S. Knutson）曾受到日本和来自纳粹德国的雷达专家的审讯，当他不愿"坦白"时，他就立即被吊起来并且被中断饮食供应。文书官罗伯特·W. 帕尔默（Robert W. Palmer）在描述了被俘官兵们遭到的各种折磨之后说，菲茨杰拉德艇长尽管遭到了这样残酷的对待，但当他每次上厕所时，他都会在舱壁上给手下的艇员们留下一些文字信息，比如"不要告诉他们任何事""保持缄默"等等。在镰仓战俘营，帕尔默受到一名自称"神童"、毕业于美国帕罗奥多高中（Palo Alto High）和斯坦福大学的日本军官的盘问。珍珠港事件爆发时，他还是华盛顿的一名日本武官。

"长尾鳕鱼"号潜艇的艇员普遍对艇长抱有敬佩之情。艇上的首席鱼雷军士长威廉·C. 威斯洛（William C. Withrow）陈述如下：

> 我对菲茨杰拉德艇长的感情就如同对我父亲一样。他为我们承受了太多的痛苦，那些日本人毒打他，跳到他的肚子上，用夹板戳进他的指甲去折磨他，而他从不开口说话。只因为他告诉了日本军官他的看法，日本人便强迫他在矿井里当劳工。

上述内容是由 17 名美军潜艇军官和 141 名艇员讲述的他们作为日军战俘的某些经历，他们所遭受到的残酷对待几乎令人难以置信！而且我相信这些小伙子中没有一个人道出了他所受苦难的全部经历。不难看出，尽管敌人犯下了滔天罪行，让我们的官兵经历了有失人类尊严的磨难，但后者始终认为，持久的信念终能换来最终的胜利。

第二次世界大战的最终结局并不是完全令人愉快的。尽管我们对那些被俘房官兵的遭遇感到愤慨，对那些为我们的胜利付出代价并且永远无法回来的战友而感到悲痛，但不可避免的是，胜利的味道总是会有些缺失。我们对美军潜艇部队感到最为自豪的是他们的团队作战精神和英勇行为，而如今他们正被遣散到退役军人基地，预备役官兵们也将很快回归到平民生活中去。因大战期间共同面对的危险和欢欣鼓舞的时刻而凝结起来的珍贵友谊将会四散开来，而且也许永远不会恢复如初。一支曾经无比出色的部队如今正在分崩离析。

无论这些想法在多大程度上破坏了我因为战争结束而兴高采烈的心情，它们也无法抑制我内心的自豪感和深深的满足感，即在大战最严峻的考验中，美国海军潜艇官兵充分证明他们几乎无所不能，他们的表现完全达到了他们自身的高标准，没有哪支部队的指挥官能拥有比他们更出色、更充满智慧、更勇敢和更忠诚的部队！

第二十一章

潜艇发展的历史可以追溯到几百年前，但只有在真正的人类战争经验中，潜艇才能成为战争中险恶而致命的威胁，甚至将左右未来战争中对海洋的控制权。

通过仔细研究和评估近十年来人们在潜艇建造、潜艇装备和相关武器方面取得的惊人进步，我们能否预测未来五到十年潜艇技术的发展趋势？在可能发生的第三次世界大战中，我们的潜艇最具优势的作战领域是什么？我们潜在敌人的潜艇将执行什么任务？

要给出第一个和第二个问题的答案并不太难，这一趋势无疑是朝着"真正的"潜艇的方向发展，这种新型潜艇可以无限期地进行水下航行。我们自己配备的潜艇通过战后的一系列试验已经开发出新一代潜艇的原型，并且正在目前被认为有价值的各个战略、战术领域不断探索。第三个问题的答案也相当容易找到，然而却伴随着一系列的问题，关于这些问题的解决方案，我们国防部的重要军事、海军和科学研究部门还在苦苦思索。

早在 1620 年前后，一个名叫范·德雷贝尔（Van Drebbel）的荷兰人操纵着一艘以皮革材料制成艇壳、以划桨为动力的潜艇，载着英国的第一位国王詹姆斯沿着泰晤士河航行。从那时起至今，已有数不清的潜艇问世，更给潜艇人带来了数不清的苦恼。

其中一些苦恼来自这些潜艇的发明家，特别是有些潜艇还成了试图操纵它们的冒险者的坟墓。例如，美国南北战争时期来自南方的"汉利"号（Hunley）潜艇在计划攻击位于查尔斯顿港的北方联邦目标的途中，三名艇员窒息身亡，最终全部艇员随潜艇一同沉入了海底。其他一些困扰则来自那些深切感受到水面舰艇受到潜艇严重威胁的国家。潜艇的天才发明家富尔顿设计的蒸汽动力潜艇取得成功后，英国政府为他的潜艇"鹦鹉螺"号支付了 7.5 万美元，条件是不要让它引起其他欧洲国家的注意。当时的英国人很早就认识到，一旦这类创世纪的水下作战舰艇取得成功，日不落帝国的海上统治可能就会受到极大的威胁。

不过，潜艇的发展是缓慢的，因为它的成功还取决于三个重要而有待开发的关键组成部分的技术进步——内燃机、蓄电池和自航鱼雷。一开始，相关试验的资金只能由个人筹措，因为当时的各国政府和海军对此并不感兴趣。然而，尽管受到太多无动于衷的冷遇和嘲笑，潜艇发明家们依然选择了坚持。到了1867年，儒勒·凡尔纳（Jules Verne）发表了他伟大的预言式科幻小说《海底两万里》，极大地激发了全世界无数创造性灵魂的想象力。

我们来自美国的两位重要的潜艇发明家[1]关于早期潜艇探索的经历，则是有关勇气和毅力的引人入胜而鼓舞人心的故事。尽管如此，由于贫困，因此他们不屈不挠地工作了多年才得以完善他们的设计，研究出满足要求的设备，这在当时的工程界是完全不为人所知的。缺乏资金并没有妨碍他们天才般的创造力，反而激励他们寻找到了大量的替代方案和临时设备。他们以极大的献身精神和爱国热情将自己的梦想转化为成功的现实，也为他们自己在这个伟大的国家赢得了崇高的地位。

后来，在保守派的反对下，潜艇开始顽强地出现在欧洲各国海军中。20世纪初，美国海军购买了一艘"霍兰"型和一艘"雷克"型潜艇。与这两艘美军潜艇同样的型号也在海外地区进行销售，一批拥有较小规模海军的国家对这种所谓的"弱国武器"非常感兴趣。

日俄战争期间，雷克悄悄地把

∧ 美军潜艇发明家约翰·P.霍兰（John P. Holland）在自己设计的潜艇上。

[1] 即约翰·P.霍兰（John P. Holland）和西蒙·雷克（Simon Lake）。

> 在"保卫者"号之后，俄国向美国方面追加购了5艘同级艇，图中即为其中一艘，正在俄国里堡（"里堡"是旧称，也就是现在拉脱维亚境内的利耶帕亚）进行组装。

∨ 西蒙·雷克的"保卫者"号潜艇示意图。

他的"保卫者"号（Protector）潜艇卖给了俄国人。德国克虏伯公司（Krupps）通过一次偶然的机会获取到了他的设计方案，随即在雷克不知情的情况下开始自行建造"雷克"型潜艇；英国的维克斯公司（Vickers）则从霍兰（后来的电船公司）手上购买到了设计方案；法国人也开发出了自己的潜水器设计；意大利的原始潜艇设计基本上是"雷克"型的翻版；日本人也购买了几艘"霍兰"型潜艇。

就这样，到第一次世界大战爆发时，大多数参战国都开始使用由美国人设计的原型发展而来的潜艇。我们这些"天才扬基佬"制造出的武器，最终调转头来攻击了我们自己——这不是第一次，也绝不会是最后一次。

我们并没有等多久，潜艇就在战争中充分展示出了它的效力。1914 年 9 月 22 日，德国海军的 U–9 号潜艇仅在悲剧性的一个小时内便击沉了英国皇家海军的"阿布科尔"号（Aboukir）、"霍格"号（Hogue）和"克雷西"号（Cressy）巡洋舰。全世界震惊之余也意识到，一种可怕的新型武器已经加入到世界各国海军之中，而儒勒·凡尔纳科幻小说的一部分也变成了致命的现实！在两次世界大战中，这是海上战场上首次出现对人员和财产的破坏力超过已知一切事物的新型武器。

各国军队特别是海军部队目前面临的最大问题是，如何在第三次世界大战一旦爆发的情况下，预防在第二次世界大战中出现的那种规模损失，例如同盟国在这两次大战中因敌军潜艇所遭受的海上损失。

综合上述考虑，在两次世界大战中，潜艇的作战模式大致相同。在第二次世界大战中，新的海底武器、战术和任务不断浮出水面，但从总体上看，我们主要关心的是潜艇在摧毁敌方商船队方面的能力，这种能力足以扼杀敌人的战争工业，破坏其国民经济。在这场大战中，敌人的作战舰艇反而成了次要目标。

第二次世界大战期间，为潜艇赋予的新任务如雨后春笋般涌现出来，而且执行得如此成功，以至于这些潜艇多面手的声誉已经与吉卜林笔下的皇家海军陆战队不相上下。他曾经这样写道："无论在地球的哪个角落，没有什么是他们不知道和做不到的……"

潜艇的一些其他用途，如海上货物运输，是在第一次世界大战中被发现的。1916 年，作为"海底货轮"而设计建造的德国潜艇"德意志"号（Deuschland）

∧ 德国"德意志"级大型运输潜艇"不莱梅"号，摄于巴尔的摩。

通过在新伦敦和巴尔的摩之间的两次航行受到了人们的热烈欢迎。然而，她的姊妹艇"不来梅"号（Bremen）却没有这样的运气，它最终投入到了戴维·琼斯的怀抱。后来"德意志"号参战服役，并于 1918 年在哈里奇港（Harwich）与其他德军舰艇一同向协约国投降。1942 年初，我们自己的潜艇也将大量的食品和弹药物资运进了被围困的科雷吉尔多。从那时开始，就像前一章所描述的那样，美军潜艇的海上运输活动在支援菲律宾游击队方面表现得十分活跃，并且一直持续到麦克阿瑟将军指挥的部队成功攻占莱特湾。日军方面也曾以类似的方式使用潜艇实施海上反封锁，并且不顾一切地为他们的海外基地提供补给。

我认为是美国海军在第二次世界大战中首次使用潜艇执行运送作战部队的任务在历史上开了先河。战前，潜艇界一直在讨论这一想法，在我们的舰队演习中，小规模渗透破坏小分队实施了巴拿马运河登陆作战。在大战初期，正如前几章所述，当机会出现时，我们的潜艇早已做好准备，并且成功运送海军突击队和陆军侦察部队实施登陆作战。两次世界大战期间，潜艇布雷的任务也运用得十分广泛。尽管在后一次大战中，我们的潜艇由于担心影响即将到来的大规模海上作战，因此很少使用这种武器和战术。

战时美军潜艇执行的其他特种任务包括：

● 国民撤离；

● 投送海岸观察员、特工和突击队员登陆；

● 运送航空汽油；

● 海岸炮击；

● 海上救生；

● 充当登陆部队的信标艇；

● 照相侦察，海滩和礁石区侦察；

● 天气报告；

● 反警戒船扫荡；

● 定位敌方水雷区；

● 敌后渗透破坏行动；

● 雷达警戒；

● 火箭发射。

最后值得一提的是，除了执行这些任务的能力，潜艇还充分展现出具有摧毁其他潜艇的能力。这一点被列入特种任务清单也许并不合适，因为除两种情况外，摧毁敌方潜艇乃是水面舰艇的主要任务。这其中一个例外的真实战例就是，一艘英国皇家海军潜艇曾在水下用它的侦听装置捕捉到一艘德军潜艇螺旋桨转动的噪声，对方当时也在水下潜望镜深度航行。英国人正是靠测定噪声方位发现了德军潜艇的潜望镜并朝目标发射了鱼雷，其中一枚准确命中；而在另一种情况下，一艘美军潜艇在水面航行期间发现了一艘日军潜艇的潜望镜，发射一枚鱼雷并击沉了这艘日军潜艇—— 这二者都是未来反潜战争中能够预期到的基本战例。

上文里被列为一项特殊任务的火箭发射任务则是在大战的最后几个月里，由两艘美军潜艇（"鲃鱼"号和"海马"号）实施的。这些潜艇使用试验性的 5 英寸口径火箭发射器轰击了日本北部岸上的军事和工业目标，射程大概为 4500

码。我深信，这些看似微小的事件给未来投下了长远而危险的阴影。如果我们不幸被迫卷入另一场世界大战的话，那么我们将会再次面对今天（或是在敌人选定的时机下）美国所面临的局面。

使用潜艇对敌方本土目标进行轰炸突袭的想法其实并不新鲜。日本人就对我们美国西海岸地区、太平洋上的群岛，甚至远至南方澳大利亚悉尼的海岸设施实施过这样的袭击。当年德军对英国伦敦发动过导弹攻击，同时计划利用潜艇从海上向纽约和其他美国东海岸城市发射导弹。为了实现这一计划，他们设想使用潜艇拖曳两个沉箱，每个沉箱装一枚 V–2 火箭，航行到美国大西洋海岸的作战位置，然后从沉箱中发射火箭。幸运的是，这些计划从未真正成熟，可能是因为我们的空中和水面反潜战斗群对德军潜艇施加了巨大的压力。德国人在 1944 年和 1945 年里分别损失了 241 艘和 153 艘潜艇，这充分表明他们在海上的处境有多绝望。

尽管如此，在潜艇部队承受巨大损失的这段时期里，德国人还是开发出了水下高航速新型潜艇，他们将其命名为 XXI 型潜艇。该艇配备的水下通气管

∧ 被美军接管的德国海军U–2513号潜艇。XXI型潜艇被认为是二战期间性能最先进的潜艇之一，许多国家对此深感兴趣。

可以允许潜艇在水下航行状态时使用柴油发动机推进，同时可以在潜入水下时为其蓄电池组充电。它还大大增加了蓄电池组的容量，使潜艇能够在水下达到16~18节的高航速，并且持续约一小时的时间。许多配备有水下通气管、航速较慢的德军潜艇执行了大量战斗巡逻任务，给我们造成了很多麻烦。但幸运的是，没有一艘这样的配备水下通气管的高航速潜艇来得及投入战争。

这就是我们戏称其为"水下通气管古比鱼"（Guppy snorkel）的潜艇。我们已经将大量的美军标准型潜艇改装成这种类型，并且正在尝试其他的改进设计。这是一种可以不用浮出水面就能横跨大洋航行的潜艇，就像我们的"狗鱼"号潜艇一样，它显著地降低了潜艇面对空中巡逻力量或水面舰艇探测时的脆弱性，这也引起了我们反潜专家的关切。而一旦被发现，它就可以瞬间发挥高速优势摆脱追击，尽管这种短时水下高速航行限制在大约一个小时内，但几乎足以确保自身成功逃脱。大战结束时盟军在斯德丁（Stettin）和但泽（Danzig）缴获了大量的这种德军潜艇，我们认为这些战利品后来成为了苏联红色水下舰队的骨干。我确信这就是在我们的东海岸、西海岸和夏威夷附近海域发现过的那些神秘潜艇。

∧ 1945年5月投降英军的德国海军U–1305号潜艇，后被苏联海军接管并更名为S–84号。

德国人还成功研制了 XXVI 型潜艇，但从未投入作战。这种潜艇同样配备了水下通气管装备，在完全潜入水下时，它的动力来自一台由过氧化氢蒸汽驱动的涡轮机，能使潜艇以 25 节的高航速持续航行 6 小时之久。我们可以很容易地理解这一威胁的严重性，因为我们的超声波和侦听装置存在局限性，以致反潜舰艇尽管无法以高航速持续航行，但仍然能够跟踪一艘水下航行的潜艇。众所周知，到第二次世界大战结束时，苏联人缴获了 75 艘纳粹德国未完工的新型潜艇。

苏联人昭然若揭的强大潜艇舰队已经具备这两种致命的威胁，而且他们打算把自己的潜艇力量增加到 1000 艘的规模，我们在未来战争中的形势将非常严峻。毫无疑问，红海军得到了许多纳粹德国潜艇技术人员和科学家的自愿或不情愿的支援。我们必须假定，这些专家将使苏联人迅速克服在第二次世界大战的潜艇作战中所表现出的弱点。

在上一场战争爆发时，德国最初只有 57 艘潜艇。在我们援助英国人之前，他们几乎成功地封锁和孤立了英国。这不仅危及了我们向欧洲同盟国提供补给的海上交通线，而且严重干扰了我们在得克萨斯州、墨西哥、阿鲁巴岛（Aruba）、南美洲和中东地区的石油运输活动，使我们的油轮蒙受了严重损失。

苏联人如果在现有红海军力量的基础上，动用 1000 艘现代化潜艇（而不是目前报告中所说的 250~350 艘）投入新的战场，那将会给我们带来一场怎样不可名状的浩劫？这可能是我们在新的世界大战爆发时所面临的总体形势。在这种情况下，我们发动攻势会变得极为困难，甚至可能移动一艘舰艇、一门火炮、一名士兵或是一吨物资去帮助我们的北大西洋公约盟国都会举步维艰，直到我们完全清除大洋中敌潜艇的致命威胁。

现在，让我们也考虑一下可能面临的另一种特殊情况，即敌潜艇使用核武器发动的类似"偷袭珍珠港"的突袭，这种突然攻击可能会毁灭我们众多的沿海城市和战略设施，并给我们策动战争甚至自我防御的能力造成几乎致命的打击。这样的攻击不会给一支一流的潜艇部队带来大问题，但我们绝不能忘记的是，为我们最可能面对的敌人提供指导的那些潜艇专家和科学家，同样为我们美国的潜艇发明家霍兰和雷克设计建造的早期潜艇的现代化改进做出了大量贡献。

在前面的章节中，我已经介绍了一些由我们在二战中投入的标准型潜艇实

∧ 早期的美国"霍兰"型潜艇。

施完成的特种作战任务，其中许多任务须要在敌人控制的海岸区域实施登陆。这些在敌方水域的秘密作战行动是由潜艇实施的，它们每天至少要浮出海面6个小时，才能给艇上的蓄电池充电。当处于配备雷达的敌巡逻轰炸机活动的范围时，这些水面航行的潜艇往往会受到敌夜间战斗机或轰炸机的致命攻击，德国人也正是在这种情况下遭受沉重损失后才开始为潜艇研制配备水下通气管的。

　　但如果我们能用标准型潜艇实施这些危险的行动，而德国人也能在我们自认为戒备森严的海岸输送秘密特工登陆，那么更现代化、配备水下通气管的潜艇想要秘密渗透我们的海岸岂不是更简单？我相信大批苏联人的潜艇已经开始在我们的海岸附近海域活动，如果他们的行动对我们怀有敌意，那么他们在这些未来的作战水域中搜集海水密度、海水温度梯度线和声呐工作条件等相关数

∧ 美军专家在朴次茅斯军港内检查一艘配备有水下通气管（正处于竖起状态）的纳粹德国潜艇。

据就是自然而然的事了，这类海洋自然环境数据对于潜艇作战具有非常重要的意义。由于敌方潜艇有可能悄无声息地光临我们的海岸水域，因此只须部署适当的武器来为可能发生的这类偷袭行动做好应对准备，就足以让珍珠港那样的惨痛失败经历变为像 7 月 4 日独立日那样的胜利庆祝活动。

　　我们读过很多所谓"按钮"战争的文献报告，即用在北极圈里发射的洲际导弹实施战略轰炸。但一些温和派和更有见识的分析作家[①]认为洲际弹道导弹在未来还有很长的路要走。同样，一些著名的权威人士也认为大规模轰炸时代行将结束，对装备有雷达系统、喷气式战机、防空导弹和火箭武器的对手来说，这种轰炸行动的代价将远超过其造成的损失，其抵达目标的机会将微乎其微。如果布什博士的观点是正确的，那么我们的敌人将不得不使用看上去没有武装的伪装商船或潜艇来发起他们的"致命一击"行动。

　　水下发射导弹其实并不是一件容易的事，但潜射导弹的某些狂热支持者认为可以通过部署一艘装载有 A 弹（A-bomb）[②]的微型潜艇渗透敌港口，并以两名艇员的生命为代价来轻易解决这个问题。而对那些相信参与每次作战行动的人都有权获得平等的生存机会的人们而言，其实只需研制一种制导鱼雷或遥控微型潜艇就可以达到目的。

　　正如我们所了解到的，德国人曾用他们的潜艇发射可设定航向的鱼雷来攻击我们的船队。这种武器的航向控制装置是通过一个凸轮操纵的，它能够在目标船只编队中以 8 字形或其他图案的航迹航行，直到某些不幸的船只无可避免地进入其不可预测的可变航向上而遭到致命一击。海军方面发布的一些新闻报道称，我们也将配备使用这种鱼雷并主要将其用于反潜作战。从这一点出发，对一枚采用凸轮控制舵机的鱼雷而言，想要沿着某些已知的水道航行（比如进入金门大桥的水道）并且攻击那里的目标似乎只是一步之遥。而如果能为这种鱼雷配备特殊的装置使它远离浅水航行，那么它完全可以自主完成航行，并在预先设定的时间和深度起爆。

　　科学家告诉我们，能够在水下起爆的 A 弹更为致命，因为由此产生的受核污染的水柱和海水在风力作用下，可能导致一个城市的大面积地区无法居住。因此，像旧金山这样的深水港口将特别容易受到后一种形式的攻击，而在更远

---

　　①原注：如范内瓦尔·布什（Vannevar Bush）博士。
　　②译注：意指核弹头。

△ 1951年，美国海军"库斯克鳕"号（USS Cusk）潜艇在海面上发射"潜鸟"（Loon）导弹时的情景。

的内陆地区，炼油厂和弹药工厂则将成为空中来袭导弹的最佳目标。

对于那些伪装成商船的导弹发射船的问题，我们也许可以通过拒绝其靠近或仅允许其进入对我们的战争工业不甚重要的港口来解决。然而，对像我们这样的非侵略性民主国家来说，在我们的沿海海域对付潜在敌人的潜艇才是更重要的问题。

那么，假设敌潜艇可以部署到能发动突袭的水下阵地，那么它们又将如何实现其可怕的目的呢？我们会立即想到朝空中发射导弹或水下发射这两种方式，两者都是可行的。我们知道苏联人已经成功地进行了原子弹爆炸试验，我们还被告知我们的某些叛国者提供给了他们关于我们氢弹的秘密。因此，他们估计已经拥有或将很快拥有和我们同样的核武器。要知道，我们在穆古点（Point Mugu）和其他一些地方的海上靶场利用潜艇发射了一枚我们称之为"潜鸟"（Loon）的潜射导弹。我们必须假定苏联人也具备这一能力。"潜鸟"导弹的最大射程指标尚未公开，但我们已看到关于其可超过100英里的新闻报道。至于"潜鸟"

导弹是否能携带核弹头还不得而知，但这也是很有可能的。因此，拥有这类武器的敌人可以轻而易举地将其用于打击港口、炼油工厂、仓库或其他重要目标。如果这种导弹的射程超过了一艘潜艇可以实现制导的距离，那么沿其飞行路径部署的其他潜艇可以进行中继制导，而最后一艘靠近目标海岸的潜艇可以最终准确地引导其到达目标。

我确信，我们一定能在海上有效地驱离敌人的那些高速潜艇。但想要预防他们最初发动的偷袭行动，只能通过现实的全民准备动员和警惕性，再加上比我们在朝鲜战争中所体现出来的更好的情报工作和更敏锐的情报评估。只要收到敌人水下突袭意图的预警信息，水雷、防潜网、由我们的潜艇组织的近海巡逻，甚至一两件秘密武器对这一点都会有所帮助，但必须在我们的反潜部队或任何其他兵种能够开火打击来犯之敌前判明这一意图。

对于来自敌快速潜艇的致命威胁，我们的答案是核动力潜艇，它的建造于1950 年 8 月 8 日获得了美国总统的授权批准。目前一艘标准舰队型潜艇的建造成本是 1000 万美元，而包括建造最初的核反应堆和实际建造这艘潜艇的费用将会耗资 4000 万美元。我们希望美国在三年内成为第一个拥有核潜艇的国家，从而为一支足以超越苏联人正在秘密打造或是计划打造的最先进通气管型潜艇力量的新型水下舰队奠定基础。

在这个原子能前景广阔的时代，这一估计看似乐观，然而情况并非如此，这一估计的基础是从原子能研究和应用中得出的一些正常合理的因素，如应用于核能发电厂和海军建设领域。早先的估计将核潜艇的完工时间定为 5~6 年后，但正如第二次世界大战时一样，我们把舰队型潜艇的建造时间从 2 年缩短到了 7个月，相应的技术和工程领域的进步也将使核动力潜艇滑下船台的那一天更早来临。

当那一天到来时，我们将拥有一座核反应堆，之前曾用来毁灭广岛和长崎的无穷力量将被用于水下推进，并将诞生出第一艘拥有水下高航速、无限航程和强大作战能力的真正潜艇，一个不需要水下通气管吸入空气，并使用更有效且不断完善的武器装备的有史以来最为致命的水下杀手！

据报道，苏联人正在专注发展的快速水下通气管潜艇非常难以对付，但它的性能发挥仍然与燃料和空气供应密切相关，潜望镜深度工作状态更是增加了它的脆弱性。在这种潜艇贴着水面下方航行并吸进空气的过程中，就像任何一艘小型船只一样可以看到海面上溅起的浪花。这不仅可以通过目视发现，而且可以由配备雷达装备的飞机和水面舰艇探测到，就算它涂有可以偏转雷达探测波束的防御性反雷达涂层也是如此。

对这种潜艇来说，更危险的因素还是来自柴油发动机运转的噪声，这种噪声可以被远距离上的声波探测装置发现。只有当潜艇下潜并且依靠蓄电池静音航行，它在面对配备反潜探测设备的现代反潜舰艇时生存机会才会随之增加。尽管配备有水下通气管和反雷达涂层，纳粹德军潜艇在 1944 年全年里还是损失了 241 艘潜艇。

我们并没有忽视水下通气管技术，但我们认为它只是一种"权宜型"装备。作为一名潜艇部队军官，我亲眼见证了我们的水下舰队从袖珍艇型时代以真正的美国方式一路发展至今，我们大胆地跨越了传统柴油机动力到核动力之间的过渡阶段。这种新型核潜艇的总体技术水准将远远超过水下通气管型潜艇，就像后者超越其他类型的传统潜艇时那样差距甚大。

核动力潜艇的强大性能是无与伦比的。在我们目前的反潜武器库中，没有任何东西能够阻止它。核潜艇的部署使用只会受到艇员耐力的限制，而且这些艇员可以经常轮换值班。有了原子能带来的无穷无尽的能量，它的航程也将是无限的。它的发动机不须要依赖空气，而且为了照顾到艇员的生活需求，它只须每隔三四天为艇上气站加注。为此可以使用一种体积小得多且几乎无法被探测到的水下通气管。核潜艇无须携带约 350 吨重的柴油和约 350 吨重的蓄电池组，节省出来的重量将被用于补偿艇上钚反应堆所必需的沉重屏蔽层，并为更大的艇上鱼雷储备和不可或缺的声呐、雷达、无线电设备提供宝贵的内部空间。

此外，核潜艇还将能为艇员们提供更舒适的艇上生活条件，这是在水下全面战争的新条件下的一项重要精神保障措施。因为人一旦缺少娱乐活动、新鲜空气和阳光照射，身心就会处于紧张状态。

我们的工程师认为，凭借达到我们现有柴油发动机 3~4 倍马力的核反应堆动力装置，核潜艇将以 25~30 海里的航速持续潜航。当然，持续并不意味着永远，但对潜艇官兵们来说，这种预期可达的"长时间"续航能力与目前潜艇的指标相比已经是天文数字。这样高的持续潜航速度将使这些潜艇在作战环境下的速度比过去快 2~3 倍。美国海军"狗鱼"号潜艇曾在 21 天内完成了一次从中国香港到美国珍珠港的长达 5200 英里的海底巡航，而核潜艇只需 8~9 天就能完成同样的航程。由于航速大幅度提高，因此我们的潜艇抵达位于欧洲或亚洲的敌方基地或巡逻阵地所需的时间相应缩短。

在第二次世界大战期间，潜艇的正常巡逻周期是 60 天，但其中一半时间是在非作战水域航行，即往返于他们的巡逻区。为了节省燃料，它们必须以 12~15 节的经济航速航行。由于无需备用燃料而且航速更快，因此核动力潜艇的能力足以胜任 2~3 艘水下通气管常规潜艇的任务能力，从而将非作战航行时间减半，更迅速、彻底地覆盖指定作战区域，并且迅速返回基地重新装填鱼雷并轮换新的艇员。由于无需水下通气管设备，因此无需担心由此带来的向敌机及其雷达暴露自身存在的风险，而水下高航速能确保其摆脱反潜舰艇的追击，或将其击沉——这二者都是完全可行的。其中一些核潜艇无疑还可配备导弹武器，从而构成报复或摧毁敌方沿海基地和潜艇暗堡的快速打击力量。

这种核潜艇可以在海上驱逐任何一艘水面舰艇，因为它拥有几乎无限的水下续航力和惊人的航速，它能像灵缇犬追捕北美野兔一样，一个接一个地追击目标，直至将其摧毁。第二次世界大战期间，装载着数以万计盟军部队的"女王"号、"法兰西岛"号（Ile de France）等邮轮凭借高速航行成功横跨德军 U 艇肆虐的水域的日子已经一去不复返。

要对抗敌方的水下通气管潜艇，我们的核潜艇配备的安静型涡轮机比对手无法回避的往复工作噪声的柴油发动机具有明显优势。在声呐条件良好的深度工作时，核潜艇在很远的距离上就能探测到敌方的水下通气管潜艇，因此可以迅速接近目标并用自导鱼雷将其击沉。因此，核潜艇将是理想的鱼雷攻击型潜艇，很适合追捕和歼灭敌潜艇目标。在这一任务上，核潜艇要比水面反潜舰艇有效得多。由于后者的声呐装置在靠近水面的深度工作，因此很容易受到浅水区不太有利的水声条件的限制。人们早就认识到潜艇才是最佳的反潜舰艇之一。在这两次世界大战中，英国皇家海军潜艇在摧毁敌方潜艇方面创下了引人注目

∧ 二战期间多次承担海上运兵任务的"法兰西岛"号（Ile de France）邮轮。

的记录，如前几章所述，美国海军位于太平洋的潜艇总共击沉了 23 艘日本海军潜艇和 2 艘纳粹德国海军潜艇。其中 3 艘日军潜艇是在 77 小时里被我们的 1 艘潜艇击沉的。所有这些针对敌潜艇的攻击战例，除了一次例外，其他都是针对水面航行状态的敌潜艇发生的。如今，面对有可能长期潜伏于水下的敌方潜艇，我们的答案是核动力潜艇，这是一种足以证明自己能够成为我们国防体系中力量之塔的武器。

自 19 世纪瑞典籍美国发明家约翰·爱立信（John Ericsson）设计的"监视者"号（Monitor）装甲舰以来，核潜艇概念的提出是我们在海军科学领域迈出的最大一步，但它所带来的日益加强的海上安全保障决不能让我们陷入某种民族自满情绪。可以预料的是，苏联人的目标和我们是相同的，冷战铁幕背后的各国工程师、技术人员和物理学家也在狂热地研究核项目、火箭、喷气机和反潜武器。苏联人现在已经拥有核武器，美苏两国现在正进行着一场以我们国家的存亡为赌注的科技竞赛。

在上一场战争中，美军潜艇的每月建造数量从未超过 10 艘，德国人每月最多也只能造出 30 艘，而苏联人可能会达到甚至超过纳粹德国潜艇建造的最高纪录。如果苏联决定同美国开战，那么我们将遭遇有史以来实力最强大的潜艇舰队，尽管我们在核潜艇上具有技术优势。

遗憾的是，我们没能在更早些时候启动这个项目，因为核潜艇计划是由舰船局于1946年在海军部首次提出的，当时甚至未经讨论就被否决了。受国防政策和资金问题的阻碍，大概还需要三年时间我们才能获得美国原子能委员会的许可，才能建造出核潜艇所必需的核反应堆。现在谢天谢地，核潜艇计划引起了公众的兴趣，我们所面临的反潜问题的尖锐性迫使这个项目得到了进一步推动。我们只能希望将来不会有进一步的拖延，资金也将能很快用于建造艇体和反应堆系统，并尽可能快地解决掉首艘核潜艇研制建造过程中遇到的不可避免的困难和问题。

为了加强国家防御力量，研制建造核潜艇已经是不可回避的重要一步。虽然海军部批准该项目的决定已经推迟多年，但美国海军舰船局、国家研究委员会和海军研究室却并非毫无作为。最新的核动力装置的研制计划已经制定，并在海军、工业界和大学实验室里开展了深入的研究工作，以解决这一全新的核动力系统所带来的一系列复杂、困难的工程问题。因此，尽管我们在实现核潜艇最初构想方面已经晚了很多年，但该项目在技术上还是取得了一个良好的开端。为此，我们的国家应该感谢潜艇部队、工程师和科学家们，他们从未放弃希望，而是时刻在自己的岗位上为之努力。正是科研领域与军方的密切合作，我们才赢得了上一场战争。科学界的最新贡献，即核动力潜艇，到目前为止在海洋和天空中还没有与之匹敌的对手，这本身就是对忠诚、有远见和敬畏上帝的美国人的心中祈祷最好的回报，他们希望的是用明天的武器来保卫当今世界脆弱的和平。

第二十二章

在即将停止叙述关于二战期间美军潜艇在太平洋战场所发挥的巨大作用的这些故事时，我必须向为我们的潜艇部队提供支援、给予鼓舞和力量的一些人士、企业和军方部门表示诚挚而衷心的感谢！战争不仅仅是用武器装备来进行的，我们国内民众的爱国主义、希望和虔诚祈祷，我们国防工业公司和海军修理码头的技术人员、科学家和工人的技术、决心和才能，都是一股股有生力量，他们可以像我们手中的武器一样有效地点燃战士的灵魂，并为我们赢取最终的胜利。

没有什么比国内的罢工运动更能给我们的部队官兵带来沮丧和不满，也没有什么比这更值得受到他们的谴责。这场战争也因为这些因素不可避免地被拖长，使前线战场上的将士们不得不长时间面临生命和肉体的危险。国内的这些同胞无情地漠视我们官兵的生命，拖延决策草案的执行，并由此换取更丰厚的工资和额外加班费，这种行为是令人极度恼火的且应该受到应有的处置。我们感到，恰恰应该让那些"花花公子"（从布拉德利将军那里借来的称呼）去换下我们前线同等数量的将士。

相反，没有什么比来自家乡的令人愉快、坚定和充满热情的书信更能激发我们的小伙子们的斗志了。高效的军邮服务对我们的潜艇部队而言十分重要，无论如何我们也不能失去它。

在帮助过我们的各方力量名单上，我把澳大利亚人放在了首位。他们是我们应该更进一步了解的国家和民族，他们的国家很像我们美国的西部各州，气候也差不多。当我们在战场上蒙受沉重打击、被迫远行的时候，他们对我们敞开胸怀友好地接纳了我们。在整个大战进程中，我从潜艇艇长那里不断收到一类请求，他们认为应该为自己的艇员争取合理的权利，这一请求便是在弗里曼特尔结束他们的下一次战斗巡逻任务，并在当地休养两周。那里有上好的啤酒，海滩风光也比我们国内的好太多，女孩们也很貌美，要知道数以百计的国际婚姻正是来源于美国人对这一澳大利亚好客海岸的"入侵"行为。

我们在澳大利亚和菲律宾还见到了很多英国和荷兰的潜艇，他们的艇员意志坚定，他们的潜艇虽然吨位比我们的小，而且在居住性和舒适性方面没有那么好的装备，但却是非常有效的作战平台。艇长们用高超的作战技巧指挥着他们的潜艇，不会向任何人屈服，因为他们敢于果断地发动攻击。早在第一次世界大战期间，我就对英国皇家海军潜艇部队十分熟悉，1941年在英国服役时再次与他们展开了接触。通过观察他们在西南太平洋战区作战时所表现出来的能力和作用，我进一步肯定了我先前对他们顽强意志和战斗品质的高度评价。当有一项艰巨的任务须要完成时，我会随时准备与英国人或荷兰人展开协同合作。

红十字会则是我们所有人骄傲与自豪的源泉。他们在珀斯（澳大利亚红十字会所在地）、德雷营和皇家夏威夷人酒店的流动机构里都有迷人而善解人意的女孩和女士们，尽管她们的工作大多是没有报酬的，但她们的存在或有益的建议对许多想念家乡的小伙子来说是一种极大的安慰。位于火奴鲁鲁的红十字会分支机构慷慨地为我们提供了温暖的毛衣和手套，供潜艇官兵在寒冷的北方水域巡逻时使用，她们还慷慨地将圣诞树和礼盒送上本应休假却不得不在外巡逻的潜艇，这些馈赠将令我们对红十字会及其工作人员永远心存喜爱和感激。

早在1916年，威尔逊总统就以其明智的判断力和远见召集了一批顶尖的科学家进行志愿研究，就战争问题的技术层面开展工作。这个爱国公民组织被称为国防研究委员会（NDRC）。其在所有的美军军事部门中都设有分支机构和专门单位，正是他们以饱满的热情和精湛的技能解决着军事装备领域的各类问题。尽管他们为潜艇而研制的许多设备、程序和武器至今仍被列为机密，但我可以告诉你们的是，在第二次世界大战期间诞生的一些最有效的进攻性和防御性武器装备，都要归功于这批同样忠诚的科学家以及与他们一同展开工作的海军军官。我以前并没有与国防研究委员会或其附属单位合作的特权，他们所使用的技术性语言与我们潜艇部队的官兵使用的完全不同，但我知道我是在代表整支潜艇部队的感情对他们说，我们对这些真诚而热忱的人们怀有极为深厚的敬意和钦佩之情。

曾为我们开发调频超声波主动声呐装备的加州大学战争研究部圣地亚哥海军实验室的汉威尔博士，在大战结束时起草了一份建议书，提出国防研究委员

〈 美国国防研究委员会
（NDRC）的部分专家。

会应该与潜艇部队继续保持密切联络。对此，我很乐意给予衷心的支持，而且
很大程度上正是在泰特（Tate）博士和汉威尔博士的共同努力下，每年都会举行
一次水下战争专题研讨会，会上卓有成效的发言和探讨为关系到这一极其重要
问题的海军开发项目提供了建设性的帮助。

　　对我们的潜艇设计师和建造者而言，我想我对他们的钦佩和赞赏之情是难
以言表的。由于海军部潜艇军官会议上负责任的工作、美国海军总参谋部富有
共识和远见卓识的行动，以及舰船局高效的设计开发工作，我们才得以凭借一
种标准型舰队潜艇投入到第二次世界大战中去。这种潜艇配备有 10 具鱼雷发射
管，水面航速达 20~21 海里，拥有较大的巡航半径和海上自持力，完全是为在
太平洋的作战任务而设计建造的。大战期间，该型潜艇没有进行重大改进，正
是这种免除设计变更的做法有助于我们将潜艇的建造时间缩短到 7~8 个月，并
且前所未有地实现了某种程度上的潜艇设计标准化。而艇上装备和武器方面的
新思路和改进是由舰船局和造船厂方面共同提出的，其反应速度和装备完善程
度在和平时期都是不为人所知且令人难以想象的。

　　在我看来，大战期间最令人惊讶的成功案例之一，莫过于在距离海岸线
1000 英里外的威斯康星州的马尼托沃克（Manitowoc）兴建的一处潜艇建造工厂。
在那里，付诸生产建造的是电船公司的潜艇建造计划和方案。正是在这种完全
缺乏潜艇建造经验的情况下，这座潜艇建造工厂一共建造完成了 28 艘潜艇，与

∧ 在电船公司船台上等待次日下水的一艘美军潜艇，摄于1945年7月。

∧ 美国电船公司的管理层和来访客人的合影。

其他船厂建造潜艇的速度和规模基本相当。潜艇在那里建造完成后进入一个小型干船坞，一路前往新奥尔良，并在那里为未来的出海作战做准备。马尼托沃克不仅仅是建造潜艇的所在，它在出厂潜艇的艇上生活条件方面的高标准也为自己创立了合作典范和卓越声誉，这使得在这里建造完成的潜艇成了潜艇艇长们轮换指挥新艇时的优先选择。从很大程度上来说，马尼托沃克造船公司总裁查尔斯·C.韦斯特（Charles C. West）的受欢迎和功劳当之无愧。

在整个大战期间，朴次茅斯海军码头、马雷岛海军码头和电船公司在潜艇建造、修理等方面都出色地完成了自己的任务，正如他们多年来一直坚持的那样。我们从前线撤回并派往他们那里修理的许多舰艇，几乎承受了它们所能承受的来自日本帝国海军的最大程度的破坏——艇体外壳变形、鱼雷发射管扭曲、艇体被深水炸弹或航空炸弹爆炸冲击波压弯等等。许多受到严重战损的舰艇给这些海军修理厂带来了巨大的麻烦。我看到过一些途经珍珠港返回后方大修的舰艇，恐怕只有通过奇迹和完美的修理才能从敌人毁灭性的打击下复生，但最终几乎所有的受损舰艇都被成功地修复并重返战场，从而为他们曾经遭遇的粗暴对待复仇。

电船公司对潜艇部队的兴趣和支持并没有随着潜艇的完工而结束，而是延伸到为支援潜艇部队尽一切可能，这是一种基于相互尊重的协同合作精神，而这种精神是几代人共同孕育起来的。电船公司总裁斯皮尔先生发起了一项尤为慷慨和深思熟虑的举动，向我们珍珠港潜艇基地的小礼拜堂赠送了一套漂亮的彩色玻璃窗。我曾对这位被潜艇官兵所熟知和敬重的斯皮尔先生说，其实一两扇窗户就足够了，但他坚持认为"任何值得做的事都应该做好"，并坚持要用《圣经》里的场景去美化设计这每一扇窗户。

其中一扇窗户上还铭刻着一段文字：

> 献给那些为潜艇牺牲的人，愿他们伟大的灵魂永远安息！

潜艇上最重要的装置就是主动力装置（柴油发动机），它驱动发电机为蓄电池组充电，并为艇上的所有用电电路供电，确保潜艇出海巡逻和返航时具备必要的推进动力。早在20世纪30年代初，当慕尼黑还是德国人出产优质啤酒的

∧ 美国海军"角鲨"号（SS-192）潜艇在波士顿港外海因事故沉没时的情景。

地方时，位于俄亥俄州的克利夫兰诞生了一项重要成果——通用汽车公司副总裁乔治·W. 科德林顿（George W. Codrington）先生、美国铁路工程师、舰船局的海军工程师和通用汽车公司温顿发动机分部共同倡导并达成合作，通过共同努力成功研制出了现代高速潜艇柴油机的原型机。最初它是为了满足流线型列车的技术要求而设计的，而经过改进后，这种柴油机在我们的水下潜艇平台上积累了一项关于可靠性和坚固性的辉煌记录。对于那些设计、开发和建造这台发动机的人，我们必须致以无上的敬意。就在这台柴油机的开发阶段，通用汽车公司的一名工程师[1]于 1939 年 5 月在"角鲨"号（Squalus）潜艇的沉没事故中不幸丧生。

---

[1] 原注：即唐·史密斯（Don Smith）先生。

　　我记得曾经收到过一个对通用汽车温顿型潜艇柴油发动机的抱怨。一天晚上，我们接到了来自中国沿海海域的一名美军潜艇艇长的急电，当时他正试图摆脱日本海军护航舰艇的追击。他所指挥的潜艇攻击的是位于近岸海域的一支日本护航船队，然后几乎开足了柴油发动机的每一匹马力，希望能尽快抵达水深足以确保潜艇安全下潜的深海区。他在无线电报中告诉了我们他的绝望处境，甚至最后绝望地说："就算我有四台温顿发动机也无法摆脱四艘日军驱逐舰！"然而最终，我可以很高兴地告诉各位，他们确实坚持了足够长的时间并且成功进入更深的海域，并把他的潜艇安全带回基地。

　　位于威斯康星州贝洛伊特（Beloit）的费尔班克斯—莫尔斯公司（Fairbanks-Morse），同样在20世纪30年代初与其他潜艇建造商展开了激烈竞争。该公司同样与舰船局展开了合作开发，他们研制开发的是一种结构坚固的两冲程对置活塞式柴油发动机，并且最终为我们潜艇部队半数的潜艇提供了动力。在曾与这些柴油机一同在艇上服役的众多官兵的心目中，这些发动机的性能绝对是顶尖的，其可靠性几乎令人难以置信，而且速度的记录出类拔萃。

　　这里要举一个关于"金枪鱼"号潜艇的例子。在战事危急的压力下，"金枪鱼"号在全速航行累计1200英里的过程中，平均航速达到了19节，却没有造成任何重大事故和人员伤亡。对我们这些在潜艇中成长的人来说，艇上动力发生故障及其带来的繁重肮脏的机舱维修工作简直是司空见惯。相比之下，费尔班克斯—莫尔斯公司里涂成白色且一尘不染的工程厂房空间看上去就像是天堂一般。

　　当然，还有许多其他富有智慧且高效的潜艇相关设备制造商值得一提。其中就包括科尔—摩根（Koll-morgen）光学公司，它在令人难以置信的短时间内研制出了性能优异的潜望镜。西屋电气公司也开发出潜艇部队急需的三种电动静音型鱼雷。帕雷尔—伯明翰（Parrel-Birmingham）公司为我们研制了低噪声运转的减速齿轮，将我们的高速主电动机与低转速螺旋桨有效地连接起来。该公司副总裁奥斯丁·库恩斯（Austin Kuhns）先生在我们的潜艇上累计花费了数百个小时展开实地工作，包括水面和水下航行状态，以确保这些机械动力装置能够正常地完成它们的重要使命。长期以来，美国电力蓄电池公司和古尔德（Gould）蓄电池公司对潜艇蓄电池的设计、除氢等问题给予了非常密切的关注和研究。在潜艇发展历史的早期阶段，严重且往往致命的氢气爆炸事故并不罕见。据我所知，在第二次世界大战期间美军潜艇只发生过一次类似的爆炸事故，由此可见上述各方工作成果带来的贡献。至于贝尔电话实验室、福特仪器公司、西部电气公司以及潜艇信号公司，更是为我们提供了性能优良的雷达、无线电话、无线电通信装置、艇上仪器、声呐系统以及许多其他艇上设备，这些设备对我们潜艇作战的成功做出了重要贡献。

︿ 二战时期著名的美籍华裔医生玛格丽特·张。

此外，还有几乎数不清的其他机构和公司直接或间接地为我们潜艇部队做出贡献。我本没有忽视他们所提供的帮助和支援的意思，但限于篇幅和我日渐模糊的记忆，已很难在这里对他们尽数提及。

最后但并非不重要的一点是，在那些为潜艇部队的士气和团队精神做出重大贡献的人士中，有一位女士深受潜艇官兵们爱戴，她一直对我们保持关爱和鼓励。简而言之，她的善良、慷慨、好客，以及她为她的"儿子们"所付出的不懈努力，都是她心灵伟大的体现。我指的这位女士便是旧金山的华裔医生玛格丽特·张（Margaret Chung）①——我们这些"金海豚"及其妻子、孩子、情人，以及不幸的寡妇的"母亲"。

早在大战初期，这位"母亲"就已经成为数百名美军飞行员（包括最初的"飞虎队"成员）的"仙女教母"，她自己朴实无华的住所是这些孤单者的庇护所，而且她还决定在她的"大家庭"中吸纳我们潜艇部队的官兵。于是，她按照军

---

① 译注：中文名张玛珠。

方的档案，名义上"领养"了一群所谓的"金海豚"，用她自己的话来说，因为她相信这些人会"令世界成为一个更好的生活所在"。在大战期间的每一个星期天里，她都会举办露天聚会，为她"领养"的几十个"儿子"及其家人或姑娘提供烧烤晚餐。这样有助于稳定那些刚刚结束战斗巡逻回来，流连于旧金山市场的年轻官兵的情绪，而且她一直以来都在慷慨地付出自己的时间和物质，对于这一点，我们无论做出怎样的积极评价都不过分。

尽管这位"母亲"手上还管理着一个忙碌的医疗诊所，但凭借着她那看起来用之不竭的精力，她设法给她的 1500 名"儿子"及其多数家人赠送圣诞礼物，为那些有年幼子女的寡妇争取足够的养老金，并让她们承担一些对她们的子女和这个国家来说都有价值的工作。我希望耶稣的门徒圣彼得在他的书中也能为她这样的行为做相应的注脚，因为任何到了天堂的潜艇部队官兵要是找不到这位"张妈妈"，他们一定会不高兴。

到大战结束时，预备役军官和士官至少构成了我们潜艇部队作战人员的四分之三，我们正规部队应该向他们表示诚挚的敬意。到后来，每艘潜艇上的预备役军人数要远远超过现役正规部队官兵，而且有 11 艘潜艇正是由预备役部队负责指挥的。在和平时期，一名军官通常须要参与执行 2~3 次潜艇作战任务才有机会指挥潜艇作战，而我们的后备役军官在第二次世界大战中的素养逐渐达到了副艇长甚至艇长的水平，这不仅充分证明了潜艇学校和训练指挥部的高效率，而且体现了这些从平民生活突然过渡到部队服役的人员的高素质。在许多情况下，他们往往具备着对我们来说全新而宝贵的技能。他们接受过技术培训，能够胜任雷达、无线电和声呐等高度复杂设备的操作。他们渴望学习，希望成为潜艇部队中合格的一员，他们的热情和战斗精神是毋庸置疑的。

虽然美国国内新闻界和国会都在报道对潜艇部队预备役人员的不公平待遇，但我不记得有任何一项这样的指控是针对潜艇部队指挥层的。我们这些现役正规部队的官兵都为预备役战友们感到骄傲，更令我们倍感自豪的是，当战后复员的混乱局面一度冲击我们的部队时，仍然有成千上万的预备役官兵正在他们的舰艇上等待着转到现役正规海军部队。

无论是现役正规军部队还是预备役，那些在潜艇上参与作战、在潜艇供应舰或潜艇基地中服役或者组成海上救援队的官兵，都是我有幸指挥过的一支出色战斗队伍的一部分，我对此也感到非常自豪。他们的智慧、作战技巧和胆识赢得了所有了解他们的人的钦佩，他们也在第二次世界大战中为自己赢得了应有的荣誉！他们不是超人，也没有任何超自然的英雄主义品质，他们只不过是一群美国最优秀的小伙子。他们训练有素、装备精良、待遇良好，还拥有一流水平的战舰。愿上帝保佑不会再有第三次世界大战发生。而如果一旦发生，那么无论是用我们所熟知的武器，还是用目前只能猜测的武器，我们的潜艇和潜艇部队官兵都将投身于最激烈的战场上，以自己的战斗技能、决心和无比的勇气为我们所有人和我们的美利坚合众国而战！

The British Pacific Fleet: The Royal Navy's Most Powerful Strike Force

英国太平洋舰队

○ 在英国皇家海军服役 33 年、舰队空军博物馆馆长笔下真实、细腻的英国太平洋舰队。

○ 作者大卫·霍布斯在英国皇家海军服役了 33 年，并担任舰队空军博物馆馆长，后来成为一名海军航空记者和作家。

1944 年 8 月，英国太平洋舰队尚不存在，而 6 个月后，它已强大到能对日本发动空袭。二战结束前，它成为皇家海军历史上不容忽视的力量，并作为专业化的队伍与美国海军一同作战。一个在反法西斯战争后接近枯竭的国家，竟能够实现这般的壮举，其创造力、外交手腕和坚持精神都发挥了重要作用。本书描述了英国太平洋舰队的诞生、扩张以及对战后世界的影响。

大卫·霍布斯
（David Hobbes）著

The Battlecruiser HMS Hood: An Illustrated Biography, 1916–1941

英国皇家海军战列巡洋舰"胡德"号图传：1916—1941

○ 250 幅历史照片，20 幅 3D 结构绘图，另附巨幅双面海报。

○ 详实操作及结构资料，从外到内剖析"胡德"全貌。它是舰船历史的丰碑，但既有辉煌，亦有不堪。深度揭示舰上生活和舰员状况，还原真实历史。

这本大开本图册讲述了所有关于"胡德"号的故事——从搭建龙骨到被"俾斯麦"号摧毁，为读者提供进一步探索和欣赏她的机会，并以数据形式勾勒出船舶外部和内部的形象。推荐给海战爱好者、模型爱好者和历史学研究者。

布鲁斯·泰勒
（Bruce Taylor）著

A Battle History of the Imperial Japanese Navy, 1941-1945

日本帝国海军战争史：1941—1945 年

○ 一部由真军人——美退役海军军官保罗·达尔写就的太平洋战争史。

○ 资料来源日本官修战史和微缩胶卷档案，更加客观准确地还原战争经过。

本书从 1941 年 12 月日本联合舰队偷袭珍珠港开始，以时间顺序详细记叙了太平洋战争中的历次重大海战，如珊瑚海海战、中途岛海战、瓜岛战役等。本书的写作基于美日双方的一手资料，如日本官修战史《战史丛书》，以及美国海军历史部收集的日本海军档案缩微胶卷，辅以各参战海军编制表图、海战示意图进行深入解读，既有完整的战事进程脉络和重大战役再现，也反映出各参战海军的胜败兴衰、战术变化，以及不同将领各自的战争思想和指挥艺术。

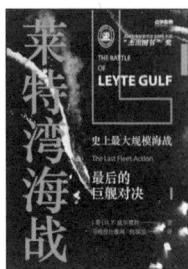

保罗·S.达尔
（Paul S. Dull）著

The Battle of Leyte Gulf: The Last Fleet Action

莱特湾海战：史上最大规模海战，最后的巨舰对决

○ 原英国桑赫斯特军事学院主任讲师 H.P. 威尔莫特扛鼎之作。

○ 荣获美国军事历史学会 2006 年度"杰出图书"奖。

○ 复盘巨舰大炮的绝唱、航母对决的终曲、日本帝国海军的垂死一搏。

为了叙事方便，以往关于莱特湾海战的著作，通常将萨马岛海战和恩加诺角海战这两场发生在同一个白天的战斗，作为两个相对独立的事件分开叙述，这不利于总览莱特湾海战的全局。本书摒弃了这种"取巧"的叙事线索，以时间顺序来回顾发生在 1944 年 10 月 25 日的战斗，揭示了莱特湾海战各个分战场之间牵一发而动全身的紧密联系，提供了一种前所罕见的全局视角。

除了具有宏大的格局之外，本书还不遗余力地从个人视角出发挖掘对战争的新知。作者对美日双方主要参战将领的性格特点、行为动机和心理活动进行了细致的分析和刻画。刚愎自用、骄傲自大的哈尔西，言过其实、热衷炒作的麦克阿瑟，生无可恋、从容赴死的西村祥治，谨小慎微、畏首畏尾的栗田健男，一个个生动鲜活的形象跃然纸上、呼之欲出，为这段已经定格成档案资料的历史平添了不少烟火气。

H.P. 威尔莫特
（H.P.Willmott）著

Black Shoe Carrier Admiral:Frank Jack Fletcher At Coral Sea, Midway & Guadalcanal

航母舰队司令：弗兰克·杰克·弗莱彻、美国海军与太平洋战争

- ○ 战争史三十年潜心力作，争议人物弗莱彻的平反书。
- ○ 还原太平洋战场"珊瑚海"、"中途岛"、"瓜达尔卡纳尔岛"三次大规模海战全过程，梳理太平洋战争前期美国海军领导层的内幕。
- ○ 作者约翰·B.伦德斯特罗姆自 1967 年起在密尔沃基公共博物馆担任历史名誉馆长。

本书是美国太平洋战争史研究专家约翰·B.伦德斯特罗姆经三十年潜心研究后的力作，为读者细致而生动地展现出太平洋战争前期战场的腥风血雨，而且以大量翔实的资料和精到的分析为弗莱彻这个在美国饱受争议的历史人物平了反。同时细致梳理了太平洋战争前期美国海军高层的内幕，三次大规模海战的全过程，一些知名将帅的功过得失，以及美国海军在二战中的航母运用。

约翰·B.伦德斯特罗姆
（John B.Lundstrom）著

Argentine Fight for the Falklands

马岛战争：阿根廷为福克兰群岛而战

- ○ 从阿根廷军队的视角，生动记录了被誉为"现代各国海军发展启示录"的马岛战争全程。
- ○ 作者马丁·米德尔布鲁克是少数几位获准采访曾参与马岛行动的阿根廷人员的英国历史学家。
- ○ 对阿根廷军队的作战组织方式、指挥层所制订的作战规划和反击行动提出了全新的见解。

本书从阿根廷视角出发，介绍了阿根廷从作出占领马岛的决策到战败的一系列有趣又惊险的事件。其内容集中在福克兰地区的重要军事活动，比如"贝尔格拉诺将军"号巡洋舰被英国核潜艇"征服者"号击沉、阿根廷"超军旗"攻击机击沉英舰"谢尔德"号。一方是满怀热情希望"收复"马岛的阿根廷军，另一方是军事实力和作战经验处于碾压优势的英国军队，运气对双方都起了作用，但这场博弈毫无悬念地以阿根廷的惨败落下了帷幕。

马丁·米德尔布鲁克
（Martin Middlebrook）著

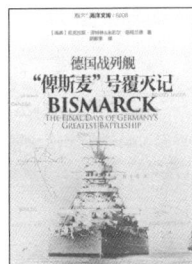

Bismarck: The Final Days of Germany's Greatest Battleship

德国战列舰"俾斯麦"号覆灭记

- ○ 以新鲜的视角审视二战德国强大战列舰的诞生与毁灭……非常好的读物。——《战略学刊》
- ○ 战列舰"俾斯麦"号的沉没是二战中富有戏剧性的事件之一……这是一份详细的记述。——战争博物馆

本书从二战期间德国海军的巡洋作战入手，讲述了德国海军战略，"俾斯麦"号的建造、服役、训练、出征过程，并详细描述了"俾斯麦"号躲避英国海军搜索，在丹麦海峡击沉"胡德"号，多次遭受英国海军追击和袭击，在外海被击沉的经过。

尼克拉斯·泽特林
（Niklas Zetterling）著

Maritime Operations in the Russo - Japanese War, 1904-1905

日俄海战 1904—1905（共两卷）

- ○战略学家科贝特参考多方提供的丰富资料，对参战舰队进行了全新的审视，并着重研究了海上作战涉及的联合作战问题。
- ○ 以时间为主轴，深刻分析了战争各环节的相互作用，内容翔实。
- ○ 译者根据本书参考的主要原始资料《极密·明治三十七八年海战史》以及现代的俄方资料，补齐了本书再版时未能纳入的地图和态势图。

朱利安·S.科贝特爵士，20 世纪初伟大的海军历史学家之一，他的作品被海军历史学界奉为经典。然而，在他的著作中，有一本却从来没有面世的机会，这就是《日俄海战 1904—1905》，因为其中包含了来自日本官方报告的机密信息。学习科贝特海权理论，不仅能让我们了解强大海权国家的战略思维，还能辨清海权理论的基本主题，使中国的海权理论研究有可借鉴的学术基础。虽然英国的海上霸权已经被美国取而代之，但美国海权从很多方面继承和发展了科贝特的海权思想。如果我们检视一下今天的美国海权和海军战略，就可以看到科贝特的理论依然具有生命力，仍是分析美国海权的有用工具和方法。

朱利安·S.科贝
（Julian S.Corbett）著

British and German Battlecruisers: Their Development and Operations
英国和德国战列巡洋舰：技术发展与作战运用

○ 全景展示战列巡洋舰技术发展黄金时期的两面旗帜——英国战列巡洋舰和德国战列巡洋舰，在发展、设计、建造、维护、实战等方面的细节。
○ 对战列巡洋舰这种独特类型的舰种进行整体的分析、评估与描述。

　　本书是一本关于英国和德国战列巡洋舰的"全景式"著作，它囊括了历史、政治、战略、经济、工业生产以及技术与实战使用等多个角度和层面，并将之整合，对战列巡洋舰这种独特类型的舰种进行整体的分析、评估与描述，明晰其发展脉络、技术特点与作战使用情况，既面面俱到又详略有度。同时附以俄国、日本、美国、法国和奥匈帝国等国的战列巡洋舰的发展情况，展示了战列巡洋舰这一舰种的发展情况与其重要性。

　　除了翔实的文字内容以外，书中还有附有大量相关资料照片，以及英德两国海军所有级别战列巡洋舰的大比例侧视与俯视图与为数不少的海战示意图等。

米凯莱·科森蒂诺
（Michele Cosentino）、
鲁杰洛·斯坦格里尼
（Ruggero Stanglini）著

British Destroyers: From Earliest Days to the Second World War
英国驱逐舰：从起步到第二次世界大战

○ 海军战略家诺曼·弗里德曼与海军插画家 A.D. 贝克三世联合打造。
○ 解读早期驱逐舰的开山之作，追寻英国驱逐舰的壮丽航程。
○ 200 余张高清历史照片、近百幅舰艇线图，动人细节纤毫毕现。

　　诺曼·弗里德曼的《英国驱逐舰：从起步到第二次世界大战》把早期水面作战舰艇的发展讲得清晰透彻，尽管头绪繁多、事件纷繁复杂，作者还是能深入浅出、言简意赅，不仅深得专业人士的青睐，就是普通的爱好者也能比较轻松地领会。本书不仅可读性强，而且深具启发性，它有助于了解水面舰艇是如何演进成现在这个样子的，也让我们更深刻地理解了为战而生的舰艇应该如何设计。总之，这本书值得认真研读。

诺曼·弗里德曼 著
（Norman Friedman）
A. D. 贝克三世 绘图
（A. D.BAKER III）

Warship Design and Development
英国皇家海军战舰设计发展史（共五卷）

○ 英国皇家海军建造兵团的副总建造师大卫·K. 布朗所著，囊括了大量原始资料及矢量设计图。
○ 大卫·K. 布朗是一位杰出的海军舰船建造师，发表了大量军舰设计方面的文章，为英国皇家海军舰艇的设计、发展倾注了毕生心血。

　　这套《英国皇家海军战舰设计发展史》有五卷，分别是《铁甲舰之前，战舰设计与演变，1815—1860 年》《从"勇士"级到"无畏"级，战舰设计与演变，1860—1905 年》《大舰队，战舰设计与演变，1906—1922 年》《从"纳尔逊"级到"前卫"级，战舰设计与演变，1923—1945 年》《重建皇家海军，战舰设计，1945 年后》。该系列从 1815 年的风帆战舰说起，囊括了皇家海军历史上有代表性的舰船设计，并附有大量数据图表和设计图纸，是研究舰船发展史不可错过的经典。

大卫·K. 布朗
（David K.Brown）著

From the Dreadnought to Scapa Flow
英国皇家海军：从无畏舰到斯卡帕湾（共五卷）

○ 现在已没有人如此优雅地书写历史，这非常令人遗憾，因为是马德尔在记录人类文明方面的天赋使他有能力完成如此宏大的主题。——巴里·高夫
○ 他书写的海军史具有独特的魅力。他具有把握资源的能力，又兼以简洁地运用文字的天赋……他已无需赞美，也无需苛求。——A. J. P. 泰勒

　　这套《英国皇家海军：从无畏舰到斯卡帕湾》有五卷，分别是《通往战争之路，1904—1914》《战争年代，战争爆发到日德兰海战，1914—1916》《日德兰及其后，1916.5—12》《1917，危机的一年》《胜利与胜利之后：1918—1919》。它们从费希尔及其主导的海军改制入手，介绍了 1904 年至 1919 年费舍尔时代英国海军建设、改革、作战的历史，及其相关的政治、经济和国际背景。

亚瑟·雅各布·马德尔
（Arthur J. Marder）、
巴里·高夫
（Barry Gough）著